本译丛为复旦大学新闻学院教授曹晋主持的"复旦大学国家哲学社会科学新闻传播与媒介化社会创新基地全球媒介化社会研究"项目和上海市2007届"曙光"计划项目的系列成果之一，也作为复旦大学新闻学院国际出版研究中心系列读本和硕士课程"大众传播与当代社会"的配套阅读材料。

未名社科·新闻媒介与信息社会译丛

主　　编　曹　晋
学术顾问　李金铨

什么在决定新闻
对 CBS 晚间新闻、NBC 夜间新闻、《新闻周刊》及《时代》周刊的研究

Deciding What's News
A Study of *CBS Evening News*,
NBC Nightly News, *Newsweek*, and *TIME*

〔美〕赫伯特·甘斯（Herbert J. Gans）著
石琳 李红涛 译

北京大学出版社
PEKING UNIVERSITY PRESS

北京市版权局著作权合同登记　图字：01-2006-6698 号
图书在版编目（CIP）数据

什么在决定新闻/（美）甘斯（Gans, H. J.）著；石琳，李红涛译．—北京：北京大学出版社，2009.9
（未名社科·新闻媒介与信息社会译丛）
ISBN 978-7-301-15722-0

Ⅰ. 什⋯　Ⅱ. ①甘⋯ ②石⋯ ③李⋯　Ⅲ. 新闻学-研究　Ⅳ. G210

中国版本图书馆 CIP 数据核字（2009）第 159470 号

Preface copyright © 2004 by Herbert J. Gans. Published 2004 by Northwestern University Press. First published in 1979 by Random House，Inc. Copyright © 1979 by Herbert J. Gans. All rights reserved.

书　　　名：	什么在决定新闻
著作责任者：	〔美〕赫伯特·甘斯　著　石　琳　李红涛　译
责 任 编 辑：	周丽锦　周　婧
标 准 书 号：	ISBN 978-7-301-15722-0
出 版 发 行：	北京大学出版社
地　　　址：	北京市海淀区成府路 205 号　100871
网　　　址：	http://www.pup.cn
电　　　话：	邮购部 62752015　发行部 62750672　编辑部 62765016
	出版部 62754962
电 子 邮 箱：	ss@pup.pku.edu.cn
印　刷　者：	三河市博文印刷有限公司
经　销　者：	新华书店
	890 毫米×1240 毫米　32 开本　17 印张　441 千字
	2009 年 9 月第 1 版　2022 年 6 月第 6 次印刷
定　　价：	68.00 元

未经许可，不得以任何方式复制或抄袭本书之部分或全部内容。
版权所有，侵权必究
举报电话：010-62752024　电子邮箱：fd@pup.pku.edu.cn

丛书总序[1]

  笔者一直渴望梳理出美国传播研究的知识地图，以便为选修硕士课程《大众传播与当代社会》的学生准备必读文献。但在翻阅若干美国传播研究文献之后，甚感困惑，因为处于绝对优势的实证主义取向的传播研究，和笔者课程设计的媒介社会学路径相去甚远。在疑虑重重之际，幸获李金铨教授的教诲，他多次推荐了不同于实证传统的若干传播研究论著，本套译丛就是在这样的语境中诞生的。数年之后，笔者仍然对李教授的引路感念至深，而且对他关于译丛所选著作的社会学论述的赞誉和他对美国传播研究的评论记忆犹新。他认为前者的遗憾之处是缺少国际视野；而后者则在积极为行政与市场的权力机制提供合理化阐释中陷入了统计技术的泥淖，研究旨趣和社会脉络脱节，缺少社会批判与弱势关怀(李金铨，2004：8—12)。

---

[1]　本套译丛是复旦大学新闻学院教授曹晋主持的"复旦大学国家哲学社会科学新闻传播与媒介化社会创新基地全球媒介化社会研究"项目和上海市2007届"曙光"计划项目的系列成果之一，也作为复旦大学新闻学院国际出版研究中心系列读本和硕士课程"大众传播与当代社会"的配套阅读资料。

我们看到,20世纪90年代以来,以法国学者皮埃尔·布尔迪厄(Pierre Bourdieu)等提出的"媒介场域"(media field)概念为中心的新闻社会学研究新范式引领了媒介社会学的典范研究。[①]同时,在西方学术界,"阶级"、"社会性别"和"种族"作为研究人类社会与历史的基本分析范畴,也成为传播研究讨论大众传播产业与传播制度中建构社会权力关系的三个轴心,对深入探索阶级、社会性别与种族等范畴的权力关系如何镶嵌在媒介机构和媒介产品中,以及受众收获物质(政治经济)和思想(意识形态)的进程甚有助益(曹晋,2008)。这大大有别于美国主流传播研究中增进社会控制的行政导向(administrative orientation)研究和扩大媒介影响消费效果的市场导向(marketing orientation)研究。本土媒介社会学的研究也应该由更加广阔的,交织着国家、阶级、社会性别、城乡、区域、公民、性存在等范畴的权力等级关系的分析的研究路径来建构中国媒介制度、媒介产业与媒介技术领域的社会学研究理论。因此,本套译丛乃抛砖引玉之举,仅仅是我们认识国际传播学界成果的一个步骤,并不是研究目的所在。作为本土传播学的研究者,我们的最终目的还是回到中

[①] 1994年3月,皮埃尔·布尔迪厄和他的合作者Alain Accardo、Patrick Champagne、Rémi Lenoir、Dominique Marchetti及Louis Pinto编写的以"新闻的影响"为题的"社会科学研究"专集,发展了一种以"媒介场域"(media field)概念为中心的新闻社会学研究新范式,其中心论点是面对经济场域已然增强的影响和渗透性,新闻的自主(autonomous)性减弱了。新闻媒介,作为统治权力的代言人(agent),正在削弱其他文化生产领域的自主性(autonomy),因此也损害了科学知识生产和艺术创新的最佳社会条件(罗德尼·本森文,韩纲译,2003)。布尔迪厄两年后出版的《关于电视》(法文原著出版于1996年,简体中文版许均翻译,2000)与上述研究保持一致的内在逻辑;该书作为媒介社会学的新范式,深刻地揭示了新闻生产如何被高度的商业化所侵蚀。作者敏锐地感悟到,伴随西方媒体机构自20世纪80年代以来迅速的彻底私有化,新闻场域的生产过程与市场竞争、商业利润密切纠葛。因此,布尔迪厄认为,一个传播机构的"内部自主性"与广告的进账或是国家补助的多寡成反比关系;换句话说,传播机构愈是依赖于政府的补助与广告代理商所提供的广告收益,其内在自主化的程度就愈低(参见舒嘉兴,2001:18)。

国的社会情境来提炼本土的媒介社会学理论。但笔者以为了解国际传播学界的多种图貌是追求上述建树的必要之旅，因为其对建构中国自己的东方社会情境中的媒介社会学理论有十分重要的借鉴意义。

尽管甘斯（Herbert J. Gans）、舒德森（Michael Schudson）的论著是20世纪70年代末期的作品，但时至今日，其经典的洞见与其开创的研究方法仍然为学者们津津乐道。

笔者应北京大学出版社之邀，遵循学术前辈的文献阅读路径，组织了"新闻媒介与信息社会译丛"，译丛所收书目是理解西方新闻生产和信息社会的基础研究。甘斯所著《什么在决定新闻》一书，是对CBS晚间新闻、NBC夜间新闻、《新闻周刊》及《时代》周刊的实地调查研究，李立峰学者的译本导读对该书的原创价值有丰富的钩沉，笔者不再赘述，仅借用莫斯可在其《传播政治经济学》（Mosco,1996）中的评论来深刻解读甘斯论著的光芒和局限性。莫斯可认为，塔克曼（Tuchman,1978）、费什曼（Fishman,1980）和甘斯（Gans,1979）等人的著作考察了官僚主义控制的系统如何经营管理复杂的生产过程，特别是新闻生产过程。他们的研究阐释了那些简化的机械流程，包括突发新闻如何报道、烦琐的分工、程式化的特写文章等等，说明新闻机构运用大量的组织计划和预先处理，通过机械流程来收集、整理并发布新闻与信息。这项研究对政治经济学很重要，它强调的是劳动过程，用丰富的经验性细节描述了有助于建构生产过程的社会—技术进程。然而，这类研究虽然涉及政治和经济因素对新闻过程的影响，却没有把它们纳入理论中进行探讨；研究者们更喜欢以官僚机构和组织为基础建立理论框架，强调的是抽象的行政上的需要和职能（Mosco,1996）。

舒德森的《发掘新闻》原本是想成为论述新闻行业历史和专

业意识形态发端的案例研究,但其围绕新闻的客观性问题所展开的论述却成为全书的核心思考。可以说,他在探索新闻客观性的生产机制。作者认为,在当代各专业、行业将知识和权威正规化的过程中,客观性是一种主导性理念。本书绪论部分指出:"显然同其他专业一样,新闻业对客观性的信念不仅关乎我们应信赖何种知识,同时也是一种道德观,关乎我们在进行道德判断时应遵从何种标准。它同时还是一种政治承诺,指导人们应该选择哪些人来评判我们的言行。评判者的选择是由社会机制来决定的。通常认为,有两种社会控制机制在不同领域内保障着客观性。第一是高级教育和职业培训,用科学知识和客观的态度,使受教育者放下个人的喜好和情绪。比如,医学培训能使医生冷静超然,从而可以面对一般人无法面对的病痛。法学学生在培训中要区别'法律'问题(通常是技术性的)和'道德'问题(通常在法律教育和法律实践之外)。第二种社会控制的基本形式是与公众绝缘。科技语言、行话术语等等就是这样的一种绝缘机制。其他的还有制度性的机制。譬如,法律学者认为法庭能比立法机构更加客观,因为从体制上来看,法官比议员要更加远离选举政治的压力。这样一来,自主的专业团体就保证了业内客观性的存在,因为它摆脱了市场和大众意愿的束缚,而独立的职业个体通过业内培训,也不会受自身价值取向的影响。"(中译本第5—6页)舒德森发现新闻的客观性与上述原则相违背,记者也不掌握高深的技术和语言。报纸直接依赖市场生存,直接面对着民意取向,新闻业无法与大众绝缘。新闻业现在没有,将来也不会有法律界和医学界确保客观性的种种条件,那为什么客观性仍然是一个严重的问题?为什么不干脆放弃对客观性的追求?作者没有一味纠结于关于新闻客观性的论辩,而是将重点放在对现代新闻机制与经济、政治、社会、文化生活的互动关系的阐释之中。关于新闻从业者之所以如此信奉客观性,尾声的总结如是:"一方面是因为想要这样做、必须这样做;另一方面,在大众深深怀疑和无所适从的情况下,他们需要一种逃避。托马斯·曼(Thomas Mann)曾写道:我们这个时代无法就'为什么'、'目的何在'等问题给出令人满意的答案。这席话不得不让人正视。当然,客观性作为一种理想,在过去,乃至今天,都常被用来作为权力的掩饰,有时甚至是用不诚实的方式去掩饰。但客观性的根源并没有那么肤浅,它不是用来为权威、特权提供掩饰,而是用来遮掩我们在凝视现代社会时眼神中流露出的失落感。"(中译本第145页)

大卫·克罗图(David Croteau)与威廉·霍伊尼斯(William Hoynes)的著作《媒介·社会》以作者建立的"媒介与社会世界的模型"为基本框架,分析了媒介产业、媒介内容、媒介技术、积极的受众以及媒介外的社会世界诸多要素之间的关联,为我们勾勒出媒介与社会世界关系的生动图景。本书共分为十章:第一部分以作者所构建的"媒介与社会世界"模型为基础(第一章);第二部分以"新闻生产的视角"考察经济、政治和组织性因素对媒介决策和产品的影响(第二、三、四章);第三部分侧重于讨论媒介产品的内容以及媒介是如何表现社会世界的(第五、六章);第四部分描述了受众与媒介的关系,研究了媒介对社会的影响方式和人类活动对媒介的解读及运用(第七、八章);第五部分则将重点转向媒介技术的作用,研究了在不同的媒介形式推动下形成的各种不同的技术间的交互作用(第九章);最后探究大众媒介全球化的本质及可能的结果(第十章)。《媒介·社会》以社会学的视野来考察大众媒介,高屋建瓴,尤其强调大众媒介与社会因素的关系中的结构和能动性之间的张力关系,不失为一本综合性的基础文献。

弗兰克·韦伯斯特(Frank Webster)的《信息社会理论》的英文第一版曾经由台湾的冯建三教授翻译为中文(繁体版,《资讯社会理论》,1999,台湾远流)。韦伯斯特发现,当下社会中所有与创意产业相关的生意人、管理人员、软件工程师和媒体创作者等等,都被视为信息社会的核心。在大众对信息的持续关注的过程中,分析家的注意力已逐渐从科技转移到人的身上,这种转变鼓励韦伯斯特修订出《信息社会理论》的第三版。为了细察人们对信息的共同关注,韦氏关注了不同学者对信息内涵大相径庭的定义与论证。而为了研究有关信息社会的各种图景,本书细察了现代世界中几种对于信息概念的主要理解方式。之后,该书每章集中讨论一个特定的理论和它突出的代表人物,并根据另一种理论分析和经验观察来评估它的优点与不足。当中有丹尼尔·贝尔(Daniel Bell)的"后工业社会"概念;在后工业社会中,贝尔特别强调信息的重要性(第三章)。接着,读者会了解到主张社会正从福特主义过渡到后福特主义的论点,这些思想家也认为在这个过渡过程中产生了信息,同时也必须依靠信息才能取得成功(第四章)。读者还会接触到曼纽尔·卡斯特(Manuel Castells)的理论,他提出了"信息资本主义"操纵着"网络社会"这个有影响力的观点(第五章)。除此以外,读者还能读到赫伯特·席勒(Herbert Schiller)和尤尔根·哈贝马斯(Jürgen Habermas)的观点。前者主张,先进的资本主义必须依靠对信息的控制(第六章);后者则认为,随着信息的整合,"公共领域"(public sphere)正在不断被削弱(第七章)。另有安东尼·吉登斯(Anthony Giddens)的"现代化自反性"论述,他聚焦于信息所发挥的监督和控制功能(第八章)。最后,该书为读者介绍了吉恩·鲍德里亚(Jean Baudrillard)和齐格蒙特·鲍曼(Zygmunt Bauman)的后现代主义和后现代性论点,他们两位都特别关注现代的符号爆炸(第九章)。韦伯斯特确信现代全球化经济象征着资本主义行为方式的蔓延和发展,见证着市场机制的增加、私人而不是公共财产的膨胀、收益性成为各种组织存在的理由、工资劳动的出现以及支付能力支配着商品和服务的质量等现象。简而言之,我们生存于其中的"全球网络社会"延续(有人喜欢用"转变")着长久以来的资本主义原则(第十章)。韦伯斯特不主张运用测量的方法来统计信息社会,而是强调那些以历史发展解释信息化趋势的理论才能使我们更好地理解信息在现今世界的意义。因为"一方面,他们抵制了用人为的测量方法观察信息社会和信息本身。另一方面,虽然这些思想家承认信息科技、信息流通和信息网络等在量上出现了巨大的增长,但是他们厌恶这些去社会化的孤立的概念,他们喜欢回到现实社会中寻找解释。利用大量的历史知识,他们能够准确地定位信息膨胀的意义,辨析出每种信息都有一个确定的起源和背景:这种类型的信息是为了某个目的,为吸引拥有某种共同兴趣的群体而设的"(第十章)。韦伯斯特坚持从梳理资本主义的历史发展脉络中考察信息社会的本质,他敏锐地洞察到全球化使我们所说的"商业文明"(business civilisation)压倒性地覆盖全世界,全球化使美国成为引领世界的资本主义国家,同质化意味着世界上其余的国家必须接受美国化,新自由主义经济的全球推进正是捍卫了美国霸权世界范围内的合法性。从这个意义上来认识赫伯特·席勒提出的"我们能够对信息做什么?"的问题,就能让我们把注意力集中到全球化资本主义的需求上,使我们认识到全球化资本主义需要利用广告、信息与通讯科技、公司计划和有效销售等手段。

的确,迈入 21 世纪,西方传媒产业的彻底商业化、去管制化、集中化不是被削弱,而是更加剧烈。詹森(Jansen,2002)发现,全球资本主义制度中的结构性变化,在西方已有长期的酝酿过程,且在近二十年中明显加速,已经被新保守主义理论视为向后工业主义的转变,被左派视为向后福特主义的前进,被所有意识形态阶层中的许多人视为信息或后现代时代的来临。她还指出:从新马克思主义立场出发,大卫·哈维(David Harvey)将这种资本扩张中的转变描述为牵涉到一种他称之为"弹性积累"(flexible accumulation)的新布局(Harvey,1989:123),它"以消费行为中地理流动性和快速变化引发的更具弹性的劳动过程及市场为特征"。在这种布局中,对准确及时的信息和即时的数据分析能力的把握变成了高价值商品。科学知识的价值上升了,对信息流和"流行品味、大众文化传播工具的控制……成为竞争中的致命武器"(Harvey,1989:160,quoted from Jansen,2002:170)。詹森又引雅克·安塔里(Jacques Attali)指出:"世界正在变成一个单一意识形态的市场,生命被围绕着普通消费需求加以安排,不管这些需求是否可以得到满足。"(Attali,1992)在这种崭新的后工业,或者后福特世界秩序中,政治候选人、立场和节目就像音乐影带、华夫饼干模子和去头屑香波那样被推向市场(Jansen,2002:180)。也就是说,在新自由主义经济政策营造的世界秩序中,处于新全球市场结构中的新闻和超市商品一样被推向全球意识形态市场。

在甘斯和舒德森论著产生之后的20世纪80年代,新自由主义经济政策在英、美拉开序幕,20世纪90年代新自由主义经济的全球扩张与渗透达到空前状态。《信息社会理论》对我们理解资本主义激烈的商业竞争与资本扩张语境中的信息社会属性颇具现实性意义。

在被媒介生产市场化、商业化的合法性与正当性笼罩的21世纪的媒介生产环境中,如果再次审视曾经被甘斯与舒德森论述过的美国新闻生产,那么罗伯特·麦可切斯尼(Robert W. McChesney,2004)的力作《媒体问题:21世纪美国的传播政治》是最佳读本,它一针见血地指出,当前美国媒体系统及建立并维系此系统的决策过程全然受制于企业财团的支配。毋庸置疑,美国新闻与娱乐媒体的表现自然受制于资本主义的商业化,美国媒体之所以受企业财团之操纵且受到保护,主因是政策制定的堕落。除了媒体所有权之外,商业支配的一个重要面向是广告越来越成为媒体公司的收入来源。归根结底,这是回应以大型企业为主的资本主义资本积累与扩张的需要,并且自20世纪80年代以来的新自由主义与传播科技发展更加得到强化。作者专门举例论述了"新闻实务的商业化"形式与危害:其一是商业利益产生于或直接渗透入新闻本身,损及其诚信;其二是新闻记者使用他们的特权去报道有利于其雇主的商业投机或投资,也就是说,商业化让记者制作迎合媒体产权所有者和广告商的特定内容,专业主义不再提供抵抗商业压力的保护,这对民主与健康文化的运行,业已构成严峻的挑战。

  研究国际传播政治经济学的学者们都体察到新自由主义政策加速催生了传媒产业的彻底商业化,表现形式之一是媒介产权的高度集中化(媒介公司的纵向整合与横向整合)。这导致了作为社会公器的媒介的"公共"服务完全转换成为由市场竞争者提供的"以成本为基础"的服务,广告严重制约传媒的内容生产与受众的共识,传媒技术的更新再造新的国际传媒分工利益的不平等(涵盖阶级、种族与社会性别等范畴)。所有这些都腐蚀了媒体从业者的操守,摧折了媒介产品的质量,削弱了民主社会的根基,压制和排斥了民众的意见表达(曹晋,赵月枝,2007:10)。笔者以为上述研究揭示的媒介生态状况正在塑造中国本土的媒介生产场域。有鉴于传播产业产权高度集中与经营的绝对垄断,在今天的本土传播学界,政治经济取向的媒介社会学研究是认识中国当下媒介化社会(也是信息社会)的关键途径之一。

另外,因为版权问题,本套译丛未能囊括所有关键性的媒介社会学研究论著,目前仅能呈现四部论著以飨读者,所幸北京大学出版社正同时热情引荐西方传播政治经济学的论著。

作为主编,笔者特别感谢北京大学出版社的编辑周丽锦女士的积极推动和数位译者的辛勤劳动。遗漏之处,敬请读者谅解!

曹晋　吴冬妮

参 考 文 献

1. 曹晋(2008),《媒介与社会性别研究:理论与实例》,上海三联书店。
2. 曹晋,赵月枝(2007),《传播政治经济学英文读本》(*The Political Economy of Communication ：A Reader*),复旦大学出版社。
3. 李金铨(2004),《超越西方霸权:传媒与"文化中国"的现代性》,香港:牛津大学出版社。
4. 舒嘉兴(2001),《新闻卸妆:布尔迪厄新闻场域理论》,台北:桂冠。
5. 布尔迪厄著,许钧译(2000),《关于电视》,辽宁教育出版社。
6. 罗德尼·本森(Rodney Benson)文,韩纲译(2003),《比较语境中的场域理论:媒介研究的新范式》,《新闻与传播研究》2003 年第 1 期。罗德尼·本森认为:致力于该知识性课题的布尔迪厄和他的合作者至少在三个重要的方面对英—美式的新闻媒介研究传统贡献良多。首先,聚焦于中观层面的"场域"为传统上割裂的宏观的新闻媒介"社会"(societal)模式(诸如政治经济、霸权、文化和技术理论)和微观的"组织"(organizational)研究路径架设了理论与实证合而为一的桥梁。其次,相对于不是集中于新闻机构就是集中于受众(但很少同时集中于这两者)的那些研究,他们的场域理论侧重于两者间的联系。此外,它挑战"被动"—"主动"受众这种二分法,坚持生产和接受周期的预设的和谐。再次,场域理论突显变化的过程,包括媒介场域自身是如何变化的,以及一个重组(reconfigured)的媒介场域是如何影响其他主要的社会部门的。最后,与英—美式的严格区分研究与政治间关联(engagement)的趋势相反,布尔迪厄、尚帕涅(Champagne)等人建议并实施一个将政治和知识分子行动混合在一起的项目,以此为他们所认定的社会顽疾疗伤。每个场域在"经济的"和"政治的"两极之间复制更大的社会区隔(societal division),围绕着"他律的"极(pole,代表经济和政治资本,是场域的外力)与"自主的"极(代表特定的资本,例如,艺术的,或科学的,或其他的文化资本类别)之间的对立而建构。

7. Croteau, David and William Hoynes(1997), *Media Society: Industries, Images, and Audience*, Pine Forge Press.

8. Gans, Herbert J. (1979), *Deciding What's News*, New York: Pantheon Books.

9. Harvey, David (1989), *The Condition of Postmodernity*, Oxford: Basil Blackwell, 1989.

10. Jansen, Sue Curry(2002), *Critical Communication Theory: Media, Power, Gender, and Technology*, Rowman & Littlefield.

11. McChesney, Robert W. (2004), *The Problem of the Media: U.S. Communication Politics in the 21st Century*, Monthly Review Press, N.Y.

12. Mosco, Vincent (1996), *Political Economy of Communications*, Sage, London.

13. Schudson, Michael(1978), *Discovering the News*, New York: Basic.

14. Webster, Frank (2006), *Theories of Information Society*, Routledge.

序
《什么在决定新闻》：
新闻室观察研究的经典之作

李立峰

香港中文大学新闻与传播学系副教授

在 20 世纪 70 年代，美国新闻学最重要的发展之一，是"新闻室观察研究"的兴起及成果。所谓"新闻室观察研究"，是指研究者在新闻机构里进行长时间的观察，甚至当起记者，亲身参与新闻的制作过程，然后根据观察所得，对新闻机构的内部运作以及新闻制作过程作出深入的、概念性的、具理论意义的描述和分析，并指出新闻内容如何受各种在生产过程中存在的因素的影响。那十年间，从这个研究方向出发而最后能够被称得上经典著作的，至少包括 1973 年爱德华·爱泼斯坦（Edward Epstein）所著的《来自乌有之乡的消息》（*News from Nowhere*）、1978 年出版的盖伊·塔奇曼（Gaye Tuchman）的《做新闻》（*Making News*）、1980 年马克·费什曼（Mark Fishman）的《生产新闻》（*Manufacturing the News*），以及读者现在手上拿着的，1979 年出版，社会学家赫伯特·甘斯（Herbert Gans）的《什在决定新闻》(Deciding What's News)。

就算是30年后的今天，在美国，对有志于从事新闻学研究的人来说，这几本著作仍然是必读的。同时，虽然美国的新闻机构和其他国家及地方的新闻机构可能有很多不一样的地方（即使在美国，过去30年来，新闻机构的内部运作亦可能随着科技发展及社会转变而有了不少变化），但是如果我们着眼于这些著作所提出的问题以及所采用的研究方法，它们对任何地方的新闻学研究大抵都有跨时代的意义和参考价值。而不少在这些研究中所确立的概念，则仍然是他山之石，可以攻玉。

那么，究竟新闻室观察研究有什么特点？它在美国新闻研究的发展史中有什么样的地位？而赫伯特·甘斯的《什么在决定新闻》与以上所提及的其他经典之作又有什么异同？笔者希望在这里对这些问题简单讨论一下，为读者提供相关的背景资料，以助读者更深入地了解本书。

从生产过程了解新闻

每一天，或大或小的事情在我们身处的社会、国家，以至世界各地每一角落不断发生。但很明显，我们每天从新闻媒体所知道的，相对于世界上所发生的所有事情而言，只是一个极小的部分而已。当然，从纷杂的世事当中选取寻常百姓有必要知道的和有兴趣知道的加以报道，正是新闻媒体的职责。那么，到底新闻媒体怎样选取新闻来报道？新闻工作者怎样决定什么事情才值得成为新闻？

对于这些问题，讲解新闻采访及写作的教科书，通常都会以"新闻价值"作为解答：一件事情之所以会成为新闻，是因为它具备一些被视为"新闻价值"（news values）的特质，因而值得报道（newsworthy）。一般来说，被广泛认同的"新闻价值"包括时效性、距离、对社会及民众的影响、涉事人物或机构的知名度、事件是否涉及冲突、事件是否不寻常、事件是否被众人谈论着等。的确，我们每天从报章或电视电台中得知的新闻，其所指向的事件或议题，总会拥有其中几种"新闻价值"。而新闻价值亦是世界多个地方的新闻工作者自己所采用的语言，如果你在香港问一位记者为什么某一件事会成为新闻，他很可能会以各样的新闻价值作为答案。

不过，对于从事新闻学研究的学者而言，新闻价值却是一个不能令人感到满意的答案。新闻价值是一种"以事件为中心"的说法，就是说什么是新闻，基本上仍然取决于事件本身的性质。新闻工作者的角色，只是去认知事件的真实性质，然后对事件是否值得报道作出一个简单的判断。换句话说，"以事件为中心"的说法将新闻工作者的角色看得较轻和被动，新闻工作者被视为处身于事件之外，报道的是事情的真相。这也是为什么新闻价值这种说法会被大部分新闻工作者本身接纳，因为这种说法跟他们的自我认知吻合：新闻工作者只是报道新闻，而不是制造新闻。

但对于研究者而言，这种说法就淡化了新闻工作者的角色，并且几乎是完全忽略了新闻机构和新闻生产过程的重要性。所以以上提及的盖伊·塔奇曼的经典著作，便开宗明义地名为"Making News"。塔奇曼并不是指新闻机构无中生有，胡乱编造新闻，而是指我们每天从报章或电视上看到的新闻，都是新闻机构通过一个复杂的过程生产出来的。这个过程涉及新闻机构如何安排工作给记者、记者怎样去获取资讯、他们和消息来源怎样取得联系和沟通、记者和同业之间又或是新闻机构之间有怎样的合作或竞争关系、新闻机构的内部结构和工作流程、上级与下级之间或不同部门之间的互动等。到最后，整个生产过程会无可避免地在新闻内容上打下烙印。

让我们举几个在《什么在决定新闻》里提及的例子来说明这一点。

1. 很多地方的新闻媒体中经常会出现一种现象,就是同一批专家学者会经常在传媒中出现,以他们的专业知识分析各种各样的政治、社会或经济问题,但同一时间,大部分其他专家学者却从不会在传媒里出现。这里,部分原因固然是并非所有的专家学者都愿意接受传媒采访,但同样重要的是,因为记者(尤其是电视新闻记者)要在非常有限的时间内完成一份完整的新闻报道,所以,他们在寻找专家学者来提供资料或意见时,最重要的考虑并不一定是那位专家学者对眼前的问题真的有最深入的研究,而往往是那位专家学者最容易被找到、最愿意接受访问和最能够提供新闻报道所需要的简单直接而清晰的答案。而当他们找到一位拥有这些条件的受访者时,在下一次有类似情况的时候,自然就会再先找这位受访者。结果就是一些受访者会成为传媒的"宠儿",经常地接受访问。

2. 虽然不同的新闻机构有时是市场上的竞争对手,但这并不代表这些机构的记者在前线工作时会经常有很激烈的竞争。相反,前线的新闻记者通常都有着合作的关系。这种合作一方面源于实际的需要,例如一名记者如果在一次记者会中因迟到或其他原因未能记录某些资讯,他大可找同场的记者帮忙,而同场的记者通常是不会"见死不救"的,因为下一次需要别人帮忙的很可能是自己。另一方面,记者间的合作也源于新闻工作中所存在的各种各样的不确定性。在一个事件上,到底什么才是有新闻价值的东西?什么资讯才是读者最关心的?一位消息来源所说的话有多大的可信性?对于诸如此类的问题,记者不可能在每一次事件中都有很清晰的答案。当记者对这些问题感到难以确定的时候,最好的方法就是听听"行家"的意见了。由于记者有互相分享资讯和互相印证对事物的判断的倾向,结果就是不同新闻机构对同一事件的报道会趋向雷同。另一位学者蒂莫西·克劳斯(Timothy Crouse)在其名著《公车上的男孩》(*Boys on the Bus*)中称这种情况为"pack journalism"。

3. 新闻记者和消息来源的关系通常都是相对友善的。这是因为记者和消息来源都需要对方。记者需要消息来源手上的资讯或专业意见,不少消息来源则极需要记者及新闻机构才可以给予他们的直接向公众说话的机会。所以,甘斯在书中就指出,记者和消息来源有着共生的关系(symbiotic relationship)。这种共生关系对被安排在特定"采访线"(beat)上、负责特定类型的报道的记者来说尤其重要。所以,就算是最专业独立的记者,也不太可能在每次报道时都完全忽略其报道对自己的消息来源的影响。这也说明了为什么消息来源对新闻有着很大的影响力。为了避免引起消息来源不快而进行自我审查,就算在自由社会中的新闻媒体里,都是绝对可能出现的现象。不过,甘斯亦同时指出,明确的和记者们自我意识到的自我审查,在他所研究的新闻机构里不算经常出现。这是因为记者和新闻机构也有各种各样的方法,能够避免可以预期的来自消息来源的压力。我们可以说,这些方法让新闻机构一方面不需经常与消息来源产生摩擦,同时亦可以保持专业的自我形象。

从这些例子可见,要了解新闻内容,就要了解这些生产过程。这并不是说其他因素不重要,专业主义、新闻价值,又或是新闻机构所属的社会本身的一些文化价值观(书中甘斯称为恒久价值[enduring values]的东西),都对新闻内容产生影响,但如果我们要确切地了解各种各样的因素实际上如何影响新闻内容,我们就要了解这些因素会在什么情况下,以何种形式进入新闻生产过程之中。

而要了解新闻生产过程，最好的办法就是实地观察。不是所有研究者都会选择新闻机构作为观察点。例如上文所提到的，他就跟着美国总统选举中候选人的竞选公交车到处跑，观察来自不同机构的新闻工作者如何报道选举新闻（在书名"Boys on the Bus"中，"Bus"就是指候选人的竞选车，"Boys"就是指在竞选车上的记者们）。不过，如果我们关注的不是某一特定范围或议题的新闻，而是各种各样的新闻如何被新闻机构生产出来，那有什么比进入新闻机构进行实地观察更为合适呢？

从新闻室观察中得出的主要观点

从各新闻室观察研究中所得出的有关新闻机构运作和新闻生产过程的最主要的基本结论之一，就是效率的重要性。

不少从事新闻室观察研究的学者将新闻机构视为工厂，例如马克·费什曼的著作名为《生产新闻》，就直指工厂这个比喻，而甘斯在本书中亦用上了生产线（assembly line）一词。这个比喻，指的是新闻机构像工厂一样，需要在特定的限期之前成功完成货品的生产。不过，新闻机构所有的是非常有限的时间。一间日报报社要在每天十多个小时内完成一份报纸的所有内容和生产程序；一个电视台每天可能有几次主要的新闻报道，所以他们拥有的时间更少。还有，如果在原本的"截稿日期"（deadline）前有什么重要的事情发生，那么新闻机构怎样应付？表面上，周刊面对的问题可能小一点，因为他们至少有几天的时间去完成一期杂志，而且报道突发事件不是他们的主要职责，但其实几天的时间，又是否足够完成周刊所需的远较报纸和电视新闻深入的报道和分析？

新闻机构需要在很短的时间之内以及运用有限的人力资源去完成新闻的生产，所以效率是非常重要的。而笼统地说，新闻机构提高工作效率的方法，亦和很多工厂或其他重视效率的机构一样，经常涉及的是如何有效地分工，以及如何将生产过程的各部分标准化和常规化。例如以上提到，记者在寻找专家学者评论一些事件时，会考虑的往往是哪一位专家学者最容易被找到。同时，至少在笔者身处的香港，不少曾接受传媒访问的大学学者都指出，有时记者根本不是想知道学者的意见，而只是想借用学者的口来说出他们早已决定了要在文章中出现的观点。不过，记者之所以有时会这样做，不一定跟他们的专业程度或操守有关，更基本的可能也是效率的问题：当记者要"赶稿"时，他们很可能真的没有时间去聆听及消化专家们的意见。他们只好根据已拟好的蓝本去写该篇报道，所以需要的就只是有人愿意说出他们需要在文章中提到的观点。所以，另一些新闻学研究者亦指出，常常被传媒引用的专家学者通常都会有的另一个特点，就是他们的意见比较可以预测（predictable）（例如一位在社会道德问题上经常采取保守态度的专家的意见）。

对新闻机构来说，讲求效率，一方面是无可厚非的，但同时，对效率的追求也是各种各样的问题的根源。试想，如果一个记者要对一些犯罪问题作出报道，那么，最理想的做法就是尽量从多个角度去分析及了解有关的问题，访问在不同岗位之上、持不同立场的人士，包括警察和其他有关的政府部门、熟悉法律的专家、研究犯罪问题的心理学家和社会学家、跟罪犯有接触的社会工作者、罪案的受害人，甚至罪犯本身等。在报道时也应该提供足够的相关背景资料。但当记者没有时间和力气去做那么多的工作时，实际上可以做的就很有限。到最后，如果记者只有时间去采访一至两位消息来源，他最可能会找谁呢？很明显，就是去找拥有最多资讯及最具权威的消息来源，而这个消息来源，通常就是政府部门或其他官方组织。

所以，不少新闻室观察研究所得出的另一个主要观点，就是新闻机构对效率的重视令社会上最有权力及资源的机构，如政府、大商业公司等，成为新闻的最主要的定义者。相反，社会上被边缘化的社群，以及没有太多资源的公民组织，往往没有在传媒里发声的机会。换句话说，传媒有向建制倾斜的倾向，它们跟社会上的政治、社会、经济权力是紧密相连的。

指出这个现象的学者有很多，但采取不同研究取向的学者对这个现象的解释重点却不一样。从宏观的政治经济学角度出发的学者，强调的通常是商业传媒、其他商业机构，以及政府机关之间千丝万缕的关系。例如拥有商业传媒的老板，通常也拥有其他种类的生意，他们和政府机关以及官员之间也常有密切的关系。又例如商业传媒往往依赖广告生存，所以新闻机构可能不太敢得罪广告商。再者，在很多现代社会里，传媒本身也是大型商业机构，所以它们在很多问题上的利益和其他商业机构本身就很一致。

政治经济学的角度有其重要性，但如果我们只停留在宏观层次，就不能解答一系列的问题：新闻机构的老板真的会有时间及精力直接参与新闻室的运作吗？如果不是的话，那么谁拥有传媒机构，又可以怎样对传媒机构的运作以至新闻内容产生影响？新闻工作者不是有自己的一套专业理念吗？他们怎会接受自己的工作受广告商或政府影响？他们怎会接受传媒为社会上的权力拥有者服务？

所以，在传媒与社会政治权力之间的关系这个问题上，新闻室观察研究的贡献，就是它从微观的角度，指出向建制倾斜为何是新闻生产过程的副产物。也就是说，新闻机构的确不是为了为权力服务而存在的，而新闻工作者亦无意偏袒建制，但由于不是所有人和所有机构都可以配合新闻生产过程所需，结果是属于建制的机构和人物在跟传媒交往时会有很大的优势。

同时，由于这种微观的角度强调新闻的实际生产过程是最直接地影响新闻内容的因素，这种研究亦可以帮助我们了解处于弱势的社会组织和社群可以如何增加自己在传媒里发声的机会，又或者是改变传媒对自己的组织和社群的负面报道。例如关心社会运动的学者，就指出传媒往往有贬低及边缘化社会运动的倾向，但正如夏洛特·瑞恩（Charlotte Ryan）在其著作《黄金时间的激进主义》（Prime-time Activism）中指出的，这种情况并不是完全不能避免或改变的，重点是社会运动的组织者要了解传媒的运作及新闻制作过程的特点，并尝试运用自己的资源来加以配合。那么，社会运动组织仍然有机会得到传媒的正面的注视，并通过媒介唤起民众对某些议题的关注。

　　总而言之，新闻室观察研究在新闻学中有其独特的地位。它不可以完全取代其他类型的研究或理论观点，但它却从自己独特的角度出发，对新闻学里一些最重要的课题提出了非常有用且具有影响力的观点和发现。

赫伯特·甘斯的《什么在决定新闻》

　　在较为广泛及笼统地讨论过新闻室观察研究的特点和贡献之后，让我们回到读者手上的这本书。《什么在决定新闻》和其他新闻室观察研究当然是同中有异。读者也许会问，同是新闻室观察研究，《什么在决定新闻》的经典之处在哪里？跟其他著作相比较，它的特点是什么？

　　笔者认为，我们可以非常粗略地将最好的研究分为两类。第一类研究旨在建立或发展一个结构完整而清晰、相对简单但有力的理论。所谓结构完整，并不是指它覆盖了眼前现象的所有层面。相反，它可能只从某个层面出发，代表着一个非常明晰的理论视角或取向。但它可以将那个观点或视角阐释得很透彻，并从而发展出一个内部逻辑性强的理论，以及用来建构该理论的一堆或具有高度启发性或具有高度描述功能的概念。很多时候，这种研究强调的是我们可以怎样用最简单的方法了解表面上非常复杂的事物。所以，在谈论这些研究时，我们往往可以用一段比较简单的文字去总括该研究的结论。

第二类研究则可能有较大的野心，希望从差不多所有角度和层面去看一个问题。当做得成功的时候，它的长处在于内容非常丰富，给人一种包罗万象的感觉。它亦可以提出一些具高度启发性或描述功能的概念，但这些概念未必可以被整合起来成为一个内部结构完整的理论。这种研究亦较难被简单地总括和归纳。如果第一类研究像是优美而巍峨的建筑物，第二类研究就像一个宝藏。站在建筑物之上，我们可以从一些特定的观点出发看世界；而面对一个宝藏，我们则可以尽情发掘有用的东西。

以这个分类来看，我认为盖伊·塔奇曼的《做新闻》属第一类，《什么在决定新闻》则属第二类。当然，要再三强调的是，这个分类是非常粗略的，我们不能说《做新闻》没有丰富的内容，亦不能说《什么在决定新闻》完全没有特定的观点。但我仍然认为，《做新闻》最大的优点，在于塔奇曼将新闻生产过程的常规化如何影响新闻内容这一点发挥得淋漓尽致。在探讨和分析过各种新闻生产的常规之后，她提出了"新闻网"（news net）一词，指出新闻生产就像撒网打鱼一样，往往只会捉到大鱼，小鱼则在网中间溜走，而这些大鱼，亦正是社会上的建制代表。所以，塔奇曼提供的是一个可以被简单地总结出来的理论，而该书中提出的最主要的概念和观点，都与其基本的整体理论观点有直接的关系。而由于这个原因，其他学者亦可以通过各种各样的研究去对塔奇曼的理论观点加以引证、延伸或反驳。例如社会学者尼娜·埃里索夫（Nina Eliasoph）在 1988 年发表的一篇经典文章，就尝试指出新闻常规化不一定会令新闻机构向建制靠拢。

《什么在决定新闻》则不一样。这并不是说这本书完全不能被总结。甘斯自己就在书中第二部分的结论中指出，影响新闻的最重要的两大因素是政治社会权力（或确切一点说，是来自具有政治社会权力的机构的消息来源）对新闻机构的影响，以及新闻机构对效率的重视。但这本书的主要价值并不在于这个结论，因为在 1979 年此书出版时，这两点都已经绝对不是新发现了，而书中对这两点的讨论，虽然有其精彩的地方，但整体来说，亦不能算比其他较为集中讨论这两点的著作（如里昂·西格尔［Leon Sigal］的《记者与官员》［*Reporters and Officials*］和塔奇曼的《做新闻》）优胜。

所以，我认为《什么在决定新闻》最大的优点，是它的确包罗万象。作者自己亦说："这本书的长度本身就显示了没有一个单一的和简单的解释可以用来解释新闻。"作者没有强求将所有东西整合起来，他所做的是提出及讨论各种各样可能对新闻内容产生或大或小影响的因素，例如：第二章讨论社会上恒久的价值观；第五章提到不同媒体因使用的技术及其新闻形式不一样而会有不同的新闻考虑，同一章中亦讨论了具市场竞争关系的传媒机构怎样影响对方；第七章讨论商业因素以及受众到底在多大程度上可以左右新闻内容，同时谈及美国国家级新闻机构里的新闻工作者的社会背景及地位，以及这种背景及地位如何影响他们的判断；第八章讨论各种各样的机构和组织，包括国家电视网络的地区联营者（local affiliates），可以怎样影响新闻决定，其中，作者对"自我审查"这一概念及其指向的现象有很有见地的讨论。

书中还有很多对其他问题的讨论。加起来，这些讨论几乎覆盖了所有我们可以想到的可能对新闻内容产生影响的因素。我们的确有理由相信，它们根本不可能被整合在一两个概念之下。而到最后要作出结论时，甘斯亦只好在众多因素中指出他认为最具影响力的两个，再约略加以分析而已。

但从另外一个角度看，由于甘斯的讨论所涉及的问题非常广泛，所以无论一位新闻学研究者手上的题目是什么，他大概都可以从《什么在决定新闻》中得到一点启发。书中的不少部分亦预示了一些日后新闻学研究的发展方向。例如甘斯强调美国新闻反映了美国社会的恒久价值观，而新闻工作者说到底也是社会的一分子，所以他们也会受社会文化的影响。甘斯大概是较早强调社会文化和新闻的关系的学者之一。在第五章，甘斯简略地讨论了什么有趣的故事会成为新闻，并指出到了 20 世纪 80 年代及 90 年代，新闻的故事性或神话性质会受到更大的重视。

又例如甘斯在第二章较后部分讨论了美国电视上的国际新闻，指出它们无论从选材到内容特征，往往都是从本土的角度出发的。这亦预示了 20 世纪 90 年代初，国际新闻研究中兴起的对新闻本地化（localization 或 domestication）的探讨。在结论一章中，甘斯指出新闻工作者是社会的道德守护人（moral guardians），因为通过报道公众人物及机构如何违反社会上广被接纳的道德观念，社会上现存的道德观念会得到强化。20 年之后，西奥多·格拉瑟（Theodore Glasser）和詹姆斯·艾特玛（James Ettema）详细分析了美国调查式新闻报道，亦强调了同一观点，而他们的著作的书名《良心的守护者》(*Custodian of Conscience*)，亦与道德守护人的说法如出一辙。

哲学家怀特海有一句很有名的话，他认为西方过去两千年的哲学，都是柏拉图哲学的一系列注脚而已。借用这个说法，美国新闻学过去 30 年的发展，的确有一大部分可以被视为《什么在决定新闻》的注脚。

当然,这种说法无论是用在柏拉图还是甘斯身上,都有点夸张。事实上,如果读者对较近期的美国新闻学研究有所涉足的话,可能会觉得甘斯对某些问题的讨论颇为"原始"和粗糙。但学术上的最新发展,也可能会忽略了某些东西,又或甚至走错方向。所以,回到经典,除了可以追根溯源之外,有时也可能会在某些问题上得到新的启示。而作为一个宝藏,也许《什么在决定新闻》中仍然有未被学界详细地加以分析和研究的主题,这就要靠读者们自己去发掘了。

在《什么在决定新闻》之后

说到这里,仍然没有介绍甘斯本身的背景。他在 1927 年出生于德国,1938 年随家人移居到英国,1940 年再到美国定居。他在 1957 年于宾夕法尼亚大学取得规划及社会学哲学博士学位。在研究院期间,甘斯的老师们包括城市人类学大师路易斯·芒福德(Lewis Mumford)。甘斯早期的研究也主要与城市规划、城市文化,以及社群(community)在城市中的生活有关,而所采用的方法也大都是人类学中的田野考察。他于 1962 年出版了《都市村民》(*The Urban Villagers*)一书。1967 年,即当他正在 CBS 进行第一轮观察研究的时候,他出版了《莱维敦居民》(*The Levittowners*),描述一个新泽西州的市郊社区的生活。一篇在学术期刊中发表的书评认为该著作是美国二次大战结束以后所有市郊社区研究中最优秀的。

换句话说,新闻传播研究并不是赫伯特·甘斯的学术事业的唯一焦点。我们甚至可以说,这大概不是他的研究事业最重要的焦点。事实上,1979 年出版的《什么在决定新闻》已经是他的第 7 本学术著作,而他本人亦已经 52 岁。他在该书中也打趣说,那些新闻机构内的新闻工作者很多都不明白为什么一个主要研究社群的社会学家会对他们有兴趣。

在《什么在决定新闻》之后，他又回到了其他社会学的领域。他于1988年当选美国社会学协会主席，在1988年到1999年之间又出版了4本学术著作。当然，在这些年间，甘斯对新闻传播仍然有所关注和观察，他在1988年美国社会学协会的主席讲话中就指出，有关大众传媒的研究越来越重要，但在社会学界仍未受到应有的重视。甘斯亦偶尔在一些期刊上发表一些有关新闻传播的较简单的讨论文章。2003年，牛津大学出版社出版了他的《民主与新闻》(Democracy and The News)一书，是又一本专门讨论新闻媒体的著作。不过，这本著作并不像《什么在决定新闻》一样，建基于一个独立的经验研究，而是基于新闻学及其他相关学科的研究成果，再加上自己的批判思考和观察，对几个有关新闻与社会以及新闻与政治之间的关系的问题作出概念性的分析和讨论。其中尤其重要的是新闻和民主社会之间的关系，以及人们可以怎样改善美国的新闻媒体，让它可以更好地促进民主的发展。这里，值得指出的是，赫伯特·甘斯虽然是一个从事经验研究的社会学者，但他绝不会逃避规范性的价值讨论。《什么在决定新闻》的最后一章中有关"多视角新闻"的讨论，就是要指出新闻应该怎样做。而在《民主与新闻》一书中，除了重提"多视角新闻"之外，他还讨论了其他有关新闻可以如何做得更好的建议。

《民主与新闻》的原创性及内容的丰富性大抵不及《什么在决定新闻》，但对于对新闻学有兴趣的人士来说，《民主与新闻》和同年出版的另一大师级学者迈克尔·舒德森(Michael Schudson)的《新闻社会学》(The Sociology of News)，都是近年新闻学中较有价值的读物。而且这两本书都写得比较浅白，就算是对新闻学认识不深的读者读起来也应该不太困难。但同时，就算是对新闻学有深入认识的研究者，也都可以在这两本书中找到一些新颖的观点。所以，如果读者在读完手上的《什么在决定新闻》后觉得意犹未尽，大可以尝试找以上两书来看看。

目录

再版前言 …………………………………………………… 1
前言 ………………………………………………………… 1
致谢 ………………………………………………………… 1

第一部分　新闻 …………………………………………… 1

引言 ………………………………………………………… 1
第一章　新闻中的国家与社会 …………………………… 9
第二章　新闻中的价值 …………………………………… 48

第二部分　新闻从业者 …………………………………… 87

引言 ………………………………………………………… 87
第三章　新闻选择的架构 ………………………………… 95

第四章　消息来源与新闻从业者·················144
第五章　新闻故事的适宜性·····················184
第六章　客观性、价值与意识形态···············232
第七章　利润与受众···························273
第八章　压力、审查与自我审查·················319
第九章　结论：新闻与新闻从业者···············357

第三部分　新闻政策·····················383

引言·······································383
第十章　多视角的新闻·······················385

注　释·····································425
参考文献···································463
关键词中英文对照表·························475

再版前言

引 语

《什么在决定新闻》已经 25 岁了。今时今日，它可以被当成三本书来阅读。一本是（以现在时写就的）新闻史，它记述了 20 世纪 60 年代和 70 年代美国主要的全国性新闻媒体（除了《纽约时报》[The New York Times]）。由于研究所涵盖的这一时期，被视为新闻业一去不复返的黄金时代的一部分，这第二本书讲述的就是所谓的黄金时代其实际情形如何。

然而，这第三本，也是其中最重要的一本，才是我写作的初衷所在，它是一部有关美国全国性的新闻生产流程中的所有参与者，从全国性新闻机构、新闻从业者，到消息来源以及受众，如何判断什么是新闻以及这些新闻如何被报道的社会学分析。这本书同时也是一项对当代的新闻判断以及介入到这些判断之中的各种考量因素的研究。

为了使我最初撰写的那本书更具历史性，这篇再版前言将首先分析70年代后期以来新闻业所发生的变化。这一分析涵盖全国性新闻媒介的一般情况，也会特别讨论我所研究的那几家电视网晚间新闻节目和印刷类的新闻杂志。在审视了我所研究的那一时期，即后来人定义的"黄金时代"之后，我将讨论70年代以来不曾发生改变的方面，这些方面因而也适用于对当今的电视网、新闻杂志，以及多数其他全国性的新闻媒介的分析。

必须承认，我关于变与不变的判断，乃是基于观察和印象，而非再次研究的结果。然而，在这些年中，我持续从事媒介社会学的研究，并与不可胜数的记者和研究者保持对话。此外，为了写作这篇前言，我还访问了一些来自晚间新闻节目和新闻杂志的"老人"，听取他们对于变化之处的判断。

哪些已经改变

在过去的四分之一个世纪，全国性新闻媒介最重要的变化或许就是它们的同步成长、分化，以及衰落。在20世纪70年代，为普通受众服务的全国性新闻"产业"规模甚小：它包括三大电视网的新闻节目和三大新闻周刊。其他的"种子选手"还包括《纽约时报》(The New York Times)、《华尔街日报》(The Wall Street Journal)、三两份商业新闻杂志，以及美国公共广播电视（PBS）和一些评论杂志；但这些备选媒体主要服务于特定"阶层"，而非"普罗大众"——今天它们依旧是这样，只是其专属程度或多或少有所降低。（一小撮超市小报不论在过去还是现在都是全国性的，但它们刊载的并不是我们讨论的"新闻"。）

不过，现在的美国拥有一张羽翼丰满的通俗的全国性报纸——《今日美国》(USA Today)。《华尔街日报》过去和现在都主要是一张商业报纸，而《纽约时报》则发行全国版，同时还有其他几份报纸也在全国范围发行。有线电视新闻节目，不仅包括长达一小时的晚间新闻广播——我当年研究中遇到的那些电视记者曾矢志达成这一目标，但却以失败告终——甚至可以 24 小时无休止地播报新闻。地方性的电视新闻节目现在包含了远比地方性报纸多的全国性新闻；此外，所有全国性的印刷和电子新闻媒介都拥有网站，它们借此将一部分以传统的方式生产出来的新闻再现到网络空间。根据将近五分之一的年轻人对民意调查人员的讲法，他们的新闻来源，是电视网午夜时分的喜剧演员，有线电视的喜剧中心（Comedy Central）频道也赫然位列其中。广播新闻依旧存在。所有这些新闻媒介都卷入到全天候的彼此竞争之中。现在，只有在凌晨 3 点被报道，而且只出现在网络上的独家新闻，才能被称为"独家"。

尽管新闻媒介在增加，但绝大多数专家都相信，新闻受众的总体规模日渐收缩。显然，受众已经变得支离破碎，他们分散到众多提供全国性新闻的新的媒介渠道或"平台"中去了。虽然我研究的这四家新闻机构仍然拥有最大的受众群，但它们的读者和观众却一直在向其他媒介特别是网络流失。在此过程中，人们的兴趣似乎从长新闻转向短新闻。某些人将新闻摄入量限制在搜索引擎所得信息之内，而他们可能也正是那些曾经一度愿意花费一分钟到三分钟从新闻广播中获取信息的人。

这些新闻媒体失去受众也就意味着失去广告收入，意味着紧缩的预算和机构规模。尽管不像其他产业那么明显，但新技术还是导致了更进一步的机构紧缩。此外，像美国的其他企业一样，新闻公司现在要求更高的利润率，随之而来的裁员大概超过了新技术的影响。

  大公司显然有着更为惊人的贪欲,而且对于华尔街日渐增长的利润需求来说,它们是更为有效的目标。但即便如此,集团化与产业链的扩张将对新闻采集、新闻内容以及新闻业自主性产生何种影响,目前尚不够明朗。一般而言,大公司试图从规模经济中获利,而规模经济意味着更多的裁员和最大限度的内容标准化。左派媒体批评家因而对集团化的恶行提出灾难性的预言,但右派的批评家眼中仍然只有"理性"的资本家。

  在某种程度上来说,双方的反应可能都没有切中问题的要害。在我看来,新闻机构当前的经济行为是针对受众收缩及其经济后果以及正在浮现的新旧媒介之间的劳动分工的一种反应。所有媒体都试图揣摩出如何改变新闻及其表现形式才能够吸引对它们来说最有利可图的那部分受众,具体说就是那些广告商最愿意付费招揽的 18 至 34 岁的人群。

电视网晚间新闻与新闻杂志的变化

  我所研究的四家新闻媒体悉数迈入了这个集团化的世界。NBC 夜间新闻(*NBC Nightly News*)和 CBS 晚间新闻(*CBS Evening News*)现在的老板分别是通用电气(General Electric)和维亚康姆(Viacom),而《时代》周刊(*Time*)现在仅仅是时代—华纳旗下的一份杂志而已。只有《新闻周刊》(*Newsweek*)仍然属于家族企业——华盛顿邮报公司,但这家公司的经营范围也已多样化到远远超出了新闻媒体的疆界。因为这样或那样的原因,这两个曾经以电视网"荣誉品牌"的姿态存在的电视新闻节目,现在也必须赢利,至少在它们没有被战争或者其他耗资高昂的报道淹没的时候是如此。四家新闻机构全都削减了预算和人员，这主要是通过关闭分支机构来实现的；此外，它们亦裁减了编辑和制作人员，降低了报销费用以及其他的新闻津贴。维持海外的分部往往花费高昂，但派遣一个机动性的通讯员或者雇用海外记者则便宜得多，这就是那么多伊拉克战争的海外记者操有英国或者中东口音的原因之一。

到目前为止，也就是说在21世纪伊始，两家新闻杂志总的发行量与20世纪70年代中期的水平（大约750万）旗鼓相当，但问题是，这个国家的人口在过去30年间已经增长了30%。2004年，两家电视网新闻节目的日平均受众大约是2000万人（我没有研究的《ABC世界新闻》[ABC World News]则拥有另外1000万观众），但这甚至还赶不上25年前的水平。（有线电视新闻的观众规模大约是电视网的十分之一，即每天不足300万人，而其中几乎三分之二都是福克斯[Fox]的右翼新闻与评论的忠实拥趸。）但与此同时，电视娱乐节目的观众流失更为严重。而每当那些人们认为自己有必要知道的事件发生时，电视网晚间新闻的观众规模都会急剧扩大。由此观之，他们似乎更倾向于从电视网新闻从业者处得到新闻：那些熟悉的面孔被认为拥有至高的威信与专业素养。

在新闻内容的变化上，令记者最为忧虑的乃是关于当前的政治和其他国内、国际事件的"硬"（重要的）新闻的减少。与之对应的则是"软"（或特写）新闻的增加，特别是新闻杂志，它们越来越强调有关生活方式的故事。《时代》周刊现在设有一个常规性的版面，名字就叫作"你的时代"（Your Time）。在电视网中，软新闻的增幅并没有这么大；但是，相较于20世纪六七十年代缤纷多样的特写题材，如今医学发现以及其他健康报道脱颖而出并被认为更具新闻价值。

如果电视网晚间新闻恰如沃尔特·克朗凯特（Walter Cronkite）①早在20世纪60年代形容的那样，是一种标题式的服务（headline service），那么有线电视新闻节目所提供的则是标题之下的文本，或者说用以充实标题的越来越多的细节。然而，当缺乏战争和政治之类的头条新闻时，有线电视的硬新闻就往往倾向于报道谋杀案审判、名流丑闻等诸如此类的故事。尽管这类新闻也可以被划到我在第二章中所讨论的社会与道德失序新闻的范畴之内，但媒体评论家还是将之斥为"娱讯"（infotainment），并指责正是它们降低了新闻的品位。

有线电视以来自评论员和脱口秀节目主持人的"观点"装饰它的新闻，但这些人当中只有少数是他们所谈论的问题的专家。这些观点几乎都是保守的——以福克斯为最；也就是说，有线电视的社论部分在意识形态层面是高度倾斜的。而其潜在的原因则是商业性的；保守主义者涌向这类节目，借此强化他们的立场，而自由主义者则要么寻求其他媒介，要么避免公开呈现他们的意见。

由于有线新闻节目往往急于表达既定"意见"或力求耸人听闻，亦由于它们全天候播出并得以不断重复其"重大故事"，因此这类新闻节目有时候比电视网晚间新闻节目更加引人注目。尽管观众规模甚小，它们却可以将电视网的新闻节目反衬得僵硬而沉闷。结果，它们所产生的影响可能超乎寻常。

在新闻生产的幕后，主要的变化来源于编辑队伍的萎缩。其结果是，首席编辑或制片人不得不从更少的备选对象——特别是不太重要的特写故事——中作出选择。此外，有一些故事永远都

---

① 沃尔特·克朗凯特（1916—2009），美国著名电视记者，曾担任CBS晚间新闻主播19年（1962—1981）之久。——译者注

不会被报道，比方说，外国的选举，或者其他花费高昂而没有美国人直接卷入其中的国际新闻。不过，这种萎缩所带来的后果，受众是看不到的，因为他们无从知道哪些新闻故事被忽略了。一位杂志编辑告诉我，即便如此，他所在的杂志所掌握的新闻故事，仍然超过它能够刊载的数量。（然而，来自广告的掠夺以及分配给图片的版面空间的膨胀也在同时吞噬新闻故事的"疆域"。）

部分程度上作为日趋激烈的竞争的结果，这些新闻节目和新闻杂志发展出了新的样式。新闻杂志——特别是《新闻周刊》——不再像从前那样被分割成十余个栏目。封面故事仍然是核心所在，但杂志的其他部分则集中刊载有关当周重要选题的长篇文章。这些文章为读者多半已经知悉的事件提供了语境、额外的细节以及对事件的解释。相反，电视网新闻节目则不断推出诸如"着眼美国"（Eye on America）、"每晚记事"（Nightly Journal）以及"本周人物"（Person of the Week）之类的新栏目。它们赋予了这些本可能高度雷同的新闻节目一些独特性，同时，这些栏目所播发的新闻故事都是预先排定的，因而也就可以在播出前一天即广而告之。

另一个重要的变化是技术变革。我把它放在最后来讨论的原因在于，技术变革说到底并不像人们——特别是记者——所通常认为的那般无所不在。我们得承认，孕育了有线电视和互联网的新技术的确影响深远。另外，摄像机的微型化这一革新，提高了新闻从业者的灵活性，同时也缩减了摄制组的规模。现在，现场直播变得更为容易，而且在不远的将来，记者独自一人就可以通过一个手机大小的相机传送高质量的电视图像。一旦电视网的新闻部门迈向数字化，磁带剪辑将变得更容易也更快捷；理论上讲，执行制片人以及新闻杂志的首席编辑最终都可以在他们自己的电脑上完成编辑工作。

然而,就当下而言,电脑为新闻机构所带来的变化远不如它对其他领域产生的影响。不错,它取代了递送稿件的勤杂工(copyboys),亦通过电子邮件加快了编采人员之间的交流。此外,电脑令很多编辑工作变得更为容易,杂志版式也可以更加多样,但是,电脑并没有对基本的编辑流程产生显著的影响。对新闻杂志而言,文章仍然要经由编辑们的逐层把关,而现在他们要求下属对文章作出修改的理由,与过去殊无二致。搜索引擎加快了事实核对(fact-checking)的速度,而谷歌(Google)也令一些核对员丢掉了工作。

"黄金时代"的历史

对很多新闻从业者而言,我刚刚所描述的种种变化,正象征着新闻业历史上一个黄金时代的衰落,这一黄金时代大致始于第二次世界大战早期以及 CBS 记者爱德华·默罗(Edward R. Murrow)初上历史舞台之际,而在越战结束之后走向终结。这个时期之所以享有盛誉,不仅仅是因为石破天惊的新闻故事不断地涌现出来,更是因为那些挖掘出此类新闻的记者被认为与今时今日的记者有所不同:他们出身于工人阶级,少一些精英情结,而且无论在社会地位还是酬劳方面都不被当作名流看待。那时候,编采规模更大,预算也更为充裕,而且媒体旗下的一流的分支机构,星罗棋布地分布在整个国家,乃至整个世界。

当时,受众规模更为庞大;他们被认为拥有较高的社会地位,对新闻更加关注,且不那么热衷于丑闻和其他形式的娱讯。人们相信,"黄金时代"的新闻从业者在面对竞争压力和政客与广告商的干扰时可以更为自由地行事。此外,他们被认为无论在新闻机构（那时候这些机构都是由新闻从业者领导）之内，还是对于政治家与国家而言，都拥有比现在更大的影响力与更高的声望。

当然，那些真正在该时期投身于全国性新闻的生产之中的新闻从业者，并不知道他们正在经历一个黄金时代。本书的读者将会发现，他们实际的生活情境如何；另外，一些记者相信，尽管当年的报销费用较为丰裕，但新闻从业者所要面对的压力也更为巨大。因而，黄金时代其实是在令人悲观的现实中创造出来的充满怀旧色彩的"构想"，与其说这种建构反映了过往岁月的情形，不如说它更多地折射出新闻业当今的境况。

黄金时代的说法所传达出来的主要是新闻从业者的一种感受，即他们的行业正处在衰落的边缘，并经历着集体性的倒退。这种倒退并非幻觉，因为少数全国新闻媒体的寡头垄断局面以及由此而来的独特性和声望，都一去不复返了，取而代之的则是，如此众多的媒介渠道以前所未有的规模参与到全国性的新闻生产中来。第一代电视记者开创了全国性的电视新闻，其实他们当时已经深深嵌入公司官僚体系，只是今天的某些规则还不曾被创制出来。然而，诸如此类的初创时期，慢慢就演变成了历史上的"黄金时代"。

无论合理与否，倒退的感受本身总是很痛苦的；它亦会抑制人们认真思考当下的处境并作出建设性的回应。衰落论者总是盯着过去，而非未来，然而即使过去在某些方面再好，人们永远不可能回到从前，也没有任何事情能够重来。

哪些没有改变

尽管全国性新闻媒体的总体结构处在转型之中，但是，生产出我所研究的新闻节目和杂志的那些新闻机构却并未发生实质性的改变。这类必须依照紧凑的时间表定期地推出产品的机构，若非万不得已，都不会改变其成功运作的架构。而且，当它们的受众数以百万计的时候，新闻机构就会担心一项错误的革新可能会在吸引一些新受众的同时，丧失更多忠诚的老顾客。

毫无疑问，唯有通过一项全面的再研究，我们才有可能全盘细究那些已然发生的微妙变化。尽管如此，这些年来我自己的观察和与新闻从业者的对话都显示出，"决定什么是新闻"的过程和进入其间的种种考量，以及新闻判断背后的价值与假设，都与当初大同小异。新闻从业者所报道的事件总是新颖的，但他们的新闻故事却并非如此，而他们用来判定新闻构成要素和再现方式的那些方法，在新颖程度上则更逊一筹。

因此，我怀疑，一章一章地重新研究并不会得出多么不一样的结论。除了事件和人物名称的变化，前两章的内容分析得出的"类别"将会非常类似。时间与版面空间的匮乏仍然会迫使新闻从业者将眼光集中在我所谓的"知名人士"（Knowns），特别是政府官员身上；至于"无名小卒"（Unknowns），他们只关心那些身陷冲突、触犯法纪或者作出不寻常举动的个体。在可能的范围内，新闻从业者追求与从前大致相同的价值观，并且仍然青睐利他的民主和负责任的资本主义；他们之所以这样做，某种程度上是因为，只有那些与这些理念相背离的活动才有新闻价值。比方说，如果不存在腐败行为，即便是最能干的调查记者也发掘不出吸引人眼球的揭丑故事来。

如果说现今的新闻从业者看起来更趋于保守，其部分原因是"这个国家"被认为趋于保守；主要的原因则是，他们现在所接触的政治信源多数都是保守主义者。与新闻从业者在20世纪六七十年代报道过的那些团体一样，持自由主义立场的民主党人士已经失落权威位置太久，而不再被看作具有新闻价值的消息来源。对秩序和领导权的执着仍然可见，只不过，2004年的失序新闻的素材是丑闻与战争，而非60年代的抗议运动。实际上，全国性的新闻仍然主要关注政府内部的有序与失序；更具体来说，其主要题材还是集中在管理人员的法律纠纷上。

只要新闻机构仍然是为规模庞大的受众大批量生产新闻产品，它们就依旧是由决策者借助准军事化的规则管理的流水线。但是，新闻从业者只有先得到可用的故事素材，而后才能够判断它们是否适合发布，而只要官方信源还拥有传递具备新闻价值的声明和事件的权威和资源，记者就仍然必须依赖他们。其结果就是"自上而下"的新闻，而在白宫尚可掌控"讯息"通道而未遭遇反对力量搅扰之时，大量的全国性新闻就不啻为白宫的传声筒。自我最初写作这本书以来，媒介批评逐渐变成一个"规模产业"，而新闻从业者则受到越来越多的针对新闻生产现状的指责；但即便如此，他们仍然是将消息来源的言行简单化并戏剧化的现代社会的信使。

不管怎样，新闻从业者用以挑选合适新闻的诸种"考量"（considerations）——我暂且这样称呼它们——显然没有改变。而新闻判断则大致保持着20世纪初叶现代新闻业降临以来的模样。不错，我记述的是一个新闻从业者不乏合适的硬新闻可选的时代，而未来的民族志学者将不得不更多关注于记者如何选择他们所呈现的软新闻。只要全国的新闻受众拥有同样的身体、类似的疾病以及对健康的忧虑，跟医药和健康有关的故事就总会转变成适宜的全国性新闻。

无论是印刷媒介还是电子媒介，都仍然受到传统的截稿日期的规制，而只要新闻故事的供应超出了可用的版面或时段，新闻从业者就必须依赖各种人为铆定的标准来选择报道内容。其他适宜性的考量也仍然存在。此外，由于可被报道的事件变化万端，单凭这些考量不足以判别所有故事的新闻价值,这也就使得《纽约时报》在整个新闻业内仍然扮演着判定故事适宜性的最终权威的角色。

在过去25年里,那些极端保守的政治家和智库极大地强化了意识形态在美国政治生活中的作用;但实质上,所有的全国性新闻组织都宣称要继续秉持客观性的原则,同时,记者们在新闻报道中仍然矢志追求公正和超然。但是同样是这些记者,仍然对意识形态及其塑造公共官员的方式顽固地视若无睹,而这些官员又恰恰制造出如此多的全国性新闻。新闻从业者并不理解意识形态者(ideologue)在追逐其目标、玩强硬政治手段以及拒绝妥协方面的持久性,他们也仍然不清楚自己的专业价值在多大程度上构成了一种意识形态。

记者们之所以仍然能够保持超然姿态,乃是因为他们跟从前一样,主要扮演故事讲述者的角色,而对政治没有多少私人兴趣。作为受过良好教育和相当富裕的美国人,新闻从业者在职业立场方面是经济领域的温和主义者和社会领域的自由主义者,只不过这类立场只能在非常有限的层面上塑造新闻的面貌。举例来说,工会在美国新闻业当中仍然得不到公平的对待,但如果记者摆出的是环保主义者的姿态,却总是能够得到认同。

如前所述,受众的规模已经萎缩,但是新闻——特别是电视新闻——仍然是一种受老年人青睐的产品。事实上,现在美国电视网新闻节目观众的平均年龄是60岁;而另一方面,20世纪70年代以来,年轻观众(和读者)的比重急剧地缩减,但是却没有人愿意投入必要的研究经费去探究一下原因所在。时至今日,绝大多数新闻从业者仍然刻意避开受众研究,几乎不愿花费精力关注实际上的受众,且持续将自己以及与自己相似的人看作他们想要触及的受众。

尽管媒体走向集团化，但记者们实际上仍然能够免受商业和政治的干预。大部分此类干预出现在电视业中，而且主要是出自商业原因，例如，为了在收视率竞赛中获得竞争性优势，电视网的娱乐部门会试图拉拢新闻部门。然而，它们在黄金时代也会这样做。有时候，新闻媒体力图避开可能令他们破费的争端；举例来说，他们可能会拒绝来自弱势团体——通常是左派——的广告。通常，被激怒的广告商偶尔会撤下广告，但是记者新闻判断的考量之中通常都包含了充足的商业要素，它们会令绝大多数广告商在绝大多数时候保持满意。

布什政府一直无情地施压于新闻从业者，试图借此在全国的新闻媒体上占据有利情势，但以史观之，至少那些不及它顽固的前辈们，几乎从来不曾成功过。或许，其结果是，精明的政客谋求控制新闻，而非记者。因此，当白宫严格控制信息的时候，它就迫使记者们直接发布"它的"新闻。五角大楼亦如法炮制：在第一次伊拉克战争期间，它直接向记者提供新闻，并且拒绝他们进入作战区域；而在第二次伊拉克战争期间，五角大楼"包抄"记者，紧紧地并且频繁地拉拢他们。

结　论

我怀疑，对这四家新闻机构的重新研究并不会给第九章的结论带来显著的变化。信源的权力、受众的力量以及效率仍然是"为什么新闻被如此这般呈现"的主要解释。或许受众变得更加重要，因为软新闻被用来维持并扩大受众以及广告商的规模。效率同样拥有更高的优先性，这不仅是因为对受众的追逐变得更为激烈，也是因为新闻机构和华尔街现在有着更高的利润需求。此外，全国性新闻媒体依靠政治新闻立足，如若离开了可靠的信源,稳定与易得的政治新闻供应也就不复存在了。

最后,我仍然坚持本书结尾处的批评,因为我始终认为,这些全国性的新闻媒体将一幅并不完整的美国社会图画呈现给了它们的受众。新闻从业者持续再现主流的中产阶级的美国以飨中产阶级的受众,而这个国家目前仍然有一半的人属于工人阶级,接近五分之一是穷人,而且在许多方面日趋多元化。与此同时,这些新闻媒体在政治和文化方面的中间路线剥夺了受众获取来自意识形态光谱其他位置的有益观点的权利。这本书的最后一章因而主要着力于呼唤一种我称之为"多视角新闻"(multiperspectival news)的模式。在2003年出版的《民主及新闻》(*Democracy and The News*)一书中,我重申了这种呼唤,只不过那本书讨论的是新闻从业者之于加强民主的助益。但即便是这一主题也已经存在于这本《什么在决定新闻》之中;只是对我而言,20世纪70年代的民主似乎并没有遭遇到今天这般严重的威胁。

赫伯特·J. 甘斯
2004年4月

前言

近年来，沃尔特·克朗凯特已经成为美国最受信赖的人物之一；他与其他一些全国性新闻媒体的记者都已然跻身名流。但事实仍然是，这些名流记者以及其他占 99％ 的普通记者，其首要职责是为绝大多数美国人定期提供有关这个国家的信息。

这一事实，就是本研究的主题。这本书的第一部分探讨大众化的全国性新闻媒体如何报道美国；第二部分旨在解释其中的原因所在；第三部分则提出某些用以报道这个国家与社会的其他途径。

该研究的想法可以追溯到 20 世纪 60 年代早期，其时冷战正如火如荼，而古巴导弹危机则俨然要导向世界末日。那时候，我即有意研究新闻媒体如何报道这些事件，这些新闻如何影响受众，而这些受众进而又会如何影响华府的决策。然而，在 1964 年真正开始着手这项研究的时候，我发现，单凭一己之力，我不可能解答所有这些问题。与此同时，国际形势也有所缓和，严格说来越战还没有开始升级,而我则变得对在美国内部所发生的一切更感兴趣。因此,我试图研究美国社会通过新闻将哪些社会片段呈现给自己,其间的原因又是什么。我决定将研究重心放在全国性的新闻媒体所报道的国内新闻上。

到底哪些新闻媒体算得上是全国性的,这个问题本身即有待商榷,因为没有任何一家媒体真正触及半数以上的美国人。不过,我希望研究那些寻求涵盖全国范围的受众的媒体,换言之,这类受众是规模庞大的、多样化的人群,而非小规模的、专门化的群体。(这一标准将《纽约时报》、《华盛顿邮报》与《华尔街日报》等准全国性的报纸以及《国家》[*Nation*] 和《国家评论》[*National Review*]①等评论性的周刊或月刊排除在外。)

与如上的标准最为契合的媒体是三家电视网的晚间新闻节目(ABC,美国广播公司;CBS,哥伦比亚广播公司;NBC,全国广播公司)和三份主要的新闻周刊(《新闻周刊》、《时代》周刊以及《美国新闻与世界报道》[*U. S. News and World Report*])。有关这些媒体的详尽的受众数据可以在第七章获得;简言之,根据西蒙斯研究公司(W. R. Simmons & Associates Research)的调查,在1977年,这三家电视网晚间新闻节目每天(不包括周末)的平均成年受众大约是3350万人。同一年三家新闻杂志总的读者量达到每周4730万成年人。这一规模看似惊人,但与日报在当年的1.035亿成年读者相比,只是小巫见大巫。不过,日报是全国和地方新闻的混合体,但电视新闻广播和新闻周刊所触及的则是那些大概只需要纯粹的全国性(以及国际性)新闻的受众。当然,某些受众会选择接触电视网新闻节目、新闻周

---

① 《国家》创办于1985年,是美国最古老的周刊,也是最著名的左派杂志,号称"左派的旗舰"(the flagship of the left)。《国家评论》创办于1955年,是一份持保守观点的半月刊。——译者注

刊与日报这三种新闻媒介，以及地方性的电视和广播新闻。

最终，很大程度上由于时间所限，我选择只研究其中的两个新闻节目和两份新闻杂志。在新闻网方面，我选择 CBS 晚间新闻和 NBC 夜间新闻，而放弃 ABC 的原因是，当我展开研究时，ABC 的受众规模和员工队伍都要比现在小得多；与此类似，在新闻杂志中我选择《新闻周刊》和《时代》周刊作为研究样本，《美国新闻与世界报道》由于服务于规模较小的专门化读者群而被排除在外。至于方法论上的细节，读者可以在本书三部分各自的"引言"中看到。概言之，这本书的主体，也就是第二部分，着力于研究以下内容：这四家机构的新闻从业者，努力探究他们如何选择新闻，同时将哪些故事剔除出去；他们如何报道被选择的故事；为什么他们如此选择；他们是一群什么样的人。

在借助田野调查或参与式观察方法完成几项社区研究之后，我在本研究中采纳相同的路径，进入这四个机构位于纽约的演播室和办公室中研究"新闻从业者的社群"。我观察记者们如何工作，与他们谈论故事的选择，旁听编辑会议，并参与到办公室内外的非正式讨论中去。

在 1965 年至 1969 年间，我曾分别用两三个月的时间访问这四家新闻机构；但 70 年代早期，在两度将书稿束之高阁之后，我觉得手中的数据太陈旧了。因此，我在 1975 年花费了整月的时间待在 NBC、《新闻周刊》和《时代》周刊，并且在 CBS 内部进行了访谈。正如后来的结果显示的，在两次田野调查相隔的这段时间内，世界在变，但是新闻从业者的工作方式并没有改变；因此，这本书建基于两次田野调查的数据，以及我在 1978 年 6 月所收集的用以更新这些数据的访谈资料。

然而，这本书并不单纯是关于这四家新闻机构的论述，它的分析触角可以延伸到一般性的全国性新闻、新闻业以及新闻从业者。从麦克卢汉（Marshall McLuhan）对不同媒介的论断出发，我很快意识到，电子与印刷新闻媒介之间尽管存在着区别，但它们之间的相似性才更具决定性意义。尽管电视青睐那些戏剧性的、充满令人激动的影像的新闻故事，而新闻杂志则希望新闻故事能够转化成戏剧性的叙事，同时点缀着生动的引述以及充满感染力的静态图片，但无论是电视新闻还是杂志新闻，都是（出于各种各样的原因）由以大同小异的方式看待美国的那一群新闻从业者选择与生产出来的。

无疑，在强调电视与新闻周刊之间的相似性的同时，尽管我会指出那些与新闻选择紧密相关的媒介差异和特定机构及其编采人员的独特之处，但还是有可能弱化了两种媒介之间的不同之处。即便如此，在某种程度上，我是在讨论一个普遍化的概念（或社会学家所谓的"理想型"［ideal-type］），即全国性的新闻从业者（以及全国性的新闻机构）。此外，我更关注的是这些人在责任和权力上的差异——例如，他们是管理者、编辑，还是报道者，而不是他们最终的产品到底是以影像、磁带还是纸张作为载体。（顺便一提，我之所以使用"新闻从业者"［journalists］一词，是因为"新闻人"［newsmen and women］这种说法太过冗赘；我也不喜欢"新闻人群"［newspeople］、"新闻人士"［newspersons］、"新闻工人"［newsworkers］之类的字眼。"新闻制造者"［newsmakers］听起来流畅一些，但新闻从业者已经在使用这个词来称呼他们的报道对象了。我也不喜欢"新闻媒体"［news media］一词，但是我没能找到一个合适的词来替代。）

虽然我在研究中点出了特定的杂志或电视网的名字，但所有的个体新闻从业者都是匿名的，除非所引述的观点是他们通过印刷媒介或广播等公开渠道表达出来的。我告诉研究对象，不会在报告中公开他们的名字；除此之外，匿名也是田野研究的固有传统。社会学家更为关注人们在组织中扮演的角色和他们所占据的位置，而非特定个体的个性品质。显然，新闻从业者归根到底都是个体，但新闻机构的官僚化程度也足以令处在同样位置的不同个体以大同小异的方式行使职责。最后，为了保护受访者，我改变了某些人的身份资料，但没有对引述做任何改动，即便如此，某些研究对象还是难免会认出自己以及他们的同事。

最初进入这项研究的时候，我对新闻从业者的工作所知甚少。像很多研究对象一样，我是在中学阶段接触到新闻业并打算成为一名记者的，但那是在1945年，后来我在大学中转向了社会学。此外，我并没有将任何先在的鲜明的价值观带入这项研究，而且最初我认为自己需要应对的只不过是早期社群研究中所浮现出来的价值问题。不过，我很快意识到并非如此，因为在我展开这项研究的20世纪60年代中期，恰是针对诸多行业领域、社会科学乃至全美国的无所不在的批评风起云涌之际。我逐渐意识到，自己的价值观在某些方面影响了分析，因而，这本书当中也包含了一些与此相关的自我省察。

另一个价值问题则与我的专业背景有关。在展开田野调查之后不久，我即发现，社会学和新闻业在某些方面类似。尽管它们在目标、截稿期限和受众方面相差甚远，但它们都是在借助经验性的方法来呈现美国社会。此外，它们在应对价值时也面临着相同的困境，因为它们都矢志于保持客观。但无论实际的经验性工作能够在多大程度上保持价值无涉，或者记者所谓的"超然"，新闻从业者与社会学家最终都不可能在实践中彻底地排除价值或避开价值暗示。由于二者的相似，社会学和新闻业在某种程度上处在相互的竞争关系之中，所以它们也并非惺惺相惜的伙伴。新闻从业者在零星的关于社会学的故事中，添加了语带嘲讽的侧记,这清晰地表明了他们的态度;而社会学家则常常拿新闻业与他们自己的学科领域相比,并认为前者尚不够格。与同行一样,我面临着同样的诱惑,而且可能并没有在研究中间完全将之克服;但是,通过时不时地比较这两个专业领域各自的工作方式以及它们可能遭遇的相似的难题,我力图克服这一价值问题。

在此意义上,这本书,是一个社会学家理解新闻从业者的一种尝试。出于社群研究的传统,我试图报告在我观察的社群中所发现的一切相关的信息,但在本书第二部分,我聚焦于那些支配新闻判断的非正式的规则。事实上,一位被访者非常准确地指出,我所写下的正是新闻业中一些不成文的规则。但是,规则往往蕴含着价值,这本书同样是对一个自认为客观和非意识形态化的行业领域的价值与意识形态的论述。此外,由于我同时探究了创造出这些规则和价值的商业、政治以及其他力量,这本书也检视了那些从新闻机构外部对新闻从业者产生冲击的信源、受众与权势者。本书对于新闻和新闻从业者在美国社会中所扮演的角色的一般性讨论贯穿始终,并在第九章中辟有专节讨论这一问题。

在研究告一段落之后,我现在觉得这本书所展现的也是对一个全国性的行业领域的观察;而书中的相关论述——例如,专业标准如何将效率准则与权力现实整合起来——或许会为理解其他全国性的行业领域如何运作提供线索。在各种各样的角色之外,新闻从业者是符号化的消费产品的生产者;而我在研究中所发掘出的新闻从业者在不太关注受众的前提下为之提供服务的种种途径,对于理解其他消费产品的商业性生产者可能也会有所帮助。

最后,这本书乃是一个外来者对于建制(Establishment)的一部分的内部世界以及那些常常被认为充满魅力和力量的人们的报告。不过,我发现,全国性的新闻从业者工作勤勉,常常饱受折磨而无暇更无心施展魅力；他们是专注的专业人士，时刻意识到自己对于新闻业以及受众的责任。他们比我们这些普通人拥有更多的权力，但那主要是因为他们所表达且在多数情况下赞同的乃是在美国占主导地位的经济、政治和社会观念与价值。因此，我觉得，这本书的主题虽然是新闻从业者，但我其实给予美国的主导文化及其经济、政治根基同等的关注与笔墨。

像所有参与观察者一样，这本书在部分程度上是为研究对象而作，它告诉他们我的研究所得，以回报他们允许我对之进行观察并与之展开长时间的讨论。在我观察的过程中，一些人告诉我，他们无法理解自己所从事的事业，并希望我能够帮他们去理解；我希望我的努力达成了这样的目标。此外，这本书的目标读者也包括一般大众和我的专业同行；但归根到底，这本书是为我自己而作，其初衷是为了理解我们所有人都在观看和阅读的新闻。

致谢

  我首先必须感谢我的研究对象；离开他们以及他们的帮助，这本书根本无从产生。我同样要感谢西雅图布利特基金会（Bullitt Foundation of Seattle）主席斯廷森·布利特（Stimson Bullitt）先生，凭借他的资助，我开始了这项研究。那是在很久以前，当时，新闻尚未变成被认可的研究主题；但是，他却不假思索地给予我这份资助。

  这项研究后来得到福特基金会（Ford Foundation）以及国家人文科学基金会（National Endowment for the Humanities[①]）的支持，在任古根汉姆基金学者（Guggenheim Fellow）期间，我完成了本书的最后一稿。当然，本书的研究发现并不必然代表这些资助机构的观点。我在进行这项研究时曾身处的三个研究中心提供了其他形式的支持和令人愉快的工作环境，它们是：都市

[①] 此处原文为 National Endowment of the Humanities，应为笔误。——译者注

教育中心（Center for Urban Education）、麻省理工学院—哈佛都市研究联合中心（MIT-Harvard Joint Center for Urban Studies）与政策研究中心（Center for Policy Research）。我要特别感谢政策研究中心及其主任阿米泰·伊兹欧尼（Amitai Etzioni）先生。我也很感激詹姆斯·克里斯宾诺（James Crispino）、奈杰尔·费希尔（Nigel Fisher）以及早先的查尔斯·吉利（Charles Gillett）；作为研究助理，他们在诸多方面给予我大力的帮助。

我的妻子露易丝（Louise）、编辑安德烈·斯克菲因（André Schiffrin）以及文字编辑唐娜·贝斯（Donna Bass）提供了无价的编辑方面的协助。他们帮我强化了论证、厘清了观点，并且改进了我的写作风格。奥黛丽·麦基治（Audrey McGhie）和伊芙琳·笛亚德（Evelyn Ledyard）以她们一贯的耐心和效率一遍遍录入手稿。我的儿子戴维（David）帮我想到了此书的标题，而他的父亲则对书中所有的错讹之处负责。

赫伯特·J. 甘斯
1978 年 6 月

第一部分

新 闻

引 言

题为"新闻"的这一部分描绘了美国作为国家和社会出现在我所研究的全国性新闻媒体上的形象。在报告用以绘制这幅图景的方法之前,为使那些不大接触某一类媒介的读者了解必要的背景,我将提供一些有关晚间新闻节目和新闻周刊的基本信息。

时长半小时的新闻节目,实际上只能容纳22分半至23分钟的新闻,它们结合了影像(现在通常以录像带为载体)故事和电视记者所谓的"口播故事"(tell stories);口播故事由一到两名主播来播报,背景是静止的照片、地图或图表。每一个节目都被广告间隔成4到5个部分。通常情况下,新闻节目包含5或6则影像故事,它们通常是有关当天事件的硬新闻,每一则持续一至两分钟;每期节目会包括一到两个相对较长的"特写故事",它们并不负载隐含的"新闻电头"①。每一则口播新闻持续15至30秒

---

① "dateline",即新闻文稿开端或结尾处对新闻写作地点与时间的简短介绍,如"北京,12月26日"。这里,作者的言外之意是,特写故事一般没有较为明显的时间性。——译者注

第一部分 新闻

的时间，总量能够累积到 6 分钟左右；它们的功能是引入与结束某一则影像故事，为之补充最新信息，以及提供一种"标题式服务"（headline service），即简要概括那些不能转变成影像或者不具有充分的重要性的国际或国内新闻。

新闻节目的结构类似于报纸的版面布局。当天最重要的故事是头条新闻，而前两个部分则主要报道当天发生的其他重要的硬新闻。其中绝大多数都是国内新闻，它们通常与政治或经济事件有关，因而多数源自华盛顿。而占据其他部分的特写故事，其选题多半与健康等社会上重视和感兴趣的话题有关；电视新闻记者热衷于以一则属于"人咬狗"类型的富有人情趣味的逸事结束整期节目。不过，一旦有在某些新闻从业者看来会令举世震惊的事件发生时，新闻节目会在这一则新闻故事上投放 8 至 10 分钟甚至更长的时间，而如上的这种常规样式也就会被弃置一边。

总体而言，这三家新闻机构所报道的几乎是相同的故事，但因为它们相互竞争，所以彼此之间也存在一些差异；而在这本书出版之际，可能会有更多的不同之处浮现出来。直到艾瑞克·塞伍雷德（Eric Severaid）于 1977 年退休之前，CBS 新闻每周会推出三期由他主持的新闻评论栏目；此外，它还间歇性地开办的一个栏目，是由查尔斯·库拉尔特（Charles Kuralt）主持的"在路上"（On the Road），它的主要内容是人情味新闻，特别是来自美国乡村的故事。NBC 新闻于 1977 年初推出了一个每晚播出的新闻栏目"第三节"（Segment 3），有时候它会被用于播出我在后面将提到的道德失序事件的调查报道；但通常情况下，它是一则有关时下关注的现象或争论的较长的报道。大致与此同时，ABC 新闻开始播出针对国内外重要官员的访谈；另外，ABC 也降低了主播的重要性，而给予得力的记者更多的空间。

新闻杂志每期会刊载 50 页左右的新闻栏目。正如我在前言中所言，它们将戏剧化的叙述和戏剧化的图片结合起来，而后者至少占到新闻版面（或曰"新闻洞"）总量的三分之一，而且有时候会出现整版的图片。这些周刊将新闻划分到定期出现的专题栏目之中。杂志的前半部分包含了全国新闻版、国际新闻版和商业版。而杂志的后半部分备选的栏目数量众多，因而，很多栏目一个月内只能出现一两次，而且通常只能容纳两三则故事。这些栏目聚焦于一系列机构兼职业领域（institutions-*cum*-professions），比如法律、宗教、教育、新闻业、医疗、科学与体育；同时它们还刊载对最新的书籍、电影和艺术展览的评论。从编辑们的角度来看，最重要的栏目是每周通过封面图片隆重推出的封面故事；它的选题可能是登上头条的事件，或是一场当下的政治争议，又或者是对于杂志后半部分的某一个话题较为深入的讨论。封面故事可以出现在杂志的任何位置；但在杂志前一半和后一半的栏目之间，往往由一个八卦栏目——《时代》周刊的"人物"（People）与《新闻周刊》的"新闻制造者"（Newsmakers）——区隔开来，这类栏目主要报道那些常在镁光灯下出现的名流们最新的动态。最后还有一些简短的特写栏目，其中一版用来刊载名人讣告，另外一些页面则用于刊载读者来信。

  我首要的关注对象是国内新闻，因而，这项研究聚焦于全国性新闻的栏目，也就是《时代》周刊的"国家"（Nation）与《新闻周刊》的"国家事务"（National Affairs）。它们通常包含六则长度各异的新闻故事，其中一些还附带"花絮"以补充与之相关的信息。栏目中的绝大多数文章都是硬新闻，但也总有一些空间留给一两则"轻松的"人情味特写故事。因为这些杂志都是在所有的头条新闻都已被公众知晓之后才面世的，它们就只有将日报上和电视中的报道归纳整合到一个整体之中，同时——若有可能——推测事件将来的发展状况，借此回顾当周的主要事件。

此外，它们还会加入那些被日报或电视新闻的同行们忽略或错过的细节，特别是缔造头条新闻的人物的传记资料，以及关于他们动机的证据或推测，但前提是新闻杂志能够掌握这些细节。不像电视会避开鲜明的观点，新闻杂志有时候会以评论来结束它们的故事，只不过，在20世纪60年代，《新闻周刊》和《时代》周刊都先后放弃了原本强硬的评论态度；现在，很多新闻故事都以某些撰稿人所谓的"一方面……另一方面"式的结论来收尾。其他的观点只能通过带有"时代风格"（Time-style）的写作方式进入到新闻报道之中；这种机智的又常常语含反讽的风格，是由亨利·卢斯（Henry R. Luce）、布雷顿·哈登（Briton Hadden）[①]以及他们最初聘来为《时代》周刊工作或撰稿的常春藤学校英文专业的毕业生们发明出来的。

与电视新闻网一样，这两家杂志所报道的也是大同小异的新闻故事。《新闻周刊》每周刊载几位常驻专栏作家和一位特约专栏作家的文章；《时代》周刊则会发表一篇通常由内部人士撰写的每周评论。两家杂志在很大程度上是通过封面故事相互竞争，但在过去几年间，竞争已经拓展到刊载尚未出版的富有争议或引人注目的书籍的节录方面。这些变化可能会引致《新闻周刊》逐渐远离当周重要新闻的"记录者"这一传统角色。

内容分析

接下来的两章报告的是针对新闻的内容分析，它旨在揭示出哪些是新闻从业者长久以来所选择的新闻，而非他们如何作出选择。这个分析建基于如下的假设，即新闻包含了一幅国家与社会

[①] 亨利·卢斯（1898—1967）与布雷顿·哈登（1898—1929）一起于1923年创办了《时代》周刊，后者于1929年英年早逝（时年31岁），之后《时代》周刊由卢斯一人主持。——译者注

的图景。但新闻从业者的初衷却并非展现这样一幅图画,他们的任务是创造出有关观察到的事物或访问到的人物的"故事"。不过,新闻从业者的工作成果,在一个长时段内,可被视为一幅有关美国的素描。

这一假设导向另外一个更进一步的假定,那就是内容分析者能够观察到新闻中一再出现的模式并找到新闻内容的结构。这一结构绝非研究者凭空捏造之物,因为新闻从业者不可能报道发生在美国的每一件事情,他们必须从数以亿计可供选择的素材中挑选出一些行动者和活动来。其结果就是,在关于一小拨行动者及其活动的新闻中浮现出来的反复出现的模式。

此外,这种模式在部分程度上也取决于我所用的方法,因为我在内容分析中使用了一些刻意建构的高度概括性的类目来审视新闻报道,希望借此将特定的新闻故事从具体的语境中抽象出来。举例来说,所有的抗议与示威游行都被置于同一个类目之下,尽管它们可能拥有不同的目标和参与者。(这个方法也有望唤起人们对于我在前言中提到的电子与印刷媒介相似性的关注。)

毋庸多言,接下来的两章中浮现出来的国家与社会的图像绝不是唯一一种可被勾勒出来的形貌。新闻,如同其他形式的符号产品,由无数一点一滴的或隐或显的内容构成,因而任何单一的内容分析都无法全盘掌握。另外,我的分析来自用以审视新闻的概念和类目,而这些概念本身包含着价值或存在着价值暗示。由于我同时也关注那些被排除在新闻之外的行动者与活动,因而这些研究发现有时候可能会被新闻从业者当作对他们工作的批评,但我的初衷是分析性的,而非批判性的。(在第十章中,我提出了一些对新闻的批评。)

虽然我在新闻中瞥见了一幅国家和社会的图景,但我并没有假定受众看到的是跟我一样的景象,我甚至不能确定他们是否看到了任何图景。对于大量只是偶尔关注新闻的观众和读者来说就更是如此。受众绝不会像研究者这样有规律地或近距离地审视新闻;而且由于阅读或观看新闻同样也是一种内容分析,受众在此过程中带入了他们自己的概念和类目,借此负载并归纳出从新闻中得来的一系列结论。

我在内容分析中所采用的方法在很大程度上是定性的(qualitative),由此得出的一系列假设乃是建基于十余年的观看电视新闻和阅读新闻杂志的经验。在很多方面,我的观察得到一些定量(quantitative)数据的补充,它们得自1967、1971和1975年三年中隔月抽取到的6个月的新闻故事样本。(针对某些新闻故事,我还纳入了1969年的数据。)我之所以选择这些年份,部分是为了避开大选年,因为大选年的竞选活动会将很多其他新闻挤出新闻媒体。同时,我也将关注点限定于国内的活动与行动者。另外必须指出的是,定量分析排除了越战新闻以及与之直接相关的国内新闻,因为我想聚焦于有关美国国内新闻中反复出现的模式;这一分析因而忽视了如下的事实,即海外战争本身就是反复出现的现象,且会带来很多国内后果。其中的某些后果的确构成了我分析的一部分;而且尽管排除了与越战政策冲突有关的新闻,我还是将那些间接衍生自这场战争的政策冲突,例如联邦政府的国内开支,纳入分析范围。(我将在后文指出,排除战争以及与战争相关的新闻会对研究发现产生怎样的影响。)

定量的内容分析比较简单;在多数情况下,我分析的新闻故事只涉及一到两个类目。无论是印刷媒介还是电子媒介,分析单位都是个体新闻故事,而对新闻故事进行分类的标准则是主导的行动者或者活动。(当两个以上的行动者或者活动主导某一则新闻报道的时候,我会根据分配给每一组行动者或活动的时间或版面空间来将对应的故事分割到相关的类目中去。)关于电视新闻的数据来自 CBS 新闻,之所以选择这一家电视网,是因为只有它拥有 1967 年完整的播出脚本。而对新闻杂志的选择则是掷硬币的结果,硬币选择了《新闻周刊》。不过,如果我选择的是另一家电视网或者杂志,最终得到的数据实质上应该没什么两样。顺带说一下,由于分析电视脚本是如此耗费时间,因此我只能分析一年的节目。(我也没有分析录像带,但在样本中的所有节目首播时,我就看过。)事实上,我发现就我关注的这些概括化的类目而言,并没有必要将分析细化到分钟或者新闻杂志版面上的栏数;通过统计各类新闻故事的数量所占的百分比得来的数据,几乎与此完全相同。因为原本打算比较电子媒介和印刷媒介,我选择出来的 1967 年的电视节目样本和杂志刊期覆盖了完全一致的时间段。为了让结果更具可比性,我将电视节目的分析收束到国内新闻部分,并将对《新闻周刊》的分析集中于"国内事务"版和与之相关的封面故事。1971 年和 1975 年的新闻杂志样本则覆盖了与 1967 年的样本相同的月份。

  需要补充的是,接下来的内容分析充其量是抛砖引玉;它们只是初步地提示出新闻是如何描绘美国的。显然,除此之外还有很多工作需要做。我尤其希望那些文学批评者能够将他们的洞察力和方法运用在与数以百万计的受众息息相关的新闻故事上,而减少埋首于那些过去的不那么重要的"严肃"作家的作品。

新闻中的国家与社会

在 20 世纪 60 年代晚期和 70 年代早期，主导新闻的题材是越战，是种族暴乱及其对种族关系的影响，是通货膨胀和失业，是总统大选和犯罪等一贯引人瞩目的话题。为了理解新闻中勾画的关于国家和社会的图景，我避免仅仅集中于探讨特定的新闻主题，而是选择检视那些充斥在新闻中的人物或行动者，以及被认为具有新闻价值的活动。[1]

新闻中的行动者

新闻从业者总是说新闻应该关注个人，而非团体或者社会进程；总体而言，他们达到了这一目标。

顾名思义，全国性新闻与国家有关，因而最频繁地出现在全国性新闻中的行动者必然是那些在全国性的活动中扮演角色的个体。但是，对于到底是哪些全国性的行动者被报道，却没有必然的答案。他们可能是我称之为"知名人士"的个体；也可能是"无名之辈"，即那些能够代表构成这个国家的各种团体或群体的普通人。由此更进一步，知名人士可以是政治、经济、社会或文化人物；他们同样也可能是担任公职者，或者虽不扮演官方角色却掌握幕后权力的个体。

新闻中的知名人士

如前所述，知名人士是各色人等的集合体。其中一些人被记者认定为已经是受众耳熟能详的；另一些人频繁出现在新闻当中，因而为记者所熟悉。还有一些人，他们的名字可能并不为人所知，但他们占据着显赫的位置，譬如说一个大州的州长，或者一个麻烦不断的城市的市长。

如同所有现代国家的新闻一样，在美国最频繁地出现在新闻中的那些人是知名人士，且其中绝大多数拥有公职。如表1所示，在我所研究的时间段内，他们占据了70%到85%的国内新闻时段，而无名小卒只占有大约五分之一的时段或版面空间。剩余的空间则分配给动物、实物（比如船只或飓风）以及抽象议题（比如通胀）。

表1　　　　　　　　　　新闻中的人物类型

	百分比			
	电视故事数量	杂志栏数		
	1967	1967	1971	1975
知名人士	71	76	72	85
无名之辈	21	18	23	10
动物、实物以及抽象议题	8	6	5	5
故事或栏目的总量	1290	645	753	795

总而言之，五类知名人士在国内新闻中占据支配地位；尽管

如表 2 所示，随着不同知名人士新闻价值的变化，其占据的百分比在各个年度中也有所不同。

表 2　　　　　　　　新闻中的知名人士

	百分比			
	电视故事数量	杂志栏数		
	1967	1967	1971	1975
现任总统	11	12	20	23
总统候选人	4	17	12	7
参众两院的议员	16	10	12	4
其他联邦政府官员*	22	9	16	20
肯尼迪家族成员	3	4	9	4
州政府和地方官员	11	13	16	11
所谓的或实际上的法律及道德违犯（反）者**	10	9	7	22
宇航员	1	4	0	0
专业人士	9	11	5	3
商业与劳工领袖	7	1	0	3
民权领袖	4	7	2	0
其他知名人士	2	3	1	1
故事或栏目的总量	918	490	544	674

* 也包括联邦最高法院法官、现任副总统、卸任总统和副总统。

** 有一些是联邦政府官员，但不论其公职为何，我都将他们编码成触犯法律者。

1. 现任总统　年复一年最为频繁地出现在新闻中的单独个体，就是总统；而且通常他总是雷打不动地出现在每一期的新闻杂志以及每一辑的电视新闻节目当中。在 1975 年，总统独自占据了 23% 的分配给知名人士的版面空间以及将近 20% 的国内新闻的时段。不像其他人只有在介入到不寻常的、革新的或者戏剧化的活动中时才能成为新闻主角，总统是唯一一个其日常活动都被认为具有新闻价值的个体。

2. 总统候选人 总统职位在全国性新闻中处于如此核心的位置，以至于每一位有希望的总统候选人——倘若他隶属于两大政党中的任何一党——都会在他的举动像候选人的那一刻起进入镁光灯下，并且只要他看起来有希望被提名，就会一直驻留在媒体舞台上。在大选年，候选人有时候会获得比现任总统更多的版面空间和时段；新闻杂志对候选人的报道远远超过电视，而且关于热门候选人的报道往往在大选前一年就开始了。

3. 最主要的联邦政府官员 联邦政府官员在新闻中出现的总的频率超过总统，但其人均获得的时段和版面空间要远远少于后者。虽然如此，这些官员的总数却不大；他们包括参众两院的领导人、主要委员会的首脑，以及部分内阁成员。[2] 由于战争及冷战在国内新闻中占据重要地位，国务卿在新闻中出现的频率高于任何其他内阁成员，亨利·基辛格（Henry Kissinger）①的前任和后任都是如此；而在20世纪70年代的经济困难时期，财政部长出现的频率比较高。

近年来，白宫班底的核心成员也开始在新闻中频繁地出现；然而，虽然他们长久以来即在联邦政府中扮演着核心角色，但他们真正变得具有新闻价值乃是拜"水门事件"所赐。当联邦最高法院宣布一项判决的时候，它也会成为简讯之类的新闻报道的主角。最高法院也是少数几个被当成整体来看待的联邦机构之一；在通常情况下，个别的法官只有在上任或者卸任之际才会被报道。其他出现在媒体上的联邦政府官员几乎无一例外都是机构首脑，他们通过宣布一项新的政策或者与总统发生冲突而跻身新闻当中。

此外，在约翰·肯尼迪（John F. Kennedy）成为总统之后，

---

① 基辛格于1973年至1977年间担任美国国务卿。——译者注

肯尼迪家族的成员就常常出现在新闻中。很多新闻是约翰·肯尼迪和罗伯特·肯尼迪（Robert F. Kennedy）被暗杀的后续报道；但是在罗伯特·肯尼迪生前和成为总统候选人以前，他就比其他同等资历的参议员拥有更高的媒体出镜率。[3]尽管爱德华·肯尼迪（Edward Kennedy）近几年偶尔会从媒体上消失一阵子，他仍然拥有着非同一般的新闻价值，而杰奎琳·肯尼迪·奥纳西斯（Jacqueline Kennedy Onassis）以及年青一代的家族成员实质上是唯一一群能够出现在电视新闻和周刊国内新闻版上的社会名流。

4. 州政府和地方官员 在新闻中出现得最多的非联邦官员是州长和市长，特别是来自较大的州与大城市的首脑，只不过他们之所以出现在新闻当中不单纯是因为其所占据的职位。在20世纪60年代末期，这通常是因为他们在名义上负责应对种族骚乱（媒体称之为暴乱）及其后果；在70年代，则是因为他们负责处理城市财政问题与校车制度（school bussing）①。此外，新闻中曾出现大量的黑人市长，这是因为，即便是一个小城里的市长一职由黑人就任，都会被（现在仍然如此）视为全国性的新闻。

5. 所谓的或实际上的法律及道德违犯（反）者 在这一类目中，我纳入了那些触犯法律或陷入政治丑闻的知名人士，以及查尔斯·曼森（Charles Manson）②和刺杀总统的刺客之类的无权无势者，后者因为谋杀著名的人物而成为知名人士。电视与新闻杂志都会长篇累牍地追踪报道对这些人——譬如60年代的亚当·克莱顿·鲍威尔（Adam Clayton Powell）和丹尼尔·艾尔斯伯格

---

① 从20世纪70年代开始，为在学校内部促进种族融合，美国很多州将传统白人学校与黑人学校对调，并开始推行强制性的乘校车上学制度，又称"强送强并"政策。——译者注

② 查尔斯·曼森（1934—　），美国加州历史上著名的杀人魔，是犯罪组织"曼森家族"（Manson Family）的首领，曾于1969年参与策划虐杀案件，之后被判终身监禁。——译者注

(Daniel Ellsberg)、70年代"水门事件"的被告们,以及被控告贪污或渎职的位高权重的州政府和地方官员——的审判和国会调查。

触犯法律或背离道德的普通人也同样可能出现在新闻中,但绝大多数违犯(反)者都是知名人士。在1967年,针对法律或道德违反者的报道中,81%的电视新闻和61%的杂志报道聚焦于知名人士;而在1975年,新闻杂志上的这一比重攀升到89%,因为"水门事件"和其他的政府丑闻将大多数籍籍无名的违法者挤出了国内新闻舞台。

总而言之,一小撮知名人士,其数量大概不超过50个,且多数是联邦政府高级官员,不断地出现在新闻媒体上。反之,那些通常也被认为在国家事务中扮演着重要角色的人们却并不那么频繁地出现在新闻当中。举例来说,那些大公司的首脑或者巨额财富的拥有者等等经济上握有权势者,极少被拍摄或者记录,即使他们出现在媒体上也是出于跟他们的经济权力无甚关系的原因——比如说很可能是因为他们陷入了与联邦政府的某种冲突,或者是遇上了法律麻烦。诸如总商会(Chamber of Commerce)、全国制造商协会(National Association of Manufacturers)或者经济发展委员会(Committee for Economic Development)等商业组织的领袖则根本不具有任何新闻价值。劳工领袖出现得相对频繁,但通常是以乔治·米尼(George Meany)[①]为代表。但是,渐渐地,国际卡车司机协会主席詹姆斯·霍法(James Hoffa)吸引了比米尼更多的注意力,尽管这种关注并非源于他的劳工领袖身份。他首先是作为一名被告和囚犯,后来则是作为绑架和谋

---

① 乔治·米尼(1894—1980),美国劳工领袖,1952—1955年担任美国劳工联合会(American Federation of Labor)主席,1955年劳联与美国产业组织协会(Congress of Industrial Organizations)合并之后,米尼于1955—1979年间担任劳联—产联主席。——译者注

杀的受害人而被媒体关注。(不过,商业和劳工领袖确实会出现在杂志的商业版上,但这不包含在表2的分析当中。)

其他那些在全国舞台上看起来有权有势却极少出现在新闻中的个体包括军方高层——尽管他们在越战期间也会被报道,以及政党领袖——他们在选举年份拥有短暂的新闻价值。政治权力非正式的占有者,比如大型竞选活动的捐助人以及重要的地方与州特别是乡村层级的政治机器的首脑,普遍都被全国性新闻媒体忽略了,特别是在选举与选举之间间隔的年份更是如此。商业说客所受的待遇基本上跟竞选捐助人一样,除非他们被指控触犯了反贪污法或背离了道德。在某种程度上,那些所谓的公共利益说客在新闻中出现较为频繁,最近在这方面最为著名的代表人物就是拉尔夫·纳德(Ralph Nader)[①]。

与主要政党没有附属关系的政治领袖往往只有在牵涉入与联邦政府之间的政治冲突或者法律纠纷的时候才能进入新闻。如表2所示,民权组织的领袖或代言人在20世纪60年代的时候还会出现在新闻里,但在70年代就完全销声匿迹了。少数派政党以及更加非正式的政治团体的首脑唯有在领导抗议示威活动或与民间骚动发生联系时,才能够吸引媒体的关注,否则就只有被弃置一旁。在过去十年间,社会主义党唯一一次变得具有新闻价值,是在诺曼·托马斯(Norman Thomas)[②]去世的时候;而社会工人党的唯一一次媒体露面则是在FBI渗透该党的行为被曝光之后。纳粹政党和三K党会制造新闻;而那些竭力避开记者所谓的"麻烦"的保守与极端保守团体则不会。

[①] 拉尔夫·纳德(1934—),美国律师,消费者权益保护运动的先驱,曾以独立候选人身份多次参选美国总统。——译者注

[②] 诺曼·托马斯(1884—1968),美国著名社会主义者与和平主义者,自1928—1948年曾6次代表美国社会主义党参选总统。——译者注

不管是世俗还是宗教的全国性志愿协会的领袖们，都会在介入或评论重要或富有争议的联邦议题——譬如堕胎问题，以及最近十年来的性别或种族平等议题——时受到媒体瞩目。当全美妇女选举联盟（The League of Women Voters）准许男性成为会员以及当它赞助1976年的总统辩论时，它都受到了媒体的关注。而当宗教团体无论是准许还是否决女性担任神职人员的时候，它们都会被宗教版之外的国内新闻版报道。

新闻中的无名之辈

包括警察和普通联邦"官僚"等低阶的公职人员在内的普通人，占据了媒体上五分之一的时段或版面空间，而其间的绝大多数篇幅都用于报道五类无名之辈：

表3　　　　　　　　　　新闻中的无名之辈

	百分比			
	电视故事数量	杂志栏数		
	1967	1967	1971	1975
示威者、"暴乱分子"与罢工者	42	43	40	32
受害者	33	20	25	21
所谓的或实际上的法律及道德违犯（反）者	8	23	14	17
选民、调查受访者及其他集合体	3	2	11	14
不寻常的活动的参与者	7	12	6	7
其他	7	0	4	9
故事或栏目的总量	266	118	171	80

1. 示威者、"暴乱分子"与罢工者　　无名之辈最为频繁地出现在新闻中的时候，往往是他们站在反对立场上展开行动，特别是反对政府政策之际。在1967年与1971年，这一类目占出现在新闻中的所有普通人的40%，而且倘若我将反战示威者包括进

来,这一比重一定会更高。在 1967 年,具有新闻价值的普通人大部分是种族骚乱的黑人参与者;那一年,黑人占据了杂志用以报道无名之辈的所有栏数的 58%,但较之于分配给知名人士的栏数,他们只占 12%。而电视则给予他们相对较少的时段:有关无名之辈的总时段的 22%,以及赋予知名人士的时段的 11%。近半数从属于此类目的电视新闻故事是关于罢工者的,而新闻杂志则在商业版报道他们。到了 70 年代,种族骚乱基本上结束了,而示威者仍然出现在新闻当中,但他们主要是抗议在学校和住宅区推行种族融合政策的白人。

2. 受害者 排在下一位的最有新闻价值的无名之辈是自然或社会失序的受害者,其中绝大多数是犯罪受害人,而在电视新闻中,他们则多半是龙卷风、洪水、火灾、飞机失事以及其他自然或科技灾难的受害者。不过,在 1967 年,受害人主要是在种族骚乱中被杀害、伤害或失去财产的人们;而在那一年之后,受害者越来越多地以失业牺牲品的面目出现,特别是那些在好年景里拥有稳定的蓝领或白领工作的普通人。电视新闻与新闻周刊都定期报道官僚体制的受害者,即那些受到常被描绘为非理性的官僚作风或其他官僚现象折磨的人们。60 年代晚期,长期贫困的人们变得具有新闻价值,这些新闻经常报道他们如何成为政府机构或福利制度的"烂摊子"的牺牲品,而鲜有提及他们所受到的经济剥削或者他们对经济发展的拖累。

3. 所谓的或实际上的法律及道德违犯(反)者 尽管触犯法律的无名之辈可能像那些陷入类似麻烦的知名人士一样频繁地出现在新闻之中,但这两类人被指控或宣判的罪行却往往大异其趣。绝大多数触犯法律的无名之辈是绑架者、连环杀人犯,或者是以非同寻常的残忍方式杀害受害人的凶手。由于被他们残害的人们往往也是无名之辈——不然的话,这些罪犯就会迅速成为名人了，媒体对他们的报道更多集中于犯罪行为，而非庭审。与此不同的是，知名人士站在法庭上的时候才更具新闻价值。那些参与非暴力犯罪或悖逆道德的普通人极少出现在全国性新闻中。

4. 不寻常的活动的参与者　在参与新奇古怪的时尚活动、加入奇异的信仰团体或俱乐部，抑或习得不寻常的爱好时，无名之辈也会制造出新闻。而当他们偏离预期的角色，例如，老人表现得像青年人或者儿童展现出一些成人的技能时，他们也就变成了"人咬狗"类新闻故事的合用素材。查尔斯·库拉尔特主持的CBS新闻特写"在路上"通常就是报道此类无名人物，特别是老年人。

5. 选民、调查受访者及其他集合体　上面所提到的四种无名之辈，几乎总是以具名的个体形象出现在全国性新闻之中，但有时无名之辈亦会以集合体特别是统计上的集合体的面貌跻身新闻。最经常出现的集合体是选民和民调的回应者，随着新闻媒体逐步报道全国性选举之外的其他民调数据，后一种集合体的出现频率越来越高。自从美国经济初显危机以来，失业者就周期性地出现在失业统计数据中，就如同消费者出现在对长期上升的物价的报道中一样。不具备统计上的意义的集合体，譬如有关校车巴士的报道中那些并未参与抗议的父母和孩子，也会时不时地出现在新闻当中。

无论以何种标准来衡量，出现在新闻报道中的无名之辈都是不具代表性的一小群人；而且除了作为统计意义上的集合体之外，绝大多数普通人永远也不可能登上新闻媒体的舞台。普通人如何工作，在工作以外他们在家庭、教堂、俱乐部以及其他组织中做些什么，他们如何与政府及公共机构发生联系，凡此种种，都几乎不可能成为新闻。

其间的道理实在是非常显豁，因为它就内嵌于新闻的定义之中。普通人在新闻中的位置，或许在1974年的一天中得到了最富戏剧性的说明。那一天，美国国会通过了一项将会对数以百万计的工人产生影响的养老金法修正案，但是所有的新闻媒体，无论是日报、电视新闻节目还是周刊，都只是约略提及此事，而无一例外地将远远更多的时段和版面空间以及头条选题倾注在纳尔逊·洛克菲勒（Nelson Rockefeller）被任命为这块土地上的二号人物——副总统——这一事件上来。[4]

新闻中的活动

另一种相关的检视新闻的方式是观察那些被最为频繁地报道的活动。这里所谓的"活动"，是指从政治争议到死亡的一系列行为模式；此外，尽管在很多情况下此类新闻故事都是以记者或者受访者对事件进行讨论的方式呈现出来的，我所关注的却是这些活动本身。

与对行动者的分析一样，这一部分的分析也排除了与越战相连的国内活动，无论这些活动是由公职人员还是示威者主导；不过，我还是统计了此类新闻与其他国内新闻的比率。在1967年的样本月份中，《新闻周刊》的"国内事务"栏目将19%的版面空间用于报道与战争相关的国内活动；1971年，这一比重下降到16%；而在1975年，则下降到5%，且所有这些新闻都是对战争最终接近尾声的报道。对1967年一个月的CBS新闻节目的分析显示，26%的口播国内新闻和35%的影像报道与越战相关。（在这些分析中，我都排除了关于战斗及其他战争本身细节的新闻报道。）

表4显示了出现在新闻中的主要的与战争无关的国内活动，

这里并没有就参与其间的究竟是知名人士还是无名之辈作出区分。如表4所示，八类活动出现得最为频繁或者显得最为重要：

表4　　　　　　　　　　　新闻中的活动

	百分比			
	电视故事数量*	杂志栏数		
	1967	1967	1971	1975
政府冲突与争议	17	16	17	13
政府决策、提议和典礼	12	10	13	13
政府人事变动，包括竞选	6	22	26	22
暴力或非暴力的抗议	10	13	13	3
犯罪、丑闻及调查	28	18	17	34
被阻止或实际发生的灾难	14	5	1	1
革新与传统	8	2	4	0
生命历程的仪式：出生、婚礼与死亡	4	5	4	0
传记（只出现在新闻杂志中）	0	6	1	9
不寻常的活动	2	2	4	2
其他	0	1	0	3
故事或栏目的总量	392	645	753	795

* 此栏的分析得自于对两个样本月份的电视新闻的分析。

1. 政府冲突与争议　年复一年地，大约有15%的国内新闻在报道政府机构以及代表这些机构的公共官员内部或相互之间的争议与冲突。由于新闻将如此多的注意力投在总统身上，多数这一类型的新闻都是有关总统与国会之间的争议和冲突的报道。冲突的具体主题随时间而变化，但进入20世纪70年代以来，这些冲突主要集中在经济政策上。

2. 政府决策、提议和典礼　比例相对较小的一类新闻故事针对冲突色彩不那么浓厚的政府活动，它们主要是报道政府的决策——当然，这些决策通常是冲突的解决方案——和提议。其中,大多数是由总统或者其他行政部门的官员宣布的新的政府政策,尽管某些政策随后可能会以冲突新闻的面目出现。同样,国会批准新的法规及最高法院宣布裁决也可被归入这一类目。某些新闻从业者把这类新闻称作"输入型故事"(input stories),与此相对的则是"输出型故事"(output stories),即对于此类议案和立法的实际执行情况的报道,但它们的出现频率远远低于前者。

3. 政府人事变动 就数量而言,新闻杂志中最频繁出现的政府新闻报道关注的是人事变动。不过,其中多数是报道那些有望被提名的候选人的竞选活动,而如前所述,电视新闻在大选之前的年份中并不十分强调此类活动。此外,这一类目还包括了高层官员——主要是内阁部长、联邦机构负责人,以及偶尔出现的州政府和地方高级官员——的任命、辞职与免职。

4. 暴力或非暴力的抗议 在1967年和1971年,大约10%的国内新闻报道的是示威和骚乱,而其中绝大多数牵涉种族问题;如果把反战示威包括进来,这个比例会更高。倘若抗议被界定为公民与政府之间的冲突,再加上政府内部的冲突,政治冲突就会变成新闻当中最为频繁出现的活动。而一旦将与战争相关的冲突计算在内,这一类目所占比重会更为可观。

5. 犯罪、丑闻及调查 新闻中近乎五分之一的国内活动是关于犯罪、丑闻及针对它们的调查的,而在1975年,拜"水门事件"和中情局丑闻所赐,这一类活动变成最值得报道的主题。在那之前,典型的丑闻故事涉及政府官员在财政上的不端行为,以及与此相关的调查和审讯。

6. 被阻止或实际发生的灾难 电视新闻赋予大大小小的灾祸以及预防、控制和解释这些灾祸的种种努力以很多的关注。而新闻杂志也会报道长期的自然灾害,或者是夺走大量生命的灾难。

但是，那些受害者寥寥的灾祸，除非受害者是知名人士，否则通常都不会被报道。

7. 革新与传统 这是一个周期性出现——虽然算不上非常频繁——的活动类型，与之相连的一方面是社会、文化与科技创新，另一方面则是传统的社会行为和技术的衰落与消失。这类活动也可以被描述成"第一个与最后一个"新闻，因为创新通常被报道成"吃螃蟹者"；举例来说，第一个被允许涉足先前完全由男性垄断的职业的女性，或者某种新科技装备首次登场。纳尔逊·洛克菲勒被任命为副总统之所以具有如此高的新闻价值，是因为他是美国历史上第一个由自动就任的总统①所任命的副总统。

一种与此相关且未列入表 4 的"第一个"，是那些创纪录的活动，它们发生于被广泛使用的统计指标创下新低或新高的时刻。因而，失业率或通胀率的新高会在新闻中占据显著的位置，越战期间创纪录的死亡人数也会受到同等关注。与此同时，新闻给予传统的消逝以周期性——尽管不是很频繁——的关注，比方说当老式的军队制服或监狱中的行为规范被废止，或者著名的远洋班轮或火车准备做最后一次旅行。

8. 国家典礼 尽管国家典礼并没有出现在表 4 中，但它仍然是新闻报道中最重要的活动之一。而首要的典礼就是全国性的总统大选，它被看作美国民主有效性的一个指标。其他新近的重要典礼还包括宇航员首次登月和两百周年国庆庆典。新闻也会报道一些小型的典礼，譬如外国元首的正式访问。

悲剧性的事件也会被当成国家典礼来报道，最为著名的是约

---

① 任命纳尔逊·洛克菲勒为副总统的杰拉尔德·福特（Gerald Ford），在 1973—1974 年担任尼克松的副总统，后因尼克松于 1974 年辞职，而自动成为总统（1974—1977）。——译者注

翰·肯尼迪被暗杀,次之则包括罗伯特·肯尼迪和马丁·路德·金（Martin Luther King）遇刺。对约翰·肯尼迪的悼念,被新闻界视作全国性的重新凝聚与奉献的时刻,而 1967 年种族骚乱的最终平息,以及"水门事件"之后杰拉尔德·福特的就任,都被赋予了类似的意义。

典礼作为活动,象征着国家或国家观念;而它们的重要性则体现为,新闻媒体常常打破惯有的样式以"特别节目"与"特别栏目"的形式连篇累牍地报道它们。

国家与社会

除了这些对于行动者及其活动的显而易见的关注之外,在新闻中反复出现的主题还包括国家与社会——它们的存续、凝聚力,以及那些威胁到凝聚力的冲突与分化。严格来说,新闻主要是关于国家的;而社会学家所称的"社会"则是以电视和周刊后半部分栏目中的"软"新闻或新闻特写的形式出现的。由此更进一步,国家在操作层面上被界定为联邦政府,并且通常由总统和总统职位来代表;此外,它也包括那些实质上被新闻"国家化"的全国性与地方性机构。

因而,国家是由一系列符号复合体（symbolic complexes）构成的,它们包括政府、商业和劳工、法律、宗教、科学、医疗、教育以及艺术——这些复合体也与新闻杂志中的不同栏目一一对应。当新的行动者和活动涌到媒体前台的时候,新的复合体也就应运而生。民权游行和种族骚乱被概括化和符号化成黑人与白人之间的种族关系——《时代》周刊后来将对应的栏目定名为"种族",同一时期的女性解放运动也导致了"性别"栏目的设立。而"城市"和"都市危机"则是 20 世纪 60 年代中出现的新的复合体。嬉皮士和反战示威者的出现、大麻使用的激增以及年轻人中普遍的性关系的变化造就了"青年"这一新的复合体,而校园内的抗议活动则令"大学"受到全国性的关注。70年代的滞胀带来了"经济"的显赫位置;而近年来,发生在传统的核心家庭中的变化已经将"家庭"提升到复合体的地位。

此外,还存在着很多其他的复合体,有一些则是经久不衰的。这些复合体常常是杂志封面故事和电视纪录片的主题,也是更为惯例化的新闻故事的导语。这些新闻故事当中的行动者、活动或者统计数据之所以变得具有新闻价值,往往是因为它们为某一种复合体的境况提供了某些解释。尽管"水门事件"引发了关于最重要的复合体——总统角色——所带来的种种后果的大量报道,但实际上,除了最常规的活动之外,对总统的其他所有活动的报道都可以参考这一范本。1975年以来,关于虐待孩子和殴打妻子的报道开始出现在新闻之中,但这并不是因为它们是新近涌现或迅速增加的现象,而是因为它们与对于"家庭"维护的关注相关联。类似地,一系列范围广泛且先前风马牛不相及的新闻故事现在因为一个叫作"环境"的复合体而彼此联系了起来。

相反,某些机构虽被其他人看作是符号化的或真实的复合体,却并没有在新闻中占据一席之地;因而,并没有任何新闻故事或者杂志栏目专注于社会学家眼中的"社会结构"(不过,说实话,社会学家对什么是"社会结构"或者如何界定这一概念也没有达成共识);即便是"阶层等级"与"权力结构"等更容易把握的复合体也很少出现在新闻当中。同时,尽管公司兼并通常具有新闻价值,但几乎没有新闻会关注公司本身,只有跨国公司是一个明显的例外;其结果是,一个跨度十年的新闻内容分析却无法轻易展示出整个经济被寡头垄断的程度。

一体化的国家

由于符号性的复合体是国家的构成部分，并且反照出国家是一个整合的单元，因此任何对这些复合体的威胁都具有新闻价值。此外，由于通常依据个体事件可能对整个国家产生的影响来判定特定的新闻故事的价值，那些与之前提到的国家典礼，以及主要的战争、丑闻和灾难相关的新闻故事，就直接聚焦于这个一体化的国家。同样，包含美国外交政策的国际新闻很轻易地援用了国家作为统一单元的观点，而某些国内新闻也采纳了类似的视角。

通常情况下，此类新闻故事都以拟人化的词汇来描绘国家；当悲剧性或者创伤性的事件发生时，国家就变成人格与道德力量正在经受考验的个体。在约翰·肯尼迪遇刺后，整个国家陷入哀恸并"为之戴孝"；"水门事件"之后，国家变成"见利忘义"的家伙；而一本杂志则形容马亚圭斯号事件（Mayaguez incident）①是"一个国家的勇气和坚强的大胆展示，而这个国家的意志原本在越战之后遭到全世界的质疑"。当然，将宣扬国家意志视为己任，乃是一种传统的修辞方法，并非新闻从业者所专有，比如政客就常常将它拿来作为冲突与危机的解决之道。很多出现在新闻中的概念本来就不是新闻从业者独有的。

另一方面，仪式性的事件则是展示国家一体化的指标。1976年7月4日，对建国二百周年庆典的报道感动了通常保持客观的主播，他们通过电波表达出对国家的自豪感，而两家新闻杂志那

---

① 1975年5月，红色高棉在柬埔寨掌权后不久，柬埔寨人在国际水域上劫掠美国商船"马亚圭斯号"。福特派美国海军陆战队去营救船上的水手，结果这些陆战队员错误地在另一个岛上登陆，并遇到了顽强的抵抗，损失惨重。——译者注

些平素匿名的编辑也都通过署名文章表达了相同的情感。在1975至1976年间,《新闻周刊》开辟了一个两百周年纪念栏目,并借此对周年纪念进行频繁的商业与政治开掘;在它1976年7月4日的专号中,编辑描绘了"一个没有被花言巧语或意识形态所伪饰的我们的人民的群像"[5],而当期的主笔则称纪念活动为"一场美国人的合唱,虽然这些人的出身与社会地位各异,但它仍然直击人们的心灵"[6]。尽管意识到"现在人们普遍把美国看成陷入泥潭的一个民族",杂志还是指出,"美国人仍然自视为……一个生而完美且渴望进步的民族",并就此总结道,"我们是……一个时刻被卓越之梦萦绕的国家,直到今天都不曾丧失令这一梦想成真的希望。"[7]同样,《时代》周刊的执行编辑发表了一篇题为《热爱美国》的两页的文章,并在其中详尽讨论"美国自我形象"中的冲突之处,但文章的结语是,"我们必须深信,也必将证明,在建国二百年后的今天,美国的承诺仍然仅仅是一个开始"[8]。

那一天,其他新闻从业者也将美国看成是一个凝聚在一起的大合唱。就我所知,在国庆当天以及之后,没有任何一家主要的全国性新闻媒体注意到人们对两百周年纪念缺乏热情或共识。四天之后,《纽约时报》刊载了一篇题为《黑人并不为两百周年欢欣鼓舞》的文章,但却将它置于第62版,夹杂在当天有关船运和天气的消息中间。

在典礼性的场合,国家不只是一个统整的单元,更是一个柏拉图式的存在,如《时代》周刊编辑所指出的,它被美国"精神"所界定,而正如上文的引述所示,它热切地追求着神圣的理想。当然,有关建国两百年的新闻故事总是会情不自禁地聚焦于在多大程度上美国人实现了开国元勋们的理想;但即使是在其他时间,出现在新闻中的理想也总是传统的翻版,而新闻故事则将当代现实置于与传统理想相比较的框架之中评价它们。[9]如前所论,选举行为被看作证明宪法所创造的民主形式之有效性的方式。不过，这种做法实际上逾越了理想的边界，因为新闻常常将当代事件与传统实践进行比较，在此过程中就会阻碍新的解决之道出现的可能。例如，理查德·尼克松（Richard Nixon）辞职被解释成总统制仍然有效的标志，而非像林登·约翰逊（Lyndon Johnson）总统决定不再寻求连任那样，被看成一种迫使不受欢迎的总统下台的新途径。而在校园动荡的那段日子，解释性的新闻故事更倾向于关切那些精英学府是否还能够继续为国家培养未来的领袖，却没有注意到，这一动荡已然令某些学生承担起了全国性的领袖角色。

国家和社会中的分化

由于有关冲突的新闻故事占据垄断地位，而同时新闻亦关切统一与共识及其匮乏状态，新闻中的整幅图景因而就变成对一个处于冲突中的国家与社会的勾画。在此部分的分析中，我没有选择那些出现在新闻中的较为明显的、话题性的分化——譬如白宫与国会之间的冲突，或在战争期间鹰派与鸽派之间的冲突等，而是采取了一个更倾向于人口统计学的路径。因此，我的内容分析试图发掘出出现在新闻中的人群类型；这样做也是为了更进一步阐明前面的一个问题，即哪一类人——特别是哪些无名之辈——更具新闻价值。尽管有很多种可供研究的人口分化，我在这里仅主要探讨种族、阶层、性别、年龄与意识形态。

种族

在过去的十年间，新闻中首要的社会分化或许就是种族，这在很大程度上是 20 世纪 60 年代晚期少数族裔骚乱的后果。在 1967、1969 和 1971 年的样本月份中，《新闻周刊》刊载了 180 篇以黑人为主要报道对象的文章。其中，22%（占有关黑人的所有栏数的 30%）的文章直接关注种族骚乱，特别是发生在大城市的少数族裔聚集区的骚乱,但也包括大学校园和监狱里的类似事件。到1975年,尽管种族分化并没有走到尽头,但投放在这方面的新闻数量已经显著地缩减;在那一年的6个样本月份中,《新闻周刊》刊载了7篇以黑人为中心的文章,另有两篇报道中黑人成为白人抗议的目标,而多数此类抗议源于学校推行的种族融合政策所引发的争议。

之前的研究者对有关骚乱的新闻报道已经进行过出色的研究,比如著名的科纳委员会(Kerner Commission)的报告;我会在第二章中简要讨论这一问题,而这里的分析将主要集中在与骚乱无关的种族新闻上。1967年,电视新闻故事主要关注国会议员亚当·克莱顿·鲍威尔(Adam Clayton Powell)以及重量级拳击冠军穆罕默德·阿里(Muhammed Ali)的法律和政治困境,但在《新闻周刊》1967、1969和1971年用于叙述种族故事(除了种族骚乱)的288栏中,30%集中于政府和民间推进种族融合的种种努力。自1954年最高法院宣布针对学校种族融合的裁决以来,种族融合就一直具有新闻价值;此外,样本中近半数的种族融合故事聚焦于学校。很多种族融合故事都会牵涉到白人,这与种族骚乱之后的很多特别报道所关心的都是白人需要为黑人做些什么这种媒体理念如出一辙。其结果是,在杂志样本中,38%的故事主角都是白人。

不管怎样,样本中的种族新闻不大可能完全忽略黑人的活动和行动者。占总栏数14%的篇幅用于报道黑人政治家的选举活动;另有8%报道黑人组织的活动。这些故事当中,有许多与黑豹党(Black Panthers)[①]有关,而且其口吻通常都是批判性的。

[①] 黑豹党,1966年由牛顿(Huey Newton)与西尔(Bobby Seale)在加州创建的激进的黑人民权组织,活跃于20世纪60年代中期至70年代。——译者注

反之，11％的栏目报道的是涉及推进黑人的资本发展、文化和身份认同的活动，而只有4％是讨论黑人之间的社会性的及其他方面的"病症"。[10]然而，到1975年，关于黑人商业和文化活动的新闻已经被整合到相关杂志后半部分的特写栏目中；结果是，这一年中大多数种族新闻故事都与黑人罪犯、暴乱者、帮派成员以及灾祸受害人有关。

因而，总体来讲，全国性新闻所展现的是中层或中上阶层的黑人，他们克服了种族、经济，尤其是政治的障碍，而不那么富裕的黑人，则只有在成为示威者、罪犯或者受害人的时候才更具新闻价值。那些已然被整合到全国性的机构之中，或者根本不愿做此尝试的黑人，往往都会被排除在全国性新闻之外，贫穷的黑人仅仅由于其贫穷也可能得到报道机会。虽然有关种族骚乱及其余波的新闻报道包含了对这些现象的经济解释，但在1969到1971年之间，《新闻周刊》上只刊载了一篇与骚乱没有关联的有关黑人贫穷问题的简讯。以白人为报道对象的种族新闻也反映出了类似的二分法：其中一方面是积极寻求促进种族融合的政府官员和中上阶层的公民，而对于比较贫穷的白人来说，只有他们抗议种族融合时，才最具新闻价值。

阶层

尽管新闻会关注种族差别，但它很少涉及人们收入上的差异，甚至都不会将人们看成是收入的获取者。当某位高层政府官员或其他知名人士提到收入问题的时候，有关美国人收入分布情况的简讯才会随之出现；而20世纪70年代以来，有关失业与通胀的报道通常都会探讨这些问题会如何影响不同的收入群体。此外，与收入有关的信息最频繁地出现在媒体公布的民意测验结果中；现在，它们经常被用作人口统计学的类别之一。

然而，阶层、阶层分组与阶层差异却极少被报道。国外新闻有所不同；举例来说，1973年智利军事政变之前，有关该国的政治新闻通常都会展现上层阶级、中产阶级和工人阶级的示威以及它们之间的冲突，只不过，给予上层阶级和中产阶级对阿连德（Allende）政府抗议活动的报道，要超过对工人阶级的支持活动的关注。其他的国际事件有时候也被以类似的阶级术语来表达，但这些词语却不会被运用到对国内事件的报道中。

不过，在过去十年中，阶层的观念开始慢慢延伸到新闻中，但它更多出现在对生活方式与时尚潮流的特写报道中，而非经济或者政治新闻当中。在此意义上，阶层主要是被当作一个文化概念来使用。或许此间最重要的例外是专栏作家约瑟夫·克拉夫特（Joseph Kraft）创造出来的"美国中间阶层"（Middle American）一词，它用来指代被多数社会学家称为工人阶级或中下阶层的那一群人。这个字眼最初作为"沉默的大多数"（Silent Majority）的同义词出现，后者被理查德·尼克松当作标签来形容他预期中的新的保守派支持者。随后，"美国中间阶层"一词在关于白人都市居民激烈对抗黑人骚动和扶贫攻坚战的新闻报道中得到广泛应用。结果，它变成了一个准政治性的名词，专门用来形容那些反对种族融合政策的白色人种。

新闻包含着有关分层体系的某种观念，它区分出四个社会阶层：穷人（现在有时被称为底层）、中下阶层、中产阶级以及富人。"中下阶层"是新闻从业者对社会学家笔下的工人阶级的称谓；而"中产阶级"则通常指向被社会学家称为"中上阶层"的富裕的专业人士和管理者。在这里，我并不是想说社会学的概念就一定更好或者更准确，而是想指出，新闻中的阶层系统遗漏了社会学家所称的中低收入阶层，即那些熟练或者半熟练的白领工人；无论如何称呼他们，这一群人都是紧挨着蓝领工人的美国最大的阶层。通过避开"工人阶级"一词，新闻将蓝领工人并入了中产阶层;同时,它也将中上阶层视为中产阶层,由此令中产阶层的人数看起来远远超过其实际规模。

新闻从业者之所以避开"工人阶级"一词,是因为在他们看来这个字眼含有马克思主义的意味,但即便是有关阶级冲突的非马克思主义的观念也同样被排除在新闻业可用的概念之外。当然,罢工会被报道成劳工与管理层之间的冲突;但是,这类事件,以及城市与郊区之间或者发展与衰落的区域之间的争议,都被看作很快即会被解决的事件,而非根深蒂固的利益冲突。此外,新闻很少从经济或其他利益的角度来组织措辞。不错,当提到说客时,新闻会指明他们所代表的主顾,而一旦当选的政界中人被发现与个别公司甚至整个行业保持密切的关系,他们也会成为被关注的焦点;但是,对于那些代表着非组织化或不那么引人注目的经济利益的政客,媒体则极少指明与他们相连的利益关系。而普通人也不会被看成是拥有阶级利益的个体。当所谓的白人"种族复兴"出现在新闻中的时候,媒体对于到底在多大程度上种族组织所强调的是经济上的需求,而非——或者也包括——种族层面的需求并没有多大的兴趣。当白人房东试图将黑人房客从他们所在的小区赶出去时,其间的种族冲突就变成了新闻,而某地房东与房客之间的争斗却不会引来关注。同样,也不会有人注意到,"美国中间阶层"白人有着与同一种族的富有成员迥然不同的经济利益。

当然,无论如何对"阶层"作出界定,新闻媒体都的确再现了美国多种多样的收入群体和阶层,但不同阶层所受到的关注往往彼此有别。从新闻报道的定义几乎就可以判定出,绝大多数新闻是关于富有人群的,因为新闻中主要的行动者是政府官员,而他们的收入则雄踞在收入分配金字塔顶端1%至5%的范围之内。固然,他们是被当作公共角色扮演者而非高收入者来报道,除非是在新近任命的内阁部长必须处置自己持有的股票,或者将额外收入交付给保密信托（blind trusts）的时候。然而，当1977年两院议员的薪酬上涨时，只有少数专栏作家评论了如下的事实，即他们的薪水其实已经远远高于全国的中位数。事实上，媒体会以地域、人种、族裔以及宗教的背景而非经济背景来区分公共官员。而他们的社会—阶级背景则不会被关注，除非这个被选举或任命的官员来自"古老家族"（在这里，它是社会学家笔下的上流阶级的同义词），或者非常贫穷的家庭。

与此相反，其他拥有巨额收入或显赫声望的人只有在与政府发生冲突——比如，当他们作为公司高管时——或者当他们被发现触犯法律或者悖逆道德时，才能进入新闻报道的视野。有时候，他们的老少配式的婚礼或者他们的消费行为会转变成幽默轻快但语带轻蔑的新闻故事。数年前，纽约开了一家餐馆，每一份套餐的价格是100美元。对其开张的报道带有一种略显模糊的价值判断，即任何人都不应该花那个价钱吃一顿饭——而且我们还没有富裕到那种程度。1977年，一则电视特写新闻报道了芝加哥新近创办的一份杂志，其读者的年薪中位数超过8万美元。这则特写将杂志和它的读者当成取笑的对象，播报它的主播也在节目结束的时候对之报以微笑；只是他没意识到，以他的收入水平，足以成为该杂志订阅者中的一员。

穷人出现在新闻中的机会远少于上流阶层，因为虽然许多罪案的参与者或受害人都是穷人，但相关的新闻报道极少关注他们的收入状况。富有的罪犯的收入可能会被报道；贫穷者的则不会。关于穷人或贫穷问题的新闻故事也很罕见；1967年不到1%的电视新闻以及1967至1971年间大致相仿的新闻杂志栏目被用于报道穷人或贫困问题，而且其中大多数还是对联邦政府的反贫穷之战（War on Poverty）或反饥饿政策的报道。后来，除非是作为触犯法律者，穷人整体上从新闻中消失了。当1977年8月6

日吉米·卡特（Jimmy Carter）总统举办新闻发布会宣布福利改革的计划时，记者提出的16个问题当中，尽管有一个问到改革是否能令家庭更为团结，但却没有一个问题触及计划将会为穷人做些什么；与此相对，其中一半的问题涉及的是项目开支如何消除欺诈，以及如何减轻地方与州纳税人的负担。

工人阶级的普通人只有在成为罢工者或职业事故，例如矿难、施工意外的受害人，或者作为警察与消防员殉职的时候，才会成为新闻主角。20世纪60年代的白人种族复兴运动、亚拉巴马州州长乔治·华莱士（George Wallace）与前副总统斯皮罗·阿格纽（Spiro Agnew）试图代表"美国中间阶层"发声的种种尝试、1968年芝加哥民主党大会上的暴力行为，以及同一年建筑工人在华尔街的大游行，这一切合力将工人阶层的普通人送上新闻媒体的舞台，只不过在其中他们多数时候是以反战示威者的暴力反对者这类形象出现。但是到了70年代中期，工人阶级的人们——以及种族主义者——都彻底从新闻中消失了。

不过，电视和新闻杂志对中产阶层的报道方式有所不同，因为出现在新闻杂志上的通常都是来自中上阶层的个体，而电视新闻则更多聚焦于中下阶层。首先，杂志的后半部分的首要报道对象是各种专业领域；事实上，很多栏目的标题都是以那些富有声望的专业领域来命名的。杂志会定期报道医药新闻，但有关牙科的新闻出现得则不那么频繁；科学上的重大突破通常都会被报道，但发生在管道工程或汽车维修等领域的突破则不会。具有较高地位的专业领域的成员，譬如律师和医生，具备较高的新闻价值；而声望较低的专业领域的成员，比如会计和护士，则很少被提到。那些被放到所谓的评论栏中的艺术批评，专门用于吸引受过良好教育的受众；但收视率最高的流行电视节目以及最畅销的小说则要么根本不会被评论，要么就是遭到严厉的抨击。

实际上，杂志倾向于大力推广中上阶层的活动，仿佛这一切都为所有美国人共享。一个突出的例子发生于越战的早年间，当时反战示威几乎完全局限在精英高校的学生中间，但是媒体却含蓄地将之投射到全部的大学生身上。不过，更多时候这种"推广"局限于杂志后半部分对于社会问题以及新时尚或潮流的新闻报道之中。举例来说，一则有关儿童抚育问题的封面故事专注于少数拥有两个收入来源——夫妇都受过良好教育、生活富足且忙于各自的事业——的美国家庭；但在同一年，杂志前半部分刊载的一则有关失业者的封面故事，在讨论穷人和工人阶层的同时，却只是略微提及中上阶层的失业状况。

1976年《新闻周刊》刊载的一篇有关加利福尼亚的专栏文章，完美地证明了中上阶层对新时尚和生活方式的垄断。文章的作者是玛丽·凯洛格（Mary Kellogg），她在旧金山分部两年半的任期结束之后回到纽约。如同绝大多数描写加州生活的文章一样，这篇文章的笔调也是批评性的，而且作者声称自己的观察得自"现在正快乐地制作蜡烛……的前IBM执行官……在葡萄酒乡做农夫的前大学教授……驾驶计程车的……前广告主管人员，以及在浮木上作画的曾经的争权夺利者"[11]。然而，名声不那么卓著的人们的文化创新行为则通常不会出现在新闻当中。

电视新闻不存在"后半部分"栏目，因而通常没有这么多的时段可被用于特写故事，但它相应的新闻故事通常聚焦于中下阶层的人们。很多特写故事集中在健康问题上；而尽管主角都倾向于是专业人士，但病人却不可能局限于中上阶层。有关时尚潮流的故事乐于报道滑板、滑翔和冲浪运动；就像在新闻杂志中一样，这些活动乃是一小群新潮者而非整个中上阶层的喜好。

或许这两种媒介的阶层差异最好地体现在它们对校园新闻的报道上。在1967年，当教育还颇具新闻价值的时候，在关于教育的电视新闻中，有 60% 与公立学校有关，而这一比重在新闻杂志中只有 23%；与此对应，37% 的电视教育新闻关注大学，而新闻杂志对大学的报道则达到 63%。（这一分析剔除了关于学校废除种族隔离以及反战示威的报道。）此外，电视新闻将对大学的报道时段大致平均地分给了公立和私立大学，而有关后者的新闻几乎都是来自天主教学校；但新闻杂志则将两倍于公立大学的版面空间投到对私立大学——特别是那些常春藤学府——的报道上。

性别

如果说 20 世纪 60 年代新闻最为关注的全国性分化是种族问题，那么在 70 年代，重心就已经转移到性别问题上来了。尽管大多数出现在新闻中的行动者仍然是男性，但新闻——无论是电视还是周刊——开始频繁地报道女性解放和女权运动，以及男性与女性的关系等相关问题。大量此类新闻报道的是女性成功进入到先前完全被男性占据的职业和机构之类的故事；同样，媒体对女性从政者的当选和女性政府官员的任命都给予了与以往对弱势族裔升迁同等的关注。事实上，女性已经变成了新近最具新闻价值的少数群体；而且与其他少数群体一样，她们之所以进入到新闻当中，也是基于她们与众不同的少数派的特征。

在对女性和少数种族这两类弱势人群的新闻报道中，还存在着其他相似之处。与种族新闻一样，对女性运动的报道也始于示威，随后转移到组织性的活动以及某些领军人物成功地踏上重要的全国性职位这样的事例上来。由于媒体对政治和专业领域的强调，较之于那些无组织的妇女发起的女权主义活动或工人阶层女权主义者的诉求，那些有组织的女性运动和由专业女性参与的游行活动更为频繁地出现在新闻当中。与民权运动的境遇一样，对女性运动的报道也着力于强调激进者与温和派之间的差异与冲突。已经有女权主义批评者指出,在性感女郎的新闻价值或者卖淫问题的报道方式等诸多方面,都没有发生任何变化,而同样不曾改变的还包括媒体对贫穷的黑人罪犯的描绘方式。

年龄

由于大多数新闻的关注对象都是政治,而在这类活动中,年龄分化通常都无关紧要,因此,新闻极少关注不同的年龄群体。鉴于大多数政府官员都是中年或更老的年纪,而大多数涉足罪案或抗议活动的普通人不是年轻人就是青壮年,绝大多数的新闻故事都与这些年龄群体有关。在有关人事变动的新闻中,倘若——特别是在国会中——年轻的领袖接替了年老的,新闻有时候会特别指明这一点;因为电视新闻所吸引的受众主要都是老年人,它们通常会播发相对较多有关老年人的特写故事,而新闻杂志则更频繁地关注年轻人,特别是大学生年纪的年轻人。

无论是电视新闻还是新闻周刊都将大学生归入到持续时间不等的"世代"(generations)之中。二战以后,大学生被描绘成求知若渴的返乡老兵;20世纪50年代,他们是沉寂或冷漠的一代;60年代,他们变成一批响应约翰·肯尼迪让美国"再度运转起来"的号召的理想主义者,最终却以反叛者和示威者的面目终了。步入70年代,学生再度被看成是恶作剧者,尽管他们只是给金鱼绘上条纹,而非活吞它们①;但是这种形象很快就被这样一代人所取代——他们"沉默寡言"、勤恳工作、激烈竞争好成绩,进而在不断萎缩的劳动力市场上求取好职位。在此意义上,所谓的"世代"并不是年龄相同的一群人,而是象征着特定时期的符号复合体,它们是在对该时代的重要事件——例如第二

---

① 这里指无关大是大非的小恶作剧。"活吞金鱼"(swallowing goldfish)是在美国大学校园的兄弟会或者其他场合中存在的一种"历史悠久"的恶作剧,其源头可以追溯到20世纪30年代后期。——译者注

次世界大战，或者艾森豪威尔—约瑟夫·麦卡锡（Eisenhower-Joseph McCarthy）时期——的回应中成形的。就此而言，学生的行为，如同其他普通人一样，都被认为是由那个时代的登上头条新闻的重大事件以及国家领袖所形塑的。

年轻人，特别是富有的那些，也会被描述成对成年人传统与约束的违犯者。[12]举例来说，在1967年的样本月份中，年轻人除了参与抗议种族隔离或反对战争等活动之外，都是以嬉皮士，瘾君子，学生神秘主义者和一年一度的、偶显放纵的南部海滩春假之旅的参与者等形象出现在《新闻周刊》中，而电视新闻对此类活动也时有报道。贫穷的年轻人则主要是以帮派成员或者个体违法者的面目出现。

意识形态分化

在新闻中，意识形态被界定为一套精心构想出的、连贯的、统整且僵化的鲜明的政治价值，它被认为能够对政治决策产生决定性影响。新闻不会接受如下的这种可能性，即那些不那么刻意或统整的政治价值本身也是意识形态。尽管新闻将政治人物和党派分支区分成保守派、自由派和温和派，但这只是书面上的差别；而且它们都是灵活的，因而不是意识形态。

不管怎么说，新闻是沿用了传统的欧洲意识形态的光谱；但尽管它被轻微地美国化了，还是常常不能够与新闻中的"实地"情境相匹配。举例来说，在吉米·卡特担任总统的第一年，无论是试图将他归到自由派还是归到保守派的种种尝试都不得不频繁地修正自己；而早年间，在确定工人阶级组织的意识形态位置方面也存在着困难，因为它们在经济问题上是自由派，而在"社会"议题上则持有保守立场。

在新闻中援用的光谱跨越了七个意识形态"频段"。处在极左翼的是"激进分子"、民主的社会主义者以及那些主张重要资源和产业公有制的革命者。接下来是"左倾"的自由主义者,也称极端自由主义者,他们在民主党内构成了"麦戈文翼"(McGovern① wing);他们也被认为支持趋向公有制的平等主义的福利国家制度。"自由派"青睐"新政"②及其现代版本,他们大体上是北方的民主党人,但这一类别相当宽泛,包括了加州州长小埃德蒙德·G. 布朗(Edmund G. Brown, Jr.)和纽约州州长休·凯里(Hugh Carey)等主张削减社会福利开支的政治人物(他们可能更适合被称为右倾自由派)。

"温和派"处在整个光谱的中间,他们持有实用主义的而非意识形态的立场,并且推动自由派与保守派之间达成妥协。"保守派"通常是共和党,他们是私营企业的维护者,且乐于接受政府对经济一定程度的干预,但也支持商业补贴,以此作为实现福利目标的一种途径。在另一端,"极端保守派"是美国自由市场的捍卫者,主张政府干预应该只局限于外交政策领域。处在最右端的是"右翼极端主义者",这个字眼通常只被用来形容美国纳粹党派与三K党。

不过,这个光谱上的所有频段并非总是被以中性的词汇来形容的。所有重要的新闻媒体都赞成温和的中间区域,包括自由派、温和派和保守派;其他立场的拥护者则不太受欢迎,但总体而言,贴在右翼支持者身上的标签还是要比对左翼的描绘客气得多。极端自由主义者可能会被称作"左翼分子",但极端保守主义者则极少被称作"右翼分子",更不要说"反动保守分子"了。激进者被贴上"极端主义者"的标签,就好像他们近乎是"纳

---

① 乔治·麦戈文(George McGovern, 1922—),美国前参议员,鲜明反战,主张立即从越南撤军,并保障所有美国人的最低收入。——译者注
② 美国罗斯福政府于1933年3月至1939年间为克服经济危机采取的一系列政策措施。——译者注

粹"的对等物。此外,新闻媒体不会对民主社会主义者和革命社会主义者作出区分;在革命社会主义者中间,它们也不会区分口头主张革命者和实际参与或默许暴力行为的人们。"极端保守主义者"这一标签也无法区分那些倾向于政府补助私营企业的保守者和那些鼓吹彻底的自由市场以及公共服务私有化的自由意志论者。但是,极端保守主义者与那些会实践或默许暴力行为的极端右翼团体之间却有着泾渭分明的界限。支持暴力的团体通常都被认为是极端主义者,但是那些默许政府机构的暴力行径的人们却不会被如是看待。

世界、国际新闻体现的国内主题

尽管这本书关注的是美国新闻报道中的"国家和社会"群像,但是对于国际新闻重要主题的简要讨论亦与本书的焦点紧密相关。这是出于以下两个原因:首先,在某些方面,国际新闻涉及的是与国内新闻同样的人物和活动,但是因为它们的出现频率较低、所占篇幅也较小,反而能够将国内新闻中的人物与活动的优先性浓缩成更为尖锐的焦点。其次,对于国际新闻的报道通常不会严格遵循客观与超然的规则,而且在国内新闻当中会被认为是不合理、不恰当的鲜明价值判断却可以出现在对世界其他地方——特别是共产主义国家——的报道中。因而,国际新闻将某些我们将在下一章中讨论的新闻中的价值鲜明地展露出来。

大多数出现在美国媒体上的新闻,就像其他地方一样,都是国内新闻;在1967年的电视新闻样本中只有14％是国际新闻,新闻杂志与之对应的比重是28％。[13]此外,像国内新闻一样,国际新闻也主要关注"重点"国家,它们被如下的三类国家所主导:与美国最亲密或最强大的政治同盟,特别是欧洲的某些国家；共产主义国家以及它们的盟国；世界其他地方，但它们只能得到零星的报道。在研究所覆盖的年份中，大多数国际新闻涉及的是英国、法国、联邦德国、意大利、日本、以色列、埃及、苏联以及中国，只不过这个排列次序可能会偶有变动。其他国家如若出现在新闻中，总是因为有些不寻常的戏剧性事件发生，比如战争、政变或严重的灾难。卡尔文·柯立芝（Calvin Coolidge）曾于1926年评论道，"我们的报纸读者可能会觉得革命和火山爆发是拉丁美洲的特产"；50年之后，这个评论不管是对于电视、新闻杂志还是日报都依然正确。[14]不论这些国家在新闻中出现得是否频繁，绝大多数国际新闻都可以被归到如下七个类别之中。

1. 美国人在外国的活动 大多数国际新闻的时段与版面都被用于报道美国人针对别国、为了别国或者在别国的所作所为。新闻会特别关注美国总统和国务卿的访问，或者美国外交官推行美国的外交政策。此外，新闻也会报道联邦政府和大公司官员的外贸活动，以及偶尔发生的著名娱乐人士或者游客在海外遭遇麻烦的事件。实际上，这一类新闻故事通常被当作国内新闻来处理。举例来说，1967年，新闻杂志中75%的来自越南的故事所涉及的都是战斗或工作在那里的美国人；到1971年，这个比例上升到88%。但是所有的新闻媒体都只对南越或北越人民投以微不足道的关注，而将美国人在越南的一切活动当作一个国内故事来演绎。

2. 对美国人及美国政策产生影响的国外活动 如果其他国家的活动影响到美国人或者美国的利益，譬如，美国人在异国他乡入狱或被杀，或者美国公司的利益遭受损害，这些国家也会即刻受到关注。当一个国家的政治或经济方面的对外政策与美国对外政策产生了冲突，或者当公认的具有强烈反美倾向的政治人物上台,不管这一切发生在多么小的国家,它们都可能会出现在国际新闻当中。

当美国国内引人关注的事件也在世界其他地方出现的时候,它们就会变成国际新闻。在1973、1974年间,由于美国深受通胀所扰,欧洲的通胀因而成为重要的国际新闻;1975年,日趋严重的失业问题变成国际新闻关注的焦点,因为同样的情形也正在美国上演。大多数此类新闻故事来自美国公司活跃的国家,或者有大批美国游客前往的地区。(事实上,这些国家提供了国际新闻的另一个类别:旅行报道。在这方面,新闻杂志比电视着墨更多,它们不仅报道旅行体验和美国游客遭遇的问题,而且也会追踪地标性建筑的命运,譬如伦敦考文特花园〔Covent Garden〕、巴黎雷阿尔商业中心〔Les Halles〕被夷为平地,以及威尼斯的衰落等等。)

当国外的事件与美国本土的某些现象有共同点时,它们也会受到新闻媒体的关注。英国之所以具有新闻价值,就是因为它被认为与美国有着文化上的相似性;而当其他国家采纳美国式的选举策略,将美国的字词融入它们的语言或者生产出美国式的商品、创立美国式的商店,凡此种种,都有可能被报道。

同样地,国外发生的罪案通常只有在复制了美国的犯罪模式或者背离了美国的道德准则时才会引发关注。当欧洲的少年犯使用了美国式的犯罪方法,他们就会成为新闻;而那些与美国人的预期相吻合的种种国外犯罪事件——例如西西里家族间的世仇与黑手党的谋杀——也是如此。然而,近年来最为轰动的国外犯罪故事无非是欧洲和其他地方的政治领导人的贪污行为,但这些新闻主要还是围绕着美国公司所行的贿赂,而当这些政治领导人从其他外国人那里获取贿赂时,这类新闻就不那么值得关注了。

3. 共产主义阵营国家的活动 尽管有相当数量的国际新闻用于追踪报道苏联、中国等,但这些新闻主要围绕着两个一般性的主题展开:其一,那些被认为涉及这些国家与美国的关系的活动;其二,那些削弱了这些国家相对于美国的军事、经济与政治实力的内部问题与困境。事实上,几乎每一件发生在共产主义阵营内的事情都被认为会影响到美国人或美国政策,这一点解释了为什么有这么多的国际新闻来自共产主义阵营内的国家。

即使是在美国内部,政府的失败也要比它的成功或惯例性的活动更具新闻价值;所以,在另一方面,来自苏联和中国的新闻所涉及的几乎都是两国政府的难题与失败;如果政府的成功见诸新闻媒体,它们也总会被贴上"可疑的宣传"这样的标签。共产主义国家的政治动荡总是会成为新闻,但发生在其他国家的类似动荡则未必会被关注。1967年,中国的"文化大革命"被巨细无遗地报道,以至于它成为当年最重要的国际新闻。

尽管发生于所有国家的最高领导层的更替都会构成国际新闻的主要素材(参见下文),但当此类权力更迭发生在共产主义国家时,新闻要么是着墨于这种变化可能对该国与美国的未来关系的影响,要么就是将事件解释成喻示着其内部政治脆弱性的权力斗争。

当非共产主义国家的人事变动牵涉了共产主义者或"左派"的时候,它们就会被赋予与共产主义阵营中的类似事件同等的新闻价值。结果是,那些有共产党人参与的外国选举,通常都比其他选举更具新闻价值。自从20世纪70年代中期以来,关于意大利和法国的主要的政治新闻都聚焦在共产党上台的可能性——或者更准确地说,"危险性"——之上。对于英国的政治报道总是要比其他国家更为详尽,因为它既被看作美国的同盟,也是文化上的近亲,一旦共产党人或者工党左翼赢得政治胜利,它们都会毫无疑问地登上国际新闻的时段或版面。

　　冷战在官方层面的紧张程度的衰减,为针对共产主义国家的新闻报道带来了显著的变化。特别是中国,在尼克松总统访华之后,新闻媒体一度以较以往远为积极的笔调与口吻来进行描绘。获准进入这个国家采访的记者也会报道革命为普通中国人带来的经济与社会方面的好处。他们为自己观察到的中国民众的热情和爱国情操感慨万千,特别是为这些人勤恳工作和舍己为公的意愿所感动。事实上,那个时候一些评论员声称,这些美德曾几何时也存在于美国的社会生活中,但现在却失落了,而当代美国人应该令它们复兴。不过,当中国的欢迎对于美国访客来说丧失了新鲜感的时候,关于中国的新闻又重新回到强调其政府的困境与缺陷的旧有轨道上去了。

　　与此相比,对于苏联的报道则较少受到美苏之间从冷战转向缓和的影响;甚至当华盛顿和莫斯科共同宣称彼此之间的友谊的时候,新闻仍然非常详尽地披露关于苏联的负面新闻。与对待美国的异见者的方式不同,媒体通常会以赞许性的口吻来报道苏联的异见者。然而,一旦异见者来到美国,新闻媒体即会以国内视角审视之。当亚历山大·索尔仁尼琴(Alexsandr Solzhenitsyn)最初被苏联驱逐的时候,美国媒体将他奉为勇于曝光苏维埃行径的伟大人物,但后来美国新闻从业者发现,他并不信奉出版自由,而且对于美国式民主也完全没有热情可言。

　　4. 选举或其他政府人事的和平变迁　这一类国际新闻,连同下面要提到的几种类型,报道的都是与美国人和美国政策之间没有直接关联的新闻故事。跟国内新闻一样,国际新闻也乐于追踪政府人事的变动,但是除非这种变动发生在盟国,否则一般情况下他们只关心这个国家实权领袖的当选或任命。

那些由总理或首相统治的国家中的仪式性的领袖，则极少被关注。

相反的是，国际新闻对于欧洲王室，尤其是对于那些在其他方面都堪称民主的国家之名义王室，抱有一种情绪性依恋。有关欧洲王室的新闻被两类主题主导。一方面，它们聚焦于王室的各种仪式与庆典，譬如英国王室的婚礼和各种周年庆祝都会占据大量的电视时段和新闻杂志的图片版面。英国女王及其典礼既被看作是在国家处于经济与政治困境时为之提供凝聚力，也是将这个国家符号化为一个统整的单元，并呈现在美国观众眼前。另一方面，对斯堪的纳维亚半岛上君主们的报道则强调他们的平民倾向与举动，以及他们对民主的尊重。然而，当君主、前君主或他们的亲属没有履行相应的王室职能，并且挥霍无度时，他们就会遭受到新闻常常加诸纨绔子弟身上的那一类奚落之辞。虽然新闻媒体一直恭恭敬敬地报道伊丽莎白女王，但对于她的妹妹玛格丽特公主，它们却常常侧目视之。

非欧洲的王室通常得不到这么多的尊重，而非洲那些自封为国王或皇帝的独裁者们则被刻画成滑稽人物。然而，有王室血统的独裁者就会得到富于同情的报道，最好的例子是埃塞俄比亚的末代皇帝海尔·塞拉西（Haile Selassie），一直到他逊位且其独裁手段随后广为人知之时，才最终丧失掉于1936年领导埃塞俄比亚抗击意大利侵略时所获得的英雄形象。与此类似，在很长的时期内，对伊朗国王的报道都集中在他对现代化政策的全情投入上，而他野蛮对待政治反对者和知识分子的报道则极少见诸报端。由于新闻的记忆都相当短促，诸如他是一个第二代的国王而他的父亲是一个篡夺王位的独裁者之类的事实，则被认为无关紧要。

5. 政治冲突与抗议 虽然国际新闻对于政治冲突有着与国内

新闻同样的兴趣，但国外的政治冲突一定要比国内的更加戏剧化，通常也更加暴力，才有可能跃上国际新闻的舞台。大体上，和平示威极少被报道，除非它们的目标是反美。

无论国家是大是小，发生于该国的战争、内战、军事政变与革命通常都会被报道；而对于那些小国家，特别是拉丁美洲或者是非洲国家而言，这往往是它们进入国际新闻的唯一途径。然而，对此类事件持续报道的核心动力还是牵涉到与美国或共产主义同盟国家的冲突，例如中东战争，以及最近发生在安哥拉和刚果的战争；除此之外，不那么频繁但也常常变成冲突新闻的还包括发生在罗得西亚①和南非等地的演化成白人与黑人之间种族暴乱的冲突。

那些左翼的军事政变与革命总比右翼发动的此类事件更受关注，除非后者伴随着大规模屠杀平民或虐待政治犯的情况。在美国与苏联之间尚未展开对抗之前，古巴革命就已经是主要的国际新闻；在此之后，媒体投在对智利报道上的时段与版面大概超过任何其他拉美国家，这是因为阿连德政府的起起落落以及其继任者的暴虐行径。

6. 灾祸 发生在外国的灾祸如果要得到美国媒体的报道，也一定要比同类国内事件更为严重。一次夺去五个以上生命的美国航班坠毁事件，就很可能被电视报道；但是一次外国飞机坠毁事件则必须导致更多人员遇难才会被美国媒体关注，除非遇难者当中包括美国人或该国首脑。一般而言，一个国家在地理、政治、文化或种族等方面距离美国越遥远，失事故事能够进入国际新闻所需要的遇难者数量就越大。[15]

相同的尺度也适用于对其他灾难的报道。媒体可能会报道那些发生在非洲与亚洲的夺去数万乃至数十万生命的洪水、地震以及灾荒，但通常只是偶尔为之。导致大量死亡的部族或宗教战争

---

① 即今津巴布韦。——译者注

本身所受到的关注往往还不及对于人员伤亡的报道，除非战争对美国来说有政治意义，或者美国人严肃地投入援助受难者的行动之中。发生在比夫拉（Biafra）① 的大屠杀就是因此而变得具有新闻价值，不过，这种关注也是因为当地的伊博人（Ibo）被认为在文化上与美国人有几分类似。但是，那些发生在印度、巴基斯坦、印度尼西亚、东帝汶以及其他遥远国家的类似屠杀就不会被如此详尽地报道。种族清洗和全国性的饥荒几乎不会受到媒体关注，因为美国人不知道为什么会有这样的事情存在；那些对于美国人的经验来说陌生的问题和政策，例如封建土地所有制的实践或者土地改革措施等，也是如此。

7. 独裁者的暴行 关于外国独裁者的新闻报道是唯一在国内新闻中找不到对应物的国际新闻类别；但是这些故事关切的主要是独裁者如何悖逆美国所尊崇的政治价值，这一点再次说明，在很大程度上，美国的观念与价值主导了国际新闻的报道。

国际新闻对独裁政权相当着迷，相关的新闻故事则可以公开地批评种种不民主的行径。独裁者们被认为拥有无上的权力；他们没有必要担心与民主紧密相连的那些妥协或其他政治程序。尽管媒体偶尔会注意到全国性的贫穷与独裁政权之间的联系，但它们大体上还是会将独裁政权存在的原因归于独裁者所积聚的个体或军事权力。

在其他条件均等的情况下，带着批判眼光的国际新闻通常最为关注那些异常残忍或公开反对民主的独裁者。在过去数年中，现在已经成为"暴君"原型的乌干达的伊迪·阿明（Idi Amin）在这两方面都一直受到媒体的关注。而就在数年前，南越前副总

---

① 尼日利亚东南部一地区。——译者注

统阮高祺（Nguyen Cao Ky）实际上垄断了美国有关南越的新闻——特别是电视新闻，这是因为他随时都会吐露出对于民主的轻蔑之辞。那些其残忍行径不为人知的独裁者们会受到带有同情的报道，或者根本就不会出现在新闻中，其中比较著名的包括过去葡萄牙的萨拉查（Salazar）和西班牙的佛朗哥（Franco）、当今巴拉圭的斯特罗斯纳（Stroessner）将军，以及长期以来的菲律宾总统马科斯（Marcos）。此外，保守的、不那么残忍的独裁者们会得到媒体较为友善的对待，这或者是因为他们是美国的同盟，或者是因为他们维护了公共秩序；不过，最近几年间，媒体也对右翼拉丁美洲独裁者——譬如尼加拉瓜的索摩萨（Somoza）——的经济政策提出了批判性的评论。黑人批评家指出：与白人独裁者相比，对非白人独裁者的报道通常更为负面，而且其政权还会被指责为存在着部族式的效忠，从而令这类独裁者看起来像是未开化的原始人。

根本上来说，国际新闻关注的是那些要么跟美国人有关，要么跟美国利益有关的新闻故事；或者是同国内新闻一样的主旨与话题；或者是以美国价值来诠释的独特的话题。由于美国新闻媒体用于报道国际新闻的时段或版面要少于国内新闻，它们通常都将关注的视野收束在最具戏剧性的海外事件上。此外，它们倾向于跟随美国的对外政策，尽管这种跟随并非亦步亦趋，但它们在国际新闻方面对于国务院的服从程度，要高于在国内新闻运作中对于白宫的依赖。国际新闻不像国内新闻那样严格地要求客观性；但正如下一章所示，它所援用的那些价值与不那么明显地出现在国内新闻中的价值大同小异。与大多数其他国家一样，美国的国际新闻归根结底也不过是国内新闻主题的变奏而已。

第二章

新闻中的价值

新闻如同社会学,是一个经验性的专业领域。因而,新闻中所包含的不仅仅是经验性探寻的结果,还有进入到探寻之中的概念与方法、支撑这些概念与方法的假设,以及另一套倘若新闻从业者有时间可以借助经验性手段来检验的假设。这些假设主要是关于外部现实的本质,我称之为现实判断。就此而言,第一章在部分程度上可被看作是对新闻中的某些现实判断的分析。

与其他经验性领域类似,新闻也并不局限于现实判断;它同时还包含了价值,或者说偏向性的陈述。由此更进一步,在新闻的表层之下可能存在着一幅关于国家与社会的"应然"图景。新闻中的价值不一定就是新闻从业者的价值,这些价值也不见得为新闻所独有。如我在第二部分所论,很多此类价值被向新闻从业者提供信息的消息来源以及美国的其他部门所共享,或者就直接源自它们。

对价值的分析

新闻从业者力图客观,但无论是他们还是任何其他人,最终都不可能离开价值行事。此外,现实判断永远不可能完全摆脱价值。例如,认为总统和重要的政府官员代表国家的这一判断,所负载的如果说不是对相应的现实情境的"偏爱",也起码是对它的"接受";若非如此,那些探讨总统是否的确代表国家的报道就要多得多了。

新闻中的价值极少被鲜明地表露出来,因而必须到字里行间去寻找,其依据是哪些行动者和活动被报道或被忽略了,以及他(它)们如何被描述。如果一则新闻故事讨论的是公认的不适当的某些活动,而且对它的描绘包含了负面意味,那么这则新闻故事也就含蓄地表达出有关"什么才是适当活动"的价值判断。在此过程中,新闻同样也会假定与一种可能都不存在的价值达成共识,因为它提醒受众某些价值遭受到侵犯,并假定受众也共享这些价值。当一则新闻报道一个政客被控贪污,它其实也是在轻声地暗示,贪污是不好的,而且政治人物应该诚实。很多新闻都与对价值的侵犯有关;犯罪与灾难之所以被报道,并不是因为这些现象是"合意的",这也是新闻从业者和受众都会将之看成"坏消息"的原因所在。

然而,由于新闻从业者在大多数情况下并不会故意将价值插入新闻之中,这些价值必须通过"推断"的方式才能获得。可是,推断不可能独立于推断者而存在,而不同的人在接触新闻时都带着不同的先入之见,他们可能就所观看或所阅读的新闻得出截然不同的结论。[1]同样,分析者自己的价值也会使他或她对新闻中的某些价值比其他人更为敏感;因而,内容分析常常可以作为分析者自己的价值与那些"存在于"新闻内容中的价值的一个比较。

此外，即使"存在于"（*in* the news）新闻中的价值可以被确定无疑地推断出来——所有的推断者达成共识，除此之外，也还存在着"源于"新闻（stem *from* the news）的价值。内在于新闻中的价值与新闻的价值暗示（value implications）之间有所不同；前者可能最终源自于记者，但后者则不是。新闻从业者对于二者之间的差异相当敏感，但批评家和内容分析者则并不总是抱有同样的敏感，而他们从新闻和新闻从业者中间观察到的价值可能只是价值暗示。埃弗龙（Ephron）曾从新闻故事是帮助了还是伤害了候选人这一角度来分析电视网对于1972年总统大选的新闻报道。但是，她实际上研究的乃是新闻内容的后果，而非内容本身。此外，研究还建基于她自己的价值。其结论是，电视网参与到一场针对尼克松的仇杀之中。[2]其他保守的批评人士也曾攻击新闻媒体对种族骚乱以及反示威的报道，他们认为这些新闻故事通过宣扬异见给社会现状带来了负面后果。与此类似，左派的批评人士认为新闻故事没能报道资本主义的缺陷，或者漠视了激进主义者的活动，并因而抑制了剧烈变革的产生。尽管价值与价值暗示二者之间的分界线并不总是那么容易辨识，但我将在分析中竭尽所能地避开后者。

但即使如此，在新闻中甄别价值实际上仍是一项不可能的任务，因为这其中实在是蕴含了太多的价值；毫无疑问，每一个新闻故事都会表达几种价值。因而，我将会采纳对于价值的狭义界定，只检视那些有关国家与社会以及主要的国家与社会议题的偏向性的陈述。此外，我也会区分"话题性"（topical）与"恒久性"（enduring）这两种类型的价值，并且只会分析后者。话题性的价值是指媒体在特定时刻对于特定行动者或活动——不管是总统提名的官员，还是一项新的抑制通胀的政策——所表达出来的意见。无论是在新闻杂志故事与电视评论中的鲜明的观点里，还是在充斥于所有新闻故事的含蓄的判断之中，这类价值都会有所体现。另一方面，恒久价值则是那些在长时段内出现在很多不同类型的新闻故事中的价值；通常情况下，它们会对哪些事件能变成新闻产生影响，因为其中的某些价值就是新闻定义中不可或缺的构成部分。恒久价值不是亘古不变的，经年累月之后它们也可能会有所变化；此外，它们也有助于形塑意见，而且在很多情况下，意见只是恒久价值的详尽阐发而已。

下面罗列的，仅限于我在过去 20 年间的新闻中所发现的恒久价值，尽管它们极可能都有着远为古老的寿命；显然，这份清单所包括的，只是我，"这一个"带着自己的价值的推断者，所发现的最为明显、最为重要的价值。这张清单并不完整；并且由于我没有进行任何量化的分析，它并不会指出哪些价值出现得最为频繁。

我用以辨识这些价值的方法是印象式的；但它们确乎是从对新闻长期持续的检视中浮现出来的。某些价值在我进行第一章的分析时渐渐趋于明显；而其他价值则可能来自对行动者和活动的呈现方式，来自新闻故事被撰写、播报或摄制时所用的笔调与口吻，来自附加到常用的名词与形容词之上的言外之意——尤其是在中性词明明存在但却没有被采用的时候。数年前，当新闻报道中称斯多克力·加米切尔（Stokely Carmichael）①在某处"冒出来"，而在同一天，则报道总统"莅临"某地时，或者当另一则新闻指出一个城市"不堪劳工问题折磨"时，即便只从存在着中性词语却没有被使用这一点来说，其间所蕴含的价值判断也丝毫

---

① 黑人学生非暴力运动委员会的后期领导人。——译者注

不难分辨。然而，有些时候中性词语并不存在。尽管新闻媒体可以称呼拒绝在越南战争中服役的年轻人为逃兵役者（draft evaders）、逃避者（dodgers）或者反抗者（resisters），但它们极少使用最后这种说法。当然，个别的词语只能够为价值分析提供线索，而非结论。同时，用这种方式来分析新闻杂志会更为容易，因为它们会为了风格的原因而刻意避免使用中性词汇；只不过，上述的所有例子都来自电视新闻。[3]

新闻中的恒久价值

我在这里讨论的恒久价值可以被分成八组：民族优越感、利他的民主、负责任的资本主义、小城镇的田园主义、个人主义、温和主义、社会秩序以及国家领导权。最后两组价值比其他价值都更为重要，因而我会更详尽地讨论它们。当然，除此之外还存在着很多其他的价值，我之所以排除它们，或是出于论述空间的考虑，或是因为它们虽然是价值，但已经被视为理所当然。在这之中，包括对经济繁荣的渴望，对任何战争的反感（但有时候却无法扩展到特定的战争），家庭、爱情与友谊的美好，以及仇恨与偏见的丑陋。[4]新闻通常都会支持那些有时会被不公平地小看成"母性价值"（motherhood values）的一系列价值。

民族优越感

如同其他国家的新闻一样，美国的新闻将自己的国家看得重于一切，即便有时它也会貌视浮夸的爱国情怀。这种民族优越感在国际新闻中表现得最为明显，因为它们借以评判其他国家的标准是，这些国家在多大程度上遵从或者效法美国的做法与价值，但这种优越感也会存在于国内新闻报道的表层之下。不错，新闻中包含着很多批评国内现状的故事，但是这些现状几乎总会被当成脱离常轨的案例，其间的暗示是，至少美国理想本身仍然是可行的。"水门事件"通常被归咎于一小群权力欲膨胀的政客，以及那位"帝王般的总统"，但事后——特别是尼克松辞职之后——的潜台词是，美国民主或许需要改革但却不存在任何根本性的错误。

在所有的国家中，对民族优越感最清晰的表达出现在战争新闻当中。在报道越战时，新闻媒体将北越和民族解放阵线（National Liberation Front）描绘成"敌人"，就仿佛它们是新闻媒体自身的敌人一样。[5]与此类似，关于每周伤亡的新闻会分别报道美国人被杀、受伤或者失踪的数目，以及南越人被杀的数目；但另一阵营的伤亡情况则被非人化地描述成"共党死亡总数"或"死亡统计"。

再一次，如同在任何其他地方一样，美国新闻通常不会关注美国人在战争中所犯下的暴行，即使关注，也往往是在战争即将终结的时候。以揭露"美莱大屠杀"（Mylai massacre）知名的记者西摩·赫什（Seymour Hersh），在让媒体接受这则故事时曾经历了相当大的困难，直到不可辩驳的证据被摆上台面。[6]用于报道越战结束的头条新闻的典型标题是"南越的陷落"，而这类报道几乎没有意识到，借助另外一些价值，战争的结束也同样可以被看成是"解放"，或者用中性的词语来说，至少是"政府的更替"。

利他的民主

虽然国际新闻相当明确地显示出民主优于独裁——而且如果这种民主效法的是美国模式，其优越性就更加突出；但体现在国内新闻上则更加具体，它通过频繁关注那些对于未曾明言的理想

的偏离——特别是腐败、冲突、抗议与官僚制度运转失灵——来指明美国民主应该如何运作。这种理想或许可以被标示为"利他的民主",这是因为,新闻暗示出政治首先应该遵循基于公共利益和公共服务的准则。

新闻倾向于将政治本身视为一场竞赛,它更多时候是在甄别赢家与输家,而非英雄与恶棍。尽管新闻对输家没有什么兴致,但它坚持认为无论是赢家还是输家都要尽可能地诚实、高效,并且致力于立足公共利益的活动。财务腐败通常都会变成新闻,裙带关系、庇护式的任命(patronage appointments)、互投赞成票以及一般性的"政治交易"也是如此。那些基于或被认为是基于私利或者党派利益的决定,无论在什么时候发生都会被看成新闻,即便它们在很久以前就已经不再是新鲜事了。

在媒体看来,无论是政治人物、政治还是民主都同样应该是精英式的;政治机器日常的活动都会被经常性地曝光,而这里的"机器"本身即是贬义词。尽管新闻更为尊敬公务员,而非"政治任命者",但前者也必须符合非常高的效率与行为标准;其结果是,任何稍有偏颇的官僚行为都会受到媒体关注。就此而言,"浪费"总是一种罪恶,无论其程度大小;与官僚系统相伴随的大量的文牍就经常成为新闻故事,而那些由减少文牍数量的尝试所导致的额外的文牍,是多年来规律性地出现在新闻中的幽默故事。此外,无论是选举还是任命的官员,都被期望在个人偏好方面自律;因而,在 1977 年,当卫生、教育与福利部部长约瑟夫·卡利法诺(Joseph Califano)为他的公务餐厅雇用了一位主厨时,他就成了新闻的主角。这则新闻甚至比同期另一则有关他雇用了一位薪水四倍于那个厨师的联合保卫办公室主管的报道,持续的时间还要长。

不过,与此相同的高标准也被运用到公民身上。公民应该参与到公共事务之中；而"草根行动"则是新闻用语中最具赞美性的词之一，特别是当它的发生是为了阻止政客或官僚，或者是为了消除政府行动的必要性之时。理想地来说，公民应该自助，而非依赖政府的帮助，一旦此类事件偶尔出现在新闻之中，它即暗示出一种过去曾经存在、现今却已然绝迹的传统的复兴。因而，新闻用以衡量现实的民主理想似乎是乡村小镇的集会——或者更准确地说，是这种集会的浪漫化的版本。公民参与也应该与政治人物一样是无私的，而媒体仍然是以怀疑的口吻来报道那些代表公民自身利益的有组织的游说和压力群体，尽管这种猜疑要弱于对公司游说者的报道。

对利他主义的支持，与很大程度上源自宪法的美国政体的正式规范紧密相连。因此，新闻支持和拥护由制宪元勋们建立起来的民主的正式规则与民主机构的正式架构，或者说以此为标准。与此同时，它对那些在此政体中发展出来的用于分配权力和资源的非正式的规范与架构持怀疑态度；实际上，新闻所捍卫的是民主的理论，而与之相对的，则是一种几乎必然处于等而下之位置的民主实践。

在此过程中，新闻追踪对正式规范的违背，但这种追踪却是有选择性的。长期以来，或许新闻最关注的是新闻自由及相关的公民自由；即使是反复发生的对于此类自由的"局部"侵害，譬如校务委员会审查图书馆的藏书，也经常会跃上全国新闻的版面或时段。而那些对于激进者的公民自由的侵犯，对于法定诉讼程序、人身保护以及其他宪法保护——特别是针对罪犯的保护——规定的违背，则没有多少新闻价值可言。

另一个新闻时常关注的正式规范是种族融合。由于公民被期望可以遵循利他的原则来实践这些规范，并且由于这些规范也被看成公共利益的表达，所以对于南方黑人的法律与政治权利的侵犯，甚至早在民权运动支持者开始示威抗议之前即会变成新闻。

虽然现在媒体的注意力很大程度上已经转移到北方,但任何黑人官员当选都仍然是新闻,因为这被看作是对于正式规范的肯定与实现。

戮力实现民主规范的激进活动家常常会被新闻形容成极端主义者或者好战分子,但支持种族融合的激进主义者则绝不会被贴上这样的标签,而这一点很可能会令附属电视网的南方电视台感到沮丧。反之,黑人民权激进主义者之所以具备新闻价值,部分程度上是因为他们反对种族融合;他们几乎无一例外地被贴上好战分子的标签,而同等激进的种族融合支持者则被描绘成温和主义者。

事实上,新闻倾向于将所有正式的政府目标宣言,甚至是选举时的承诺,视作正式价值,并在它们被违背的时候予以报道。具体来说,那些在选战中强调自己的诚实度的政治人物会受到高度的关注,而尤金·麦卡锡(Eugene McCarthy)、乔治·麦戈文(George McGovern)与吉米·卡特等人对自己所许下的理想的背离随后都登上了头条新闻。

尽管——或许是由于——新闻持续报道力图实现利他的、规范的民主的过程中种种政治与法律上的失败,它反倒很少关注阻碍这一理想实现的经济壁垒。当然,新闻时刻关注哪些候选人是百万富翁或者谁获得了来自公司或联盟的大量竞选经费,但它很少意识到贫穷与无权无势之间的关系,甚至对于中等收入的美国人在获取政治通路方面的困难也不甚了了。经济权力将会对民主理想的实现产生影响这一点,仍然更多被看成是南方民粹主义选战的主题——正如在1976年吉米·卡特的竞选中再次体现出来的——而非一种严酷的现实,这是因为在被新闻媒体所珍视的利他的、规范的民主当中,经济被认为是,而且应当是,与政治分离开来的。

对于达成民主的经济障碍的相对忽视源自这样一种假设,即政体和经济应当彼此分离且相互独立。在理想情境下,一方不应该影响或干涉另一方,只不过在通常情况下,政府对经济的干预要比私人企业对政府的干预更严重,也更具新闻价值。相应地,新闻很少关注政府对私有企业的公共补助的额度,它们一如既往地将那些完全地或部分地接受政府资助的公司和机构——譬如,洛克西德(Lockheed)飞行器公司、众多慈善团体以及大多数私立大学——描绘成"私有的"。

负责任的资本主义

新闻中针对经济的潜在姿态与针对政治的姿态相仿:那是一种乐观的信念,其要义是,在一个好社会当中,商界人士将会彼此竞争,以此为所有人创造出日渐增长的繁荣,但他们同时也会遏制对不合理利润的追逐以及对工人或顾客的公然剥削。无论对政府而言,还是对商业或联盟组织而言,"规模庞大"都不再是一种优点了,因而,小型的、家族所有的公司有时候仍然被呈现为一种理想。尽管垄断明显是邪恶的,但媒体却对今天多数经济领域实质上的寡头垄断没有一丁点或显或隐的批评。工会和消费者组织被视为针对商业的抵消性的压力(尽管前者在此方面的力量要远远弱于后者),而罢工也被频繁地赋予负面评价,特别是在它们给"公众"带来不便、为通胀火上浇油或者伴随着暴力行为的时候。

经济增长通常都是好现象,除非它引发了通货膨胀或环境污染、导致历史性地标被破坏,或者令手工艺者失去工作。过去,在播报股市行情时,如果当天的行情走势良好,即便是那些最为客观超然的主播也会显得兴高采烈,就好像好行情对于国家和经济都有着普遍性的好处。

与政治人物类似，商业主管也被期望做到诚实而富有效率；但是尽管商业中的腐败与官僚不轨行为同政府中的类似事件一样令人愤恨，但媒体对前者的容忍度却在一定程度上高于后者。举例来说，1978年1月2日那一期的《时代》周刊发表了一篇针对政府官僚体制的长达三页的批评报道，其标题是"膨胀的官僚管制令人愤怒：致独裁官僚，一朝无度 事事无度"；但是，一则报道通用汽车公司退款给购买配有雪佛兰发动机的奥斯摩比（Oldsmobile）型汽车的顾客的新闻故事，只占据了版面的一栏，而且其标题是"伟大引擎的终结"。事实上，新闻往往没有注意到，公司及其他大型私人机构同样也是沾满官僚习气的层级机构。

与《新闻周刊》相比，《时代》周刊在某种程度上倾向于对私营机构更为宽容，但同时对于政府活动则更具批判性；另外，同样地，两份杂志的商业版都仍然致力于称颂企业家、创新者，以及显示出管理能力的公司执行官。尽管这种支持不及20世纪50年代和60年代那么热心，但较之于公共机构，商业领域中的创新与风险承担还是更受推崇。因此，政府示范项目必须在第一轮就取得成功，而商业尝试上的失败则有可能被容忍，即便在两种情况下都是由公众来买单。

到现在为止，国内新闻已经认同了福利国家的必要性；因为即便是在一个良好社会中，市场也不是万能的。然而，"福利国家"这个词语本身在很大程度上还是专门用在其他国家身上，而且媒体对它的态度在国际新闻中表现得要远比在国内新闻中更为清晰显豁。此外，这些报道更倾向于探究福利国家政策的问题和失败，而非其成功方面，最近的例子是英国和瑞典；在对它们的报道中，福利国家更是被视为一种威胁，从高税率与对投资的公共控制，到经济体制为经济增长提供充足刺激的能力。在美国，福利国家被认为是旨在帮助不能参与到市场当中或者深受通胀挤压的弱者；而政府能够借以提供有益的服务，或者说有时候它能够比私有机构更有效地提供这些服务等等，却很少被揭示出来。

现在公认的是，政府必须帮助穷人，但仅限于那些"值得救助者"（deserving poor），因为"骗取福利者"被视为对福利国家的持久威胁，而且他们比骗税者——除非是富有的骗税者——更具新闻价值。较之于其他机构，公共福利机构往往会被置于更严苛的审视之下，因此，尽管新闻报道了20世纪60年代的"福利烂摊子"，但它并没有以同样的笔调或口吻来描绘发生在其他政府机构的类似情形。例如，媒体中就不存在所谓的"国防烂摊子"，而在卫生、教育与福利部的项目中的"浪费"行为，到了五角大楼的项目中，就变成了"超支"。

当然，美国新闻一贯批判共产主义和民主—社会主义的经济体制。[7] 但事实上，国际新闻更留意的是社会主义或共产主义在政治与文化上的问题。

尽管国内那些指责政府福利措施是社会主义或是共产主义行径的政治人物不再像以前那样引起媒体关注，但国内新闻仍然对美国的社会主义持批判态度。更准确地来说，新闻干脆漠视它们，因为不管是对于美国经济的社会主义批评，还是美国社会主义政党与非正式团体的活动，都不具有新闻价值。而那些活跃于20世纪60年代抗议运动以及70年代女权主义和其他运动中的社会主义派别，同样也被媒体弃置一旁。不过，与此同时，那些鼓吹回归彻底的市场竞争的自由论团体，也基本没有机会在媒体舞台上露面。

小城镇的田园主义

通常被认为是由托马斯·杰弗逊（Thomas Jefferson）所发明的乡村的、反工业社会的价值也可以在新闻中觅到踪迹，这类新闻对小城镇（农业或者市集的）的偏爱超出了任何其他类型的居住地。曾几何时，这种偏好被辅以对大城市及其商业区和娱乐区的活力的推崇；而这一时期的结束几乎可以精确地追溯到1965年11月，正是在那个月，《生活》杂志推出了一期针对城市的专号。

尽管人们仍然持有如下的这些信念，即城市应当是有趣的地方，而大型的中心商业区复兴计划将会让它们"重获生机"，但在过去十年间，城市几乎完全是以"问题重重"的形象出现在新闻当中，而报道的重心始终集中在种族冲突、犯罪以及财政危机上。尽管有大半美国人现在居住在郊区，但郊区本身并没有多少新闻价值，而且它们通常遭受到的也是负面的媒体呈现。20世纪五六十年代，郊区被看成是同质性、无趣、通奸以及其他罪恶的滋生地；在那以后，郊区进入到新闻中的原因，要么是它们遭受到日渐严重的"都市"问题——特别是犯罪——的折磨，要么就是它们将少数族裔排除在外，并因而阻碍了种族融合的进程。

在20世纪60年代，那些新的城镇（如哥伦比亚、马里兰）之所以受到欢迎，正是因为人们寄望于它们能够克服城市和郊区的缺陷，进而重塑小城镇特有的更为亲密的社会关系以及社群意识；但是这些希望最终落空了，因为它们同样遭遇到了财政问题，出现了种族冲突以及其他的"都市"病症。结果是，小城镇仍然拥有无上的地位，这不仅体现在库拉尔特的"在路上"栏目里，也体现在电视和杂志中有关美国的"好生活"的新闻故事中。对于都市邻里的报道通常会品评它们能否保持小城镇那样的凝聚性、友善和慢节奏，而在媒体对种族问题感兴趣的时期，还有另外一条标准，即是否保存着过去曾经存在的少数族裔聚居地。

毫无疑问，新闻中潜在的这种田园牧歌式的价值充满了浪漫气质；它们依照想象中的过去的模样来将乡村和市集式的城镇具象化。媒体同样会以怀旧式的笔调与口吻来报道今日的小城镇；无论是它们的消逝，还是被不断扩张的郊区吞噬，都是经常出现的感伤故事。60年代，大批年轻人涌入佛蒙特州和加州的腹地，最初即被欢呼为小城镇的复兴。近年来，小城镇，特别是南方的小城镇的成长，也被媒体认为是一种复兴；总体来说，尽管经济增长在抽象层次上为人追捧，但它还是被看作对"社群"的一种威胁。

小城镇的田园主义是两种更根本的价值的具体体现，即对自然的渴望和对"小"本身的向往。早在环境与生态变成政治议题之前，新闻就已经开始关注自然存续与开发者的活动之间的冲突；而且在很多时候，新闻至少采取了一种含蓄的反对开发者的立场。战后的郊区开发者被看成是在贪婪的利润驱动下对土地展开掠夺；但与此同时他们也为人们提供住房这一点则鲜被提及。不过，能源危机的到来以及经济增幅的衰退，都迫使新闻媒体在捍卫自然与寻求更多工作职位或燃料之间作出选择。[8]

"小"的优越性在那些讲述"大"的缺陷的报道中有着最为清晰的体现，因为在新闻中，大政府、大工会以及大商业几乎没有任何优点可言。除了其他缺陷之外，人们担心"大"意味着非个体化、非人化。如同在建筑上一样，新闻中理想的社会组织也应该反映出"人的尺度"。对"大"的恐惧同时也反映出对于控制的恐惧，对于隐私与个人自由遭受到那些大到无法关注更不会珍视个体的组织的压榨之恐惧。同样地，"大"也是我们将在下文讨论的"个人主义"这一恒久价值的主要威胁。因此,新闻常常会报道那些危及个体的新科技——特别是电脑。借助一种拟人化的方式,它要么被看成是剥夺人类对于自身生活的控制的自动机械,要么就是被赋予人类弱点的机器;在后一种比喻下,它们的威胁似乎小了很多。但无论在何种情况下,媒体总是会以愉快的笔调来报道电脑的大崩溃。不过,新闻一贯关注新科技带来的危险:当电视机最初被大规模生产时,它们被认为是在剥夺人性,因为它们夺走了人们相互之间谈话的艺术;而当数字拨号的电话机被广泛采用的时候,也出现了与此相似的担忧。

相反,新闻推崇古老科技并且会哀悼它的消亡,这部分程度上是因为古老科技被认为与一个生活更加简单的时代紧密相连,部分也是因为人们觉得古老科技处于更大的个体控制之下。那些有关手工艺行业的消逝、有关建筑地标——包括曾作为剥削工业主义可憎象征的工业厂房——被夷平的充满感伤情调的特写报道,在媒体上更是俯拾皆是。媒体甚至更为关注远洋班轮的停航或古老火车的停运。冠达邮轮的旗舰出现在新闻中的频率几乎与英国女王不相上下;而远洋邮轮的船长所受到的尊敬要远远超过喷气式客机的飞行员,即使他们现在都使用雷达导航,而无论是哪种交通工具本身又都同样归大公司所有。

小城镇的田园主义与古老科技最终都有可能转换成一种更为宽泛的价值,即对任何类型传统的潜在尊重,这里需要剔除那些"传统的"针对种族、性别或者其他少数族群的歧视。传统之所以被珍视,乃是因为它是可知的、可预测的,因而也是有序的,而秩序正是新闻中的重要的恒久价值之一。尽管那些新奇的现象可以作为新闻基本的原材料,但它们也是秩序的潜在威胁。因而,从新闻的东部视角来看,加利福尼亚仍然是一片新土地,它由此被看作各种稀奇古怪的新念头的发源地。[9]

个人主义

出现在库拉尔特田园牧歌式的特写故事中的很多人物都是"满面尘霜的独行侠",这并非偶然,因为新闻中最为重要的恒久价值之一,即是个人不受国家与社会侵犯之自由的存续。而新闻中的好社会则是由以他们自己的方式参与其中并且依照自己界定的公共利益来行动的个体构成。

理想的个人应该能够战胜逆境并克服更强大的力量。因而,新闻努力寻找在灾难中有着英雄般表现的人们,它也会关注那些在不破坏自然的前提下征服自然的人们:探险家、登山者、宇航员以及科学家。"白手起家"的男男女女的故事仍然具有吸引力,那些战胜贫穷或官僚体制的人们也是如此。此外,新闻向个体表达敬意的最普遍的方式仍然是将关注焦点放在人而非群体身上。

同时,新闻也同样持续关注那些令人们无法成为独立个体的力量。在某种程度上,对新科技的恐惧就是对其削弱个体的力量的恐惧;例如,电脑和数据库就可能会侵害到人之为"个体"的那些隐私。在20世纪50年代,郊区被认为带来了同质化,而这种同质化会扼杀个体性;近年来,阳光地带(Sunbelt)酝酿出的各式各样的青年文化和社群发展也被媒体以相同名义大加挞伐。在写作挥别加州的文章时,凯洛格表示更钟情于"纽约的忙乱,而非加州的倦怠生活",并且担心西部的闲散生活会令"火光熄灭"。[10] 她所谓的"火光"不仅是指个性,更是与懒惰的斗争。个人主义同样也是经济、社会和文化生产力的源泉。新闻推崇那些艰苦的、以任务为导向的工作,同时为"职业道德"的衰退忧心忡忡。

此外,个人主义也被看作一种实现文化多样性的渠道,而多样性进而又是克服"大而无当"与同质性危险的另一种武器。小城镇是那些固执的"个性使然"者最后的匿身之所,而少数族群聚居地则容纳了试图躲避彻底的美国化的人们。新闻畏惧大众社会(mass society),尽管它从来不使用这一术语,也没有将关注投向"大众"吞没高雅文化的可能性。

温和主义

将个体理想化可能会导致对反叛和越轨的赞扬,但这种可能性被一种阻止过度或极端倾向的恒久价值中和了。那些触犯法律、背离公共道德及恒久价值的个人主义是可疑的;同样重要的是,在个人层面受到推崇的行为,到了群体层面则不被鼓励。因此,对于表现出极端行为的团体,新闻往往会借助贬抑的形容词或讽刺性的口吻挞伐之;在许多人类活动的领域,两极对立都会受到质疑,而温和的解决之道则更受青睐。

举例来说,新闻视无神论者为极端主义分子,并且以同样的态度——或者更谨慎一些——对待宗教狂热分子。挥霍无度的人会遭到批评,但完全拒绝消费品的嬉皮士也难逃批评。新闻既蔑视过于学究气的学者,也不喜欢过分简单化的大众作家:最好是既不要太阳春白雪也不要过于下里巴人,既不炫耀晦涩的行话也不要满嘴粗言俚语。在应该求知的时候玩耍的大学生会遭到指责,但"书呆子"也不会得到认可。缺乏"温和节制"总是错误的,不论其涉及的是漫无节制还是过分自制。

同样的价值也适用于政治领域。政治上的意识形态主义者是可疑的,但完全没有原则的政客也不值得信赖。完全的追逐私利者被认为会被消耗在其过度的野心上,但彻头彻尾的改良者也同样不可信。只谈论政治议题的候选人会被描述成呆瓜,但那些完全避免政治议题的候选人则会令人怀疑他们是否能够胜任这份工作。笨嘴拙舌者被认为不可能当选,但巧舌如簧者又被认为过于危险。那些对政党路线亦步亦趋的人被看成党派的御用喉舌，但从不遵循政党路线的人又被称为特立独行者或者不合群者——不过，这些词语只有在用到输家身上时才体现出贬义，而一个卓然有成的不合群者则会变成英雄。

新闻中的政治价值将在本章的结尾部分讨论，简而言之，它们也被同样的原则主导；事实上，如果说新闻有一套自己的意识形态，那一定是温和主义。不过，由于新闻中的意识形态是隐蔽的，而且并不是一种蓄意或统整的教条，其中的政治价值可能是派生性的，它们反映出对于可以延展到所有人类活动中的温和主义美德的信奉。

社会秩序与国家领导权

如果一个人经年累月地关注那些在新闻中占据主导地位的行动者与活动，就有可能将多数出现在电视或新闻杂志中的新闻故事——特别是硬新闻——分成两种类型。一类可以叫作失序新闻，它们报道对于种种秩序的威胁，以及用以重建秩序的措施。[11]另一类则关注主要政府官员的常规性活动：日常的决定、政策提议、反复出现的政治辩论，以及借助选举或任命推进的官员周期性遴选。这两种新闻故事的类型进而指向另外两个恒久价值，即对社会秩序（但如下文所论，只是特定类型的秩序）的向往，以及用于维持这一秩序的国家领导权的必要性。

失序与秩序

关于失序的新闻故事可以被归入自然、科技、社会以及道德失序这四个主要的类别之中。自然失序新闻报道的是自然灾害，譬如洪水和地震，以及一些可被归因于自然力量的工业事故，譬如多数——但不是所有——飞机失事或者矿井塌陷。科技失序新闻关注那些不能归咎于自然的事故。社会失序则是指扰乱公共秩序以及可能卷入针对生命或财产的暴力或暴力威胁的活动；它还包括宝贵的制度或习俗——譬如双亲核心家庭——的衰落。最后，道德失序的新闻报道那些触犯法律与背离道德但不一定危及社会秩序的活动。

新闻从业者并不会使用这些类别，同时，它们也不是一成不变的。一场大火最初可能被作为自然或者科技灾难来报道，但是一旦有证据表明火灾起因是人为疏忽或者是纵火，它就会迅速转变成一则道德失序的新闻故事。与此类似，一旦社会失序行为结束，新闻就会寻找责任人，并确认其间的道德失序者。相反地，如果高官应该为道德失序行为负责，新闻就会着重报道随之而来的社会失序的可能性。因为在某些人看来，倘若人们对他们的领导人失去信心，社会结构就可能会分崩离析。

社会失序新闻

美国新闻媒体通常对社会失序新闻保持着强烈的兴趣，无论它们发生在国内还是国外。[12]如我在第一章中所论，国际新闻仅限于暴力的政治失序活动，但国内新闻同时还关注非暴力与非政治性的示威。（政府官员之间的冲突被以一种如此平淡无奇的口吻报道出来，以至于它们只是有关常规活动的故事而非失序新闻；这种冲突是可预期的；而且因为它牵涉的是官员而不是普通百姓，因而并不会被视作是对公共秩序的威胁。）

20世纪60年代，主导国内社会失序新闻的活动主要是种族骚乱以及反战游行、示威和"破坏"。从某种角度来看，游行和示威都是抗议活动，但新闻几乎总是将它们看作对于社会秩序的潜在或实际的威胁。最开始，电视镜头主要都是聚焦于留有胡须或者其他外表特异的参与者，在那个年月，单单是这种外表本身都被认为是对社会秩序的一种威胁。后来，当示威变成一种常规性的策略，只有在记者注意到有麻烦发生时，这些示威才会具有非同一般的新闻价值。

最初的时候，"麻烦"被界定为投掷石块以及其他针对警察的身体上或言语上的暴力，或者示威者与通常来自美国纳粹党的反对者之间的打斗。游行活动，特别是参与人数众多的游行，往往就因为参与者众多而被认为是对社会秩序的潜在威胁。因此，麻烦几乎在所难免，而如果真的没有任何麻烦发生，这一事实反倒又具备了新闻价值。"暴力"，以及麻烦，都被看成是反对建制内的法定权威的行为；而直到 1968 年芝加哥民主党大会之前，警察针对示威者的暴力行为都被看作是旨在恢复秩序的行动，而极少被称作"暴力"。示威者口中的警察暴行充其量只会在电视上一闪而过，而在少数族裔聚居区内发生的日复一日的警察暴行通常都算不上新闻，或许是因为它们太常规、太平淡无奇了。

对于反战示威者的报道的转折点出现在芝加哥，当时媒体对警察行为的报道几乎无一例外地使用了"警察暴乱"这一字眼。当然，早先的事件以及对那些事件的报道，也促成了最终的改变。在种族骚乱之后，警察针对属下居民的暴行已经开始具有新闻价值。或许更重要的是，在 1968 年的早些时候，大多数新闻媒体都被越南战场上的春节攻势（Tet Offensive）所震动，认为这场战争不可能或不应该再继续下去。从那时开始，新闻更多地将"示威者"看成"抗议者"，并且更多地关注那些中产者、中年人以及着装正统的年轻游行者。最终，某些示威甚至逐渐被看成是对总统及鹰派决策者所造成的道德失序的"拨乱反正"似的努力。

当然，从另外一个侧面来看，失序新闻也可以被分析成是在

"推崇失序",而某些媒体批评者就不断指责持过分自由主义立场的新闻从业者是在强化失序,以期使政治变革的必要性合理化。然而,事实上,除了极个别情况,国内新闻在报道失序事件的同时,也给予政府官员重整秩序的活动以同等的关注。举例来说,肯纳委员会(Kerner Commission)对电视网 1967 年骚乱报道的研究发现,只有大约 3% 的时段关注该委员会指认的所谓的暴动行为,另外 2% 报道伤亡情况,而至少 34% 的时段用于报道我所说的"秩序重建"活动。[13] 尽管对秩序重建的强调可以被解释成电视台无法获得有关失序的即时画面,但新闻杂志显然并不会受到此类考量因素的牵制。即使如此,在 1967 年的样本中,在《新闻周刊》针对种族骚乱的新闻故事中,对警察和军队重建秩序的种种努力的报道所占的篇幅,仍然四倍于对骚乱本身的报道。

骚乱结束以后,对秩序重建的关注会继续下去,因为在不宽恕骚乱参与者的同时,电视纪录片和新闻杂志的专栏都暗示出,正是种族隔离以及较小程度上的经济不平等,才导致了骚乱的发生,其中暗含的蕴意是,政府与经济改革对于防止骚乱的再次发生乃是必不可少的。基于功利性的与道德的考虑,新闻呼吁一种更利他的民主与更负责任的资本主义。然而,到了 20 世纪 70 年代初期,对种族骚乱的恐惧已经消失了,随之而去的还有对改革的热切呼吁,尽管在 1977 年与纽约大停电相伴随的大抢掠之后,前一类吁求曾短暂地复苏。那一次,劫掠者遭到了比 60 年代的抗议者远为严厉的挞伐,因为他们在城市陷入瘫痪之际趁火打劫,而且这些人并非失业者,他们所掠夺的也是奢侈品而不是必需品。即便如此,《时代》杂志在一篇题为"最底层"(The Underclass)的封面故事中再一次发出改革的呼吁,只不过《时代》将该阶层视为一个种族群体,而非经济群体。[14]

那些对部分表面看来与失序无关的事件的新闻报道,为置于秩序重整之上的价值提供了另外一个有力的证明。例如,一则关于尼克松发表辞职演说之后出现在白宫外面的示威活动的电视报道强调,示威是平静的,而且没有任何发展为恐慌或者暴力的迹象。同样的,在肯尼迪遇刺之后的几个小时里,电视新闻网的主播与新闻记者不断地指出,这个国家并没有陷入恐慌。后来,我了解到,他们事实上担心可能的恐慌,并且即刻寻找那些能够指明没有任何恐慌发生的新闻故事。为了消除人们的恐慌情绪,他们还报道了林登·约翰逊迅速且有条不紊地接任了总统职位。[15]出于同样的原因,主播们才大费精神驱散关于苏联人将乘虚而入发动战争的谣言。[16]

不过,我并不是说对苏联人战争举动的恐惧,是由记者发动的;在记述尼克松在白宫的最后日子里已经无力执掌国家时,伍德沃德(Bob Woodward)和伯恩斯坦(Carl Bernstein)暗示出,当时国务卿基辛格曾担心"一些外国势力会借机作出愚蠢的行为"[17]。不管怎样,新闻中透露出的恐惧仍然强化了对秩序的普遍关注,并且暗示在某种程度上秩序有赖于总统;且不论这种暗示的其他蕴意,它起码反映出置于总统的领导权之上的价值。

道德失序新闻

在当代美国新闻业中,对道德失序的报道是一个神圣的传统,其原型是建基于调查报道的曝露式新闻。这类曝露式新闻揭露出法律或道德上的越轨行为,尤其是那些由政府官员和其他声名卓著的人们所犯下的越轨行为,由于或者出于其权力与声望,这些人被认为不应当行为不端。

20 世纪 70 年代最为重要的曝露式新闻就是"水门事件"。

尽管尼克松政府的辩护者们指责新闻媒体夸大了涉入事件的越轨行为的严重程度,并且过度宣扬了这则故事,以此将这位不招新闻从业者喜欢的总统从白宫中驱逐出去,但是,有关"水门事件"的新闻报道其实是原型式的曝露式新闻,也就是说,即便卷入这一丑闻的是一位受欢迎的总统,媒体对事件的处理方式多半与此大同小异。后来对于牵涉肯尼迪总统和约翰逊总统的中情局与联邦调查局丑闻的调查,媒体也同样全力以赴。一些观察者指出,新闻将个别的、通常是彼此无关的活动捆绑到同一件丑闻中,由此夸大了尼克松越轨行为的严重程度;但是,就其本质而言,曝露式新闻的架构就意在将矛头指向一个道德失序的领导人,并且在某些时候,调查报道找不到恶棍就绝不会罢休。传统上,曝露式新闻聚焦于政治人物或其他公共官员的裙带关系、不道德的竞选活动、贿赂以及挪用公款,尽管有时候曝露式新闻也会比较关注制度化的问题,例如公共机构未能较好地服务于选民或委托人,或者更常见的虚耗纳税人的金钱。

不过,绝大多数道德失序的新闻并不牵涉调查性报道;通常它们所报道的都是常规的现象,譬如暴力或非暴力的犯罪以及那些被看作是背离利他式民主的政治行为。诸如互投赞成票、政治交易、庇护式的任命以及候选人没有兑现选举承诺之类的寻常的做法,常常会被媒体揪住其"道德"上的偏差。

在大多数道德失序新闻中,被违反或背离的价值从来都不会被言明,而且它们被违反这一事实也从来不会进入讨论。不过,道德失序新闻的参与者知道他们会被指认为是越轨者,并且会据此作出相应的回应。在新泽西的一次选举之后,败北候选人——此时他正因贿赂而受审,并且被指责其竞选活动带有种族主义性质——的支持者们砸烂摄像机并且攻击了记者。在此事件中,新闻之中反对腐败和支持种族融合的价值,导向了相关的竞选报道,而该候选人及其支持者认为,正是这些报道导致了他在选举中的失利。

那些被宣称或者——以高夫曼（Erving Goffman）发明的术语来说——"被架构"（framed）为曝露式故事的新闻，令对于道德失序的找寻与挖掘变得清晰显豁，进而迫使那些被指认为是越轨者的人们陷入为自己辩护的艰难境地，同时亦重新肯定了曝露式新闻所依据的道德价值。在此过程中，很少有人能够在无须为自己辩护的情况下抽身出来，特别是当他们出现在电视纪录片这一首要的负载曝露式新闻的电视节目类型中的时候。最近的例子包括，纪录片《移民》（"Migrant"），其中水果公司的执行官不得不回应媒体记录下来的对于移民工人的剥削；而在《出售五角大楼》（"Selling of the Pentagon"）当中，国防部官员同样不得不对纪录片制作者揭露的公共关系活动中的越轨行为作出回应。倘若这些越轨者拒绝接受访问，他们的拒绝也同样会被报道，并且会变成对于所犯罪责的实质性的默认。

在这些情况中，新闻媒体变成了道德秩序的守护者；结果是，即便记者并不是在挖掘道德失序新闻，他们也还是被看作这一秩序的代表。因而，当新闻记者，特别是电视摄制组到达新闻现场时，人们即会展开面向摄像机镜头的身体表演与道德表演，他们会否认或剔除可能会被认为是道德失序的行为。在南越或美国南部，当摄像机在场的时候，殴打或折磨犯人的行为就不会发生。每当预计到记者的到来，公共或私人机构都会将物理环境整饬一番。伯纳德·贝雷尔森（Bernard Berelson）对1945年纽约市报纸罢工的经典研究发现，当报纸停止出版的时候，政治人物有时会漠视"诚实"这个新闻媒体所捍卫和守护的价值。[18]

新闻中"秩序"的本质

失序新闻故事的频繁出现显示出，"秩序"是新闻中一项重要的价值,但是倘若不能具体指明被尊崇、被珍视的是何种秩序、谁的秩序,那么秩序本身只不过是一个毫无意义的词语而已。一方面,社会当中存在着各种不同类型的秩序;某个社会的街头可能充满暴力,但却拥有稳定的家庭生活;或者存在着公共秩序,但很多家庭却动荡不安。另外,对于"秩序是什么"这一问题,不同的人也会作出截然不同的判断。对富裕的人而言,只要贫民区不发生骚乱,并且犯罪不溢入富人区,那就称得上秩序井然;但是对贫民区的居民来说,各种剥削与犯罪一日不被消除,秩序就不可能存在。对父辈而言,当青少年遵从父辈的规矩时,秩序也就随之建立起来;但对于年轻人来说,秩序同样也是摆脱成年人干涉的自由。

什么秩序?

新闻对"秩序"的概念化,随着失序的类型不同而有所不同。在关于自然灾难的新闻中,"秩序"被界定为生命与财产的保全;尽管媒体会关注自然,但是,对洪水的新闻报道却很少关注洪水会对河流产生何种危害。在科技灾难中,飞机失事通常都要比廉价公寓中的供暖系统在冬天的大崩溃更具新闻价值,即便事实上它们导致了同样数量的人员伤亡。换句话说,无论在何种情境之下,失序新闻的严重程度,还跟到底是谁的秩序被打破有很大关系。

社会失序一般被界定为在社会的公共区域内发生的失序行为。诸如三位示威者在游行中丧生这样的事件必定会登上全国性新闻的头条,而宣称有三人遇害的家庭谋杀,则只能成为一则地方性新闻。发生在富人区或精英机构内的失序行为,要比发生在其他地方的类似事件更有可能被媒体报道。在20世纪60年代,针对纽约第五大道上的数家商铺的劫掠,与同一天发生在少数族群聚居区的规模远为庞大的疯狂抢掠活动获得了同等的关注。发生在校园——特别是精英校园——内的和平示威，通常要比工厂或监狱内的示威更具新闻价值。而最主要的公共区域还是政府所在地；因此，一场没有惹麻烦的示威活动，如果发生在市政厅或者警察局前就会成为新闻，发生在商铺门前则不会。

不过，示威活动有价值与否的最为重要的标准还是源自示威的对象。归根结底，社会失序等同于政治失序；相应地，社会"井然有序"则被具化为不存在针对政府官员——特别是总统——之权威的实在或潜在的暴力威胁。过去十年间的反战示威之所以都被报道成失序新闻，是因为它们的目标指向总统，而反对政府战争政策的校园示威要比那些针对学校管理政策的示威更受关注。同样地，1978年的煤矿罢工直到将总统牵涉进来才最终成为杂志的封面故事。正如低阶政府官员及公司领袖只有在与总统发生争执时才可能跻身新闻之中一样，普通人的活动也必须触及总统办公室，才可能得到关注。

即使如此，对新闻中政治秩序的概念化实际上超越了政府官员甚至是总统。那些官员自己偶尔也会被新闻看作是秩序潜在的威胁，这或者是因为他们诉诸"煽动"行为，以此激起追随者的狂热激情——正如乔治·华莱士（George Wallace）州长和莱斯特·马邓（Lester Maddox）①的所作所为，或者他们行事的方式可能会鼓励普通人质疑权威的合法性，并进而反思政治秩序下潜在的规则。在尼克松政府风雨飘零的日子里，新闻频繁地关注对于可能出现的针对总统制（而非现任总统）的泛滥的愤恨情绪，乃至信任的丧失，及其相应的后果；而在尼克松的偷税漏税行为被揭露出来以后，随之而来的是推测普通的纳税人是否会步其后

---

① 华莱士曾数度担任亚拉巴马州州长（1963—1967；1971—1979；1983—1987），莱斯特·马邓曾担任佐治亚州州长（1967—1971）；两人在美国推行种族融合政策期间，都是著名的种族隔离主义者。——译者注

尘的新闻报道。

在对政治秩序的关注之下存在着对于"社会凝聚"或许更为深刻的关切,这种关切反映出如下的忧虑,即无论是政治秩序的正式规则还是社会秩序的非正式规则都处在被违犯或背离的危险之中。这一点在那些被新闻报道或刻意忽略的非政治性的故事中表现得非常明显。20世纪60年代的嬉皮士和大学辍学者之所以具有新闻价值,部分是由于他们不接受所谓的新教工作伦理;即便是在今天,青少年吸毒及其后果也比酗酒更具新闻价值,因为前者意味着抛弃传统的自我宽慰和舒张的方法。实际上,新闻用以评判年轻人的依据无外乎那些被他们摒弃的成年人的规则,无论这些规则指向服饰、礼节,还是性行为。离婚率的升高、结婚率与人口出生率的降低,以及未婚同居现象的日益增多,这一切都显示出对于家庭生活的传统规则的摒弃,因而它们要比家庭冲突(除了殴打妻子与虐待儿童)更为频繁地出现在新闻之中。不管这类冲突会对家庭生活产生何种影响,媒体并不认为家庭内部的冲突预示着家庭本身的衰落。将过去浪漫化为一个无论是正式还是非正式的规则都统统被遵守的时代,其实暴露出对于当代社会秩序行将瓦解的恐惧,而新闻对于过往生活方式的频繁称颂或许也暗示了一种指向未来的理想。正如艾瑞克·塞伍雷德(Eric Severaid)在英国安妮公主婚礼的现场直播中所说,"一个民族需要'过去'将自己凝聚起来"。

在很大程度上,道德失序的新闻最终的关切正是对于社会凝聚的渴望,特别是那些报道背离道德而非触犯法律的事件的新闻故事。这类故事建基于这样一个前提,即政府官员、公共机构与公司的活动,都应该遵循那些被认为同样适用于个人、家庭及友情关系中的道德与伦理价值。即使每一位政治新闻记者都知道政治人物不可能以对待朋友那样的诚实度来对待公共事务,但政治人物的不诚实的言行仍然会成为新闻。实际上，由于新闻以一种"拟人化"的方式来构想国家与社会，即认为它们怀有意志并且是由道德纤维凝聚在一起的，社会秩序才得以维系，因为它根植于道德价值，而背离这些价值就会一步步走向政治与社会的瓦解。归根到底，尽管社会和道德失序新闻无论在主题还是报道对象方面都有所不同，但潜于二者之下的价值并无二致；简言之，社会失序新闻负责监测公民对权威的尊重程度，而道德失序新闻则用于衡量权威人物是否遵从平民大众的规则。

谁的秩序？

全国性的新闻表面上是关于并服务于整个国家的；就此而言，其价值关乎全国性的秩序。然而，由于一个个体或团体的秩序到了另一个个体或团体那里就可能变成失序，而且正如我在第一章所论，新闻并不会均衡地再现国家或社会的各个角落，它因而也就不可能珍视每一个人的秩序。因此，有必要探究新闻中被珍视、被推崇的到底是谁的秩序这一问题。

大部分答案已经在前文的讨论中给出了。大多数出现在新闻中的常规性的——因而也被假定为有序的——活动，是由当选或任命的政府官员作出的，而卷入社会与道德失序新闻中的行动者，大体上都是普通人，特别是穷人、黑人以及/或者年轻人。不过，道德失序新闻也会指向触犯法律或背离恒久价值的公共官员。换句话说，新闻支持那些遵从恒久价值的公共官员，同时反对行为不端的官员和越轨的普通人。

此外，新闻会力挺在公共领域或私有领域握有正式职权者的合法性，但前提是他们遵守与之相关的恒久价值。新闻同样也会尊重颇具声望的专业领域，只不过其成员不仅必须遵守恒久价值而且还要能够完成创新性的活动。新闻对于物理学领域进展的关注远远超过管道行业，但这两个领域中的成员的日常活动同样都

不具有新闻价值。

从社会与经济阶层的角度来看,新闻特别推崇整个社会的上流阶层与中上阶层的秩序,尽管它也可能会嘲弄这些阶层中的某些豪富者。虽然新闻很少关注中间阶层、工人阶层以及穷人的社会秩序或价值,但当这些阶层尊重恒久价值的时候,它也会表现出支持之意;但对于他们的流行文化以及白人对黑人的偏见,新闻媒体还是会抱以批评态度。较之于电视,新闻杂志更倾向于捍卫中上阶层的价值与秩序,但无论是哪种媒介,基本逻辑都是相似的。[19]

新闻同样倾向于推崇中年人及老年人而非年轻人的社会秩序。大多数政府官员、商业领袖和专业人士都要等到五六十岁的时候,才具有较高的新闻价值,因而新闻也就注定被这个年龄群所垄断;但媒体极少报道诸如某些年老的领袖在任内呈现老态这样的故事。与此类似,年轻人也不可避免地出现在新闻中,因为罪犯或示威者几乎总是年轻人;即便如此,青少年针对成年人的过错行为是司空见惯的新闻,但成年人针对青少年的过失——除了虐待儿童——则远不及前者那么受关注。

此外,新闻反映出一种白人男性的社会秩序,尽管它也会纳入试图进入这个秩序并且取得成功的黑人与女性。不管怎样,新闻对种族融合与性别平等的观念基本上都是来者不拒的;新闻更青睐那些进入到既有社会秩序中的妇女和黑人,而不是试图改变这种秩序的分离分子。

新闻所珍视的是由占据公共、商业与专业领域职位的中上阶层、中等年纪的白种男性所构成的社会秩序,这样的概括可能会稍显简单化,但事实大致如此。由于新闻对个体的强调要胜过群体,它很少关注制度化的社会秩序,除非这种秩序反映在其领导人身上;但很明显,一般而言,新闻也同样支持政府及其下属机构、私人企业、有声望的行业领域以及一系列其他全国性的机构，包括声誉卓著的大学。但是，此间通常也伴随着一个前提条件，即它们要遵从相关的恒久价值。不过，同样明显的是，在监测对于恒久价值的各种制度化的遵从时，媒体往往区别对待不同的机构，而与其他社会部门相比，政府通常都是最为苛刻的监测对象。

简言之，在其他条件一致的情况下，新闻最关注与支持的是精英个体及精英机构的活动。这并不是说新闻只与精英本身或者某个单一的精英人群有关；而是说，绝大多数时间，新闻关注的是那些在各种全国性或社会性层级中握有权力的位高权重者；是最有权势的部门中最有权力的官员；是支配社会经济等级制的上流阶层与中上阶层的联盟；以及各种年龄群中最具权力的中老年人群。

不过，新闻并不会屈从于有权有势的个人或团体，因为它援用一套被认为是超越于这些权势者之上的价值来衡量他们的行为。道德失序的新闻能够迫使精英放弃或者至少是掩藏他们道德上的缺陷。固然，道德失序新闻中调用的那些价值本身，多半都是由这些精英设立并被他们所一致认同的。媒体通常不会借用中低收入民众的价值来审视或评价总统的政策；它们更不会运用雇员或顾客的价值来评判公司官员，或者利用学生或校园管理人员的价值来衡量大学校长。反之，新闻中的价值在很大程度上源于改革者与改革运动，而正如我在第六章中所论，这些改革者本身就是精英。不过，新闻也不单纯是精英、建制或统治阶层的顺从的支持者；它们借助自己的一套价值以及自己对于良好社会秩序的观念来审视国家与社会。

领导权

如果说新闻珍视道德秩序与社会秩序,它同时也暗示出该如何借助在道德与其他方面具备能力的领导层来维护这些秩序。正如我在第一章中指出的,新闻聚焦于领导人;而且大多数情况下,它们将公共机构与私人组织的领导人视为所在机构的代表。过去,杂志的封面故事通常都是将全国性的话题或议题与在其中扮演功能性或者象征性领导角色的个体联系起来,借此展开相应的议题。在必要的时候,新闻甚至会协助创造出领袖;20世纪60年代,在参与式民主基础上运作的激进团体与黑人组织,有时候会抱怨新闻从业者在他们中间挑出一个发言人,并且将大多数注意力倾注在这位发言人身上,从而将他或她塑造成了领袖。[20]

尽管一些将在第二部分讨论的实际的考量因素也促成了新闻媒体对领导人的强调,但新闻同样植根于一种社会理论,这种理论——如果将其简单阐述的话——认为,对诸种社会过程影响最大的力量来自领袖,即那些具备政治或管理才能,或者具备鼓舞他人的个人品质的人们占据权威位置,并促使事件发生。1974年《时代》周刊一则调查当前人们对领导权的理解的长篇封面故事总结道,大多数人"强调诚实、直率与远见,并且要兼具充分的体能与勇气";杂志补充说,"有勇无谋也是不够的"[21]。此外,一个领导人也必须足够强大并且能够统领属下;而他们在道德上的失当与效率低下都会被当作缺乏领导能力的标志。

与社会学将领导者看成存在于大多数团体中的一种角色并且假定总要有人担当这一角色的看法不同,新闻聚焦于领导者的个人素质与心理特征。此外,尽管社会学认为团体成员在非极权情境之下都会利用正式与/或非正式的机制来遴选领袖,并在之后影响他们的行为,但新闻则倾向于将团体成员看作是单纯的追随者。[22]再者，社会学认为体制需要领导层，并因而创造出它们；但新闻则视体制为领导层的"障碍"。[23]到底是社会学家还是新闻从业者更正确，并不是此处争论的问题所在，因为或许这二者只是从不同角度观察相同的现象。不管怎样，新闻将国家与社会分隔为领导者和追随者，而前者不但引发了后者所参与的活动，并且因之而受到褒扬。来自华盛顿的新闻故事常规性地讲述官方领导人的声明或行动，与此同时则同样常规性地忽视了如下的事实，即这一切多半都是其下属的工作成果。实际上，尽管新闻客观地报道领导人下达的命令，但对于执行命令的政府行政官员则往往不屑一顾。

美国首屈一指的领导人是总统，他被视为秩序的终极保护者。他是国内安宁的最后支柱，也是国家安全的首要守护者，如我先前所论，总统无论是因为辞职还是死亡而缺席白宫，都会激起人们对于外敌进犯的忧虑或者令当下群龙无首的大众陷入可能的恐慌。通过他自己的行为以及他显现出来的对于他人行为的关切，总统同样也变成了一国的道德领袖。他树立起供他人仿效的榜样：倘若他纵容或者宽恕其副手或任命者的腐败行为，总统本人就会遭遇道德失范的质疑。归根结底，他就是那个宣称并再现国家价值的人，也是国家意愿的代理人。

新闻将总统描绘成一个的确在行使——或者应该行使——这些职能的人。当新闻故事揭露出某些决策事实上是由其他人——有时候甚至是在总统毫不知情的情况下——作出的，它实际上是在暗示，此类转授权力的行为背离了规范，而且是一个潜在的威胁。当总统外出度假时，新闻就会质疑在缺席期间他是否还能够有力地掌控政府；总统生病总会受到不寻常的关注；而总统的死亡则是最大的新闻。

新闻中的领导权：一项个案研究

新闻不仅报道在任的领导人，亦会关注对新领导人的招募。这一点在前面提到的1974年的《时代》周刊封面故事中有着完美的体现。该期封面故事占用了杂志大部分版面，报道一个精心制作的专题，即指认美国的200位在杂志上摊当日小于46岁的"崛起的领导者"，并借此评估这个国家未来的领导层。《时代》周刊的这期封面故事可以被当作一个有用的个案研究，因为它不仅仅提供了有关杂志对于"领导权"观念的见解，而且显示出这些未来领袖如今工作于何处、来自何处以及受教于何处。同样地，这则专题进一步阐明了这些人日后会容身其中的社会秩序。当然，这份名单只不过反映了一家杂志的一小群编辑的判断，但我相信，换作大多数其他全国性媒体来操作这个专题，遴选出来的未来领袖都将与这份名单大同小异。

这则封面故事并不是意在表达《时代》周刊的偏向；编辑们指出它既不是"一种背书……也不是'200位领袖'的《时代》版本"[24]。即使如此，其中还是渗入了某些价值。首先，候选人必须具有杂志为领导者设定的一系列品质（诚实、直率、有远见、精力充沛、有勇气与头脑）。在《时代》进行田野调查期间，我了解到，在筛选提名名单时，编辑们剔除掉了一些人，因为他们近期的活动显示出缺乏奉献精神，或者正如一位编辑所形容的，缺乏"创造出领袖的火花"。另外一些人则由于个人生涯中被宣称的或者实际发生的丑闻而被剔除出去。[25]尽管一段道德上可疑的历史并不总会阻碍一个人攀升到领袖位置，但《时代》杂志认为，在不久的将来道德可以——或者说应该——发挥如此这般的作用。

不过，最重要的遴选准则仍然是制度性的而非个人性的，因为这份名单仅限于那些"拥有公共或社会影响的……政治人物、政府官员、商界中人、教育者、律师、科学家以及新闻从业者"[26]。尽管这个准则的目的是排除艺术家，"因为他们基本上都是独行者"，但它同时也将名单限制在有选择的一组职业领域之内，因而至少暗示出领导层乃是这些职业领域的囊中之物。

如表5所示，大多数被提名者来自上述职业；他们不是政府官员，就是来自上流阶层或中上阶层的专业领域或组织。此外，这份名单还包括公益游说团体的领袖，例如，拉尔夫·纳德，以及全国妇女组织（NOW）、美国公民自由联盟（ACLU）、"共同使命"（Common Cause）、消费者联盟（Consumers Union）与黑斯廷斯研究所（Hastings Institute）的领导人。只有一位劳工领袖出现在这张名单上；而且即便教师、美容师、图书管理员或退伍军人所在的组织拥有年轻领导人，他们也没有机会位列"未来领袖"之中。

表5　　　　《时代》周刊所列 200 位未来领袖的职业分布

职业	百分比
公共官员	49.0
当选的政治人物	37.0
任命的官员	8.5
前政治人物或官员	2.5
政界律师	1.0
专业人士	24.5
大学校长与教务长	7.5
教授	6.5
记者和编辑	5.5
其他专业人士*	5.0
商业领袖	17.5
出版商和电视执行官	5.0
其他商界中人	12.5
公共利益游说者	4.0
人种与族裔领袖	3.0
其他	2.0
总计	100.0

* 其中有 5 位部长、2 位建筑师、2 位运动员，还有 1 位医生。

名单中的"未来领袖"在入选之时就已经身处重要的全国性或"正在全国化"的机构当中。在进入名单的 28 位大学管理者和

教授中，15位来自哈佛或其他常春藤盟校。尽管只有一半的入选政府官员任职于联邦政府，但大多数州政府或地方官员都是来自最大的州和城市的州长与市长。从政治光谱上来看，这份名单的入选者相当均衡地分布在自由主义者与保守主义者、共和党与民主党的阵营之中。几位极端保守主义者也进入了名单，他们主要是政治人物和新闻从业者；没有社会主义者或左翼的代表入选。[27]

尽管作者在名单中努力搜寻黑人和女性领导人，但91％的入选者都是白人男性。[28]并不是每个附在名字后面的简介都提供了有关家庭背景的社会经济层面的细节，但以提供了这类信息的入选者来看，他们中的绝大多数来自富有的家庭。其中10％的被提名者拥有非富即贵的父亲，且以前者居多。相反，200人当中只有5位来自工人阶级家庭。当然，还是有一些入选者来自贫寒家庭，特别是名单中的19位黑人。

无论入选者的家庭背景如何，大多数领袖都是在素有声望的大学中接受教育。在提到其教育背景的168位提名者中，42％毕业于常春藤盟校——其中哈佛遥遥领先于其他大学，另有21％来自其他声誉卓著的私立学院或大学，譬如西北大学或斯坦福大学。[29]

最后，新闻聚焦于中年人的倾向不仅反映在杂志将年龄上限设定在45岁这一决定上，还体现为入选者多半集中在40多岁的年龄区间。52％的提名领袖是40余岁的年纪，46％的入选者是30余岁，另有2％处在20岁的年龄段。

总而言之，《时代》周刊的文章不仅生动地显示了新闻对于领导权的关切，更展示出这些未来领袖在多大程度上代表了社会当中的公共与专业领域、白人男性中年群体以及上层与中上层社会阶级。而且，倘若新闻所关切的社会秩序在根本意义上与这200位领袖所代表的机制彼此重叠，那么《时代》周刊的这份名单恰恰揭示了这一种社会秩序在很大程度上乃是由公共机构、全国性公司、富有声望的专业领域以及"高质素"的大学所构成。

领导者新闻与新闻生产过程

需要再次指出的是,对《时代》周刊这期封面报道的分析——如同我在第一章和第二章中的分析一样——并不是意在探究新闻从业者自己的价值,也不是为了揭露他们的偏见。实际上,借用第二部分的某些研究发现来说,《时代》周刊的领袖名单主要是全国性新闻从业者与之打交道的消息来源和受众以及他们工作其间的商业环境协同作用的产物。

这个专题是在某一次《时代》周刊的编辑跟哈佛大学的教授定期的——如果说不上是频繁的——讨论会之后谋划出来的。在这次会议中,几位教授表露出某些对于下一代领袖的关切,而这个主题也正是时代集团总编辑(作为公司的执行官,他本人也是一位记者,其职责是为时代旗下所有杂志提供编辑上的监督管理)长久以来的兴趣所系。不过,这个专题的构想是《时代》周刊的执行编辑提出来的;而且在这次讨论会之后,他和同事们即开始着手物色青年领袖的人选。用以产生这200位领袖的备选名单是由《时代》周刊的记者们提供的,但它的直接源头实际上是记者们所咨询的人士。正如《时代》周刊所言,"为了将有可能的候选人悉数纳入进来,《时代》周刊的记者们从去年4月起就开始收集来自大学校长、教授、国会议员、宗教界以及实业界人士的推荐"[30]。而这些消息来源只会提名他们熟知或听说过的个体;他们不可能知道来自其他社会部门的领袖。

《时代》周刊的记者对推荐人的选择主要是基于惯例;换言之,他们咨询的都是自己与之保持常规性联系的人们,而这些人也正是杂志的国内新闻中周期性的、频繁出现的消息来源——这一点同样也解释了为什么这份最终的领袖名单与反复出现在杂志中的知名人士如此相似。由于编辑的任务是维持一个多样化的、全国性的读者群的注意力和忠诚度，他们因而要戮力达成某种程度的地域平衡与政治平衡；此外，他们力图最大化妇女和黑人的人数，以此在部分程度上——但并非只是为了——堵住针对性别歧视与种族歧视的批评。他们也试图扩大商业领袖所占的比重，因为一些公司执行官曾明确表达过对名单的早期版本中商界人士人数过少这一问题的不满。[31]

简而言之，这份最终的领袖名单的出炉并不是为了表达新闻中的价值，更不是用来表达编辑们自己的价值。[32]毋宁说，它是从一系列其他的功利性考量因素中浮现出来的，而其中最重要的即是对于协助提名的那些常规性消息来源的依赖。这并不是说编辑没有价值或者将之排除在外；因为正是他们自己对领导者作出界定，同时派遣记者搜罗有关被提名人诚实度与奉献精神的信息。在田野调查期间，我只与在该专题中作出最终选择的编辑们中的一位进行了长时间的访谈，他并没有意识到——只有一个例外——这份名单在何种程度上表达了我在前面推断出的那些价值。对于投入到这个专题中的大量心血，这位编辑深感自豪；唯一令他遗憾的是，最终名单上没有纳入劳工领袖，他承认这是一个无心之失，直到后来才被注意到。我问他为什么名单上不包括左派领袖，对此他们似乎是有意为之。此外，他指出一个分部把事情"搞砸了"，因为它没有提名一个应该上榜的领袖，而这个人最近刚刚当选为自由派的参议员。

新闻价值与意识形态

如果说新闻中包含着价值，那么它同样也蕴含着意识形态。不过，这种意识形态只是一系列部分程度上思虑过的价值的集合体，它既非完全连贯一致，也不是那么完整统一；而且由于它会随着时间流转而发生变化，它在某些议题上通常会抱有较为灵活的立场。我把这种价值的聚集体以及与之紧密联系的现实判断称为"准意识形态"（paraideology），部分是为了将之与另外一套通常被界定为意识形态的精心谋划的、统整的、更具教条主义色彩的价值区分开来；但不管怎样，这种准意识形态仍然是一种意识形态。在某种程度上，它类似于托马斯·库恩（Thomas Kuhn）所谓的科学中的主导范式（dominant paradigm），与阿尔文·古尔德纳（Alvin Gouldner）提出的社会学上的"领域假设"（domain assumptions）也有几分相似。

这种准意识形态本身也可以被安置于传统光谱之上，但这样做有相当的难度，部分是因为，如我在第六章中所论，新闻从业者对于意识形态没有多大兴趣，同时他们没有意识到自己也在传布意识形态。其结果是，特定新闻故事与特定新闻从业者能够跨越光谱的不同位置，尽管无论如何他们的价值观很少与那些极右或极左的观点重叠。长远观之，甚至就连新闻媒体整体以及新闻都很难被划分，因为恒久价值所反映出来的准意识形态总是在保守主义和自由主义所框定的边界之内游移。

在鼓吹利他的、正式的民主的过程中，新闻捍卫着一套兼具自由主义与保守主义价值的混合体，但它的负责任的资本主义的观念则接近我所描述的布朗和凯里州长所持的右倾的自由主义立场。另一方面，从对传统的尊重以及对田园主义和粗粝的个人主义的怀旧之情来看，新闻毫不掩饰其保守色彩，这种保守性在它对社会秩序的捍卫以及对领导层的信念上亦可见一斑。如果一定要对新闻进行意识形态层面上的划分，那么它算是右倾的自由主义或者左倾的保守主义。

新闻作为改革主义力量

实际上,将新闻划分为保守主义或者自由主义,远不如称之为"改革主义"来得恰当;事实上,恒久价值与20世纪初叶的进步运动所倡导的价值非常类似。二者之间令人称奇的相似性表现为:它们都拥护诚实的、精英式的、反对官僚主义的政府;它们都反感政治机器与煽动者,特别是抱有民粹倾向的煽动者。换言之,利他民主接近于进步主义的政府理想。负责任的资本主义的理念也同样可以在进步主义中找到,二者共享的价值还包括:对"大"的反感、对手工艺而非科技的偏爱、对自然的捍卫,以及对反都市的田园社会的推崇。新闻业的准意识形态与进步主义的相似之处还表现为它们对个人主义的支持、对集体式的解决方式——除了草根层次的集体行为之外——的不安,以及对社会主义的反对立场。更进一步,新闻业对于上流阶层和中上阶层社会秩序的维持,以及它们对在道德和其他方面胜任的全国性领导层的需求,都能够在进步主义思潮中找到对应的价值。

进步运动早已寿终正寝,但它的很多基本价值与改革主义的倾向则得以保留下来。我将在第六章中探讨新闻之为改革主义和进步主义的原因所在,但它的这种本质有助于解释为什么新闻很难被嵌入到传统的意识形态光谱中去。当然,进步思想也可以被置放在这个光谱上,尽管对于这个运动究竟是自由主义的还是保守主义的还是两者兼而有之,历史学家尚未达成共识。但无论如何,新闻都有可能向着稍有不同的前路行进;当新闻从业者不愿意将自己看成自由主义者或者保守主义者,而倾向于自视为独立者的时候,他们或许会感受到——如果不是完全意识到——作为专业领域中人,他们是进步主义的改革者。

第二部分

新闻从业者

引　言

　　尽管我在前面两章中偶有将新闻拟人化的倾向，但它们其实是由新闻从业者建构出来的。接下来的七章有两个目标：一是分析新闻从业者如何工作，二是解释第一部分的发现。本部分的研究重心放在对新闻故事的选择上，但我也会偶尔论及新闻故事的生产，因为如果不考虑新闻从业者如何报道、撰写或拍摄他们的故事，就无法通透地理解他们此前如何作出选择。不过，讨论不会涉及新闻故事的传播过程，即把电视脚本与影像转换成信号或者将杂志投入印刷的种种技术手段；也不会牵涉到筹募经费的商业与广告组织，除非其间的人物或流程与新闻故事的选择和生产密切相关。

　　由此更进一步，我对于新闻故事选择的兴趣聚焦于新闻从业者运用的不成文的规则，我称之为"考量"（considerations）。然而，如果这个研究只是局限于审视新闻从业者的规则，未免又陷入了危险的狭隘境地。因此，我也会探究信息源、受众和那些施加压力审查新闻的人们在整个过程中所扮演的角色,而新闻从业者隶属于新闻公司旗下的新闻机构这一事实又带来一系列的商业与其他考量。此外,由于我对新闻从业者之所以调用这些考量的缘由感兴趣,本部分也会将新闻公司外部的经济、政治、文化以及其他力量和行动者纳入分析范畴。

在前言中我曾指出,本研究的大多数数据是借助参与式观察方法收集而来,但我并没有真正参与到新闻工作当中去。绝大多数情况下,我都是在观察人们的所作所为,尔后与他们讨论其中的方法及理由。此外,我会问及他们过去的工作,也会询问有关其同事、老板与新闻机构的过去和现在的问题。我还参与到经常在办公室内外发生的众多非正式讨论中去。最后,我还同其他各式各样涉入新闻生产环节中的人交谈,包括新闻执行官,发行、广告和调研部门的职员,电视网纪录片的制作人员和派驻纽约的外国通讯员,以及很多曾在或当时正在其他全国性的或地方性的新闻媒体中供职的人。其间,我时刻关注围绕"新闻"这个主题稳定增长的通俗、专业与学术文献。

我将大多数时间投入到负责选择新闻的人们身上,但我同时也关注实际上把新闻故事生产出来的人们;我偶尔会跟纽约和华盛顿的记者一同出差,并在某家电视网华盛顿的分部待上一个星期。不过,我了解到的更多的是分部记者如何谈论纽约总部,而不是分部的运作情况。

前文我曾提到,本研究的田野工作是在两个不同的时期内进行的。在这里,我需要报告田野调查的具体时段,因为尽管基本的故事选择过程在数年间变化甚微,但这些选择活动所处的社会情境却不可避免地发生了重大的变化。因而,我展开田野工作的特定历史时刻可能会影响到我的发现。

NBC 是我田野调查的第一站,那是 1965 年 10 月到 1966 年

4月;我在1966年的感恩节当日进入CBS,并在那里待到1967年的5月。那时候,正是两家电视网的新闻节目在所有方面——包括收视率——志得意满的时期;因此,它们当时实质上拥有很大的自主性,来自新闻执行官(新闻部的主任与副主任)或者公司官员的监管少之又少。

我在电视网的田野调查是断续进行的,因此我实际上只能在每个电视网待上30天左右的时间。当时手头的其他工作令我分身乏术;但是一旦了解到基本的流程——这其实不需要很久,我就可以通过周期性的回访来观察新闻从业者如何处理不同类型的新闻故事。不过,有时候我会连续待上好几天。与此相反,在新闻杂志社中的田野工作是连续的,因为只有每天都待在那里,我才能够理解当周杂志的出炉过程。此外,新闻杂志的职员规模数倍于电视新闻节目,需要研究的新闻从业者的数量也就远为庞大。我在杂志社的大多数田野调查都是在国内新闻部完成的,但我也观察了其他部门新闻从业者的工作并且与他们交谈,特别是当他们处理诸如教育等有着显著的国内政治与社会意义的新闻之时。在杂志付印的那一天,我都会不停地穿梭于新闻从业者的办公室和隔子间之间,借此跟进各个不同部门的活动。

我在1968年5月进入《新闻周刊》,并在8月底离开,那时正是编辑们动身参加芝加哥民主党大会的前夕;不过,我在那之后与他们讨论过此次大会。《新闻周刊》当时被公认为麦迪逊大街上"炙手可热"的杂志,其广告收入和声望都直追《时代》周刊。我在1969年4月1日进入《时代》周刊,并在同年的7月中旬离开。数年前①,亨利·卢斯从时代集团总编辑任上退休。

---

① 1964年。——译者注

他的接班人赫德利·多诺万（Hedley Donovan）在1968年任命了一名新的执行编辑。结果是，卢斯时代的大多数实践方式与政策都被摒弃了。甚至在我到访之前，站在共和党、越战或者蒋介石一边的明显的编辑偏向已经没有了，《时代》周刊也不再刊载针对卢斯政敌的贬损性的图片和新闻故事。确实，这次变革非常彻底，新的执行编辑将大部分精力投放到了如何令这份杂志在与《新闻周刊》的竞争中占上风方面。

在接下来的数年间，我与每个机构中的一两个人保持着长期的联系，并在1975年夏天回到这些机构进行了第二阶段的田野调查；当年的5—7月，我分别在《时代》周刊、《新闻周刊》和NBC待了一个月的时间。我本打算8月进入CBS做田野调查，但CBS的执行官觉得那段时间他们已经被各种访客搞到"焦头烂额"，因而只允许我进行一些访谈。虽然我确实与执行制片人及其助手有过交谈，但这种访谈永远都不及直接观察他们那么富有成效。幸好最近有一些关于CBS新闻的著作面世，我转而求助于它们以获取信息。

我对新闻从业者进行参与式观察的取径与之前出版的著作——譬如《都市村民》（Urban Villagers）和《莱维敦居民》（Levittowners）——中所使用的方法大致相同。观察新闻从业者与观察其他人并没有什么大的差异；我需要用心学会的，除了新闻记者们的行话，就是在故事选择和生产过程变得一团慌乱的时候，如何靠边站以免影响新闻记者的工作。同样地，当我研究社区的时候，我不能总是告诉每个人——特别是我在大型集会中遇到的人——为什么我会出现在那里；但在新闻室内，我会告诉每个人自己是前来研究他们的社会学家。由于我经常出现在新闻室里，后来我就可以自由地观察任何事情并与任何人交谈。不过，我不能进入编辑或制片人批评下属的场合，以及一些执行官参与的会议；但无论哪种情况，我都能够在事后很轻易地了解到发生了什么。

同时，我也竭尽全力观察自己，或者更准确地说是我所扮演的观察者这一角色，借此理解我的在场如何影响研究对象以及我所了解到的信息。无疑，这种在场会产生一些影响，因为新闻记者对我投注于他们和他们的工作的关注感到高兴，这或许能够解释最初他们为什么允许我进行观察。尽管我所研究的这些新闻从业者提供了这个国家的多数全国性新闻，但是除了电视主播之外，他们实际上仍然处于匿名的、无形的状态。虽然他们勤恳工作并以自己的工作为傲，但只有他们的同行、家庭与朋友知道他们在做什么。我知道他们对我的关注感到高兴，因为当我整天观察他们并且在周末与假日也会现身的时候，他们就是这么跟我说的。

顺便提一下，我很容易即获得了进行田野调查的许可。在之前的一项针对约翰·肯尼迪遇刺的电视网报道的研究访谈中，我曾接触过一些电视新闻记者。一位大学时代的朋友把我介绍进了另外一家新闻机构。在其他情况下，我会径直去叩开新闻机构的门，但我会选择先从编辑或制片人得到许可，然后请求他们跟相关的执行官打招呼。既往经验告诉我，执行官往往更可能拒绝田野调查的要求，因为维护公司的形象是他们的责任。

研究对象乐于与我接触的另外一个原因是，我是新闻室内的新面孔。时间和其他压力将纽约的新闻从业者绑定在他们的办公桌上，进而隔绝了他们与外部具体人事的联系。作为一个周期性的访客，我有时候会变成那些牢骚无处发泄或者构想出某些点子的新闻记者们寻求共鸣的对象；有一两位还曾笑称我是他们的心理分析师。最初，我偶尔被看作受众成员，即一位来自他们服务对象人群的学者，特别是当他们向我解释自己的决定时；但一旦我成为新闻室内的"固定成员",这种情况就终止了。有一两次,人们把我形容成他们的良心,这让我感到不安,因为这暗示出我强迫他们遵循了一些在我不在场的情况下可能被违背的原则。但因为我尽量保持低调,既不评判他们的工作,也不表达任何个人观点,以免给他们一些有关如何在我在场的情况下"表演"的暗示,因而,我觉得我的存在并没有改变故事的选择。此外,新闻从业者要做的事情如此之多,时间又如此仓促,他们也没有多少精力在我面前"表演"。

当然,我与研究对象的接触只限于他们的工作角色;我并不研究他们在家里面的所思所想或者所作所为,但只要有机会我都会与他们一起共进午餐、晚餐或者一起喝茶。我跟其中一些人的关系更为亲密,但这在田野调查当中也是常有的事。虽然某些人口风很紧,但我总是能够找到一些乐于提供信息的研究对象。

我也曾想过我自己的价值观会对田野调查产生何种影响。我认为,我试图理解新闻故事的选择与生产这一研究目标并没有受到有意识的价值偏向的影响;而且我并没有预先设置想要检验的假设,因此也就不可能对与这些假设相冲突的数据视而不见。由于我自己所抱持的政治立场和观点大致可以归到左倾自由主义,因而我并不赞同新闻或者大多数记者的右倾自由主义或左倾保守主义的准意识形态立场,而且很多时候都会与他们的观点相龃龉。然而,我早先即研究过那些与我自己持有不同政治立场的人们,并且很久之前就学会了如何闭紧嘴巴。当我被问及自己的观点,我试图避免直截了当的答案,但同时又不能疏远了交谈对象;因而,我向他们解释,田野工作者必须保持超然——新闻从业者能够理解这种说法,因为超然也是他们在工作中追求的。

当新闻从业者看不到新闻故事当中在我看来相当明显的意识形态蕴意,或者当他们剔除他们觉得无趣但我觉得在社会学层面非常精彩的新闻故事时，凡此种种，都会令我在私底下愤愤不平。但我很快意识到，对于意识形态蕴意，我要远比他们更为敏感，而他们所服务的受众并不是一群社会学家。最后，我认为，与研究对象的价值观差异反倒会对研究有益，因为这使得他们的价值观——以及我自己的价值观——对我来说都变得更加明晰显豁。田野工作中最困难的任务，就是去研究那些在政治上或文化上与田野工作者相类似并且会将同样的事情视为理所当然的人们。

第三章

新闻选择的架构

全国新闻所呈现的这个国家,拥有逾两亿可能进入到新闻故事中的行动者,因而,理论上来说,新闻从业者可以在数以亿计的潜在活动中作出选择。然而事实上,他们能够挖掘到的只是这些行动者与活动中的只鳞片爪;而且由于播出时段与杂志版面都相当有限,他们只能选择更加微小的一部分来报道。更重要的是,他们不可能每一天或者每一周都重新决定如何将出现在新闻中的这一小部分挑选出来;相反,他们必须将新闻选择任务"惯例化"(routinize),以将它们置于可操控的范围之内。[1]

新闻选择的理论

很多理论都为新闻故事选择的惯例化提供了解释。其中一种理论以新闻从业者为中心,它认为新闻是由新闻从业者的专业判断所形塑的。尼克松和阿格纽等人在攻击新闻媒体借用蓄意的意识形态偏见选择新闻时，所依凭的理由就正是这种理论的一个变体。许多政治人物都抱有某种程度上与此类似的观点。他们用以衡量新闻的标准是它对其政治生涯的影响；当新闻伤害到他们的时候，他们就会对新闻从业者的偏见大加指责。

第二种理论更受社会科学研究的青睐，它认为惯例化的根基存在于新闻机构内部，并借此展示出新闻故事的选择如何受到组织需求的影响。某些组织理论聚焦于新闻公司并强调商业规则的影响；其他理论则更为关注新闻机构本身，着力于检视新闻组织的结构与劳动分工会对新闻故事选择产生何种影响。[2]在组织需求对新闻选择的影响程度方面，这些理论也有所不同。其中的某些理论将机构具体化，但却同时忽视了事件，仿佛这些事件对于新闻选择了无影响；其他理论则没有注意到，作为专业人士的新闻从业者，也同样会对所在机构和新闻产生影响。[3]

第三种理论取径以事件为中心。曾在新闻从业者中间流行的"镜像理论"（mirror theory）认为，事件决定了新闻故事的选择，记者们仅仅是向着这些事件竖起一面镜子，并将它们的形貌反射给受众。镜像理论在20世纪60年代走向衰微，当时的媒体批评家揭示出新闻从业者在将事件转变成新闻的过程中是如何处理并利用这些事件的，他们也提请人们关注那些未能转变成新闻的事件。

最后一套理论借助新闻机构之外的力量来解释新闻故事的选择。在麦克卢汉等技术决定论者看来，讯息是由媒介所依凭的技术决定的。经济决定论者认为国家经济形态形塑了新闻故事的选择；而一些马克思主义者则将新闻从业者看作是垄断资本主义的公共关系代理人。与此类似，意识形态决定论者相信，新闻总是与掌权者的政治意识形态站在同一立场之上。文化理论学者拓展了这一观点，认为新闻从业者倾向于选择那些与国家文化的价值观一致的新闻故事。与之相关的一种取径是将重心放在受众身上，其观点是"我们得到应得的新闻"。另一种以外部力量为中心的观点认为，对新闻最重要的影响来自新闻记者所依赖的消息来源；或者——如莫罗奇和莱斯特（Molotch and Lester）所论——来自社会中有权有势的团体，它们的权势如此巨大，以至于既能够创造出两位作者所谓的"公共事件"（public events），又能够获得接近新闻从业者的渠道。[4]

从对这些有关新闻故事选择的理论解释的简要讨论可以看出，它们都包含了或多或少的真确之处。无论是作为专业领域的成员，还是个体，新闻从业者都的确会运用新闻判断，但他们绝不是完全自由的行动者，而且无论在何种情况下，他们都不会将故事选择置于公然的意识形态基础之上；事实上，他们工作于特定新闻机构之内，在新闻故事选择方面，这些机构只能够赋予他们非常有限的自由空间，而这种自由空间又会被他们对于行业共享的价值观的忠诚进一步减缩。

新闻从业者并不会树立起面向事件的镜子；但不管怎样，镜像理论仍然有它的价值，因为它提醒我们，新闻从业者并不是凭空虚构新闻，而是从他们所认为的经验上可以把握的外部现实入手。从现象学出发的研究者在理解新闻记者和他们的工作方面作出了重要的贡献，他们发现，不管外部现实的本质为何，人类都只能借助自己的概念去感知现实，并由此"建构"出现实。[5]早在现象学理论流行之前，社会学家已经发现，表面上由新闻从业者报道的那些事件，其本身实际上是按照时间顺序排列起来的新闻"配件"，或者说就是一组组相互关联的现象。[6]

尽管印刷媒介和电子新闻媒介建基于不同的技术，但每一家新闻媒体利用其独特技术的首要目的都是与其他新闻媒体进行选择性的竞争。[7] 倘若电视无须与报纸或广播竞争，它们完全可以把自己限制在"口播故事"上。此外，不同新闻媒介选择的新闻故事常常都是大同小异，这也说明了技术并不是决定性的因素。经济决定论者比较接近事实；但即便美国新闻对社会主义持批评态度，新闻从业者也不仅仅是资本主义公共关系的代理人。尽管他们可能会表达出主流的政治意识形态，但他们往往是无意为之。新闻媒体的确在特定的国家文化内部运作；但国家本身是亚文化的聚集体，一个有意义的文化取径因而必须探究新闻呈现了哪些亚文化，同时又忽略了哪些。我们并没有获得应得的新闻，因为作为受众，我们并没有直接参与到新闻选择的过程中去。不过，消息来源的确至关重要。

我自己的研究路径

我将新闻看作是从消息来源传递到受众的信息，在传递过程中，新闻从业者——他们既是官僚制的商业机构的雇员，也是一个专业领域的成员——概括、提炼并修正那些从信源处得来的素材，以此将之变成适合受众接收的信息。然而，由于新闻报道会带来相应的影响，新闻从业者也就难免遭遇到来自有权有势并能够对他们、他们所在的机构和公司施加压力的团体和个人（包括消息来源和受众）的干预。这里所谓的"消息来源"，是指新闻记者观察或访问的行动者，包括出现在电视节目中的被访者或者在杂志文章中的被引述者，也包括那些只是提供背景信息或新闻故事议题的人。然而，就我的研究目的而言，消息来源最显著的特征是，作为组织化与非组织化利益团体乃至更大的国家与社会部门的成员或代表，他们为新闻媒体提供了信息。

尽管新闻从业者将信息从信源传递到受众的这种观念暗示出一个线性过程，但实际上，这一过程是环形的，而大量的反馈回路则令这一过程更加复杂。举例来说，消息来源只有与新闻机构内的成员发生联系,才有可能提供信息;新闻机构也会选择它认为适合受众的消息来源;而那些想要将信息传递给受众的消息来源也会斟酌以选择合适的新闻机构。消息来源——特别是身在华盛顿的信源——本身同样是受众的重要组成部分。此外,受众不仅仅是信息的接收者,更是新闻公司的收入来源;而且由于新闻媒体必须维持住受众的忠诚度,因此受众的观看与阅读行为甚至会在某种程度上影响记者对信源的选择。就此而言,消息来源、新闻从业者与受众实质上共存于同一个系统之内,只不过该系统更像是一场拉锯战,而不是一个功能上相互联结的有机体。

然而,拉锯战其实是一种权力的表达;姑且不论其他,新闻乃是"一种诠释现实的权力实践"[8]。这种权力是由信息传递过程中的所有参与者一同行使的;它明显也存在于依照等级制组织起来的新闻机构内部。[9] 就连读者和观众也拥有一些权力,这表现为针对所读所看的媒体内容的抗议与拒绝,而这也正是新闻从业者常常担心自己的公信力的原因所在。

可用性与相适性

由于这本书建基于对新闻从业者和他们所在机构的研究,我就选择从这里切入到信息传递的环形流程中去。从这一视角出发,新闻故事的选择根本上由两个过程构成:一个决定新闻的可用性,并将新闻从业者与消息来源联系起来;另一个决定新闻的相适性,并建立起新闻从业者与受众之间的关联。然而,在信息变成新闻之前,消息来源与记者必须彼此接近对方;但这类接近机会的分布并不均衡,部分程度上取决于两者之间的社会距离,但更取决于他们各自握有的权力。经济上与政治上的强势者能够轻易获得接近新闻从业者的渠道,他们也更倾向于成为记者搜寻的对象;而无权无势者则较难被新闻从业者关顾,而且除非他们的活动制造出社会或道德失序的新闻，否则他们一般不会成为报道的对象。简言之，媒体接近权反映出新闻室之外的社会结构；而且由于这个结构本身是等级制的，那些有关美国各个部门的信息变成新闻从业者的"可用信息"的概率分配也就是等级化的、不均衡的。即使如此，新闻记者手头的可用信息，几乎总是会超出能够被发表的数量；结果是，他们必须作出"相适性"的判断，借此在可用信息中筛选出能够以有限的人力与时间报道的素材，以及能够在同样有限的广播时段或杂志版面内刊载或播发的消息。

其中最为关键的字眼是"有限的"，因为将新闻业与文学和社会科学研究区别开来的正是"截稿期限"，电视网的截稿期限是不可变更的，新闻杂志也只能以高昂的额外开支来换取截稿期限的延长。缺乏时间和人手同样也要求新闻从业者运用迅捷实用的经验探究方法，而有限的广播时段和杂志版面则限制了发表感言的可能性。这一点也是新闻基本上都停留于描述性层次的原因之一；新闻从业者通常并不拥有社会科学家用于复杂分析和解释的时间与其他资源。

"考量"的本质

可用性与相适性的判断是在相当数量的各种考量因素的引导与支配之下完成的，接下来的几章将展开对这些考量的讨论。我将它们划分到七个范畴之内，分别是消息来源、实质内容、产品与价值考量；以及商业、受众与政治考量。这一分类方案是从田野调查中浮现出来的，但它并不是僵硬的，因为某些考量因素彼此重叠，并且可以作出不同的划分。讨论这些考量的次序则是刻意为之，因为前四组是新闻从业者主动调用的考量因素，而后面三组在某种程度上则是由新闻室之外的力量加诸他们身上的。然而，这些考量被置于后面的章节中讨论，并不代表它们就不那么重要。实际上，所有的考量因素都是彼此交织、相互联系的，但行文又只能以直线性的顺序渐次展开对于它们的讨论。当然，这些考量的标签都是我创造出来的，因为新闻从业者并不跟"考量"打交道；他们只是作出新闻判断。

对新闻故事的选择是一种决策与抉择过程，而这一过程其实总是在仓促紧迫中完成的。当爱泼斯坦（Edward J. Epstein）展开他在NBC的新闻调查，并且询问记者们如何作出决定的时候，他们调侃说自己正准备作出一个决定；他们的调侃其实暗示出，倘若必须把每一天的数百个选择都当成正式的决定来看待，他们就不可能完成自己的工作。[10]因而，他们的选择都是建基于迅速的、本质上是直觉性的判断，某些人将之形容成"感觉"。

因此，这些考量必须能够被迅速地、轻易地运用，唯有如此，故事选择才能够在不致耗费太多思虑的前提下作出。简单的考量也可以帮助新闻从业者避免过度的不确定性，令他们无须担心自己是否作出了适当的选择。[11]另一方面，这些考量必须足够灵活，这样它们才能够被应用于培育"新闻"的千变万化的具体情境；它们也必须是相关联的、可比较的，因为一则新闻故事的相适性总是取决于其他故事的可用性。事实上，新闻选择过程中存在着增加或剔除新闻故事的考量因素，我分别称它们为纳入（inclusionary）考量与排除（exclusionary）考量。这些考量也必须能够被轻易地合理化，这样当新闻记者替换某一则新闻故事的时候，就能够提出足够的理由。最后一点，同样很重要的是，这些考量也是基于效率原则设计出来的，借助它们，新闻从业者即能以最少的时间、精力以及——如果可能的话——不会超出预算的经费开支，获得足够的适宜刊载或播发的新闻。

其结果就是产生了为数众多的考量，而每一则有潜力的新闻故事都必须在几种考量——其中某些甚至相互冲突——的基础上被判断。为了避免混乱，新闻判断的运用不仅仅要求新闻从业者之间达成共识，更要求存在一个等级化的机制，依据这种机制，那些握有更多权力的成员即可以将自己有关特定故事适用何种考量的判断强制贯彻。

我本打算将这些"考量"称为"决策准则"（decision-making criteria），但这个术语过于正式了。"政策指针"（policy guidelines）或"规则"（rules）也存在着同样的缺陷。"惯例"（conventions）一词则不那么正式，暗含着任意性，但新闻业的不成文规则——如我将要讨论的——很难说是任意武断的产物。"规范"（norms）和"价值"（values）也不合适，因为它们暗示着一种有关文化或意识形态的固定性和神圣性的尺度，并且我在后文将会就价值的角色与其他考量进行比较。我最终选择的"考量"这个字眼没有任何暗含意味。不过，考量并不是运作于真空之中；因而，相关的分析必须从对于新闻机构多角度的审视着手。

新闻组织

对新闻机构的检视要从新闻公司开始。制作"NBC夜间新闻"的机构是NBC这个大公司中的一小部分；同样地，《时代》周刊也只是时代集团内部的一家新闻机构。[12]这些全国性新闻公司的存在是为了牟利，而新闻机构的存在则是为了生产赚钱的产品。但是出于某些原因（我将在第七章中详细讨论），电视和杂志记者并非时刻处在增加公司收益的压力之下，这在部分程度上是因为他们并不知道如何才能达到这样的目标，部分则是由于他们在公司里拥有足够的权力去拒绝那些被认为可以扩大受众规模的万全之策，即诉诸"煽色腥主义"与"黄色新闻"。只有在经济指标急剧下滑的时候,新闻从业者才会被迫改变选择新闻故事的方式,但我研究的各家媒体在那段时间都没有陷入这种可怕的境遇。

如前所论,新闻机构是由专业人士构成的官僚系统。(顺便提及,我将全国性新闻从业者看作专业人士,即便他们并不具备医学或者法律专业人士所具有的那种声望与权力。)由于是官僚层级机构,《时代》周刊和《新闻周刊》常常被批评是在实践"团体新闻作业"(group journalism),但实际上所有新闻机构都在这么做。更准确地说,他们实践的是环环相扣的新闻生产(seriatim journalism),因为每一则新闻故事在到达受众之前都要经过好几位新闻从业者之手。有鉴于此,某些新闻记者把他们的机构描绘成生产流水线;正如一位执行制片人所说,"每天的常规工作就像是将螺母拧到螺栓上"。这个与工厂之间的类比不是完全准确,因为与汽车相比,新闻是一种更加多样化的产品;但是就像汽车一样,新闻节目或杂志也同样是由很多部分组装起来的。

不同新闻媒介中新闻故事出炉的过程所经历的人手、螺母与螺栓的总数以及零件的装配过程,在所有的新闻机构中都是极其相似的,它们因而都是在截稿期限之下生产出大同小异的产品,并且这些"工人"也都是同一个行业领域的成员。新闻机构之间的最大区别体现在它们赋予相同角色的不同名头上。

正式的职位与角色

所有的全国性新闻机构都包含如下这些层级与角色(以权力渐次降低为序):政策制定者、首席编辑(或制片人)、部门主管、记者与撰稿人(或摄制者),以及调研者。此外还存在各种后勤人员,其中某些人在新闻故事的选择中只扮演间接角色。

政策制定者可以被分为企业执行官和新闻执行官,后者几乎都是擢升到"管理层"的训练有素的新闻从业者。企业执行官——威廉·佩利（William Paley）与亨利·卢斯是全国性新闻领域的个中翘楚——可以任意干涉新闻生产，但正如下文所论，他们极少这样做。即便是新闻执行官——譬如电视网新闻部门主管或者时代集团的总编辑（但他其实是一个企业执行官，新闻杂志中不存在新闻部），虽然对于各自的新闻机构的产品负有正式的责任，但也只是偶尔才会参与到每日节目或每周杂志内容的决策过程中去。

每日节目或每周杂志确切的责任是由电视新闻网的执行制片人、《时代》周刊的执行编辑和《新闻周刊》的编辑承担起来的，而他们一般都拥有二到三个助理。在新闻杂志中，编辑及其助理有时会被称为"首席编辑"，因为正是他们对所有的新闻故事进行最终的或者说"最顶端"的编辑工作；因此，"首席编辑"在电视台的对应角色就是首席制片人。（在1978年，所有这些首席职位都是被男性占据的。）新闻机构内部并不民主；事实上，某些记者将之描绘成军事化的机构，而首席编辑或制片人以及他们的助理则有权力决定哪些可以发表、以何种篇幅、按什么顺序，凡此种种。他们的权力仅仅受制于来自新闻或企业管理层的建议或否决意见。在电视新闻网，电视主播也会分享这些权力，他们只要愿意，就可以参与到新闻故事的选择过程中。

部门主管就是新闻杂志中的资深编辑和电视网中的资深制片人；他们负责在上司的建议、认同与最终把关之下选择并准备所属分部的新闻故事。电视台的职员通常只分属于两个部门——硬新闻和软特写——尽管国际新闻与国内新闻可能设有各自的制片人。这些制片人在新闻选择过程中同时兼任执行制片人的助理。

杂志大约拥有六位版面主管。[13]杂志前半部分的每一个版面——全国、国际与商业——都各由一位资深编辑负责；而在杂志的后半部分，通常一位资深编辑要负责三到四个版面。而负责全国性新闻版面的资深编辑要比其他人更有权力和声望，并且通常最后都会被擢升为首席编辑。(进而，每位资深编辑都要向分管的高级编辑负责；而首席编辑通常只是为助理们的工作把关。)

其他的新闻工作者不负有新闻故事选择方面的责任，尽管他们可以建议报道题材，或者在缺乏必备信息的时候建议剔除某些新闻故事。他们的主要角色是生产新闻，即搜集进入到新闻故事中的信息，并把一则新闻撰写或者拍摄出来。在电视领域，参与到故事生产过程中的新闻从业者包括助理制片人、撰写脚本并解说影像故事的记者（也可能兼任助理制片人），以及组成摄制组的摄像和音效师。("记者"既是一种角色也是一个头衔，但他们最终都会被外派独当一面。)口播故事的写作是由撰稿人在一位新闻编辑的监督之下完成的。[14]一些主播会撰写他们自己的解说词（大卫·布林克利［David Brinkley］）；另一些则只撰写头条和其他重要新闻（约翰·钱斯勒［John Chancellor］）。沃尔特·克朗凯特很少自己撰写讲稿，但他通常都会挑选口播故事并编辑撰稿人写就的解说词。

在新闻杂志中，新闻故事的生产分成两个阶段。最开始，报道者与调研者（他们从资料库和图书馆中搜集背景资料）负责采集信息；这些信息进而被提供给撰稿人（《新闻周刊》的刊头上仍然称他们为编辑），并由他们撰写成文。而后，美工、摄影师与调研者会拍摄或搜集能够作为杂志新闻故事插图的图片；不过，新闻图片的最终选择权还是掌握在资深编辑与首席编辑手中。

无论是在电视台还是杂志社，记者都在组织层次上与其他编辑人员区分开来，他们隶属于特定通讯部门，并且拥有自己的执行官与部门主管。华盛顿分部的主管能够对故事选择过程施加一定影响，因为他所在的分部为电视和杂志提供了最大份额的国内

新闻。在《新闻周刊》，他处在资深编辑的层级；而他通过电话传递的故事选题，会在每周伊始拉开新闻选择过程的序幕。

杂志的调研者还扮演着另外一个角色；他们负责"查证"撰稿人笔下的新闻故事"事实"的准确性。尽管这些"检验员"身处整个编辑等级制的底端（因而主要由女性担任），但他们拥有推翻一位撰稿人甚至编辑的决定的正式权力，只要他们能够提供充足可信的证据证明报道存在事实错误，或者缺乏支撑经验性总结的根据——但前提是，他们能够鼓起勇气冲撞上司。很多调研者事实上真的这么做了，因为如果报道中存在太多事实错误，那些眼尖的读者就会投书抗议，而调研者可能会因此丢掉工作。然而，调研者不能够质疑撰稿人使用的那些不牵涉可查证的事实的假定或概括。[15]记者也会参与到事实查证过程中，因为他们必须检查并批准撰稿人的新闻故事，而他们是可以质疑其假定与概括的。在电视领域，新闻编辑（以及其他人）日复一日地阅读美联社和合众国际社的新闻报道，借此最小化电视记者的影像和文本中可能存在的错误。

尽管上面的讨论没有涉及后勤、发行和商业员工等使得新闻最终面世的非新闻人员，但两类非新闻工作者实际上在新闻故事的生产与选择过程中扮演着边缘性的角色。那些剪辑或协助剪辑记者拍摄的影片或录像带的影像编辑，可以选择使用的场景，但却不能决定或影响故事的主题。此外，杂志的美工帮助首席编辑和资深编辑铺排版面，但故事的顺序仍然是由编辑们决定的。

新闻选择与生产中的具体作业情况

在任何组织中，单纯考察正式的职位永远都不可能窥视到组织运作的全貌，新闻机构也不例外。它同样也可以被划分成功能性的职位，进而勾勒出新闻选择与生产过程中的各种不同角色。

这个过程的第一步是故事提议者迈出的,他们的工作就是发掘或者构想出新闻点子。选题的责任被正式地指派到记者头上。他们被要求追踪发生在他们所负责的新闻"专线"或者所在分部辖区内的事件,而对他们的考评,在部分程度上就是基于提出适当的新闻故事选题的能力。其他所有的新闻职员——包括首席编辑和制片人——都被期待提出好的选题,即便是非新闻工作人员也被鼓励这样做。在杂志社,每周高级编辑和资深编辑的第一次会议的开场,编辑们都会非正式地回顾周末的活动,以及在他们参加的晚餐聚会或公共集会上讨论的话题,希望借此引出某些故事选题。

一天24小时不停发布新闻的通讯社的存在,也简化了故事选择者的任务。这些新闻故事随后都会变成杂志或电视记者跟进报道的选题。同样重要的是,新闻故事的建议者们还可以依赖那些持续供应的"可预期的新闻"(anticipated stories),即消息来源预先安排的必定会发生的事件,譬如新闻发布会、演讲、国会听证会和典礼。它们通常被称作媒介事件,因为其中某些事件之所以会发生,主要就是为了被新闻媒介报道。

可预期的新闻构成了具有潜在相适性的新闻故事的稳定来源,而且这类新闻的媒体接近渠道和可用性这二者也是预先确定下来的。这在一定程度上减轻了故事选择者对于没有足够新闻填充杂志或电视节目的长期的——但很少是合乎情理的——忧虑。可预期的新闻同样使得新闻机构可以预先安排记者和摄制组的工作,借此将他们的工作分摊铺展开来,以免这些工作都堆积在一起令有限的人手不堪重负(或者甚至要求新闻机构雇用更多人手),与此同时亦可以使他们时刻处于忙碌状态。

那些想要进入新闻并且能够预先安排活动的消息来源深知新闻从业者对可预期的新闻的依赖,并据此作出相应的回应——举

例来说,他们会在活动之前提供相关信息,以便故事选择者针对这些活动是否能够成为值得报道的适当的新闻作出判断。预先安排的事件在时间安排上也会尽量与新闻媒体——特别是电视——的工作时间表保持一致。例如,国会听证会通常都在早晨举行,因而那时候电视网的摄制组一定可以到场;而最具新闻价值的证人也总是第一个出场,因为摄制组通常有其他的安排而不能听完整场听证会。在20世纪60年代,经验丰富的组织者也懂得如何安排示威游行的时间以配合摄制组的时间表。

当然,并非所有的可预期的故事都适合报道,但无论对于哪一家新闻媒体,它们都是一种重要的资源。西格尔(Sigal)发现:在一个刊载在《纽约时报》和《华盛顿邮报》上的由3000则新闻故事构成的样本中,可预期的新闻占据了三分之二的比重;另一方面,大部分的政治事件,即便是那些似乎是自发的事件,也多半是在着眼于登上媒体舞台的前提下策划出来的。[16]

一旦故事建议者完成了他们的工作,故事选择者就会拍板决定,哪些故事选题可以分配给记者和摄制组。在电视网和新闻杂志中,故事选择的任务分别是由高级制片人以及高级编辑与资深编辑负责,但通常他们都会咨询记者、撰稿人以及其他充分掌握有关特定选题的前期信息的员工,借此判定这则选题是否确实可用、可行,就是说,是否能够被报道和生产出来。

当故事选择者作出决定,并将任务分配给记者、撰稿人与调研者之后,某一位新闻工作者——通常是助理制片人或者撰稿人——就成为故事的设计师,他负责起草在杂志内部被称为"备问大纲"(queries)的方案,这个方案会勾勒出故事的主题并列出记者必须问的问题。(不过,通常高级编辑、制片人以及资深编辑在选择新闻故事的时候就已经为故事方案提出了建议。)与此同时,故事的生产者就开始了他们的工作,但他们以及他们的新闻故事仍然还是要接受新闻选择者的督导与把关。新闻故事可能会被"枪毙"或者延后发表，其间的原因要么是不能及时得到必需的信息，要么是因为稿子需要太多的改写和编辑工作，又或者像经常发生的那样，它们变得"陈腐"或者不再具有新闻价值。同时，新的故事选题又持续不断地冒出来，而且如果时间允许的话，它们也会进入同样的生产流程。由于无论是电视还是新闻杂志都希望做到最大限度的新鲜及时，它们似乎总是能够在最后关头之前挤出时间来，也就总会有更新的故事把旧的"排挤"出去。因而，新闻故事的选择是一个持续进行的过程，只有当高级编辑与制片人作出最后决定并允许发行人开始工作的时候，才算是告一段落。

从信源出发与从受众出发的新闻从业者

人们在新闻机构内发挥职能的方式可以从另外一个角度来检视：该机构的职员可以被非正式地划分开来，其中一边是从消息来源的视角判断一则新闻故事取舍的新闻工作者（主要是记者），另一边的高级制片人、编辑等人则从受众的视角来审视之。从这个角度来说，新闻故事的选择开始于跟信源有着千丝万缕联系的新闻工作者，并终止于那些负责为受众创造出新闻节目或杂志的新闻工作者。不过，实际上，任何一个新闻从业者都不应该全身心地只站在信源或者受众一边。举例来说，专线记者（参见第四章）有时会将自己与所负责专线上的消息来源视为一体，这会直接导致故事选择者摒弃他提交的新闻或修正他们提出的选题；另一方面，尽管故事选择者的工作是监督信息概括与简化的过程，令新闻故事更容易被受众接纳，但他们仍然必须对消息来源有所尊重。

信源利益与受众利益之间的拉锯战主要是在新闻故事的生产

过程中上演。在新闻杂志中，记者从消息来源处搜集信息，并将之传递给撰稿人，由他们撰写成符合受众兴趣的新闻故事。即使如此，记者甚至也要依照受众兴趣调整自己的工作。一个年轻的记者采写了一则有关电脑科技新发展的人人称赞的上乘"素材"，尽管他已经将电脑术语转译成日常用语，但撰稿人还是无法理解。这位记者很快就被杂志辞退了。事实上，记者被鼓励带着这则故事到底应该如何被写作的考虑，来搜集新闻素材，以此简化并加快撰稿人的工作，即使这样做或许最终会令撰稿人的工作显得多此一举。不管怎样，即便这些素材看起来很像新闻故事，记者可能仍然是信源取向的；例如，当消息来源是医药研究者的时候，记者可能会强调研究发现在学术领域的领先性，但编辑可能更想知道该项研究能给病人带来什么益处。

一则新闻故事最后的形貌通常都是妥协的产物，但它常常是更为靠近受众的兴趣，因为高级制片人和编辑拥有更多权力。而受众取向的新闻工作者通常都处于新闻机构等级制的顶端。同时，他们也很容易跟受众站在一边，因为他们不熟悉信源提供的详尽的信息，因而也就跟受众一样对新闻故事本身所知甚少，在某种程度上他们彼此类似。如果这些新闻从业者觉得某个故事富有趣味，他们即假定受众也会这样觉得。在《时代》周刊，体育类封面故事有时候会被呈递给对体育完全不感兴趣的编辑；如果他们对故事感兴趣，那么这则新闻故事就被认为适合受众的胃口。

卖家、买家——以及卖点

参与到新闻故事选择过程中的人们可以被看作是一场准商业交易活动的参与者。在这场交易当中，新闻故事提议者是卖家，他们将点子兜售给充当买家的新闻选择者。实际上，故事提议者最关心的就是"卖掉手上的新闻故事",而一位 20 世纪 60 年代的执行制片人曾经用一句好莱坞式的老话调侃似地拍板说:"我买了。"(I'll buy that.)在这里,商业术语之所以被使用,并不是因为新闻是整个娱乐产业的一部分,而是因为新闻从业者在一个"供应—需求"的环境之下运作。

新闻机构由一群相互争夺稀缺资源——广播时间或杂志版面——的人构成;这是因为故事选题的供应量总是超出实际的需求。由于故事提议者部分程度上是由其选题被接纳的数量来考评的,因此他们会大力兜售自己的无形产品,竭尽全力说服新闻选择者认同他们手上的故事选题的优点。具体来说,他们找出他们认为的卖相最好的部分,即故事选题中最新奇、最戏剧化或者最不寻常的元素,希望借此被不可能买下所有选题的故事选择者看中。

跟发生在新闻机构内部的其他所有互动和交易一样,售卖选题也通常是以一种偶发性的方式进行的。尽管建议者试图强行推销自己的选题,但在新闻生产过程的这一阶段,他们尚且不知道最终能够交付出什么样的新闻故事;他们也不可能过分吹嘘自己的产品,因为这会令其他人质疑他们的可信度。结果是,他们将自己拥有的前期信息中最显著的部分与他们所了解的买家的偏好结合起来,同时尽量避免不实的推销。卖家对新闻故事的感觉也同样重要,因为在其他条件同等的情况下,对自己的选题充满热情的新闻故事提议者更有可能说服买家。此外,当不同的提议者分别向买家兜售相同的故事时,他们也会更加关注这则选题;出于这个原因,有时候记者们会联合起来向买家推销相同的故事。

当然,买家也知道他们面对的是推销。同样,他们也会为这场交易做好准备;在挑选新闻故事之前,他们已经阅读了《纽约

时报》和《华盛顿邮报》,并因此知道这几家媒体中那些已然参加过类似交易的编辑们是不是买下了某个故事选题。

事实上,兜售选题的过程早在新闻选择之前就开始了,最先是消息来源试图将故事选题卖给记者,尔后记者将它卖给分部主管(就电视台而言),分部主管再将它卖给纽约的部门负责人(在杂志中,记者可以以备忘录的形式直接出售故事选题,选题的副本通常会被分别发给资深编辑、撰稿人及相关人士)。最后,部门负责人必须再将它卖给高级制片人和编辑。在此过程中的每一个阶段,最初的故事选题可能都会被进行少许修正,而故事不同的部分也可能会被给予更多的强调以使得整则新闻故事对下一位买家更具吸引力。

我不想夸大这场交易中买家和卖家之间的"敌对"状态,因为交易的参与者们长期在一起工作,并且彼此信任。而且,很多故事实际上根本不愁销路,因为毕竟买家和卖家都是同行,他们对于"新闻价值"抱有相似的观念。此外,某些新闻故事是"连续报道"(running story)——比如战争、选举、通胀期或者恶劣的天气——中的一个环节;而其他一些报道则是对或许可以被称作"连载人物"的行动者的特写,美国总统就是这样的人物,因为他几乎总是具有新闻价值。并非所有的连载故事的片段都能出现在最终的故事清单上,但是,在某种意义上,它们乃是预售的产品。

这场买卖交易所牵涉的不仅仅是新闻故事的选择,还包括故事内容的形塑,因为卖家在兜售过程中要努力发掘出选题的亮点:他们挑选出特定行动者或活动的出彩部分,剔掉那些无法引起买家兴趣的常规的或者可以预见的部分,无论它们是不够重要、新奇、戏剧化,还是什么其他原因。但是,由于最初选定的故事不一定会出现在最后的清单中,所以"发掘亮点"同样也内在于新闻故事的生产过程。

那些进入新闻杂志的"备问大纲"的问题都来自故事选题最初的卖点；此后，新闻故事的生产者——他们也需要相互竞争以抢占广播时段或杂志版面——首先就需要努力挖掘到能够令他们的故事存活到新闻选择最后一刻的卖点。举例来说，当电视记者报道演说的时候，他们会特别关注演讲稿中最富戏剧性的部分，并指示摄制组只拍摄该部分的演讲，以及其他令演讲者或听众兴奋起来的部分。

在整个新闻选择与生产流程中，对亮点的采掘以一种螺旋形的方式向前推进。当一则被提议的新闻故事最终完成的时候，最初以为的亮点只有少数得以保留。身在越南的电视记者最初报道的都是战争的卖点，譬如战斗场面以及搜寻并摧毁的行动；但是当他们或者是纽约总部将原始片段剪辑成定型的影片之后，最终被播放出来的只有那些最富戏剧性的场景。同样的，杂志的撰稿人也只是从记者提供的素材当中挑选出部分卖点。就此而言，发表出来的新闻通常都是亮点中的亮点。

在随同一位电视网记者赴华盛顿参加针对饥饿问题的一次新闻发布会之后，我完全体会到了寻求卖点的精妙之处。参加这次发布会的行动者包括反饥饿运动的几位主要成员、某些到场证明饥饿在他们的社区持续存在的穷人、一位众议员，以及两位参议员——雅布克·嘉维茨（Jacob Javits）和罗伯特·肯尼迪。其间多位与会者发表了意见；但会议一结束，那位记者就说他要"剪辑大致从第 12 分钟开始的鲍比①的那一段"。在呈递给分部制片人——进而呈递给纽约总部——的推销说辞中，他还提出了几个其他的卖点，包括在新闻发布会上发生的争执；而且他还打算采

---

① 罗伯特·肯尼迪的昵称。——译者注

访两位强烈反对反饥饿政策的南方众议员,他们言辞激烈的陈述肯定会强化故事的卖相。不出这位记者最初所料,分部制片人只"买进"了肯尼迪参与会议这一亮点;后来,他向我解释说,由于新闻发布会本身并不重要,而且也没有提供有关反饥饿运动的任何未被触及过的报道点,这则新闻只有突出当时颇具新闻价值的肯尼迪,才有可能令纽约感兴趣。纽约果然对"预订"这样一个短片有充足的兴趣,而短片不仅要能够突出这位参议员,并且要集中于他的简短发言中最戏剧化的部分。肯尼迪参议员在这个新闻发布会上的角色其实较为次要,但他却变成这则新闻故事最为核心的要素。然而,在最后的选择阶段,它还是竞争不过当天的其他片子,结果没有播放出来。

购买与兜售活动使得新闻从业者建构出一个被强化的现实,或者说是——如同越战新闻的例子所表明的——对于被观察到的事件夸大的概括,至少就经验性探究的社会学标准而言是如此。(换言之,社会学家从反复出现的模式或者随机样本中得出概括性的结论,但新闻从业者最青睐的则是社会学家所称的"异常个案"。)在某些时候,譬如在刚刚提到的新闻发布会上,这种寻求亮点的过程甚至完全忽视了被观察到的事件,而由新闻从业者自行建构出一个全新的故事。

兜售、购买以及挖掘卖点的活动同样也有助于解释为什么新闻中会充满知名的政府官员以及有关冲突与失序的故事。但是全盘的解释必须包括后文要详细讨论的各种考量,以及那种认为只有充满卖点的新闻才能引起受众兴趣的观念。此外,新闻从业者通常也难以意识到他们正在强化亮点,或者除此以外还存在着触及外在现实的其他途径。

劳动力与权力的组织化分工

我之前曾指出，新闻选择的组织理论界定新闻机构时宽泛程度有所不同。在这里，我采取较为狭隘的界定，将新闻机构视为一群专业人士，并暂时搁置新闻机构如何应对所属公司的商业动机以及它所导向的政治压力等问题，这些问题将会留待随后的章节讨论。（我之所以使用这个狭隘的定义，是因为我感兴趣的是组织安排本身如何影响新闻，也因为新闻从业者将商业与政治压力都看成外在于其机构的力量；即使如此，我在这里还是必须偶尔提及其中的某些压力。[17]）当然，在新闻从业者作出新闻判断的时候，他们并不会将新闻机构本身纳入考虑范畴，但新闻判断的某些要求其实是组织化的考量。不过，很多组织化的考量的形成，是为了回应新闻选择与生产过程中出现的紧急状况，而且归根到底，很大程度上是新闻决定了新闻机构，而非新闻机构决定了新闻。

新闻组织有时候并不符合教科书对于组织实践的概括，因为虽然它们是流水线和官僚层级体系（包括组织架构、资历以及其他人事规则与"渠道"），但却是由专业人士（他们中许多是工会成员）构成的。作为专业人士，他们不会接受直接的命令，充其量只能接受"建议"，这不仅是尊重他们的专业自主性，也是为了鼓舞士气——以及由此而来的生产能力。而这些专业人士最厌恶的建议，就是让他们像官僚一样行事。

此处的讨论主要围绕杂志机构展开，因为它们的规模要比电视网中对应的机构庞大得多。晚间新闻节目纽约总部的所有职员加在一起不足 20 人，但新闻杂志则容纳了大约 130 位新闻工作者。由于电视新闻不是由主题分割成的片段，它也不存在杂志后半部分那样的时段，因而机构本身也没有那么多的部门。与此同时，电视在很大的程度上是由生产过程主导的。在其他地方录制的影片或录像带可以在纽约总部编辑，也可以远程编辑，但它们通常都不可能重新拍摄。每日往复的截稿期限也限制了讨论各种变化的时间，因而，较之于新闻杂志，电视网中的新闻机构是一种更简单、更灵活的官僚层级体系（反讽的是，电视网本身则要比杂志所属的新闻公司规模更为庞大也更为复杂）。但不论是电子媒介还是印刷媒介，新闻机构都是等级制的；因而，劳动分工也同样是一种权力分配，而我的分析将从最有权势的人们开始。

企业与新闻执行官

依据我对于新闻机构的界定，企业执行官与新闻执行官其实都"盘桓"在新闻机构之外。就其责任与权力而言，他们也有所不同，但他们可以被放在一起讨论，因为大多数时间，他们在新闻选择与生产中的角色都是断断续续的。作为执行官，他们实质上拥有无限的权力，只要他们乐意，即可以建议、选择与否决特定的新闻故事。但是，因为他们还承担其他职责，同时他们被期望遵守企业内部的劳动分工（当他们不是新闻工作者的时候，他们还需要遵守那些给予新闻工作者自主权的非正式的规则），因而，他们并不会经常性地行使权力。或许正是因为这一事实，新闻从业者反倒更加关注他们提出的周期性的建议，而且有些时候他们甚至会对此作出过激的反应。当一位以"削减预算"闻名的新执行官走马上任时，高级编辑和制片人会非常谨慎地留意他们的预算，即使新上司未曾要求他们这么做。正如一位编辑所说："关键的不是（执行官）将会做什么或否决什么，而是我们认为他将支持还是否决；这才是他的影响力所在。"[18]但是如果某些期望没能被满足，执行官也可能会直接介入新闻生产过程。

实际上，企业执行官与新闻执行官扮演着四个角色。第一，他们通过预算决议和重要的人事任命来行使权力。尽管他们极少为了改变新闻选择而作出这些决定，但类似举措还是会对新闻产生不可避免的影响。较低的预算使得新闻报道更加艰难；而由执行官任命的新晋升的高级编辑或制片人可能会带来新的观念，如果他们是从机构外部引入进来就更是如此。不过，这种事情很少发生，因为最近十年来几乎所有被任命的高级制片人和编辑都是从内部擢升上来的。

第二，企业和新闻执行官要保护公司的商业与政治利益。有时候，他们也必须解决公司内部相互竞争的新闻机构之间的争执；告诉高级编辑或制片人如何处理——有时候是枪毙——那些会影响公司命运的新闻报道，或者强烈推荐一则关于企业管理改革的新闻故事，而记者们认为这是公关宣传稿而已，宁可忽视它。更多时候，执行官保护记者免受商业和政治压力的影响（参见第八章）。

第三，他们制定"政策"。尽管某些机构发布政策手册，但新闻故事的选择和生产并不是在正式政策的管制之下进行的，因为这么做会限制新闻从业者的灵活性以及与对手竞争的能力。反之，执行官制定政策是为了回应特定的事件；近年来，这些政策意在尽量弱化新闻机构在社会失序中的角色（以及可见度）。在种族骚乱时期，执行官设定政策以确保摄像机的在场不会鼓励进一步的骚乱或抢掠；最近，他们又发布了关于对恐怖分子进行报道的规范。

然而，尽管大部分时间执行官是针对个别的故事设定规则，但这些规则不一定会变成先例。高级编辑和制片人会拿那些可能引起受众或政府抗议的"敏感的"新闻向执行官征求意见;通常它们是一些关于"品位"的疑问,譬如出现渎神、亵渎、裸露以及相关的题材时(参见第七章)。

在新闻杂志中,当首席编辑试图在一件特别引人瞩目的议题上选择立场的时候,也会向执行官征求意见。一位首席编辑在 1975 年指出:"如果我建议从南韩撤军,或者支持价格与工资控制,我都需要征求他们的意见,但对有关犯罪等问题的社会政策的表态则不需要他们首肯。"不过,在 20 世纪 60 年代,他并不需要就经济政策的立场征求执行官的同意,但社会政策——特别是与种族有关的社会政策——方面的立场,则需要执行官审核。当高级编辑决定是否支持某一位总统候选人时,他们会跟上级讨论这个决定以及这位特定的候选人。

第四,新闻(而非企业)执行官通过与高级制片人每天一次——与高级编辑则是每周一次——的简短会面来行使监督职能,以便及时了解新闻故事选择的最新动态。这类碰头会成为一种惯例,而新闻执行官也会非正式地参与到新闻故事的选择当中,提出故事选题,建议头条新闻或封面故事,并在新闻发布出来之后提出批评意见。执行官介入新闻选择的频率取决于不同的个体,不过,当一个新的执行官走马上任之际,这种干预会比较频繁,因为他试图在机构中打下自己的烙印,这类干预也会频繁发生于新的首席制片人或编辑被任命的时候。然而,高级制片人和编辑毕竟厌恶经常性的干涉,新闻执行官也会相应地约束自己的行为。事实上,尽管高级制片人和编辑必须服从他们的上级,但他们之所以能够容忍这类干预,只是因为新闻执行官本人也是训练有素的新闻从业者。由于企业执行官并不是新闻从业者出身,因此他们必须通过新闻执行官来传达自己的建议,而直接的干涉则只是偶尔为之。新闻执行官同样厌恶来自非新闻工作者出身的上级的建议,因而,这些建议有时候会被不声不响地忽略掉。[19]

《时代》周刊的机构在某些方面与其他杂志有所不同。因为《时代》周刊被认为是为时代集团讲话的,集团总编辑以及他的助理(清一色是新闻从业者)要比《新闻周刊》的企业执行官扮演更为经常性的督导角色。总编辑收到所有故事的清单之后,可能会审阅每一则与集团立场相关的封面故事与头条新闻。因此,他在1968年撤销了杂志支持越战的内容;他参与撰写了1973年吁请理查德·尼克松辞职的社论;他介入了第二章中讨论的1974年刊载的有关未来领袖的封面故事,以此确保足够的商界中人被纳入名单;他还编辑了一系列的封面故事,包括1975年有关资本主义的那一期。时不时地,当日常就任者出差或度假的时候,他或他的助理就会接过首席编辑权。

执行官手中的终极权力或许最好地体现在新闻工作者加诸上司头上的标签中。在NBC,执行官通常被私下叫作"厚脸皮的家伙"。[20]另一位首席编辑则对执行官的权力提出了更有分寸的评述,"在一些或大或小的议题上,他们总可以命令我去做某些事情,因为这毕竟是一个公司,也是一门生意,但他们很少对我们施加那种压力。因此,正像期望的那样,我非常自主"。

高级编辑与制片人

杂志新闻记者有时将他们所在的新闻机构比作王国或者军队,而首席编辑则是国王或者将军。事实上,一位主管国际新闻的资深编辑曾解释到,依据外交礼节,首席编辑相当于一位四星上将,居于其上的只有新闻执行官这位五星上将,而资深编辑自己的层级则相当于准将。

高级编辑的权力不仅仅体现为他们对于杂志内容掌有完全的、最终的决定权，而且也体现为他们作为官僚层级体系顶端的地位。与他们的沟通必须通过某些正式的传播渠道，尽管他们同时也期望保留一种"门户开放政策"（open-door policy）。虽然某些高级编辑要比其他人更加热心于此，但是这一职位的神秘性足以令新闻从业者——特别是那些新入行者——望而却步。因而，高级编辑有时候被他们的员工认为"遥不可及"，当他们个性羞赧的时候就更是如此了。

高级编辑（以及执行官与资深编辑）的权力因他们无须合理化或者解释自己作出的决定或判断而被进一步扩展了。其结果是，他们将自己密封在一团神秘感当中，迫使下属去揣测何种做法会讨好或者惹怒他们。不直接下达命令这种实践方式反而会强化神秘感，而姑且不论其他因素，同任何其他机构一样，新闻机构内的升迁，总是倾向于落到那些擅长取悦上司的家伙头上。然而，新闻机构就是一个金字塔，嵌于其中的高级职位相当有限。那些向往做编辑工作，渴望资深编辑职位所带来的更高收入、地位和权力的撰稿人，意识到他们正在围绕着不足10个职位争夺升迁机会，而记者们相互竞争的则是大概20个部门的领导权。在电视网，高级职位的数量同样相当有限。

即便不是刻意如此，首席编辑的权力也被机构内的劳动分工进一步强化，而正是这种分工导致了员工之间的利益分殊。正像所有其他拥有分支机构的组织一样，新闻组织当中也存在着纽约和其他地区分部之间的内部利益冲突，后者常常觉得它们的新闻故事没有在纽约总部得到充分的重视。记者希望自己采集的素材尽可能多地出现在撰稿人笔下最终的新闻故事当中，但撰稿人则必须同时将几位记者采集的素材，以及样式要求和上司的指导意见等等因素纳入考虑范畴。撰稿人必须相互竞争以期文章得到刊载，特别是在杂志的后半部分，它的版面几乎每周都要为杂志的前半部分让出空间。而担负检查职责的调研者要对消息来源负责，这有可能引发他们与撰稿人、记者以及编辑之间的冲突。

资深编辑在很多方面都与领班相似：一方面，他们必须让高级编辑满意；但另一方面，他们必须捍卫所在部门的利益，以免故事被枪毙或者删减。尽管他们可以与上司争辩，但最终还是必须接受上司的决定。虽然撰稿人并没有凌驾于他们之上的权力，但是太过频繁地漠视他们的利益会消弭这些人的士气，资深编辑不希望高级编辑忘记这一点。明智的资深编辑也会将作出损害部门利益的决定之责任推给首席编辑，使得他们成为怨恨与敌对的主要对象。

最后，高级编辑以及整个领导层的权力，是由新闻机构范围内的一致性压力来维持的。新闻组织是一种流水线，要求人们通力合作并在截止日期前完成批量生产，它们几乎总是会生成一致性的压力。几乎没有高级编辑或者握有充足的权力或者拥有马基雅弗利式的权谋去操纵这种压力；实际上，它是在生产的过程中生成的。不管怎样，新闻判断中充满了不确定性，而高级编辑因其职责所在必须解决这种不确定，并判定哪些选择性考量具有优先性；他们同样还要设定报道的口吻或笔调，有时还要设定先例，这一切都需要下属进一步与之保持一致。资深编辑在他们的部门内部的做法与此大同小异。

记者们似乎并没有意识到他们在一致性压力之下工作。当一周或者电视网中的一天即将结束而一切都运作良好的时候，一致性事实上表现为一种凝聚性的、令人舒适的同志情谊,就如一群同事通力协作完成一件他们引以为傲的作品一样。但是,那些在杂志付印之前猛烈批评"版面编排"的人,或者拖延了很久才完成写作任务的撰稿人,或者不情愿在微小琐碎的事情上对别人施以援手者,并不受同事的欢迎,而且他们最终可能会发现自己被疏远了、调任了,甚或因此丢掉了工作。新闻机构总体来说是在试用的基础上雇用职员,而那些没有展示出合作的能力与愿望的新入行者,无论其专业技能如何出色,都不大可能得到长期的工作。自以为是者总是会遭到蔑视,而不管什么时候新闻工作者们谈论起那些在该杂志展开其职业生涯而今成名的自由记者时,总倾向于回忆起这些人当初如何不愿与人合作或者他们的工作习惯为赶截稿时间制造了何等麻烦。

为了协同完成工作所必需的一致性的压力,也扩展到其他的方面。举例来说,那些在当周早些时候发现新闻故事选题中的缺陷的新闻从业者,一般会拒绝参加当周集体午餐,或拒绝参与办公室内的调侃。一致性进一步扩展到价值与意识形态方面(参见第六章),有时候甚至体现在着装上。我在其中一家杂志进行田野调查期间,数名男士突然开始穿着带肩饰的衬衫,而女士则开始佩戴宽大的眼镜。

高级制片人拥有跟高级编辑一样的权力,但是因为电视台的员工规模较小,所以他们更容易接近因而也就不那么神秘。一天中的大多数时间,他们或许就一直在新闻室中工作,只有当他们回到自己的办公室时,才不那么容易接近。然而,他们必须与主播分享权力;事实上,后者权力还大些,因为主播可以建议解雇执行制片人,但反之则不可能。[21]主播之所以拥有这样的权力,是因为大多数观众认为是他们对节目内容负责,并且也是因为他们吸引了一大批观众选择收看这个节目。一些主播常常忙于其他活动,而无暇定期参与新闻故事的选择过程,但只要愿意,他们就可以介入进来。[22]匿名的首席制片人与曝光度极高的主播之间模糊暧昧的定位,用一位首席制片人的话来形容非常精当:"这仍然是我的节目,但是我允许一颗星星在这里升起,只要它不弄臭了我的节目。"然而,后来这位制片人与明星主播发生了冲突,并因此不得不离职。

尽管电视机构也被分隔成正式的等级,但是这些等级都被相对简单的劳动分工抵消了。如同杂志中的同行一样,记者与部门主管偶尔也会不满于纽约总部的决定,但电视网撰稿人扮演着与杂志的撰稿人截然不同的角色。他们为主播撰写口播故事,因此并不是为自己的新闻故事或为他们自己而写作。高级制片人跟高级编辑一样,在新闻故事的选择上有最终的决定权,但一些制片人是在全体职员在场的情况下作出最终的决定的。即便如此,等级排序与资历深浅仍然在很多时候决定了实质性的参与,而年轻人则需要听从"成年人"的意见。这里的"成年人",是一位NBC年轻的助理制片人对资深者的称呼。

电视机构的规模和每天一次的截稿期限也要求更多的团体作业,而且这里协同一致的压力——如果说存在区别的话——要比杂志中来得更大。这里没有时间争论,也没有空间给那些自以为是的人。在直播之前忙乱的60分钟至90分钟里(在本章结尾处将进一步描述),正式的权力分野与劳动分工,乃至年龄与层级的差异,其实都被丢在一边。当上司忙于其他事务的时候,助理制片人可能就会负责最后一分钟的故事剪辑;而当其他人都在忙碌的时候,首席制片人可能也会做起校对脚本的工作。在此过程中,只有主播才处在一个特权性质的位置。这些"明星"如果在

"最后一分钟"的危急时刻出手相助就会得到同事的赞扬,但如果他们在傍晚才来到新闻室并且突然要求对故事清单作出修改,那么他们也会遭受同事背地里的批评。

下属的对抗性权力

每一位参与到新闻故事选择或生产过程中的新闻从业者都会密切关注来自上级的建议,因为他们可能有意要建立一个先例;但同时可以在一定限度之内质疑来自上层的建议,因为高级编辑和制片人的权力也并不是无远弗届。

下属可以利用一系列的方式来削弱这种权力。首先,不管是首席编辑还是首席制片人都不是万能的;所以,他必须将某些新闻选择与编辑方面的决定权分派给助理或部门主管。在20世纪60年代,《新闻周刊》变成了一本"资深编辑的杂志",这使得一些资深编辑建立起实质上自主的"领地";另一方面,《时代》周刊沿袭卢斯开创的传统,由一位执行编辑独揽大权,并且参与编辑每一则新闻故事。然而,在70年代,《新闻周刊》的一位新任编辑重新将杂志集权化,并带来一批忠于他的年轻助理和资深编辑,而《时代》周刊的执行编辑则开始将杂志后半部分的故事选择权交付给一位助理。

权力下放的程度部分取决于组织传统和首席编辑个人的风格,但无论是出于何种理由,这种分权都必须使得杂志或节目吸引大量受众,并且维持令人满意的员工士气。因而,发生在这两家杂志中的变化不仅反映了首席编辑的个人风格,更是为了提高杂志的质量并动员士气。

电视网之间也有所不同,因为在NBC,真正负责的是执行制片人和纽约的主播,而在CBS,执行制片人则将每一天的大部分新闻故事的选择权指派给一位资深制片人。但不管是在印刷媒介还是电子媒介，由谁来作出最终决定对于最后达成的决定本身其实并没有多少影响，因为所有人遵循的都是统辖新闻判断的那些考量。"有人当家"这一事实可以对新闻选择产生影响，但至于究竟由谁来当家则无关紧要。尽管高级编辑和制片人能够影响主要的新闻故事中的价值判断，亦能够判定某些次要新闻故事的命运，但他们不能够决定哪些行动者与活动具有常规性的新闻价值。

个体自主性

新闻机构中之所以会存在权力下放，还因为这类机构是由强调个体自主性的专业人士构成。新闻从业者宣称，自己拥有独立于非新闻工作者和上司干预之外的自由；他们有权独立地作出新闻判断，这也正是他们不能够接受他人命令的原因所在。固然，个体自主常常只是一个幻象，特别是在一种集体事业当中。此外，来自有权势的上级的建议，事实上只是略微遮掩的命令，它使用礼貌的婉转曲折的措辞，并将命令包装成请求。尽管如此，一位在《时代》周刊工作了将近20年的撰稿人还是认为："如果这里的人们都开始发号施令，整个系统就会随之坍塌。"

记者和撰稿人在新闻故事选择过程中只是扮演协商性的角色，但他们在新闻故事的生产中拥有一些自主性，自主性的大小则取决于他们的资历之深浅。在撰稿人开始撰写新闻故事之前，他们要与资深编辑讨论某些具体问题。资深编辑一般要判定这则故事"值"多大篇幅，尽管撰稿人随后可能会突破这个指定的长度；如果这则新闻故事质量上乘，撰稿人的判断就会得到认可。其他争辩的空间既取决于资深编辑的风格也取决于撰稿人的地位。一小部分资深编辑甚至会口述新闻故事让撰稿人来记录，特别是当这些撰稿人刚刚入行的时候;但倘若编辑向资深撰稿人口授新闻故事,这将会令他遭到同事的厌恶。有一些编辑会将故事的写作完全交付给撰稿人(新手除外),而大多数编辑则会就故事的架构和可能的导语提供某些建议。不过,"明星"撰稿人则几乎是完全自主的;他们在新闻室中所得到的尊敬堪与最畅销或者最具声望的小说家相提并论,而且只有在想获得某些指引的时候,他们才需要与资深编辑讨论。大多数时候,资深撰稿人也拥有与此相仿的自由,除非他们所撰写的是头条新闻或者封面故事;与此同时,资浅的撰稿人则只有通过自己的表现来赢得个体自主性。

尽管如此,与资深编辑的讨论并不总是关系到故事的实质内容,因为撰稿人有权选择自己的事实,得出自己的结论,进而作出自己的评价,尽管这一切在后期还是可能要经过编辑。当资深编辑提出实质性的建议时,撰稿人可以提出异议,只不过资深撰稿人要比资浅者更有可能这样做。此外,机构中普遍的一致性压力会阻碍异议的频繁出现。即便是那些已经在杂志社中服务多年的撰稿人也必须牢记:"你只能抗议一定的次数;再多你就会变成'怪物'。"

只要有可能,关于结论与评价的观点上的差异都被看成是"事实"方面的差异,借此维护个体判断的自主性。人们在可用的信息的基础上为他们的观点辩护;而在通常情况下,最后的结果都是一个妥协。妥协的走向取决于参与者的权力与地位,也取决于他们捍卫自己观点的激烈程度、他们拿得出的支持其观点的证据,以及撰稿人的写作技巧。一位撰稿人说道,"你可以在报道中加入任何你想说的话,前提是你说得足够漂亮";而"说得漂亮"通常意味着遣词造句能够折中或者超越分歧,并在此过程中为参与各方保留颜面。

即使如此，高级编辑还是拥有最终的决定权，因为如果分歧不能在他们所满意的层面上解决，他们可以要求重写或者通过直接或间接的方式传达应该采纳的观点。通常情况下，这种"传达"都是间接的；一位撰稿人在形容他的首席编辑时说道："他不会要求你改变观点；他只是不停地吹毛求疵，要求你提交新的修改稿，或者他会枪毙了它并在下一周将它交给其他人完成。"不过，也有些高级（和资深）编辑没有其他人那么圆滑老练。但即使如此，对撰稿人和记者来说，与个体自主性相关的首要事实就是它的不确定性。上司总是要比下属拥有更多的个体自主性，而且后者永远都不知道什么时候编辑有可能行使他的权威。正如一位资深撰稿人所言，"任何相信撰稿人拥有充分自由的人，也一定会相信牙齿仙女的存在"①。

因此，撰稿人必须将他们自己的判断与他们认为可能令编辑满意的观点结合起来；如果他们对某一则故事没有兴趣或者没有坚决的观点，他们就会只是为了取悦编辑而写作。有时候，他们虽然有自己的观点，但却不想花整夜的时间来重写，他们也会这样做。然而，讨好编辑要比想象中困难很多，因为他们在很多时候对一则新闻故事的了解并不充分，因而无法发展出自己的判断。一位富有经验的《时代》周刊撰稿人曾经在内部备忘录上针对这个问题写道："每一位撰稿人对于编辑的偏好都有一些经验性的认识。除非他不可救药地固执，或者有足够维护其独立性的资金支持，一般情况下他都会满足编辑的偏好。但资深编辑也并不总能意识到自己想要的是什么。用一位资深编辑的话来说：……'我不知道我不需要什么，直到我看到撰稿人笔下的故

---

① 西方传说，儿童掉落幼齿后，将之放在枕头之下，夜晚牙齿仙女即会在旁边放上金币。——译者注

事.'"然而,即使编辑们知道他们想要的是什么,他们或许也不会说出来,部分是为了维护撰稿人的自主性,部分则是想看一看在被要求重写之后撰稿人会加入什么新元素。《新闻周刊》会为所有参与的撰稿人署名,而那些觉得自己的故事被编辑得面目全非的撰稿人,有权要求去掉自己的署名。读者或许不会在意或注意到这一点,但同行却会相当关切,而资深编辑的署名则是对于他过分干预撰稿人自主性的一种公开宣示。

然而,在过去数年间,《新闻周刊》只出现过寥寥数次资深编辑的署名,因为大多数撰稿人与编辑之间的分歧是风格上的而非实质性的。编辑或许会建议一段不同的导语、要求撰稿人在新闻故事中突出某些信息,或者建议一个新的架构,以加强叙事的逻辑性,同时缩短故事的长度。有时候他们会"软化"一个尖锐的判断或者剔除可能导致读者愤怒投书的结论(参见第六章与第八章),但他们很少建议一个不同的结论或评价。就连《时代》周刊也是如此。尽管这本杂志仍然沿袭卢斯的"站在同一种立场上说话"的政策,个体记者还是可以陈述他们自己的判断,这一判断随后即变成集团的"声音"。但在事关美国政策的重大议题上,与《新闻周刊》一样,《时代》周刊的立场也是由首席编辑来决定的,在某些特别的情况之下,甚至是由首席编辑的上司决定的。

在电视网中,个体新闻记者甚至拥有更大的自主权,因为他们在远离纽约总部的地方拍摄他们的新闻故事,而影像也几乎不可能重新拍摄。但是,如果这则新闻引发争议,高级制片人会与记者紧密合作修改故事脚本;而在时间紧迫的情况下,制片人会比杂志编辑更为粗率直接地提出他们的建议。然而,因为电视新闻故事不是以评论结尾,所以记者们展示个体自主性的机会要比在杂志中少很多。

权力与士气

对高级编辑和制片人而言，个体自主的权利是一项重要的组织性考量，尽管它在新闻故事的生产中扮演的角色要比在故事选择中的角色更为显著。然而，与等级制和自主性之间的内在矛盾紧密相关的另外一个更重要的考量是，高级编辑和制片人必须提升属下员工的士气。这在杂志中尤其重要，因为一旦士气低落，记者和撰稿人就不愿意付出额外的努力以争取信息与风格上的原创性，而这两点正是杂志在与对手竞争的过程中必需的利器。

士气主要来自一个愉快的环境（组织性的气氛）以及优良的工作条件。然而，组织气氛通常都是由高级编辑和制片人无法掌握的因素所决定的。首先，如果一个新闻机构在与对手的竞争中屡屡败北的话，它的组织气氛就会相当低落。同样，组织气氛在某种程度上是由所属公司的环境创造的，在那些过分重视官僚规则的公司中，组织气氛就会相对低迷。就我的个人印象而言，CBS与时代集团总是要比NBC和《新闻周刊》更严肃庄重也更刻板。长久以来，时代集团一直比其他任何新闻媒体更为看重自身形象；而《新闻周刊》则以一种更为轻松的模式运作——用它的一位编辑的话来说："我们用幽默来化解彼此的摩擦。"

不过，每一个新闻机构都会创造它自己的环境，每个部门也是如此；因而，《新闻周刊》内部也存在着非常严肃的部门，而《时代》周刊也会有轻松的部门。一些高级编辑、制片人与部门首脑依靠个人魅力维系士气，其他人则通过他们作为记者时得来的尊敬，还有一些人是依靠有意或者无意为之的"人际关系"；但很多人根本不会苦心经营手中的领导权。编辑和制片人将自己看成是官僚体系外的新闻从业者，他们倾向于忘却行政职责，并乐于在公共角色中展现自己的个性与人格。由于他们的权力所在，他们如何处理社会关系将会对组织或部门的士气产生深刻影响。因为电视台的组织规模较小,首席制片人的个性就显得尤为重要;然而,组织气氛也会受到那些举止很像明星的主播以及来自执行官的过度干预的影响。

不管怎样,士气基本上是由新闻从业者对自己工作的控制力和上司对待他们的工作的方式决定的。大多数新闻从业者对他们的作品有着强烈的责任感与认同感,但是,当他们对于出色表现的热望被那些他们认为没有必要的官僚障碍所束缚,被上司在听取他们的意见时的不情愿所影响,特别是被对于他们的自主性的过分干预所限制的时候,他们也很容易变得意志消沉。当发现自己采集的素材只有很少的信息进入到最终的新闻故事中时,杂志的新闻记者就会相当不满;而当撰稿人只被允许以非常有限的篇幅来表现复杂的新闻故事或者当他们的工作被全面地编辑、删改甚至枪毙的时候,他们也会抱怨;如果没有人对这些后续的改动给出任何解释,他们的士气会进一步低落。电视记者比较容易忍受删改和枪毙,因为播放时间有限,而所有的素材都面临着类似的处境。

根据我在田野调查期间观察到的怨言的数量和频率来判断,撰稿人的士气多半都比较低落,但一些组织性的考量会将它维持在一定的水平,使之不至于沉沦到萎靡不振的地步。杂志所容纳的版面如此之多,以致并非每个版面都会在每周出现,其中的很多版面在新闻故事选择之初就被预先剔除了。不过,高级编辑不会连续三至四次枪毙同一个版面,并且在一年当中,至少会分配给每一个版面一次封面故事的机会;这些决定的根本目的就是维持士气。编辑和制片人需要确保所有的部门——包括那些很少提供重要新闻的部门——都可以看到自己的努力周期性地见报或者被播出。因而,某些特写故事可能便会被分派给最近没有登上故事清单的部门。此外,一些不那么重要的新闻故事有时也会出现在故事列表上，这通常是为了奖励、取悦或补偿某位同事。如果一则曾被大力提议的故事选题最终被否决，或者一则故事因为版面或时段原因而被枪毙，新闻故事的选择者就会觉得对他人有所亏欠，一旦可能便会尽力作出补偿。

当士气因工作条件而遭到打压，而非正式的抱怨渠道又不足以宣泄不满的时候，至少那些杂志记者会转而诉诸有组织的抗议。1968年，《时代》周刊的撰稿人举行抗议，《新闻周刊》撰稿人则于1969年参与进来；那是在卡斯特罗革命之后，那群年轻的撰稿人自诩是"4·26运动"，尽管他们其实无意推翻杂志。两份杂志新闻记者的抱怨大同小异；撰稿人希望获得更多的时间仔细斟酌，并且希望有机会写一些长篇的报道。他们也希望新闻选择能够更多地反映他们自己的兴趣和技能；他们理想中的杂志，是《新闻周刊》的首席编辑后来所称的"每周出版的《哈泼斯》杂志"，而非"一份记录性的杂志"。《时代》周刊的撰稿人也抱怨高级编辑对其作品进行的大幅的、不假解释的删改，首席编辑的遥不可及，以及他直到所有的新闻故事完成之后才枪毙掉一些杂志后半部分版面的做法——这意味着很多撰稿人为之付出心血的新闻故事，根本没有发表的机会。[23]实际上，撰稿人所要求的乃是更多的个体自主权，以及对于首席编辑（以及资深编辑）权力的削减，他们同时也要求聘请更多的撰稿人，进而扩大杂志的规模。

这些抗议都是以一种比较友好的方式来呈现的，如《新闻周刊》的编辑们所说，抗议是"本着一同向前迈进的精神"；高级编辑对此也未表现出全面对抗的姿态，但同时他们也高度留意是否有可能出现过于激进的变革。之后杂志的确进行了某些改革，尽管有些是在多年之后应对其他压力的结果。《时代》周刊很快调换了某些过于独裁的资深编辑；两家杂志的新闻故事的篇幅都变得更长，而《新闻周刊》则最终废除了资深编辑的"领地"制，并给予所有撰稿人以署名权。但首席编辑的权力并没有削弱，一些代价更高的要求都没有被满足；《时代》周刊的撰稿人于1975年发起了另一场抗议活动，借此将"在文章撰写完成之前，即预先决定所在版面在当期的去留存废"这一做法制度化。[24]

发生在20世纪70年代初期的另一波抗议活动来自调研者，他们抗议杂志不允许他们转变成记者、撰稿人或者资深编辑。通过有组织的抗议（《新闻周刊》内部的调研者威胁要诉诸法庭），调研者最终赢得了接受训练以及参与竞争报道与撰稿工作的权利。到了70年代中期，尽管一再出现冻结招聘的情况，还是有相当数量的调研者被擢升到这些岗位，而且两份杂志都各自任命了至少一位女性资深编辑。[25]这些女性同样也表达出对新闻故事中性别主义的用词与刻板印象，以及有关女性新闻之匮乏的不满；历经旷日持久的抱怨和提醒之后，这些缺陷已经被慢慢地，虽然不是全部地，克服了。

撰稿人能够发起抗议活动并且赢得某些要求这一事实，至少在部分程度上反映出60年代新闻业的工作机会的增加，较为年轻的撰稿人获得了更大的权力，因为杂志不愿意失去他们。不过，杂志中的调研者比较容易被替换掉；因此，他们更积极地行动起来并非偶然。

70年代，劳动力市场再次紧缩，撰稿人讨价还价的余地也随之缩小。1976年，时代集团要求属下加入工会的员工接受减薪以及集团针对涨薪的更多限制；随之而来的罢工活动，以管理层获胜告终。[26]尽管不是所有的新闻工作者都是工会成员，但这次罢工令某些人激进化，他们现在将自己看成与"资方"相对立的"工会一方"。不过，在新闻机构内部，敌对关系很难维持下去。高级编辑与资深编辑仅仅在名义上是管理层的一部分,他们在合同谈判中不曾扮演任何角色。而且,编辑和他们的员工也必须通力协作,才能将杂志办出来。[27]

在电视网当中,除了妇女发起的抗议之外,有组织的示威还不曾出现,这是因为所有的电视记者都是工会成员,他们遇到委屈可以求助于工会。而且,因为只存在三家电视网,全国性电视新闻工作者的劳动力市场总是相当紧缩。地方电视台总会提供工作岗位,但几乎没有电视网记者愿意"屈尊下嫁"到地方层级,除非是一些记者被高薪聘请到大城市的地方台做主播。内部与外部的压力都导致电视网开始聘请女性记者和制片人。到1978年,女性也开始制作和播报晚间新闻,但除了芭芭拉·沃特斯(Barbara Walters)①之外,其他人一般都是出现在周末档的节目。[28] NBC的新闻工作者在过去15年间曾发起过两次罢工,主要都是跟薪酬有关。长期以来,他们都认为自己是劳工,但跟杂志的新闻工作者一样,他们对其他的工会几乎没有任何同情心,也并没有在自己的抗议与罢工经历中发展出亲劳工的价值观。

非新闻业的官僚层级体系

新闻机构也受制于无所不在的官僚主义实践,这些做法与新闻业本身无关,但却会对新闻故事的选择与生产过程产生影响。举例来说,资深者优先的原则在两种媒介中都有所体现:资深撰稿人与资深记者通常都会被分派到最有可能发表的新闻故事,而年轻人则只能负责采写更有可能被枪毙的稿件。在杂志中,卓有成就的调研者可能被奖励并转到某些偶尔可以充任记者的版面,但这种做法的一个后果是,他们在前一个版面中累积起来的专门

---

① 芭芭拉是美国第一位女性晚间新闻主播。——译者注

技能也就再无用武之地了。以"版面"为单位的劳动分工以及某些版面之间相互重叠的选题范围导致了彼此的地盘争夺,在此过程中,资深编辑则着力于选取那些能够使得他们扩张所在版面的新闻故事。当《新闻周刊》还是一本资深编辑控制下的杂志时,这样的争夺时有发生;但当权力集中到首席编辑手中之后,资深编辑就不能再像以前那样轻易地相互竞争了。

与所有组织一样,新闻机构中也有某些人总是比其他人更有野心、更能干也更乐于讨好上级并要弄组织性的政治策略,借此在等级制内迅速爬升。虽然机构内的擢升被以一种准行政机构的方式规范化,异常迅速的升迁还是时有发生,特别是当时运或能力使得一个记者获得了独家新闻,或者在正确的时间出现在正确的地点从而得以报道一则大新闻的时候。在20世纪60年代,被分派到越南完成报道任务有时可以令年轻记者迅速成名。当杂志或电视节目遭遇危机的时候,某些人也可能越过资深者而得到擢升。

知道谁是该讨好的人并讨好他们、来自显赫的背景等,都对升迁竞争有所助益;但是,因为对于新闻从业者的优点与能力的构成要素存在着广泛的共识,完全撇开这些优点的擢升在新闻机构中并不多见。(当然,在所有的组织中,优点与能力都是由上级来定义和评估的;但在一个团体性的事业中,几乎不可能存在有关界定与评价方面的尖锐分歧。)基于家庭背景或组织内政治权术的成功而得到的升迁会遭到他人嫉恨,但是基于优点与能力的迅速升迁则不会。向下流动极其少见;取而代之的是调转到新闻企业的其他部门。新闻机构也很少容纳"冗员",因为工作节奏的强度会将那些白吃午餐者迅速地排挤出去。此外,这份工作也令人身心疲惫,当新闻从业者步入知天命之年,他们往往都会换一份不那么劳心费神的工作。

尽管新闻机构或许要比其他机构更为精英化，但其中同样存在着派系分割、结盟以及权力斗争。格里·保罗·盖茨（Gary Paul Gates）对 CBS 新闻内部动力机制的历史性研究提供了许多足以印证这一事实的详尽个案；不过，这些个案也显示出上述斗争基本不会影响到新闻判断。此外，几乎在所有的例子中，特别在执行官层面的权力斗争中，最终在斗争中占上风的都是那些在收视率上获胜的个人或派系；最活跃的政治玩家能够生存下来——即使他们的阴谋诡计遭人愤恨——只要他们的做法带来了高收视率。举例来说，依据盖茨的记述，在 60 年代，两位 CBS 新闻部的主管被要求辞职——人们很少被直接解雇，原因是他们无法突破 NBC"亨特利－布林克利报道"（Huntley-Brinkley Report）节目在收视率上的垄断地位。[29]相反地，一位执行官因为其内部政治操纵，而受到很多同事和某些公司高层厌恶，但他仍然能够盘踞在位子上，直到由他延聘的共同主持早间新闻节目的莎莉·奎恩（Sally Quinn）被证明不称职之后，这位主播的离职才最终导致执行官的离职。[30]主播则很少被迫离开，即便是在收视率低迷的时候；跟运动队一样，新闻机构替换它的教练和管理层，以期借助高层的改变来提升整个队伍的表现。然而，出镜率不那么高、名声不太响亮的记者如果站到了失势者一边或者激怒了上司，就有可能被淘汰或被排挤到现任主播继任序列的尾端。

新闻机构中存在着靠友谊联结在一起的朋党，也存在着必须一道工作的人们之间的性格冲突——只不过几乎所有的冲突，包括那些牵涉利益纠葛的冲突，都被归为个性差异。那些在人事规模尚小的时候进入杂志的"老人"们，有时候会抱怨过分的行政化以及被备忘录取代的人际接触；另一方面，高级编辑与制片人倾向于在小规模的、即席的会议中作出最终决定，结果有时候这些决定并没有被传达给应该知晓的人士。因此，很多新闻从业者

抱怨沟通的困难并且对为什么他们这些专业的传播者还会遭遇这种问题感到费解。他们知道自己是在官僚层级体系中工作，但作为新闻工作者，他们又总是试图忘却这一事实。

流水线上的新闻机构

根本上，新闻组织内部的权力分化在截稿期限面前显得不那么重要，而截稿期限也决定了劳动的分工。此外，正是截稿期限导致新闻选择与生产过程惯例化，并令这一过程实质上经年保持不变——这就是新闻工作者将他们的机构描绘成流水线的原因之一。这些流程在两大电视网和两家新闻杂志中间都几乎一样，因为归根到底，每一家机构都只不过是独立地发展出一套针对相同任务的类似解决之道。[31]

每天的新闻节目在上午 9 时到下午 6 时 30 分之间被生产出来；而杂志的组装时限是五天：《时代》周刊是从周一到周五，《新闻周刊》则是从周二到周六。但无论是在电视还是杂志中，新闻选择者实际上每天一醒来并开始阅读或观看新闻之时就已经投入工作了；就杂志而言，有一些工作日可以长达 14 至 18 个小时。而且这个装配流程也从来不曾真正终止过，因为在这一期刚刚完成的时候，人们已经开始筹划第二天的节目或者下一周的杂志了。

这个选择与生产的过程可以被比作一个漏斗，因为最开始被置于流水线上的是大量的新闻故事，但最后只有一小部分得以保留下来。但这个漏斗又像是一个手风琴，因为直到最后一刻，都还有新的故事添加进来。最初的故事清单总是很长，因为很多被提议的新闻故事最终都无法出炉。例如，一则预期新闻故事被宣称是富有新闻价值的政府官员所做的重要演讲，结果却是对先前某次演讲的重复；一个好的新闻选题也有可能是建基于错误的前期信息；而消息来源也可能无法接近。另外，这份清单还包含前一期被推迟的新闻故事，它们可能是因为版面或时段所限而被延后，又或者是因为在前一个截稿日期之前由于消息来源没有及时提供必要的信息而未能完成。此外，清单通常还包括某些"无时间性的特写"，它们并没有"勾挂"到任何特定的事件上，因而可以在任何时候发表；这些特写报道也被称为"常青树"。

故事清单被刻意拉长，容纳某些可被延后发表的新闻故事，以备出现"突发性"新闻（对预期之外的事件的报道）——譬如，重要的公共人物辞世、灾难或者主要政治人物被起诉——时为之腾出空间来。对新闻选择者而言，突发性新闻拥有最高的优先权；而在杂志社，它们有时能够"令印刷机停转"以替下已经付印的新闻报道。

一旦所有的故事提议都到位了，新闻选择者就开始去粗取精，炮制出第一份故事清单，这在电视网是于当天中午12点至下午1点之间进行，而在杂志社则是在第一天结束之前完成的。在电视网，执行制片人在征求助理或者全体资深职员——这取决于其个人风格——的意见之后，完成并提出这份故事清单，或曰"入选阵容"或"纲要"（通常不同的电视网对同样的操作有不同的名称）。在杂志社，资深编辑列出所负责版面的故事清单，并获得首席编辑的认可。这些清单仍然过于冗长，但是到此为止，新闻选择者已经排定了优先序列，知道哪些故事是他们倾向使用的。

新闻杂志的高级编辑还有一项独特的过滤任务，因为如前所述，每一周杂志后半部分的某些版面都必须被预先砍掉。首席编辑主要是就资深编辑呈交的清单中故事的重要性与趣味性以及上个月该版面出现的频率来作出取舍。（被预先枪毙掉的版面的记者和撰稿人之后拥有更多的时间为下一周做准备，并力图提出足以吸引首席编辑的故事选题。）然而，在当周的稍后几天，仍然会有其他一到两个版面"死掉"，即使它们的内容经受住了检阅，但是当新的故事进入前半部分版面的清单时，通常需要更多的版面空间。

从 1977 年开始，新闻杂志已经可以从头至尾使用彩色图片；而之前在第四天与第五天完成的"图片挑选"工作也因而有所提前。在此之前，每期杂志只能刊登十几版彩色页面，而且必须是以 4 版或者 8 版一组的形式；其结果是，比方说，如果彩色图片被安排在第 13 页和第 14 页，那么第 80 页和第 81 页也就必须是彩色的。因为彩色页面要比黑白页面提早一天付印，高级编辑与资深编辑就必须注意那些刊登彩色页面的版面是否已经安排妥当。尽管彩色摄影术的发明并没有改变基本的生产流程，也没有显著影响新闻故事的选择（参见第五章），但高级编辑必须比过去更早地作出安排，并且在最后阶段故事清单需要更新的时候能够协调与撤换相应的页面。不过，到后来，彩色页面能够跟其他页面同时印刷出版了。

选择头条与封面故事

高级制片人和编辑还必须完成另外一个筛选过程，即初步选定晚间节目的头条新闻以及杂志的封面故事。节目头条新闻的备选对象在当天的早些时候就会被提出来，随后执行制片人在完成第一份故事清单的时候即会选定初步的头条新闻。然而，杂志封面故事的选择，却是一个远为复杂的过程。

在编辑眼里，封面故事是这一周最重要的新闻，通常至少要占据五到六个页面的篇幅。这两本杂志每周都会举行针对封面故事选题的会议，参与者包括高级编辑与资深编辑，会议中将拟订出未来六至八周的封面故事的初步选题。这种会议从来不会最终敲定当周的封面故事，但它们的确具备"深谋远虑"的协商性质，资深编辑可以借此向同事兜售未来封面故事的选题，而这一群人也可以就此拒绝那些没人感兴趣的故事选题。

当周的封面故事是由首席编辑在第一天与助理和某些资深编辑进行迅速的、非正式的协商之后确定下来的。多数时候，这一决定仍然是初步的，如果是杂志后半部分的内容被选定为封面故事就更是如此，因为一旦出现突发性的国际国内新闻，它就可能被取代。最终决定经常要等到第四天才能敲定，因为那时候封面本身（不是内页的故事）必须被送往印刷厂。

封面故事的选取是一个重大的决定，因为它体现了编辑对于当周最重要的新闻故事的判断力，而且编辑知道，许多新闻媒体、政界中人以及其他人都在等着看他会如何取舍。封面报道会赋予——至少是暂时赋予——封面故事的主角以权力和声望；它们同时也合法化被选定的行动者或议题，并向观察美国的人士暗示当前这个国家最重要的事件或议题。对首席编辑来说，封面报道也提供了一个与其他新闻周刊竞争的机会（参见第五章），以及来自读者群的即时反馈（参见第七章）。

新闻生产的最后阶段

于电视网而言是从大约上午10点到下午3点，在杂志社中则是从第2个工作日到第4个工作日，纽约总部紧张等待着记者们拍摄并采集新闻故事的素材，事实上很多记者在此前很久就已经开始为他们的新闻故事四处奔波了。

电视：最后的3小时

到下午3∶30左右，高级制片人已经知晓哪些故事已经拍摄完成，哪些还在制作当中；他们也经由电话或者电报了解了摄制组拍摄的内容，以及片子大致要播放多长时间。在这时候，有一

些片子,特别是特写报道,已经完成了。在下午 4 点左右,执行制片人将拟出第一份"公开"的故事清单,这份清单以油印的形式在电视网的新闻部内传布。他将决定当天的头条新闻、打算播放的影像故事、播放的次序,以及投放于口播故事的时间。在 CBS,执行制片人会进一步将节目划分成拥有内在一贯性的五个部分,各个部分彼此独立,并由此创造出用于播放广告的"自然的中断"。NBC 在 1977 年将节目样式调整为四段式,这样就简化了其中一位制片人的工作,因为每周播出的"第三节"(Segment 3)栏目中的所有或者至少部分新闻故事都是预先安排的。不过,由于这些新闻故事以电视的标准来衡量都显得过长,与 CBS 的同行相比,在当天的新闻中可供他自由支配的时间也就更短;就此而言,他所负担的新闻选择任务就变得更加困难。此外,两家电视网的制片人都必须确保他们想要播放的影像与口播故事能够累加到 22 到 23 分钟。

在大多数时候,无论是在哪家新闻网,故事清单都至少要修改一到两次。有时候,到晚上 5:30 时,还会作出修改,而新的影像与口播故事甚至可能在广告时段被插入进来,这时候节目的第一部分已经播出了。[32]

最后的 90 分钟用于将故事清单转译为一期节目。在那段时间,有关当天的硬新闻的影像故事通过闭路电视传输到新闻室,而首席制片人也会与记者通电话检查每一则新闻故事。然而,在最近这些年间,电视网已经开始从使用胶片转向使用录像带,后者可以更快地传送到纽约并且可以在总部内剪辑。不过,那些来自华盛顿的最重要的新闻故事,通常到得比较晚,以此保证尽可能的新鲜。此外,一则新的突发性新闻可能必须要挤进播放清单之中,或者一则预先安排的新闻故事因为内容贫乏或技术落后而须剔除掉;同样经常发生的是,某则新闻故事太长了,这样它自己或者其他新闻就得被修剪删削。

在任何情况下，最后的阶段都是极端忙乱的，每个人都很紧张，尽管没有人表现出来。高级制片人和助理制片人不断地打出或者接入一个又一个电话，给记者下达指示，要求胶片或录像带编辑从已经完成的带子上减掉 15 秒钟，担忧某则通过卫星传送的国际报道出现在屏幕上的时候是否足够清晰。同时，他们会就一则挺到最后一分钟的新闻故事是否应该被其他的内容取代相互征求意见，他们也会咆哮着向新闻编辑与撰稿人发出指示，因为新的口播故事还需要修改跟进，而其他该丢弃的必须当机立断。

在直播之前的最后一分钟里，主播或主播们会化妆完毕、整理领带或西装、核对讲稿，并且将注意力投到读稿机上——他们从这个机器上读取大多数的讲稿。在平静下来、一切整理妥当之后，他们进入直播状态，但新闻室内的工作节奏仍然处于狂热状态，因为制片人还有可能作出一些真正的"最后一分钟"的修改，并在广告时段递交给主播。

忙乱的步调在晚上 7 点钟告一段落。执行制片人和其他人至少会观看竞争对手的部分节目；在这个时候，他们会讨论自己以及竞争对手在节目中所犯下的错误与疏漏。因为秘书们已经下班，撰稿人与制片人可能会接听观众的来电，甚至会参与到就某则新闻故事的报道所引发的热烈讨论之中。到晚间 7 点半，除了负责起草第二天的故事清单的制片人以外，其他人都离开了。但是，如果出现了重要的新闻，高级制片人可能会在当晚通过电话拟定第二天的晚间节目对于该事件相应的报道计划。

杂志中的第四天与第五天

在杂志中，"最后的阶段"对应的时间较长，也不那么紧张忙碌，但高级编辑除外，因为他们几乎要把最后的 24 个小时全部用于阅读和编辑旗下撰稿人撰写的每一篇文章。在第二天和第三天，当记者们采集新闻素材时，撰稿人与调研者也忙于阅读分派给他们的新闻故事的背景资料；资深编辑则继续斟酌故事清单，因为在杂志前半部分的版面中，这些清单每一天都在修改与更新。

每一个版面都依照略微不同的时间表展开工作；但在国内新闻版，一些素材在第三个工作日已经就位了；记者们需要在第四天中午之前递送足够的素材，以便撰稿人与首席编辑讨论故事的内容与篇幅。

之后，撰稿人办公室的门就关上了，他们要全心投入工作。尽管其中很多人都已经供职于杂志社多年，但很少人能够轻而易举地写就文章。当一位暑期见习生在申请中写到她喜欢写作的时候，那些看到申请的撰稿人无不认为，她若不是愚蠢，就一定是在撒谎。然而，最难的部分不是写作而是组织，即如何围绕着一个逻辑上顺畅的框架，将取自不同素材的信息组合起来，并且要使用最少的字句，避免重复，避免借用增加故事长度或听起来陈腐的不必要的过渡语句。

通常情况下，最重要的素材要等到第四个工作日的晚间才能传到总部，而撰稿人或许要工作到当天的午夜之后。然后完成的故事会呈递给首席编辑与调研者，也会被以电话或者电报的形式发给相关的记者。资深编辑几乎会对每一篇新闻故事都作出些许改动，即便只是为了——如撰稿人调侃的——向高级编辑显示他们没有尸位素餐。一旦获得了资深编辑的许可，新闻故事就会被提交给首席编辑检查，他通常只会提出很小的修改建议，但封面故事则是例外，一般可能要经历数次重写。

与此同时，一旦撰稿人判定出自己是否可以达到约定的故事篇幅，资深编辑即开始严肃地考虑这一期最终的故事清单以及总共所需的页码。倘若早前所分配的页码不敷所需，他们还可以向首席编辑要求更多页码，而杂志前半部分版面编辑所提的要求通常都会被满足。但这也意味着更多后半部分版面要遭到削减或枪毙。

在第四天，资深编辑开始计划所负责版面的铺排，决定新闻故事的次序，并且在与高级编辑协商之后决定为哪些新闻故事配上彩色图片。然而，他们的版面安排仍然还是初步的，因为最终的决定权掌握在高级编辑手里，而对于杂志前半部分版面而言，真正的决定者乃是不断涌现出来的事件。在这些版面中，故事清单不断更新，直到杂志付印，甚至会延伸到那之后，前提是有重要的新闻突然发生；只不过，现在需要提早确定彩色页面，这也限制了那些使用黑白图片的页面的更新。因为杂志要在星期一出现在报摊上，在星期二才出现在订户的邮箱中，编辑希望尽可能地保持即时性，唯恐被竞争对手抢去独家新闻。

第五天有时会被称作"扫尾日"，到这一天，本期杂志就被安排妥当，而高级编辑、调研员以及记者——或者新近发生的新闻——所要求的最后的改变都已经完成。办公室的气氛变得较为轻松随便，着装方式也是如此，但收尾工作会一直持续到当天夜里。封面故事的撰稿人或许仍然在赶写最后一稿，而其他撰稿人则坐等看校样是否与印刷样张相契合，这可能会要求他们在自己的文章中添加或者删除几行文字。在此期间，资深编辑在处理某些行政性的杂事的同时，也开始构想下一周的第一份故事清单，因为很多故事选题已然从各个分部涌上来了。

为期两天的周末始自第五日的深夜（在《时代》周刊是星期五，对《新闻周刊》来说是星期六）；周末的当值人员包括一位资深编辑，他们负责最后一刻的更正或补充。但是如果一则需要添加进来的新闻故事需要投入较大精力，一些工作人员在第六天就会返回新闻室；而当他们为报道这则新闻奔波的时候，他们希望另外一家周刊的同行还留在家中休息，这样他们就可以拿到比对方更即时的信息。

第四章

消息来源与新闻从业者

新闻从业者从他们观察或采访的消息来源处获取新闻。因而,一项对于新闻的全面研究,必须包括对于成为消息来源的个体以及其他99%未能成为消息来源的人群的详尽探察。由于消息来源(有时候并非有意地)代表了组织化与非组织化的群体,这项研究需要探究的问题包括,他们如何、为何成为消息来源,以及他们作为消息来源的所言所行如何与他们所代表的组织关联起来。然而,我并没有完成这样一项研究;我在本章中的观察,乃是在研究新闻从业者的过程中对于消息来源的了解以及在田野调查期间从所遇到的那些消息来源处点滴搜集而来。

消息来源与新闻从业者之间的关系就仿佛一场舞蹈,因为消息来源试图接近新闻从业者,而新闻记者也努力寻求接近消息来源的渠道。虽然跳探戈需要两个人,要么是消息来源要么是新闻从业者领舞,但通常情况下扮演领舞角色的都是消息来源。由于人手和时间都很有限，新闻从业者只能够积极地追逐一小群历史经验证明是可用的、适合的常规性的消息来源，而以比较消极的姿态对待其他可能的信源。在很多时候，全国性的新闻机构依赖通讯社或者其他（地方与全国性）新闻媒体发掘消息来源，在此之后，它们派出自己的记者以获取另外一个版本或另外一种角度的新闻故事。在其他情况下，他们静候消息来源与记者联络，并向他或她兜售一则故事选题。当然，其间存在着显著的例外，比如在曝露式的新闻报道中，新闻从业者会相当积极地发掘消息来源；而且杂志之间的竞争也在部分程度上体现为挖掘新的消息来源、为当周的重要故事提供额外信息。但在通常情况下，全国性的新闻从业者都只是跟随新闻的发展。

这一章探讨的是消息来源的可用性——信源与新闻从业者如何接近对方——以及信源的适用性，即用以判定可用消息来源之新闻价值的诸种考量因素。由于新闻从业者假定他们有权接近任何人，因此无须讨论他们获得这种接近权的方式。尽管我会讨论新闻从业者寻求接近消息来源时所遭遇到的一些困难，但我的重点将会放在消息来源如何寻求接近新闻从业者的渠道这一方面。

可用性：信源与记者的关系

在新闻从业者眼中，人们主要是被看作潜在的消息来源；但消息来源则把自己看成有机会提供信息并借此提升自己的利益、宣传自己的主张，或者在某些时候只是为了令自己的名字与面孔出现在新闻中的人。无论在何种情况下，消息来源都只能确保自己的"可用性"，但至于是否"适用"，则只能由新闻从业者来判定。如果如此，消息来源提供的信息都要经过新闻记者的观察和采访问题的筛选。消息来源与新闻从业者之间的关系因而就像是

一场拉锯战:尽管消息来源试图"管理"新闻并令自己以最佳的面貌出现,但新闻从业者同时也希望"管理"消息来源,借此抽取出他们想要的信息。

从消息来源的角度来看这场拉锯战,他们是否能够成功地接近新闻从业者至少取决于四个相互关联的因素:(1)动机;(2)权力;(3)提供适合的信息的能力;以及(4)与新闻从业者的地理或社会接近性。四者当中,提供适合的信息的能力是至关重要的,但其余三个因素可以强化这种能力。事实上,莫罗奇和莱斯特已经指出,新闻在很大程度上是由消息来源生产适合的新闻的权力决定的。[1]当然,并不是所有的消息来源都如他们在文中讨论的那些那样强大有力;但归根到底,至少在试图接近新闻从业者方面,各式各样的权力都有作为的空间。

动机:热切的、乐意的与不合作的信源

由于新闻从业者通常都必须依赖主动接近他们的消息来源,新闻也就比较偏重于那些渴望提供信息的消息来源。消息来源之所以渴望接近媒体,或者是因为他们能够从新闻媒体提供的普及的、合法化的"出镜"中获益,或者因为他们需要借助新闻媒体以行使职责。

私有企业可以借助广告以获得出镜机会,但即便是他们也更青睐有关其活动的新闻故事,因为新闻比广告更具可信度。公共机构、志愿与专业组织以及大多数个人要么就是无力负担广告费用,要么就是不被允许这样做;因此,他们唯有依赖新闻媒体以获得出镜机会。离开了新闻的"广而告之",全国性的政治人物就很难长期发挥职能,而联邦机构能否获得更大的联邦预算份额也常常取决于它们是否具备在适当的时候出现在新闻中的能力。其间的道理相当显豁:那些通过代理或代表委托人而得以实现或

维持其良好运行状态的个人与团体，必须成为热切的消息来源，借此接触他们所代表的作为媒体受众的委托人或选民。这一事实也有助于解释，为什么如此众多的新闻聚焦于服务选民的公共机构及其他机构。

热切的消息来源最终变成常规性的消息来源，并在新闻中周而复始地出现。大多数不时出现的消息来源都是愿意合作的人；他们并不是离开新闻就无法生存，但还是可以在出镜中获益，比如通过现身全国性的新闻媒体以提高自己的声望。永远不合作的消息来源相当少见，很多通常情况下都是热切的消息来源的政治人物和政府官员因为新闻伤害了他们或者他们的利益而迅速变得不愿与媒体合作。一类永远都不愿意成为消息来源的人是那些组织化或非组织化的黑社会；因而，他们的领袖只有在被谋杀或者入狱的时候，才会成为新闻的主角。另一个此类群体是负责"秘密行动"的中情局与联邦调查局的官员们；他们可以一直匿身于新闻视野之外，除非国会调查人员以及被"信息自由法案"武装起来的新闻从业者介入某些事件的调查。

消息来源之所以不愿意合作，很多时候并不是因为缺乏动机，而是因为他们拥有拒绝记者的权力。那些不在公共资金基础上运作的企业官员与其他人——甚至也包括某些服务于公共利益的人士——通常都能够将新闻从业者拒之门外，但政府官员即便能够绕开相关的法律，也还是必须接受公共监督。私有企业的隐私不那么容易被侵袭，这就是新闻中包含的道德失序新闻更多时候与政府而非私有企业有关的原因所在。但是，即便是有权有势的不合作者——包括私人机构——在拒绝记者的同时也都要承担一定的风险，因为没有什么比被拒绝接近更能够激发起新闻从业者对于一则好故事的渴望，而这种渴望可能导向曝露式的新闻报道。

曝露式新闻所必需的调查过程往往花费昂贵而且并非总是有成果。因为被指派去的调查记者通常要为此付出好几个星期乃至好几个月的时间,在此期间,他们根本无暇他顾;而且有些时候,数月的调查或许也无法生产出一则适合的新闻故事。其结果是,大多数新闻媒体只有在无法获得其他接近渠道,或者亟须提升发行量或收视率的时候,才会求助于调查报道。然而,一些被拒之门外的记者会加班加点地工作以图主动出击攻克不合作的消息来源。

不合作的消息来源拒绝媒体接近的能力被一个相对抗的过程平衡了。组织通常都会因为内部争议或混乱而成为不合作的消息来源,但这可能会激发组织内部的匿名消息来源向媒体泄露信息,以此揭露不道德的行为,或者宣扬争议中己方的观点立场。在"水门事件"期间,白宫越是想阻止信息泄露,就越是令某些官员更为热切地向新闻机构提供有关他们想要揭露并排挤出政府的人物的新闻。

消息来源的权力

我在前文曾指出,理论上消息来源可以来自任何地方,但实际上,新闻从业者对他们的招募以及他们接近新闻记者的渠道都反映出国家与社会的等级形态。如果美国总统想要接近媒体,他就可以即刻获得通达所有新闻媒体的渠道;而那些无权无势者则唯有借助于民间骚乱才有可能获得媒体接近权。[2]

当然,有权有势的消息来源也很少借助他们的权力强取进入故事清单的机会;但他们的确能利用手中的权力创造出适当的新闻。而新闻选择者也并不是很容易就被威吓的;他们保有选择合适的消息来源的权利,而且即便是总统,有时候都会被认为不那么具有新闻价值。此外,新闻选择者与消息来源之间几乎没有联系,无论他们是位高权重,还是无权无势;事实上,高级编辑与制片人处于相当孤立隔绝的状态。杂志编辑的确会在某些场合碰到有权有势的消息来源,比如在与总统或其他高级联邦官员共同出席的特别简报会上、在他们为总统候选人或其他访问纽约的名流举行的午餐与晚宴上,以及在他们于工作时间之外参加的各种聚会中。然而,这些场合似乎并不能成为接近权势者的有用渠道,因为参加这些聚会的编辑们常常抱怨这些活动不过是浪费时间。电视制片人则很少有时间出席这类活动,他们因而或许永远不会碰到那些最具新闻价值的消息来源;正如一位制片人所言:"我们在密封的房间里工作。"不过,主播可以更为自由地离开新闻室。每当晚间新闻源自于华盛顿的时候,主播都很可能已经受邀参加白宫晚宴,或者对某位高层官员进行了独家专访。

新闻机构内部的等级制结构发挥着与此类似的隔离效果,因为与各式各样的消息来源的接触几乎都是留给记者去完成的。不错,总统或者企业首脑都可以通过电话直接向首席编辑或制片人提议一则新闻故事;但就因为社会地位的原因,这些有权有势者一般都是直接跟新闻公司的首脑打招呼。然而,这些执行官也受制于组织内劳动分工的约束,新闻选择者往往能够漠视或绕开这些故事提议。

在全国层面上,权力的实践主要体现在拒绝新闻媒体接近上,而这也正是最重要的审查形式。白宫、五角大楼、国务院以及其他的一些机构,能够以"国家安全"为借口将新闻记者拒之门外;尽管这个理由这些年间被不止一个政府机构滥用,但新闻从业者在谋取突破的时候仍然必须三思而行。在越战期间,军方有时候通过限制前往战区的交通将记者与那些损失惨重的战斗隔离。[3]

作为被高夫曼贴切形容为"全权机构"(total institution)

的一种,军方也有权力阻止其雇员与记者交谈。在战争的绝大部分时间里,记者们都很难采访士兵,而一般来说,无论是对于战争的进程还是美国最终获胜的可能性,他们都不像军官那么乐观。在1967年,《新闻周刊》有关战争的报道中仅有13%的引用来自普通士兵。(在被引用的消息来源中,17%是将军,33%是其他军官,13%是士官,另有24%是政府官员与"政府发言人"。[4])

其他的权势者也能够通过限制属下泄露信息以及惩罚泄密者而取得类似的效果。1969年,一位杂志记者告知他的编辑,约旦国王侯赛因将从各国政府获得的巨额资金派作私人用途,但这位记者同时警告说这个故事不可能发表出来,因为不然的话,消息来源就会遭殃。直到1977年,中情局公布了相关文件,这则故事才最终成为新闻。涉及的政治人物越有权势,记者就越难找到愿意开口的线人;因而,尼克松权力衰退的一个早期迹象就表现在乐意并且能够泄露信息的线人的数量上。同时,那些采写了或隐或显地批评强大消息来源的新闻报道的记者,必须提供充足的证据支持他们的报道,因为这类故事必定会导致消息来源愤怒的声讨,而如果记者的证据不具说服力,那执行官也无法保护他们。

那些无权无势的消息来源只有在发生不同寻常的戏剧性事件时,才有可能获得接近媒体的通道;另一方面,当消息来源握有的权力缩减,他们拒绝媒体接近的能力也就随之降低。记者会粗暴地侵犯那些深受惨剧打击的普通人的隐私,并询问他们感受如何;他们并不喜欢这种做法,但却乐此不疲,这仅仅是因为他们担心竞争对手抢在前面打探到这些信息。不过,赤贫者则可以阻止新闻记者的接近,因为与其他非贫穷者一样,记者也不愿意深入贫民区。在20世纪60年代种族骚乱期间,白人记者无法进入黑人贫民窟，这件事为黑人记者创造了很多暂时性的工作机会。

提供合适信息的能力

鉴于新闻从业者对于选题与新闻故事有着永远填不饱的胃口，这部分弥补了那些能够提供合适新闻的消息来源权力上的不足。即使如此，具备新闻价值的能力本身仍然需要资源与技能，其中很多方面都与经济权力并行，而且仅为一小群人拥有。

或许最棒的消息来源就是这样一些组织，它们从事与调查报道相仿的工作，并将工作成果提供给媒体作为"独家"新闻，而且它们乐意充当匿名的消息来源，"回报"就来自曝光特定事件。联邦调查局即常常提供有关它想要终结其政治生涯的美国政治人物违法行为的详尽信息。1977年，媒体刊发了一则所谓的有关黑手党委派新首脑的新闻故事，后来证实是缉毒署泄露出来的。依据一位记者的说法，缉毒署提供这则消息"是因为他们太了解这个恶棍了，因此，当他们把他扳倒的时候，他们就能说：'噢嗬！看看我们捉到了谁。这是所有老板的老板！'"[5]这些机构所提供的新闻总以或这样或那样的方式服务于其组织自身的利益；新闻从业者或许能够意识到这一点，但作为回报，这些消息来源在一开始就确保了媒体从竞争对手手中抢得了对一则耸人听闻的新闻的垄断（独家新闻）。

此外还有一种相关的现象，有时候被称作"新闻饱和"，它是指特定消息来源提供了源源不断的信息，其中的某些信息自然而然地变成新闻，但与此同时，那些拥有更为准确的信息但组织化程度不高的消息来源则被置于不利位置。华盛顿与西贡的"五角大楼"能够令被夸大的死亡人数以及在赢取南越人心上取得的成就充斥新闻媒体，但反战运动即便是在拥有具备说服力的证据时，也缺乏资源对此类报道提出微小的反驳。

所有的组织——包括那些只拥有最为有限的资源的组织——

都能够并且确实在向新闻媒体发送新闻稿；但在我研究的新闻机构中，都是由基层秘书来阅读这些稿件，而且它们通常都是未被打开就被投进了废纸篓。大公司与政府机构还会发送影像或影像片段，但电视网只有在自己无法拍摄的情况下才会使用它们。有关越战期间空战的报道，有时候会配发五角大楼拍摄的影像，因为记者没有自己的飞机，而且也不可能在空袭时随飞行员出战。公司提供的影像一般都不合用，因为它会提到或者展示公司的产品。

然而，富有的组织在竞争接近新闻从业者的渠道方面占有优势，因为它们能够预先安排自己的活动，以此满足新闻机构对于可预见的新闻故事的持续需求。类似的优势也存在于那些能够提供"随时到位的"富有新闻价值的发言人或消息来源的组织，这些发言人需要在短暂通知之后即迅速就位，并为新闻从业者提供所需的时间与信息，而且在此过程中记者无须付出任何代价。

与其他商业机构不同的是，新闻机构用以生产新闻的原材料本身都是免费获得的；除了极少数的"支票簿新闻"（checkbook journalism）之外，它们并不会支付给消息来源任何报酬。因此，新闻机构对于那些需要曝光机会而不是金钱的消息来源具有特别的吸引力。不为新闻付费给消息来源这种做法，形成了一种隐含阶级意味的偏见，不过付费给他们也同样会造成偏见。新闻从业者同样也反对帮助那些寻求宣传者，但如果他们能够提供适当的新闻故事，他们的动机有时候会被忽略掉。政府官员不被认为是宣传家，除非他们太不明智，以至于只提供美化他们自己的信息。因为新闻从业者不会付给消息来源报酬，所以他们经常吸引那些由其他人付钱而成为消息来源的个人与团体。记者们竭力避开此类公关人员，但同时又试图接触到机构首脑与公司执行官——其实这些人的首要职责也是公关。

媒介事件

当消息来源拥有足够的能力与智慧可以创造出那些其存在的唯一或主要目的就是被新闻媒体报道的活动——我们因此称之为媒介事件——时，他们也就在争夺接近新闻从业者的渠道方面占据了先机。然而，并不是所有的媒介事件都具有新闻价值；此外，新闻从业者不希望自己被消息来源"利用"。如果他们怀疑某个事件是为了消息来源的利益被"安排"出来的，他们可能会拒绝对之进行报道。在20世纪60年代，民权与反战团体有时候即被指责单纯为了电视摄像镜头而预先安排游行示威活动。结果是，除了最大规模的游行示威之外，制片人对其他所有示威都抱有几分怀疑。相反地，他们在报道新闻发布会、听证会或竞选活动以及其他由官方机构创造的媒介事件时，则毫不迟疑。这不仅是因为这些机构是常规性的消息来源，更是因为它们所创造的事件通常都会被判定为重要的新闻（参见第五章）。然而，最近数年间，新闻从业者已经表达出他们对那种将媒介事件的创造过程也转变成新闻故事，进而导致媒介事件泛滥的现象的厌恶。举例来说，政党会议与竞选游说活动首要的设计目标即是吸引电视的注意，而新闻从业者会报道这些活动如何以及为何如此这般设计。选民接触的越来越多的选举报道，乃是展示政治人物如何使用新闻媒体牟取选票的新闻故事。

媒介事件也遭到非新闻工作者的批评。布尔斯丁（Boorstin）指出，这些媒介事件以及许多变成新闻故事的事先安排的活动，都是"伪事件"（pseudo-events），因而不应该被当作新闻。[6]布尔斯丁的批评表达出对没完没了的媒介事件"可敬的偏见"。但如果将伪事件视为一种禁忌，新闻从业者将只能报道突发性新闻。在这种情况下，没有任何新闻记者能够填满所在媒体的新闻洞，新闻媒体最终将不得不消失，而很多通过安排媒介事件以触及地域上遥远或分散的选民的全国性组织也将随之不复存在。

尽管媒介事件是被安排出来的，但实际的伪事件是呈现给物理上在场的受众的那个活动，而这些在场者对于事件最终触及的大量不在场的受众来说，只是一个陪衬而已。总统的新闻发布会不是为前来参加的记者举办的，而竞选拜票活动的目标也不是那些随行的助选人员。这些都只是令政治人物能够与选民沟通的场合。

对媒介事件的规范性的禁忌，也会打压缺乏其他提供合适新闻的渠道的消息来源，譬如那些必须组织专为电视摄像机安排的抗议活动才能引起媒体注意的持有不流行观点且支持者规模甚小的团体，以及唯有介入变成社会失序新闻的活动才能令其困境为人所知的无权无势的人们。不可否认的是，当恐怖组织或个人试图以犯罪的方式激起大规模的受众对他们或者他们的诉求的关注时，新闻从业者即被置于一种困难的处境之中。即使如此，对于这些恐怖活动的忽视，也不仅是一种选择性的审查，更有可能引发恐怖活动的升级，因为恐怖分子随后可能会犯下更严重的罪行，以致新闻从业者根本无法弃之不顾。

然而，就某种意义而言，所有变成新闻故事的活动都是媒介事件；真正要紧的并不是活动是自发的还是被安排的，而是它们是否出现于新闻当中。当然，自发的事件与导演出来的事件还是有所差异；但在变成新闻的那一刻起，它们都会影响随后的事件进程。[7]无论在何种情况下，新闻从业者试图避免影响事件进程的目标都落空了。尽管那些为了触及全国范围的受众而被安排出来的活动应该在报道时被指明是"媒介事件"，但在我看来，对于此类事件的关注根本没有切中问题的要害。无论是被安排的事件，还是自发的事件，伴随的更为严肃的问题应该是，消息来源获得接近新闻从业者渠道的能力是不平衡地分布的。（在第十章中,我指出并阐发这种能力应该平等分布。)

另一种与此迥然相异的媒介事件,是新闻从业者因其自身利益——或者是由于新闻匮乏,或者是由于在竞争中落于人后——而导演的活动。由新闻从业者导演的活动是被严格禁止的,就我的印象来说,这种做法在全国性的新闻媒体中极少发生。当新闻从业者觉得这么做不会被察觉的时候,他们可能偶尔为之;在种族骚乱期间,有人指责新闻从业者为了捕捉到戏剧化的镜头而唆使参与者投掷石块。影像编辑通常能够注意到这种导演的成分,而有嫌疑的片子则不会被使用。[8] 欺骗会损害新闻从业者的可信度,而那些事件导演者也会遭到惩罚。(不过,那种为了提高新闻故事质量的"重组"行为则是被允许的,我们将在第五章讨论这一问题。)

地缘与社会接近性

消息来源可能相当热切、富有权势并且随时准备着提供适合的信息,但要获得接近新闻从业者的渠道并克服新闻选择者日常工作的隔绝状态,他们必须在地缘与社会关系上靠近新闻从业者。(记者也必须靠近他们试图接触的消息来源,但与消息来源相比,他们的流动性更强,至少就物理层面而言是如此。)

无论对信源还是新闻记者来说,地缘上的接近性都是通过建立分部来实现的。爱泼斯坦对 NBC 新闻节目的研究显示,国内新闻主要来自 NBC 设有分部的城市或者其周边地区。[9] 不过,这些分部本来即倾向于设立在有可能采集到最适合的新闻的地方,而且,当某个频繁出现在故事清单上的地方,发生的新闻故事达到一定数量的时候,该地就有可能建立起新的分部。此外,通讯社还建立起一个就地理意义而言分布甚广的"通讯员"网络,填补了许多分部没有涵盖的区域。对于通讯社的所有雇员所负责地区的勾勒，大概会显示出，这个国家的广大地区，特别是农村和低收入的居民区，仍然没有被媒体的触角触及。

然而，即便是地缘接近性也不能确保社会层次上的接近性。富有权势或技能的消息来源知道如何与记者建立联系；但很多人——或许是大多数人——缺乏这方面的知识。此外，几乎没有人知道如何联系当地新闻媒体的记者，而服务于全国性新闻媒体的记者在社会层次和其他方面又更是遥不可及。事实上，许多出现在全国性新闻中的有关普通人的特写故事，都是在地方商会及其他类似的擅长与新闻从业者打交道的组织的努力之下才引起故事提议者注意的。

此外，社会接近性也受到所有形塑其他社会关系的结构性因素以及人口统计因素的影响，因而它必定促使具有相似背景与利益的人们建立联系，而同时阻隔相差悬殊者的彼此接触。毕竟，新闻从业者也是社会的成员。例如，中上阶层的消息来源即很容易接近记者，甚至两者还拥有共同的朋友；而来自较低社会阶层的人们通常都不知道如何与专业人士打交道，并且担心一开始就碰壁。

限制了潜在消息来源的阶层与其他差异也一样会影响记者寻求接近消息来源渠道的过程。他们发现，最容易接近的消息来源是与他们有着相似的阶级地位、种族、年龄和其他特征的人们；与其他专业人士类似，他们在与穷人打交道时也会遭遇到同样的沟通问题、同样的畏惧与敌意。当一则新闻故事需要纳入普通人的时候，这些障碍的影响即显得特别突出。被指派报道一种新的社会问题或生活方式的记者，最开始往往总是打电话给朋友，从他们处搜集可以充任消息来源的朋友及熟人的名字。在此过程中，记者不可避免地选择出拥有大致相仿的社会地位的消息来源，这在部分程度上解释了为什么这么多杂志的特写报道都与中上阶层有关。

不乐意成为消息来源的上流阶层人士拥有很多方式保持自己的"隐身"状态,这令新闻从业者和社会学家倍感沮丧。电视新闻可以借助主播的名人身份接近著名的、有权势的、有声望的人们,而新闻杂志则通常依赖拥有上流阶层背景的编辑或者撰稿人达到这一目标。

当新闻故事需要工人阶层或穷人作为消息来源时,记者一般会向教堂或坐落在贫民社区的中产阶层志愿组织的分支机构寻求帮助,进而由它们提供最为熟识的人,而这些人通常都是向上流动的活跃者。一位被指派拍摄有关失业者题材片子的电视网记者即遭遇了非常大的困难。她不愿意在街角随访,也不愿意登门寻访,而地方性的失业办公室又不能提供名字。在一个星期的徒劳无功之后,同事告诉她曾有一位失业的观众给电视网写过一封信,她按图索骥联系了信中提到的一位众议员,而这位众议员则向她提供了所需的失业者的名字。

因此,全国性的新闻工作者——我怀疑也包括地方性的新闻记者——只是在一个相对小而狭窄的消息来源集合体中腾挪辗转,而在这个集合体中,那些与他们保持经常性接触的人占大多数。在开始田野工作之初,我以为新闻工作者,特别是记者,要比任何其他人——至少比栖身于校园之内的社会学家——更加了解美国,但事实并非如此。新闻工作者所掌握的有关美国的信息,源自他们熟识的消息来源;源自他们自己从报纸中读到的东西;此外,鉴于他们无法轻易跨越将他们与陌生人区隔开来的社会障碍,这些信息也大量源自同行及私人关系,特别是亲朋好友。

同行与个人消息来源

同行是最为近便的消息来源,因为新闻提议者和选择者将尽可能多的时间花费在悉心研读其他新闻媒体上，以图令其为我所用。很多时候，他们分析一则已经发表的新闻故事，希望能够发现新的"角度"，或者构想报道事件的不同方式；而后他们将这个点子指派给自己的记者，让他们据此采写一则新的故事。

同行消息来源在其他两种情况下也有所助益。第一，一则故事在其他媒体的先期出现，说明同行已经就其可用性与适当性作出了判断，由此排除了独立作出决定的必要。《纽约时报》是最重要的同行信源，因为其编辑与报道团队的规模与质量被新闻界看作最专业的新闻判断的保证；而《华盛顿邮报》、《华尔街日报》和其他一些南部、中西部以及西部的报纸也被用作故事选题的来源。第二，先期发表被看作是相应的故事选题具有受众吸引力的一个标志。这一点在那些报道崭露头角的政治人物、作家或娱乐界人士，报道一种新的时尚、生活方式或者社会问题的"趋势与潮流新闻"中表现得尤为明显。

个人消息来源主要包括家庭成员、其他亲属、朋友、邻居以及新闻从业者在聚会中碰到的人们。如果这些人兴致勃勃地谈论某种尚未被全国性媒体报道的新潮流，那么一则潜在的新闻故事也就呼之欲出了。个人消息来源之所以有价值，部分程度上是由于他们是与新闻从业者关系紧密的人，从而具有了可信度。他们同样也被当作受众的代表；因而，只要他们对新潮流感到兴奋，故事选择者就认为一般受众也会对之感兴趣。

孩子及其朋友也是重要的个人消息来源，因为他们让从事新闻工作的父母了解这个国家的高中与大学中所发生的一切；此外，他们也很可能是"潮流观察者"最初的内部消息源，提供有关新的年轻人的时尚或者受欢迎的娱乐明星的信息。在20世纪60年代后期，年轻人也同样向他们的父母施加压力，令他们对反战示威抱有更为积极的态度，只不过大多数顽固的父母最终是因为发生于1968年芝加哥民主党大会外的警方暴行才转变了立场。一些编辑和制片人因为警察殴打他们的记者而出离愤怒，但一位资深编辑之所以对反战示威者采取更为正面的立场，乃是因为"那些（被殴打的示威者）是我们的孩子"。

高级编辑与资深编辑常常受邀参加在纽约举办的社交集会，在那里他们可以碰到政府官员、各行各业的领袖、各种名流，以及偶尔现身的知识分子。某些新闻从业者认为一位首席编辑候选人不够格，因为他拒绝出席此类场合。尽管新闻从业者很少直接从这种场合带回可用的故事选题，但他们还是与那些常常出现在新闻中的人建立了联系，而且他们听到了具有新闻价值的人们谈论的话题。一份杂志决定推出一期有关医疗事故的封面故事，部分原因是一位居住在一个满是医生的郊外社区的编辑声称，这是他参与的社区聚会上人们谈论的中心话题。[10]此外，新闻工作者也拥有在大学时代或者刚刚开始职业生涯的时候结下的友谊，这些人有时候也会变成专属的消息来源。在1975年，《新闻周刊》推出一期报道影片《纳什维尔》（*Nashville*）拍摄过程的独家封面故事，因为杂志的影评人与该片导演罗伯特·奥特曼（Robert Altman）私交甚好；同一周，《时代》周刊的封面故事则有关《大白鲨》（*Jaws*）的拍摄，因为其影评人是斯蒂芬·斯皮尔伯格（Steven Spielberg）的老朋友。

新闻工作者也将自己看成消息来源。尽管超长的工作时间令他们无暇他顾，但他们在家里或者社区里的种种经历也成为新闻选择中的原始素材。新闻工作者也不能免受家庭问题的影响；虽然他们不见得在编辑会议或办公室讨论中提及这些问题，但它们的存在则形成了新闻从业者对于双职工家庭、子女抚养的困难，以及青少年辍学等问题的高度关注。新闻工作者对于有关"男性更年期"的新闻报道抱有些许但又是周期性闪现的兴趣，这大概反映了步入不惑之年的撰稿人与记者在意识到他们永远也不可能变成编辑或者知名自由撰稿人时的情绪。

后方调配与可用性

需要指出的是，前面的分析强调的都是消息来源可用性的社会层面，但在一个由截稿期限支配的生产过程中，消息来源有时候可能因为种种后方安排协调方面的缘故而变得不可用。想要进入新闻或者新闻工作者想要联系到的人物可能刚好出差；摄制组可能无法在适当的时间出现在适当的地点——这通常也都是因为它们数目太少，特别是在华盛顿；摄像机可能出现故障，而胶片也可能曝光过度或者曝光不足；海外的胶片通过卫星传输，在这一技术成熟之前，有关越战战斗场面的胶片有时候不能就位，就因为快递被堵在旧金山或洛杉矶傍晚时分的公路上，而到不了西海岸的演播室。

在这类问题上电视网受到的影响要远远超过新闻杂志，但无论是何种媒介，都时不时因为消息来源不能就位而放弃想要的新闻故事。尽管新闻从业者经常碰到这类困难，但它们很少会被公之于众，因为承认这些困难无异于承认自己在采集新闻方面的无能。不过，当新闻从业者完成手头的工作，并看到竞争对手的新闻报道之后，在他们举行的编后讨论会上，这些问题的确是讨论的核心；而且如果问题仍然存在，有人就要为此负责甚至被开除，生产的流程也会被重新组织。

适用性：消息来源考量

可用消息来源的适用性，是由新闻从业者判定的，他们借助一系列相互关联的消息来源考量作出判断。这些考量之所以相互关联，是因为它们都拥有一个高于一切的目标：效率。那些只拥有短暂的时间可投放于搜集信息的记者，因此必须尽可能迅速快捷地借助最少的消息来源、最少的组织预算获得最为适当的新闻故事。

在新闻选择的一开始，当选择者对故事所知甚少，但与它们相关的消息来源却是熟悉的人物而且能够评估的时候，消息来源考量即已开始发挥其作用。即使如此，这些考量因素通常也都是与其他考量——特别是故事适宜性考量——协同运作。总而言之，在我研究的新闻媒体中，存在着六种主要的消息来源考量。

1. 过往的适用性　如果消息来源曾在过去提供过变成合适的新闻故事的信息，他们便很可能被再次选中，直到最终成为常规性的消息来源。然而，长久观之，常规信源倾向于提供重复的信息；其结果是，新闻从业者对其中的某些消息来源感到"厌烦"，将之从新闻中剔除出去，"因为最近他们出现得太频繁了"。可以确信的是，新闻选择者很少对美国总统感到厌烦，但他们可能会厌倦那些代表目标单一的组织因而必须持续讨论相同议题的消息来源。这有助于解释为什么在20世纪60年代激进黑人民权者与穷人领袖的新闻价值都只是昙花一现。那些专注于同一个主题的专家也不断遭遇同样的命运。1975年，《新闻周刊》的高级编辑在编辑会议室中悬挂了一张示意图，在图中标明在他们看来太过频繁地出现的那些需要被"抛弃"的消息来源。一般而言，这种抛弃的周期是一年。

2. 生产能力　新闻从业者用以判断消息来源的标准还包括，他们能否提供大量信息同时又不过分消耗新闻记者的时间与精力。尽管记者绝不会从任何必要的采访与信息搜集工作中退缩，但他们以及他们的上司还是必须牢记统筹安排的道理；因此，他们会尽可能将访问的消息来源的数量减到最少。这部分解释了高级政府官员在新闻中的优势地位：作为所属机构的发言人，他们使得记者无须采访其他机构成员，由此节约了他们的时间与精力。消息来源的生产能力也同样解释了新闻对于政府计划与新政策的强调；因为这些信息都可以从发布消息的官员口中获得；而有关政策实施及其效果的报道则需要访问很多人。当然，如果故事需要做大量的采访，记者也会毫不迟疑地这样做。在这种情况下，记者会向中央结算部门寻求帮助，后者可以迅速地提供受访者的名字。在1968年，《新闻周刊》计划做一期关于教育的封面故事，除了其他素材之外，它还包括相当数量的大学生的生平介绍。被指派寻找被选对象的分部记者奔赴临近的大学校友办公室，而它们提供的多半是非常成功的校友的名字；这一偏差样本（biased sample）迫使首席编辑布置第二轮的采访，并力图发掘那些没能——或至少尚未——实现美国梦的大学校友。

3. 可靠性 新闻选择者需要的是可靠的消息来源，换言之，他们提供的信息只需要非常少量的核查。然而，如果一则新闻故事或事实存在争议或者不是那么可信，记者就得从至少两位相互分离的独立消息来源处搜集证据。

当记者可以明确地将信息归于特定消息来源，他们就不必担心其可靠性（及有效性）；这种做法背后的假设是，一旦一则新闻故事标明了"消息来源"，他们也就尽到了责任，接下来受众就只有自己去判定消息来源的可信度。一位杂志的撰稿人曾指出，"我们并不经营事实而是提供观点"。不管怎样，一个不可靠的消息来源总归会损害新闻从业者的可信度。

4. 可信赖性 当无法迅速检验可靠性的时候，新闻选择者就会寻找比较值得信赖的消息来源，即那些不只提供自我服务的信息、力图准确以及具备诚实这一最重要品质的消息来源。记者不断地检验消息来源的诚实度，牢记他们曾经何时说过谎，并在向故事选择者兜售故事选题时作出相应的提醒。

新闻从业者对于他们的消息来源抱有根深蒂固的不信任，因为很多消息来源之所以接近他们都是怀着自我服务的动机，因而不可能做到完全的诚实。贴在新闻从业者头上的"犬儒主义"标签其实很大程度上体现在他们对消息来源的不信任上，而其中最不受信任的就是政治人物，这些人被认为天生就是"两面派"而且前后不一。

新闻从业者常常很难判断消息来源的可信度。对于那些他们经常接触的消息来源，尚可以日久见人心，这也是为什么新闻选择者倾向于常规消息来源的另一个原因所在。当他们无从了解消息来源而只能找到一点"感觉"的时候，他们只有依赖其他的指标。那些乐于与新闻从业者合作并且诚恳对待他们的消息来源，会更容易得到信任；而那些能够推心置腹并解释为什么自己不得不前后矛盾的信源也是如此。占据正式的权威位置的消息来源被认为比其他人更值得信赖；除此之外，新闻从业者也会以较为专业的方式运用他们与其他人在日常生活中采用的标准，更信赖与他们自己相似的人。相应地，保守主义者和自由主义者之于极端保守主义者和社会主义者，实用主义者之于理想主义者，中上阶层人群之于其他阶层人群，都具有更高的可信赖程度。这正是为什么社会层面上相近的消息来源——譬如同行和朋友——被如此频繁地援引的原因所在。

5. 权威性 在所有其他条件都相当的前提下，新闻从业者倾向于选择占据具有权威与责任的官方职务的消息来源。[11]即便仅仅因为他们不能承受公开说谎的后果，他们也更值得信赖；他们也更具说服力，因为他们提供的事实与观点都来自官方。如果新闻故事变得富有争议，新闻工作者们也可以通过展现自己所依赖的是权威消息来源而在新闻执行官面前为自己辩护。此外，较之于其他选题，故事提议者总是更容易兜售来自这些消息来源的新闻故事。

6. 表达清晰性 当消息来源以被采访者的面目出现，他们必须能够令自己的观点尽可能地简练，而且最好尽可能地富有戏剧性。在某种程度上，电视采访者通过彩排来达到简洁的目的；事实上，所有的访谈对象，不管知名与否，通常都要在开机之前不停地"吃进"问题，直到他们形成一套简练的答案。电视记者还会特意寻找能够讲标准（全国性的中产阶级的）英文的受访者，以便大多数的受众都能够轻易地理解；除非绝对必要，他们都尽力远离操下层阶级口音的消息来源。

新闻杂志也寻找那些表达清晰的消息来源，但言辞简练与标准英文这二者可以通过编辑来实现。编辑被允许对引语作出相应的修正，一位编辑称这种做法是"帮助被引用的家伙"。那些惯于使用糟糕的语法或令人费解的句式的消息来源就会以这种方式被"帮助"；在1968年，一位被认为由于校园内的学生抗议而变得语无伦次的大学校长，就被如是编辑，以满足人们对于大学校长应该是条理分明的这种一般化的预期。[12] 不管怎样，杂志同样青睐能够操一口标准英文的消息来源；一位教育版的编辑就曾指出，"最好的学校总是能给我们提供最好的访谈"。

专线记者与综合记者

消息来源考量主要应用于新闻故事的选择过程，而在故事生产过程中，消息来源同样也有助于形塑新闻。我没有系统地研究过消息来源在面对记者时的所言所行——或者没有言明的话以及没有作出的行动，但我能够检视记者如何应对消息来源。

通常情况下，记者被分为两类：一是专线记者，他们负责报道一个特定的界限分明的"地盘";二是综合任务记者(这里称作综合记者),他们负责专线之外的任何其他领域,因而会出现在各种迥然不同的地盘上。专线记者与综合记者将不同层次的预存知识带入与消息来源的接触之中,并且发展出与消息来源之间的不同关系,进而从中挖掘出截然不同的信息。

大多数专线记者都被安排在特定区域;他们或者报道一个地区,或者负责华盛顿的某个联邦机构(后者此后被称为机构专线记者)。其他专线记者则依据报道领域来划分,例如教育、法律、科学或经济等等。

另外一个与此并行的分类方式将记者区分为通才与专家;所有的综合记者都是通才,但很多专线记者也称得上通才。为了在整个地区搜集新闻,分部员工必须涉猎众多领域与选题,这也使得他们成为通才。负责机构专线的记者,譬如白宫通讯记者,会变成白宫政治方面的专家,但为了跟进总统日复一日处理的各种特定议题,他们又必须是通才。领域专线记者才是真正的专家,但即便是他们也必须涉猎广泛。一位在自然科学领域是专家的科学记者,当被指派采写有关社会科学的新闻时,就变成了一位通才。

只有少数新闻媒体设立领域性的专线。电视处在这个光谱的一端;它只在科学、健康、生态与经济方面设立少量领域专线。而新闻杂志则处在光谱的另一个极端,因为杂志后半部分的版面就是由在大多数新闻故事中都称得上专家的人们来撰写完成的。尽管参与撰写并不是版面专家本身的职责,但有时候他们还是要这么做,因为其他分部记者可能无法理解作为这些版面主要消息来源的专家们的话语。[13]

尽管过去 20 年间领域性专线成倍地增长,但所有的新闻从业者还是被期望成为那种有能力而且乐意随时准备着报道任何事件的通才。(他们也被期望能够拥有一个共同的专长领域:政治。这就是为什么国内新闻更为关注身边的政治,而非特定议题的原因之一。)综合记者可能在对特定主题一无所知的情况下被安置到某个领域专线上,其结果就是,他们只有在负责该专线一段时间之后,才能渐渐变成专家。(一些杂志栏目的撰稿人有时候会离职到一个相关的专门学校或研究所待上半年或一年,以迅速补充某个专门领域的知识。)尽管如此,专家并不一定长期待在某一条专线上;他们可能对之感到厌倦,但在多数情况下,他们之所以放弃特定专线,是因为专线本身不再具有新闻价值。举例来说,教育在校园扩张与骚乱的时期是富有生机和声望的专线,但在20世纪70年代,它变成了鸡肋。

机构专线记者[14]

由于最大比重的国内新闻都是出自华盛顿,因此那些报道白宫、国会以及联邦机构的专线记者在全国性新闻中扮演着远比负责其他机构的记者更为重要的角色。身在华盛顿的机构专线记者实际上就栖居于所负责的专线之内,并因而发展出与消息来源之间的密切关系。他们的做法很像社会学中的参与观察者,而他们的消息来源则是社会学家所谓的"报道人"(informant),正是他们令记者了解专线内部的最新动态,并向记者提供非官方的、"内幕的"、秘密的信息。此外,专线记者还会迅速地捕捉到每个社会角落里衍生出来的小道消息与流言蜚语。

置身于局内使得专线记者能够挖掘到信息,并将之转化成戏剧化的内幕故事;但与此同时,他们必须聚焦于能够取悦消息来源的新闻故事,因为惹怒他们可能会危及二者之间的亲密性或友善关系,并因而终结这位记者在专线上的价值。其结果是,专线记者陷入与消息来源之间各自负有责任义务的共生关系之中;这种共生关系,既加快了记者的工作,也将之复杂化。

这种共生关系几乎存在于所有的专线之中,但对于那些其报道能够产生政治后果的机构专线记者来说,这种关系在实践中可能造成相当严重的问题。他们能够从内幕信息中采写出新闻故事,借此帮助该机构打压其他机构,或者帮助它将讯息传递给白宫。但在那些可能危及该机构的新闻故事方面,这些专线记者就不可能如此容易地行事。

其结果是,专线记者必须经常进行自我检查,将最耸人听闻的新闻故事雪藏起来,以此保护他们所负责的专线。记者还是拥有一些回旋余地:如果他们得不到具备新闻价值的信息,他们就无法兜售自己的新闻故事,而消息来源也就得不到出镜机会。有时候,即使记者暴露出一些令信源不开心的素材,消息来源也必须忍气吞声,特别是当他们需要记者的善意——以及出镜机会的时候。当负责某个机构专线的所有记者都发掘出同一则新闻故事时,他们即可以(而且必须)报道它,因为即使这会惹恼消息来源,他们的愤怒也远没有编辑或制片人的愤怒那么严重;倘若所有其他人都报道了这则新闻而自己却没抓住的话,编辑或制片人绝对不会原谅他们。此外,在杂志中,撰稿人(他们与信源之间没有什么联系,也不负担相应的责任义务)可以比专线记者更具批判性,而且专线记者有时候会把必要的信息提供给撰稿人,自己则不负担相应的责任。然而,电视记者不能够藏匿在撰稿人身后;而且尽管他们有时候可以冒着牺牲与消息来源之间的友善关系之风险以期求得独家新闻,但随后消息来源可能会施压于新闻执行官,进而约束这位记者将来的行为(参见第八章)。事实上,总统与其他政府官员即周期性地尝试将不合作的记者从他们负责的专线上剔除出去,但他们极少得偿所愿。

尽管如此,在这种共生关系中,消息来源在某种程度上拥有大于记者的权力，因为他们可以通过拒绝提供信息并将记者置于同行竞争中的不利地位来惩罚他们。因此，专线记者必须频繁地权衡以新闻故事惹怒消息来源时的得失利弊，以判定到底是报道还是不报道以维持与消息来源的关系，留待他日更大的新闻故事出现时再撕破两者之间的友善面孔。汤姆·韦克（Tom Wicker）在解释专线记者对"官方"信息的强调时说道，"政治记者永远不可能获得艺术批评家所拥有的那种自由度和回旋空间"[15]。

专线记者自我审查的需要导致了新闻中的一个真空地带，而杰克·安德森（Jack Anderson）与已故的德鲁·皮尔森（Drew Pearson）之类的专栏作家则填补了这一真空。这些新闻工作者不受任何共生关系的束缚，因为他们不负责任何专线；相反，他们从很多消息来源处获取信息，而这些消息来源通常都是以匿名透露的形式主动将信息提供给他们。尽管很多我所研究的新闻从业者都贬称安德森等人为小道消息贩卖者，不过，即使他们的某些揭露报道最终被证明是错误的，他们仍然为全国性的新闻业填补了一种不可缺失的角色。[16]

当然，政治人物对这种共生关系也有着清醒的认识，这促使他们竭力拉拢记者为自己所用，例如招待他们"吃吃喝喝"、提供独家消息，或者不断向记者供应他们无法发表的秘密信息。经验丰富的专线记者似乎能够避开这种拉拢活动，只不过当消息来源以各式邀请和不能发表的秘密信息奉承他们时，他们也会陶醉于其间；而且当政治人物在百般拉拢奉承之下仍然无法阻挡批评报道时，他们也懂得如何忍受政客们的愤怒。

在华盛顿，最大的诱惑总是来自总统，因为他能够分配独家专访机会以及白宫私人聚会的邀请；即便是最冷漠、最有距离感的白宫记者仍然会受到总统准帝王式的神秘感的诱惑。一些政治人物利用个人魅力吸引记者，就如同他们以此获得属下职员和选民的好感一样；举例来说，约翰·肯尼迪就能够与许多记者培养起友情。[17]屈服于这些诱惑，短期内可能赋予记者凌驾于同事之上的优势，但就长期来说，这种屈服是致命的，因为一旦记者得到一个被拉拢收编的名声，他就必定丧失来自同行与上级的信任，最终难免被转调到其他专线。

然而，在这方面，白宫专线并不典型；在其他机构，专线记者在某种程度上更有可能被拉拢。某些联邦机构要求专线记者保持对该机构的忠诚；举例来说，众所周知的是，五角大楼长期以来都会拒绝向那些不依附其"路线"的记者提供信息，或者干脆将他们拒之门外。在一些不那么引人注目或富有争议的机构中，拉拢过程几乎是在无意识中进行的。专线记者可能会认同长期共处的消息来源，同时他们与机构的反对者几乎没有任何接触。在个人层面上，他们可能并不认同消息来源的政治价值与目标，但他们接受机构的种种实践并甘心被利用以推进机构的目标，特别是当其结果是戏剧化或独家的新闻时，他们更会这样做。

然而，我在这里所讨论的这种反应并非为机构专线记者所独有，因为专门报道某一地区的分部记者也会逐渐对该地区产生好感，而报道某个战区的记者也可能认同与他们并肩工作和生活的人们。一位资深的越战通讯员指出，尽管他自己对越战抱有强烈的怀疑，但是"你紧紧地陷入其中，被卷入到与你日夜与共的那个群体——那些美国步兵——中，不是那些死难者或者平民，而是美国大兵，对此你完全束手无策"。

无论记者是受制于与信源之间的共生关系、被拉拢收买还是"陷入无法自拔的境地"，他们的工作所受到的影响其实殊无二致。很多媒体观察者指出，在1968年新年攻势之前，全国性新闻媒体之所以都对越战持支持态度，很大程度上是因为，作为共生关系或者拉拢收编的后果，华盛顿的资深记者直接将政府有关战争的信息和立场输送到身在纽约的上司那里。

尽管身在西贡的很多记者表达过对于战争能够远在新年攻势之前获胜这种说法的怀疑，但他们提供的电视影像和杂志素材没有在纽约总部获得足够的重视，这在部分程度上是因为那些记者普遍年轻且经验不足。同样重要的是，纽约总部觉得他们离战争本身太近，并且受到亲眼看见的流血场面过于深重的影响，因而无法形成对于整个战争走势的全面认识。此外，这些西贡记者都远在天边，不像华盛顿的资深者，他们无法将自己采写的素材频繁地、详尽地呈现于纽约总部的高级制片人和编辑面前。新年攻势对纽约总部造成了巨大的打击，多家全国性新闻媒体都派出了顶尖的人手——包括沃尔特·克朗凯特——前往南越，亲自对局势作出评估。随后，实际上所有人都开始在社论或新闻故事的结语中质疑美国到底能否赢得这场战争。一些人甚至暗示美国不可能取胜，但尚且没有人发展到与反战示威者持有同样的"鸽派"立场的地步。[18]

一个与此类似的模式也出现在民权运动者在华盛顿建立起复兴之城（Resurrection City）①以高扬黑人穷人的诉求之时。来自华盛顿分部的记者，由于已经习惯于他们所负责的专线中秩序井然的官僚体系，因而无法容忍复兴之城的混乱管理，但在场的亚特兰大的记者则显得更为宽容，因为他们经常报道民权运动，并因而习惯于民权运动——像其他所有经费或人手匮乏的团体一样——运作中的混乱。

所有的分部都是从略微有所不同的角度审视美国，而纽约总部则总是认为这些分部"一叶障目，不见泰山"。纽约是最后的

---

① 1968 年，在民权领袖马丁·路德·金遇刺身亡之后，南方基督教领袖会议（SCLC）以及穷人运动（Poor People's Campaign）于华盛顿建立名为"复兴之城"的帐篷区供少数族群穷人居住和露宿示威之用。——译者注

仲裁者，因为它是"总部所在地"；但一些新闻从业者认为，纽约之所以是最好的仲裁者，乃是因为它不是全国性政治新闻的重要来源。正如哈利·里森纳（Harry Reasoner）所说，"我认为华盛顿存在着一群与政界太过亲密的新闻界人士。这就是为什么我为……电视网在纽约安家落户感到高兴的原因所在。它不是任何人的故乡"[19]。

纽约总部意识到某些专线可能出现的拉拢行为的危险性；其结果是，战地记者、白宫以及海外特派记者都是会被周期性地轮换到其他专线，而随同某位总统候选人报道竞选活动的记者也通常都会在选战中途被调换到竞选对手那边去采访。大多数情况下，记者们乐于接受这种任务调换，因为很多记者内心深处仍然想做多面手，而且他们最终都会厌倦于日复一日地接触同样的消息来源并采写出在他们看来大同小异的新闻故事。

然而，一些记者会在同一条华盛顿专线上驻留多年；而且，由于他们的资历以及他们与高级政府官员之间的联系，他们变成——并且也促使他们所属的新闻机构变成——"政府的第四个分支部门"[20]。此外，即便是服务期限较短的专线记者，也可能被拖入某种准官方的身份，造成这一事实的间接原因是他们的新闻报道会对未来的机构决策产生影响，直接原因则是消息来源可能会利用他们打压对手或者探测公众对政策的反应。华盛顿的记者还会变成公民大众的代表，因为当机构首脑——特别是总统——的宣言或行动意在影响公共舆论的时候，它们总是以能够立刻影响记者的方式被设计出来。白宫的新闻团队因而被认为是代表整个国家作出反应。

领域专线记者

领域专线记者——以及新闻杂志里偶尔充当记者的栏目撰稿

人——负责一个非常广阔的题材范围,因为科技或教育之类的"专门领域"囊括了很多学科、部门与机构,其中某些是区域性的,某些则是全国性的。这些领域专线记者因此无法成为特定机构的参与式观察者;相反,较之于机构专线记者,因为他们必须与数量更多但关系不那么紧密的消息来源保持联系,他们会认同自己的专线,但可能并不那么认同个体消息来源。即使如此,他们还是与少量常规性消息来源——特别是对专线内的很多论题都拥有渊博见识的人们——发展出密切的关系;当然,这也正是为什么这些消息来源有时候由于被采访或引用得太过频繁而被抛弃的原因所在。

领域专线记者也会与他们最常规的消息来源发展出共生关系;但是,尽管他们可能搜集到"内幕消息",但通常情况下,这些消息只能引发上司或受众中很小一部分人的兴致,也就是说,记者在中断与他们所依赖的消息来源之间的友善关系的过程中所失甚巨、所得无几。公共机构中的丑闻常常都具有新闻价值,但发生在专业组织、学术领域或者大学校园里的丑闻却很难兜售给新闻故事的选择者,因为他们必须时刻牢记自己服务的是一个外行受众群。

领域专线记者也会被拉拢,但却是为了不同的目标。鉴于记者拥有通俗化的专门的科技知识并赋予专家出镜机会,他们成为所报道的专门领域通向外行世界的使节。当这些专门领域的消息来源珍视出镜机会时,报道他们的专线记者就变得比驻华盛顿的记者更加重要,因为向大规模的全国受众群报道宗教或教育的专线记者的数量要远少于白宫特派记者的数量。不过,他们所握有的使节般的权力往往也是有限的。虽然他们被期望如是报道与写作以维持专家的注意与尊敬,但他们的首要工作目标乃是启发与告知受众。当记者告诉消息来源,那些在专家圈里可能具有高度新闻价值的故事无法卖给必须考虑外行受众的制片人或编辑时，那些本来愿意将自己的观点与研究发现传播开去的专家常常会变得哑口无言。在最近这些年间，很多社会科学领域试图将自己的研究发现公之于众，几经尝试之后却发现记者对此根本无能为力。尽管两份杂志都设立了社会科学专线（对应着《时代》周刊的"行为"版和《新闻周刊》的"观点"版），但这些栏目所刊载的大多数新闻故事都取材于可被称作"通俗心理学"（pop psychology）的非学术领域。经济学家似乎比较容易挤进全国性的新闻媒体，但通常也仅限于那些打算就消费者、通膨受害者或投资者感兴趣的话题发表意见的经济学家。

综合型记者[21]

相当比重的新闻故事事实上是由综合型记者提议并生产出来的，而如果我们纳入那些对发生在专线上的一切也了如指掌的通才型专线记者，这一比重就更会升高。

综合记者与专线记者的不同之处在于，他们不会带着与任务相关的充足的预存知识进入工作。他们既不太了解提供信息的消息来源，也不会在他们身上花费太多时间。因此，他们不会陷入共生关系；也因而免于专线记者所负担的种种责任义务。跟他们的受众一样，综合型记者相对于大多数消息来源而言都是门外汉，在与他们的接触中抱有同样的外行式的好奇与些许了解。这一点影响到了他们所观察到的事实、采访中所问的问题，以及最终生产出来的新闻故事。

除了在极少数情况下综合记者会对所提议的新闻故事进行前期的资料搜集工作之外，他们一般都是从零开始进入到采访任务之中。任务编辑或杂志中起草提问大纲的编辑会向他们简单传达采访任务；但他们自己对分派来的采访对象可能一无所知。无论

在何种情况下,综合记者几乎从来没有时间阅读背景资料;他们通常甚至根本不会走进杂志社自备的资料库或者图书馆。

某些综合性报道需要细致观察,但绝大多数都只需要采访消息来源。除非综合记者被指派去采访特定人物,在一般情况下他们都会秉照前文提到的种种消息来源考量。由于不了解即将报道的行动者和活动,他们自然会寻求权威的消息来源,因为他们的生产能力和可信度都有所保证。这些消息来源(通常都是政府官员)知道,记者只希望从他们这里获得信息,而不想耗费时间与精力与他们建立和谐关系;但在此过程中,他们仍然可以操纵记者,因为后者缺乏提出敏锐问题所需的知识。

当综合记者实地观察的时候,他们也会将其他记者加入消息来源列表。每一次我随同记者参与需要观察活动的采访任务,他们都会花费尽可能多的时间与同行待在一起。相互竞争的记者们不会泄露那些可能带来独家新闻或者与众不同的视角的信息,但他们会交换其他观察发现,特别是他们不太确定的信息。他们交换对某些消息来源可信度的印象,或者凑在一起试图弄清楚某些暧昧含糊的声明的确切含意。在对示威活动的报道中,他们常常会相互通报对参与人数的估计,这样他们就可以比照同行的数目作出相应的调整,借此赋予自己的点算——或者说是猜测——以合法性。

这种被蔑称为"群集本能"(herd instinct)或者认敌为友的做法,在任何需要降低不确定性的时候都会派上用场,无论面对这种处境的是专线记者还是综合记者。克劳斯(Crouse)曾指出,记者在很大程度上交换、比对有关总统竞选的信息与视角,并就此达成一致意见。[22] 有时候,当记者发掘出一则纽约总部认为不可信的新闻故事时,这种"认敌为友"的做法就可以成为保护性的策略。当一众身在西贡的记者暴露出吴廷琰政府(Diem government)① 在 20 世纪 60 年代早期的腐败行径时，我怀疑如果这些记者不能够彼此交换观点，他们的故事将无法赢得纽约总部的信任。鉴于西贡的美国官员极力否认，这些西贡记者所属机构的纽约编辑必定曾向其他记者求证，看他们是否也得出了相同的结论。

当综合记者在会议、其他公开事件以及示威游行中观察和采访的时候，他们也会与负责人和主要的发言人交谈，但除非绝对必要，他们很少与普通人或者甚至是示威的参与者交谈。在反战示威中，电视记者挑出不寻常的参与者，比如那些扛着"民族解放阵线"（National Liberation Front）旗帜的人们，但他们以及杂志的摄影师通常都会远离普通的示威者。我曾花费一整天的时间陪同一位有声望的杂志记者采访一个民权游行；尽管他到现场是为了采写一篇"即兴之作"（mood piece），但他始终没有跟任何一位普通的游行者谈话。我的确在一位民主党领袖举办的常规的新闻发布会上见识过一位记者与他能够接触到的每一个人交谈；他后来解释道，自己这样做是在为即将到来的专线记者任务打基础，而他要负责的专线正是在即将举行的总统选举中报道该政党的活动。

新闻从业者不情愿与官员以及熟悉的消息来源之外的人群保持接触，并不令人感到惊讶。匆忙的记者们没有时间发展出与不熟悉的消息来源之间的友善关系，也无暇经历把陌生人变成"报道人"的一系列惯例式的过程。即便是在这种友善关系很容易达成的时候——譬如电视记者的摄像机就提供了一种"上电视"的承诺——不熟悉的消息来源也可能会提供无法评估的信息，因而

---

① 吴廷艳（Ngo Dinh Diem，1901—1963），越南政治领袖，从 1955 年起直到 1963 年被刺杀为止一直是美国扶植的越南共和国（南越）具有独裁权力的总统。——译者注

平添了一份不确定性。或许更重要的是,不熟悉的消息来源可能会提供新的或者相互冲突的信息,进而令综合记者概括与总结的工作变得更加复杂。所有的新闻从业者都必须遵循"资料紧缩"原则,否则他们就会被太多的信息淹没,从而无法迅速地处理信息,并将它们填充到有限的广播时间或版面空间中去。出于这一原因,制片人希望记者不要拍摄不必要的镜头,而编辑也要求记者令他们的素材尽量简短。但综合记者则是出于另外一个更为紧迫的理由而实践"资料紧缩"原则。由于他们在执行采访任务时,几乎没有任何前期的背景知识,这使得他们头脑中储藏的事件报道角度相当薄弱,而在数量庞大或者相互冲突的信息重压之下,这些储备的角度可能会趋于瓦解;此外,在完成一则新闻并进入下一个任务之前,他们根本没有时间反思搜集到的信息。

综合记者前期信息的匮乏同样也影响到他们在观察时所看到的信息。首先,由于对场景比较陌生,他们就可能被操纵,并因而只能观察到消息来源希望他们观察到的信息。电视新闻记者最容易被操纵,因为高度引人注目的摄制组总是相伴他们左右。美国军队偶尔将北越战死者的耳朵割下来当作纪念品的做法,直到战争后期才被公之于众,这在部分程度上是因为当摄像机在场的时候,美国士兵并不会这么做。但即便是印刷媒介的记者也不太可能目击到这样的场景。

此外,作为短期的、没有准备的访客,综合记者通常只能观察到最富戏剧性的事件,而非惯例化的社会实践。可以确信的是,寻找戏剧化的瞬间正是他们最初被指派的任务的主旨所在;但即使是在他们的采访任务不那么明确的时候,他们最为敏感的,也只是对他们眼中的公认价值出乎意料的悖逆行为,或者不正常的、极度戏剧化的行为。简言之,他们看到的只是"亮点"。

在很多方面,综合记者都像游客,只不过游览的地点是在他们自己的文化之内；他们努力寻找那些引人注意的人与事，并试图挖掘与他们视为理所当然的事情相冲撞的种种素材。与社会学家可以在田野中待上足够的时间以区分出反复出现的行为和特异行为不同，记者只能够看到后者。在被指派报道政治演说时，他们可以观察到演讲者何时变得情绪激昂，却不会意识到演讲当中隐含的议题或者发现语含双关的措辞。

当综合记者访问消息来源时，他们工作于类似的情境之下，最终得到的也是大致相仿的结果。任务编辑或者访问提纲会为他们准备少量问题，但多数问题都是靠临场发挥。有一些问题是标准的，它们是由这个行业针对特定类型的消息来源发展出来的；另一些问题则来自记者自己的经验性智慧与常识。其结果是，这些问题往往反映出他们的专业价值或个人价值。在访问专家的时候，记者会利用自己掌握的被访者专业领域之外的知识；当访问那些与自己价值相悖的人们时，他们的问题可能会染上一丝敌意。

然而，因为他们应对的是陌生人，综合记者可以免受专线记者工作中的种种束缚；他们无须担心如何与今后可能不会再见的人们保持和睦的关系，可以更轻易地询问诱导性的、别有用心的或者挑衅性的问题。有时候，这些问题仅仅是展现了综合记者的外行认识，但很多时候记者故意挑起这些问题，只是为了获得戏剧化的电视新闻镜头或者杂志中的精彩引语。一位以其刺猬式的尖锐风格闻名的电视记者解释道，"你需要问那些能够迫使受访者说出些有趣东西的问题；你必须这样做，让他曝露自己，让他愤怒，这样他才会说些有趣的东西。我们在提问时体现的情绪并不一定是我们真实的感受"。而专线记者则必须保持更为礼貌的态度。比如说，白宫特派记者就必须保持得体的礼节，而这往往将他们置于一种难于应付的约束之中。他们不大可能追问总统有导向性的尖锐问题，因为这么做可能会激怒他；而且如果新闻发布会正在被电视直播的话，他们的这种做法很有可能被指责为无礼之举。[23]

综合记者能够挣脱约束之影响的程度，最好地体现在他们将发生于某个社区中的地方性新闻转化成全国性新闻的时候。被派往地方的全国性记者主要都是为了挖掘关于社会与道德失序的新闻故事；但作为缺乏前期知识的陌生人，在无须对地方消息来源负担任何责任义务的前提下，他们尽可以随意地强调故事中的"亮点"。在被指派报道最戏剧化的事件时，他们通常不会在事件发生地停留很久，因而也无法体会到不那么具有"戏剧性"的部分。更重要的是，他们能够漠视那些约束地方记者的规则，这种规则会使得地方记者或者出于防止事态升级或者是为了维护社区的正面形象等目的而尽可能地弱化失序新闻的严重程度。

其结果通常都是一则——以地方标准来说，不准确的、夸大其词的——全国性新闻故事。在 1975 年，当电视网记者奔赴南波士顿采访强制性"校车"政策所引发的种族间暴力冲突时，当地记者曾经抗议电视网忽视了风波当中平静的一面，而且它们也没有遵从防止社区冲突升级的地方性规则。[24]当爱荷华的学校官员试图将安曼人（Amish）的孩子从他们自己的学校用巴士送到公立学校时，他们指责电视网的记者仅仅展现了孩子们从巴士逃开的画面。一位当地新闻工作者认为："当我们的官员试图强制执行被安曼人破坏的学校法规时，全国性的新闻媒体却令事件看起来好像是我们这里变成了警察当道的极权国家。"[25]

全国性新闻记者的角色在他们缺席的时候也有所展现。在一项对 1969 年圣芭芭拉石油泄漏事件新闻报道的详尽研究中，莫罗奇和莱斯特发现,当原本引人注目的石油泄漏变得不那么严重但却仍然在不断滴漏的时候,来自其他州的媒体都撤回了自己的记者,并且不再刊发当地撰写的报道。相反,他们回到平常遇到跟石油有关的问题时时常请教的消息来源——联邦政府以及全国性的石油公司——那里去,而随后就只是报道这些消息来源有关"泄漏不再是个问题"的声明。[26]其结果是,地方政府希望实现彻底清理的种种尝试,以及自然资源保护者提出的预防未来泄漏的措施,从来都没有得到全国性的传播机会。

尽管全国性的新闻媒体频繁地发掘失序新闻中的"亮点",但他们或许看不到,秩序重建到最后同样可能变成回到现状的过程。与此同时,他们总是因为在第一时间赶到现场而遭到批评,因为当失序新闻将无权无势者的惨状公之于众的时候,地方掌权者往往指责全国性媒体的介入是毫无理由的干涉行为。

最终,综合型记者与不熟悉的消息来源之间短促的接触也有助于解释为什么会有如此之多的事实错误——某些比较严重,大多数不算严重——蔓延到新闻之中。专线记者也会犯错误,但综合型记者经常把受访者的名字弄错,他们甚至没时间去确认被访者的职位或者个人信息方面的细节。由于对消息来源不够了解,综合型记者很难排除自我服务的信息中夸大的成分,他们可能会将观点或者乐观的猜测——譬如一个组织的成员规模——当成统计上的事实来报道。这样,锐意进取的政治人物的支持率被反映在新闻中有时候可能有所夸大,这使得他们看上去比实际上更为强大,而他们的反对者也只能对这种错误的呈现提出抗议。综合型记者偶尔会因为根本不知道特定事件存在着多种立场,而仅仅报道事件的某一个方面。其结果是,对于一小部分人非常重要的争议可能会被新闻以一种无意识的、被歪曲的视角呈现出来;而且除非有投书者提出抗议、要求更正，否则记者和他们的上司甚至根本不会意识到他们做了什么。而且即便媒体刊登或播发了更正声明，它们也极少能够弥补原来的不实报道造成的影响。

通才与专家

新闻从业者都相信，美国以及其他工业社会正在变得愈发复杂。尽管这种观念很难说为新闻从业者所独有，但新闻业已经处在更大的借助于专家的压力之下。尽管如此，新闻仍然主要是由通才型的记者采集来的。其中的一个原因是经济方面的考虑，因为综合型记者薪酬较低，但却更具生产能力。专线记者很少能够在一期电视节目或者杂志上发表一篇以上的新闻报道，但如果必要的话，综合型记者则可以在同一个时段之内完成两篇或者更多的报道任务。

通才型记者之所以占据支配性地位，还因为他们是受众取向的记者。与专家不同，他们不可能成为信源取向的记者，因为他们与消息来源的接触太过短暂了。同样，鉴于他们的报道所依赖的多是外行知识与先入之见，所以他们有可能问出至少是部分受众也想问的问题。更重要的是，借重于通才型的记者可以确保受众不会接收到超出他们乐于接受的范围的信息，特别是比较专门的技术信息。依据一位首席制片人的观点，"如果一位记者与某个主题太接近了，他就会被看作是一位专家。但这样对受众一点好处都没有，因为他离受众太遥远了，因而无法与他们沟通……然而，如果记者更靠近受众，他就能与他们更好地沟通。即便是这样，他仍然比受众更靠近新闻事件。与普通受众比，记者就是比较幸运，恰巧处在一个信息更充分的位置上"[27]。

当然，即便是专家也必须能够与他们的受众沟通，当那些为杂志后半部分的栏目撰写文章的专家变得太"技术化"的时候，资深编辑就会提醒他们注意这一点。与此相反，当重要的连续报道在相当长的一段时间内主导了故事清单的时候，它们通常都会被分派给通才型新闻工作者（包括记者与撰稿人），这些人就会变成临时的专家。即使如此，他们最终也会离开这则新闻故事，要么是因为他们对之感到厌倦，要么就是因为编辑和制片人希望获得一种"新鲜的视角"，以此维持受众对报道的兴趣。

对通才的持续信任同样也源自高级制片人和编辑的某种倾向，以及受众取向的目标。高级编辑和制片人本身即是通才型的新闻从业者，他们从来没有完全适应专家的实践方式。当某位执行编辑表扬属下的一位经济记者以简洁的新闻故事报道了一个复杂经济问题的时候，他在结束时补充道："你的信息真令我吃了一惊；我想我们应该把你放到另外一条专线上去。"因此，专家型的记者总是担心他们的报道对受众或者他们的上司来说显得太技术太专业；这样的话，他们就会被禁锢在特定的专门领域，而这个领域将来可能会丧失新闻价值。仅仅出于身份地位的原因，专家们很难回到综合记者的位置上去；但与此同时，他们也总被认为不适合擢升到制片人与编辑的位置上，因为这些位置仍然是留给通才型记者的。就此而言，在新闻业这个通才型的职业领域，专家目前仍然处在一种尴尬的境地之中。

消息来源与新闻

消息来源借以接近新闻从业者的渠道、诸种消息来源考量因素以及记者与消息来源之间的关系这三者相互契合并创造出一种累积性的模式，而经由这种模式，新闻从业者被不断地带入到与一组数量有限却高度雷同的消息来源的接触之中。那些需要在新闻中露面的热切的、权势强大的消息来源之所以变得"适用",首先是因为他们总能提供信息,其次则是因为他们满足权威性和生产能力等消息来源考量。在最频繁出现的消息来源与新闻机构之间发展出一种近乎制度化的关系,因为专线记者被指派到他们身边。专线记者实质上变成了这些消息来源的同盟者,这或者是因为他们之间发展出共生关系,或者是记者在人类学家所称的"土著化"(going native)过程中对他们形成认同。综合记者通常都会借重同样的消息来源,并且可能会因为采访过程短暂和缺乏相关知识而受到消息来源的操纵。

当然,这些过程当中也存在着特例。当突发性新闻出现的时候,综合记者可以自由地寻找最为相关的消息来源;而当无权无势的消息来源能够提供戏剧化的新闻时,那一套标准的消息来源考量就会被暂时搁置到一边。机构专线记者可以偶尔疏远消息来源,同时亦不会永久性地丧失友善关系。即使如此,在日复一日的基础上,他们必须站在消息来源那一边。"水门事件"由综合记者而非白宫特派记者揭露出来,这是因为前者拥有充足的时间与资源来挖掘这则曝露式的新闻故事。而在"水门事件"后来成为一个专线之后,被指派到该专线的记者反倒并没有在白宫内部进一步搜集到他们需要的事实。在这个时期,白宫特派记者几乎只能做一件事情,那就是当新的丑闻被揭露出来之后,报道来自总统办公室的否认。

这种用以判定可用性与适合性的累积模式使得政府官员成为最频繁和最常规的消息来源。我没有计算他们出现在电视与杂志新闻中的总次数;但西格尔分析了2850则出现在《纽约时报》和《华盛顿邮报》中的国内新闻与国际新闻的消息来源,发现政府官员占其中的78%。[28]

对于政府官员以及其他同样具有权威和效率的消息来源的倚

重这一事实本身,几乎已经足以解释为什么新闻会如此这般地绘制出我在第一部分所探讨的国家与社会的形象。消息来源本身并不足以决定新闻的全部形貌,但他们在很大程度上将新闻工作者的注意力集中在早先描述的社会秩序之上。消息来源本身也不能决定新闻中的价值,但他们的价值就隐含在他们提供的信息当中。无论如何,新闻从业者出于客观与超然的目标都不会机械地重复这些价值,但问题是,他们也没有驳斥信息中所蕴藏的这些价值。

与这个累积性模式最为契合的消息来源就是美国总统。他以及那些甚至更契合这个模式的总统发言人或白宫发言人,几乎总是触手可及。事实上,他们全天候"可用",除了深夜万籁俱寂的那段时间。白宫从其他联邦机构集中了大量的信息,并将它们发布出去;此外,它周期性地为电子媒介和印刷媒介创造"拍照机会"与媒介事件。总统的位置总会将他卷入到大量的冲突与震惊世界的议题之中,从而形成不断提供适合的以及偶尔富有戏剧性的新闻的稳定来源。总统因此也是最具生产能力的消息来源。同时,总统被认为是最权威和最可靠的——即使不总是值得信赖——消息来源,也是最著名的、最具声望的消息来源。

总统是全国性新闻中非常合适的消息来源。以一位编辑的话来说,因为他被认为是"在代表整个国家说话";而根据一位执行编辑的看法,"出于各种实际目的,他就是国家本身"。他也是报道花费最为低廉的消息来源,因为他几乎总是待在白宫里面;另外,他还有一大群由联邦资金支付薪酬的助理,专门负责准备适合的新闻。此外,白宫专线记者、摄像机以及其他职业"武装"已然就位,根本不需要额外的资金将消息来源与新闻工作者集合到一处。最后但同样非常重要的是,总统本身也是最具爆炸性的新闻的来源。正如一位华盛顿分部主管曾经对我说的:"我们希望总统死掉,这样就有大新闻了。"

第五章

新闻故事的适宜性

每一天,《纽约时报》都会宣称,它刊登了"一切适合刊登的新闻"(All the News That's Fit to Print)。这样的说法相当傲慢自负,但它也清楚地道明,新闻是由适宜的故事构成的。为了判定新闻故事的适用性,新闻工作者调用了大量相互关联的适宜性考量因素。这些因素可以被分作三类:实质性考量用于判断故事内容和消息来源所提供的信息的新闻价值;产品考量用于评估新闻故事的"好坏优劣";而竞争考量则用于检验故事素材于新闻机构之间持续的竞争中提供最为适宜的新闻的能力。

我之所以要区分不同的适宜性考量,就是要强调,新闻故事的选择过程所包含的绝不仅仅是故事内容而已。这并不是偶然的,因为倘若故事选择者只能够单纯地依赖实质性考量,他们将需要数以百计排列有序的此类因素,以便从浩如烟海、变化万千的可用素材中选择出想要的新闻故事。实际上,许多适宜性考量都具有排他的性质；它们的存在就是为了帮助故事选择者应付可用新闻故事的过度供给状态。它们同样是相对而言的：在一个"没有新闻的日子"，新闻选择者可能会选中那些平素多半会被摒弃的故事，尽管他们并不乐意这样做。

实质性考量

新闻故事提议者和选择者的工作，是从对实质性考量的斟酌开始的。最初的故事买卖建立在内容概要的基础上；一旦新闻素材进入到故事清单之中，这些概要就会被进一步浓缩，变成三五个字的标签。这样，新闻选择者始终都能够对故事内容有所了解。

就其内容而言，一则新闻故事应该要么"重要"要么"有趣"；而理想的新闻故事，则需同时兼具这两种品质。所有的新闻从业者都试图在新闻故事中区辨这两种特质。因为对于一个行动者或一项活动，某些部门会觉得它重要或者有趣，而另一些部门则不以为然，因此，"重要性"和"趣味性"本身并不是有用的考量因素，除非它们与对应的主体和客体相匹配，即具体指明一则特定的故事之于谁重要，之于谁有趣，以及所依凭之标准。当故事选择者运用实质性考量的时候，他们所依据的是主体与客体的厘定，由此使得这些考量因素更具操作性。

故事的重要性

对重要性的判断，不仅适用于行动者，也适用于活动；就这里讨论的国内新闻而言，这些判断通常取决于以下四个考量因素。满足了其中任何一条，新闻故事即具备了重要性，如果同时满足其他条件，其重要性则有所增益。

1. 在政府及其他等级制中的位置 联邦政府和它的活动总是重要的,而行动者在政府等级中的位阶愈高,他或她的活动便愈显重要。尽管这种考量赋予政府及其等级制以新闻领域的合法性并且具有种种意识形态上的意涵,但它的存在却是出于非常实际的理由。全国性的新闻媒体不可能报道所有对国家或它们所服务的全国范围的受众产生影响的新闻故事;因而,他们需要一种灵活的对新闻故事数量的排他性的考量。

当然,新闻工作者也能够赋予其他建基于权力、财富或声望的全国性等级体系以重要性。然而,新闻从业者很难甄别这些体系或对之达成共识。而政府的等级体系则清晰可见,而且其等级次序相当分明,这二者都令新闻从业者得以更快地作出重要性方面的判断。同样重要的是,政府等级体系也被普遍认可为国家的象征。

毫无疑问,总统总是最重要的行动者。过去,新闻杂志设有一个专门的亚栏目,其非正式的名头就是"总统一周"(The President's Week);尽管这个栏目已被取消,但总统每周的大多数日常活动仍然会被媒体报道。有一年夏天,总统外出度假,暂离为国家掌舵之责,一位首席编辑决定打破常规,停止刊登这位"首席执行官"每周例行的照片。尽管助手们支持这一决定,但他后来还是改变了主意。

新闻工作者们并非机械地按部就班地遵从总统属下的那套政府等级体系;譬如说,众议院议长之所以重要,并不单纯是因为他在总统继任顺序中位居第四。众议院议长以及其他联邦政府官员的重要性是通过他们影响、改变或反对总统决策的能力或者他们对整个国家或其他美国人生活的影响力来判定的。在没有大新闻的日子,即便是一个低级官员也能够通过提出一项新的政策或者作出一则戏剧化的声明而变得具有新闻价值;但新闻选择者还是会将这类故事压到报道前的最后一刻，以期某则更重要的故事突然发生。

政府等级体系之外的行动者很难评估，因为当某些公司首脑的言行举止大同小异的时候，新闻从业者在判定哪一位公司首脑更具新闻价值时无任何捷径可寻。这就是非政府的官员不像政府官员那么频繁地出现在新闻中的原因之一。另一个或许更重要的原因是公司首脑惊人的数量：他们的规模如此庞大，而新闻工作者至多只能报道其中很小的一部分；因而，他们需要可被迅速地、轻易地运用的排他性的判断方式。

政府的等级体系再一次成为具有实效的评判标准。那些与这个等级体系接触，特别是发生冲突的非政府领袖，会变得重要。此外，与政府接触的层级愈高，他们就愈发重要。较之于对低阶政府机构的行政管制的挑战，公司首脑们对于总统政策的攻击，更有可能出现在新闻之中。在其他条件都相同的情况下，他们总体的曝光度以及所在组织的规模也会被纳入考虑；一般而言，那些规模更大或更具声望的组织的领导人往往比其他人更具新闻价值。

尽管这一重要性考量，与鼓励使用权威官员作为消息来源的考量之间，有相互重叠之处，但它绝非简单地合理化对消息来源的选择，而是在新闻判断中发挥着独立的作用。而这两种考量的协同运作会简化并加快故事选择的进程。

2. 于国家和国家利益的影响 哪些因素会对国家——其利益与安宁繁荣——产生影响，是一个可以从很多方面提供答案的复杂问题，而新闻工作者则诉诸那些可以协助自己迅速地作出故事选择判断的答案。

就国际新闻来说，解决之道相当简单：在与其他国家打交道的时候，美国是一个整体单元；当身处海外的美国民众或组织的宪法权利受到威胁的时候，他们就变成这个单元的代表。事实上，新闻从业者在选择国际新闻的时候，常常亦步亦趋地追随美国的外交政策，因为这些政策提供了一条迅速且易用的重要性考量，同时也因为没有其他具有同等效率的模式可供使用。这一解决之道同时也避免了来自国防部的批评。虽然新闻从业者通常不会为了最大限度地减少政府的批评而进行新闻选择，但无端地招致官方批评，对他们一点好处也没有。他们知道受众对国际新闻并不是特别感兴趣，而且当政府批评新闻媒体戕害国家利益时，也不太可能声援他们。

不过，这一可被轻易运用到国际新闻上的评判标准，却不适合国内的情境，因为国家对内而言很难被看作一个整体单元。同样也不存在一条有效的途径可以令新闻从业者判定国内的行动者与各种活动是否以及如何表达国家利益。（这也是总统被认为可以代表国家的另一个原因所在。）新闻故事的选择者会赋予整个国家都参与其间的活动（如选举）以及以国家名义开展的活动（如太空探索和国庆纪念等）以重要性。

由于选举和国庆纪念都只是阶段性发生的事件，新闻从业者需要从那些表达、代表或影响国家价值的行动者与活动当中挖掘出更为频繁发生的国内新闻故事。然而，他们并没有一张列有国家价值的清单；他们也没有时间——甄别那些信源持续加诸在他们身上的价值是否真的是全国性的。反之，新闻故事的选择者恪守国家法律，这些法律在大多数时候没有商讨的余地，并且能够被转译成官方的国家价值。但在此过程中，他们加入了被预设为国家价值的恒久的新闻价值（其中一部分价值我曾在第二章中论述过）：民族优越感、利他的民主、负责任的资本主义、小城镇的田园主义、个人主义、温和主义、社会秩序的存续以及对全国性领导权的需求。

倘若故事选择者要报道表达这些价值的每一个行动者或每一项活动，他们无疑需要篇幅达数百页的杂志和时长达数小时的电视节目。为避免这种情况出现，他们采纳一种排他性的考量，这种考量实际上构成了新闻定义的一部分，即只有在受到威胁或冒犯的时候，全国性的价值才变得重要。用一位首席制片人的话来说，新闻工作者的角色是"当事情脱离常规，当制度或机构不再能够正常运作"的时候去报道它们。这个新闻定义赋予了各种各样自然、社会和道德上的失序新闻以重要性。

判定制度或机构的非正常运作，通常需要有关制度或机构的常态与非常态的标准。这一标准的设定可能是基于实践经验，可能是基于对价值的认知，也可能两者兼具。举例来说，太过频繁地授予政治庇护（political patronage）就可能令这种做法变成经验上的常态，并被政治组织的领袖看成合情合理的政治实践，但政治改革者则有可能将之视为"不正常"的现象。故事选择者既没有时间也不情愿争论所谓"常态"的标准，他们主要是依赖自己对于实然与应然的常态的理解，而且常常将这二者混为一谈。[1]这些认识进而囊括了记者凭直觉作出的现实与价值判断（参见第六章），尤其受到那些暗示出常态的应然状态的恒久价值的指引。因而，政治庇护仍然是异常的现象，因而也就仍然具有新闻价值。

然而，由于同时发生的非常态事件数量众多，因此无法被悉数纳入"重要新闻"的清单之中。故事的选择者不得不援用进一步的排他性的考量因素，譬如将行为异常者的等级与权力纳入考虑。卷入危害国家价值的异常行为的高级政府官员总是具有高度的新闻价值，但无权无势的美国人如果想缔造重要新闻则必须威胁或者介入冲突或暴力。同样地，高级官员表达异议就能变成重要的新闻，但那些位处弱势的美国人则必须诉诸抗议才有可能达到同样的目标;[2] 抗议活动或暴力行为的对象愈是位高权重,相关的新闻故事就变得愈发重要。这就是为什么暗杀总统是新闻从业者所能想象的最大的新闻,至少在一个不太可能发生革命的国家是如此。

抗议活动,特别是暴力示威,是一个可被轻易运用的"非常态"的指标,无论这种非常态是体现在示威者身上还是示威对象的身上。但是,由于诸种考量之间总是彼此相关,这些指标的重要性也会随着可用新闻的供应量而变化。在20世纪60年代后期,当示威新闻铺天盖地的时候,故事选择者通常都会忽略那些和平示威。在70年代,当示威变得越来越少见,任何形式的示威都再一次成为重要性的首要指标;有时候,直到爆发示威活动,相应的议题才会引发人们关注。例如,在医生们采取第一次示威行为之后,医疗事故才成为重要的全国性新闻。当1975年纽约城受到财政赤字威胁的时候,市政府雇员本计划进行一次大规模游行以争取一位首席编辑推出有关财政问题的封面故事;但当示威被取消之后,这则封面故事也就难见天日了。

尽管全国性机构对国家价值的背离最具新闻价值,但这些机构的数目毕竟有限。于是,新闻工作者采用一种纳入型的考量,借此将各类机构和符号复合体(参见第二章)国家化。其结果是,就连最小的地区也能酝酿出重要的全国性新闻。1975年,多家全国性新闻媒体报道了加州一个小县作出的退出加州以及全国福利计划的决定,这是因为它代表了一种有意背离大政府(Big Government)的行为。同一年,南方一个小镇的种族聚居区内的五个孩子因为该城镇没能在他们所居住的区域喷洒防蚊药水而死亡,一位首席制片人跟建议报道该事件的记者说,"你完全不必费力推荐,我当然会接受这样的故事"。

3. 对大量的人有影响   最为重要的新闻故事,乃是对每一个美国人都产生影响的事件。暗杀或者试图暗杀美国总统就是这样的故事,因为它被认为触及全体民众。但这样的新闻极少发生;因而,记者也赋予那些影响到大量人的故事以重要性;而且受影响者规模愈大,故事就愈重要。举例来说,在20世纪70年代早期的滞胀期间,新闻选择者将更多的注意力投向通胀,而非失业;在能源危机开始的时候,媒体则更为关注汽油短缺与价格飞涨,而非危机的其他方面。

由于对到底有多少人受到特定事件影响缺乏经验数据,记者只能作出印象式的判断。一个指标就是他们对一般大众的感知,这种感知部分得自他们最为熟知的人群。某家新闻杂志经常通过评估特定故事能够在多大程度上影响"我们这类人"来判定其重要性;"这类人"所指向的,乃是包括新闻从业者在内的受过良好教育的中上阶层,他们同时也是杂志读者群的主要来源。

第二个指标是最终可能会受到影响的人数。那些关于洪水、森林火灾与传染病的故事之所以总是重要的新闻,是因为即便受害者的人数有限,但那种"相似的灾难可能在任何地方一触即发"的想法将会影响到规模远为庞大的人群。与此相关的第三个指标则预设了身处较大的社会部类中的人们拥有相似的利益。电视制片人乐于搜寻与老人有关的故事,假定电视机前的很多老年观众会对此感兴趣;就此而言,一则针对农村中老年人的新的福利计划被认为对城市中的老人也同样重要。

最后一个指标则直接调用新闻业的价值观。新闻从业者把美国看作一个整体单元,并且认为人们应该对重要的新闻感兴趣,因为即便这些新闻并不会对他们产生直接影响,还是能令他们成为见识广博的公民。尽管新闻工作者知道许多观众与读者并不太关注国际新闻,但仅仅是出于上述考虑,全国性新闻媒体还是要持续地报道它们。

4. 之于过去与未来的显著性 有关美国之过去的新闻通常都是重要的,不过这一主题可以通过对国庆纪念活动的报道轻易处理。今日的新闻之于未来的显著性更为重要;但由于这种显著性非常难于判定,新闻从业者之间可能无法达成共识。1977年,当其时的总统助理詹姆斯·施莱辛格(James Schlesinger)在参议院委员会前就总统创立能源部的提议作证时,一家电视网的华盛顿分部觉得他的证词"无关紧要";但另一家电视网则认为,他对将来能源短缺的预测非常重要,因为这将会影响到很多人的生活。[3]

预测即有风险,而且错误的猜测会损害新闻从业者的可信度,因而他们往往倾向于避开这些预测。此外,新闻从业者不会把自己看成历史的书写者;但与此同时,他们也不想在事后回溯时,被人们指责忽视了那些最终获得历史显著性的事件。这正是为什么他们会赋予那些创举或破纪录的事件以重要性的原因所在。这两类活动都是可以轻易运用的指标。创举往往都是新奇的,这使它们自然而然地变成新闻。不论总统初选在总统提名过程中的角色和蕴意多么含糊暧昧,它都仍然会引发全国性媒体的关注。[4]

对重要性的判断的多变性

归根到底,对重要性的判断是由个体或小团体作出的;而且即便所有的判断者都是新闻从业者,他们的判断——特别是对新闻故事的未来显著性的估量——也难免有所差异。同样,由于抽象的重要性考量必须应用到具体的新闻故事当中,在从一般过渡到具体的过程中,特定的故事选择者可能会得出迥然不同的结论。

此外,由于故事选择者处在与其他电视网或新闻杂志同行的竞争之中,他们可能会依据产品或竞争考量而赋予某些新闻更大的重要性,只不过在通常情况下,这些判断只能够影响一则新闻故事的轻重缓急,而不能左右它被纳入还是被剔除。如果一个新闻节目或杂志得到了非常令人兴奋的影像或新闻图片,或者是对高官的访谈,对应的新闻故事则可能被赋予更高的重要性;如果故事还是独家新闻的话,它的优先性将进一步提高。组织性因素也会对这一过程产生影响。如果一位电视主播强烈主张某则故事的重要性,执行制片人可能就不会与之产生意见分歧。多年来,CBS比其他媒体更为关注太空探索,因为沃尔特·克朗凯特本人是一个狂热的太空爱好者。

有时候,故事选择者以国家与社会的普通一员的身份对新闻事件作出回应。例如,1975年春,《新闻周刊》打算推出一期以潜在的总统候选人泰德·肯尼迪(Ted Kennedy)为主角的封面故事,部分是因为高级编辑觉得,现有的总统候选人的备选清单太过平淡,他们希望为这场竞赛添加一些令人激动的元素。但对于"激动人心"的需要同样也符合当时的新闻实践,因为新闻从业者手上几乎没有能够令他们兴奋起来的国内新闻,而他们始终无法忘怀"水门事件"期间的那些好日子,无论对于哪一个新闻室而言,那都是一段令人激动万分的黄金时光。

对杂志后半部分的重要性的判断

只要可能的话,杂志后半部分的栏目就会调用在前半部分广泛使用的重要性考量。两家新闻杂志中都有两个栏目能够轻易地运用它们,其中的法律版时时强调联邦法律与联邦政府,而教育版则报道那些培养国之精英的大学以及对很多人产生影响的公立学校。另外,这两个栏目都会报道损害国家价值的活动。其他栏目则在自己的领地中对这些重要性考量作出调适;例如,《时代》周刊的"新闻界"版以及《新闻周刊》的"新闻媒体"版,即常常讨论不同的新闻媒体再现重要的全国性新闻的方式。

科学、医药、宗教以及艺术"批评版"等诸多不能够如此轻易地落实新闻版考量因素的栏目，则援用两种相互冲突的重要性考量。一方面，栏目撰稿人试图追踪那些构成他们主要的消息来源的专业领袖眼中的重要选题；另一方面，编辑则倾向于选择影响一大群人的新闻故事。撰稿人也运用一种历史性的考量；他们主张，新闻杂志绝不能够忽视那些现今"标新立异"的观点，因为有一天它们可能会变得像弗洛伊德或达尔文的理论那么重要。

在艺术批评栏目，撰稿人依据其他批评家的判断来界定新闻素材的重要性。因此，即便是一个籍籍无名的艺术家，只要他得到了其他批评家的称赞，就可能成为编辑眼中的重要人物。[5]不过，媒体还是不断地鼓励撰稿人挖掘那些有关出版业、艺术界与电影业名流的新闻，因为高级编辑觉得，对大众而言，这些新闻故事比艺术评论更具吸引力。到底是由专业人士还是受众决定新闻故事的重要性这一问题所引发的冲突，在不同新闻机构中呈现出不同的风貌。当《新闻周刊》决定以尚未公映即在批评界大获好评的电影《纳什维尔》作为封面故事时，一些资深编辑认为，封面故事至少应该等到电影公映并得到观众好评之后再行推出。同时，在《时代》周刊，电影《大白鲨》在观众中大受欢迎，但将之作为封面故事的提议却因为批评者的抨击而被放弃。

由于缺乏适用于杂志后半部分栏目、就"重要性"达成共识的考量，编辑与撰稿人之间存在着更多讨论与协商的余地，而被两份杂志最终选中的新闻故事之间也存在着大的差异。即便如此，杂志后半部分栏目的撰稿人与编辑还必须克服另外一个障碍，即无论他们认为自己的故事多么重要，真正要紧的是杂志高级编辑也认为它们足够有趣，否则这些故事，乃至整个版面都有可能被撤掉。由于高级编辑通常都是从杂志前半部分栏目的资深编辑中擢升上来，他们最初往往会专门负责杂志后半部分的栏目，以便获得某些经验来应对其更为含糊暧昧的重要性考量。

电视头条与杂志封面故事

晚间电视新闻的头条和杂志国内新闻版的开篇故事实际上往往是被自动选择出来的。在没有突发新闻的时候，它们通常是那些符合任何一条重要性考量标准的国内新闻故事。绝大多数时候，高级制片人无暇或无须排定这些考量的相互次序；倘若他们必须这样做，即便只是为了唤起受众的兴趣，他们也倾向于选择触及更多人的新闻故事。更多时候，没有哪一则新闻故事能满足每一个重要性要素，在这种情况下，高级制片人可能会选择重要的连续报道的最新发展作为头条故事。而杂志后半部分的那些主题则极少成为电视头条；1975年的某一天，一位首席编辑对一个竞争对手的新闻判断能力感到相当不安，因为他竟然把一匹获奖赛马的死亡作为头条故事。

绝大多数杂志封面故事是全国性或国际性的突发新闻或连续报道；因而，它们通常可以援用上述四种重要性判断。杂志的封面同样能够提供有关商业与竞争目的的反馈；更重要的是，它们能够赋予特定个体或特定主题以全国性声誉或全国性的重要性。其结果是，在拉尔夫·纳德等争议性人物最终登上杂志封面之前，总是要历经长久的等待；而其他人则可能永远都没有这种机会。一位《新闻周刊》的编辑在否决了有关当时的青年抗议者领袖保罗·古德曼（Paul Goodman）的封面故事之后，以一种外交辞令解释道，封面故事"将会赋予保罗·古德曼某种程度的重要性和普遍性，但我并不认为他具有与之对应的素质"。另外一个没能成为杂志封面人物的是1968年的反越战领袖尤金·麦卡锡。在那一年的春夏之间，他一直名列杂志的备选清单之上，但编辑们对于其重要性始终无法达成共识，因而也就无限期推延这一决定。麦卡锡最后登上封面的机会，是在民主党全国大会①召开那一周的杂志，但编辑们最终决定不以他为封面人物，因为他们担心这样做可能会影响到大会的结果，或者被当作杂志对其候选资格的认可。

杂志后半部分的封面故事一定要展示那些易于识别的重要人物或题材。很少有艺术家或作家能够满足这一标准，这也是娱乐明星更容易被选中的原因。伏拉地米尔·纳波科夫（Vladimir Nabokov）②之所以能够成为《时代》杂志的封面人物，完全是因为一位首席编辑的坚持，而其他资深编辑则声称他们以及读者都从来没听说过这个人。那些陌生的、"干瘪的"题材同样处于不利地位。例如，一位资深编辑花了整整一年的时间才说服首席编辑做了一期有关地震预测最新进展的封面故事。

故事的趣味性

重要的新闻故事有时候被称为"必需品"，这一点显示出在某种程度上对它们的选择是出于义务与责任。归根结底，具有趣味性的故事就是"人物故事"。一位身为太空迷的首席制片人在1975年阿波罗—联合号（Apollo-Soyuz）对接期间曾哀叹太空故事的终结，并拒绝接受那些有关正在计划中的火星探索的故事，因为"那儿都是机器人；我希望人类能出现在那里"。

媒体之所以选用具备趣味性的故事乃是出于两个原因。首先，重要的新闻常常是"坏消息"，必须由那些报道"好消息"或者节奏轻松的趣味性新闻来平衡。另外，趣味性新闻没有时间

---

① 在这次大会中，麦卡锡争取民主党总统候选人资格失败，其竞选纲领是反对越战。——译者注

② 俄裔美国作家，作品包括1955年出版的《洛丽塔》及1962年的《微暗的火》。——译者注

性，在新闻生产的最后时刻需要替换某则消息的时候，它们即能派上用场。

如果一则趣味性新闻引起了故事选择者的热情，选择者即假定受众也会对之感兴趣。因此，即使是在选择趣味性新闻的时候，新闻从业者也不会考虑受众的需求。趣味性新闻通常是由集体来选定；只要有任何人觉得故事"枯燥"，它都不太可能留在备选清单上，除非首席编辑或制片人决然地宣称他喜欢这则故事。由于这种选择建立在达成共识的个体反应之上，因而它并不是由各种考量因素所统辖的；相反，故事选择者钟情于如下一系列趣味性新闻的故事类型：

1. 人物故事　这类故事描绘普通人在非同寻常的情境之下主动或被动地作出某些行为，以及政府官员以非官方的方式行事或"像普通人而不是官场中人"那样生活。因此，新闻媒体频繁地报道总统在家庭或私人场合中的活动，令公众有机会瞥见他私人的一面，即便这些"私人生活"本身就是为了公共消费之目的而创造或展示出来的。出于同样的原因，第一家庭的私人生活通常也具有新闻价值。[6]

2. 角色翻转　大多数人物故事实际上是新闻从业者所谓的"人咬狗的故事"；它们乃是对人们脱离其预定角色的幽默描绘，例如大学教授在退休之后变成看门人等等。角色翻转类的故事也可以非常严肃，比如报道顽固的犯罪分子如何浪子回头，或者青少年罪犯参与到社区发展计划当中。而对于总统私人活动的新闻报道之所以有趣，就是因为人们认为政治人物很少"像普通人"那样生活。

3. 人情味故事　这类故事是指那些有关平凡人的不平凡经历的人物故事，例如重病的受害者或者在灾难中作出英雄举动的人们，这些故事往往能够激起受众的同情、怜悯或钦佩。[7] 故事选择者之所以选择这类故事,是因为他们希望受众能够与受害者或者英雄达成"认同";不管怎样,他们自己是常常被感动的。[8]

4. 曝露式的秘闻 这类故事报道并含蓄地声讨故事选择者所厌恶的那些违背恒久价值的行动者与活动。诸如举止好似冷漠官僚或者侵犯他人隐私的低阶政府官员、破坏环境的商人、发生故障的电脑等等,都是记者特别青睐的"反面角色"。《时代》杂志"国家"栏目之下有一个一页篇幅、刊载短文的"美国文化"版,有时候即使用这类秘闻作为短论的素材。

5. 英雄故事 战胜如上这些反面角色的普通人则是趣味性故事现成的主角;那些业余与专业的冒险者也是如此,他们通过攀上之前未被攀登的高峰或者创下一项耐力的纪录显示出人类能够征服自然,却又不会对之造成伤害。CBS记者查尔斯·库拉尔特就喜欢发掘那些无伤大雅的古怪者,他们的行为是对从众的社会压力的蔑视,同时亦为个人主义持久的韧性提供了生动的例证。

6. "让人惊呼"(Gee-whiz)的故事 这个类别指向那些未被上述类型包含的所有令人惊叹的新闻故事。尽管角色翻转与英雄故事有时也会被当作这类新闻,但它主要是指对于不寻常的时尚、狂热崇拜以及独特的职业或副业的报道。一位制片人将这一类型界定为"非凡的、不寻常的,但又不那么重要的新闻;譬如某天晚上我们曾报道过的一个母鸡产下绿色鸡蛋的故事"。

趣味性故事的选择可以远离环绕在重要性故事周围的那些压力与成本。故事选择者不会因为错过一则有趣的故事而受到指责;实际上,由于能否挖掘到趣味性新闻往往是运气使然,那些在正确时间出现在正确地点的记者便能够抢在竞争对手的前面。因此,那些擅长挖掘趣味性新闻——特别是可以被首席编辑用来结束新闻节目的幽默故事——的记者在新闻机构中地位颇高。这类新闻非常受重视,有时候执行制片人太喜欢它们,以至于会亲自对之进行编辑,而将重要的新闻故事丢给下属处理。当记者挖掘出一则质量上乘的幽默的"结尾"故事,整个新闻室的士气都会为之高涨,而当新闻从业者随后发现竞争对手不得不以严肃的特写来结束节目时,就更是如此。

产品考量

其他暂且不论,适宜的新闻也是一种产品,而新闻从业者则希望发掘出好故事。"好"是一个简单的词汇,但一则故事的"好坏优劣"则是从诸多方面来判定的。新闻故事必须契合每一种新闻媒介的特殊要求,也必须符合新闻得以展示的样式标准。(《纽约时报》包含的也只能是所有适合"印刷"媒介的新闻。)另外,新闻从业者也以新奇性和故事质量为目标,同时希望提供平衡的产品。这些产品考量会被运用到每一则新闻故事上,但一则故事愈是不重要,就愈会有更多的产品考量进入到新闻判断之中。它们也使得故事选择者能够在拥有同等实质性品质的新闻故事之间作出选择;由于这些考量内嵌着吸引受众的机制,新闻从业者因而无须专门关注它们。

媒介考量

媒介考量将故事选择与媒介技术连接起来。更确切地说,这些考量使得故事选择者能够充分挖掘所属新闻媒介的技术独特性,使得他们能够达到所在新闻机构设定的与使用不同媒介技术的新闻机构相区别、相竞争的目标。

电视记者把自己的职责看作是提供重大新闻概述,这类新闻注定成为报纸的补充;但他们最主要的目的和竞争武器乃是"直观性"（immediacy），即通过影像的使用，直接将观众带入重要新闻或趣味性新闻的现场。因此，所有备选的新闻故事都要自动经历是否适合拍摄的判断；而在首席编辑汇总编辑故事清单时，他们也总是从当天想要播映的片子开始，并对之投放最多精力。不过，在此环节，质量考量也会被纳入进来，因为制片人想要的是好片子，而质量的首要标准即是"动作/行动"。行动是"发生的事情"，是"事件，而非情境"，例如一场战斗、一次人际冲突，或者人与自然的斗争等。行动当中也包含情感，即它要么直接展示愤怒或其他强烈情绪，要么就是会引发某种特定的情绪反应，比如怜悯。相反地，制片人会避开平淡无味的影像，他们也不愿意使用过多的"传声头像"（talking heads），即那些访谈或讨论。即便如此，对于重要故事而言，呆板乏味的片子也好过没有任何影像。

因此，电视被指责只强调那些适合拍摄的新闻。不过，真实情况其实远为复杂。当无法拍摄到影像的时候，新闻故事会以"口头播报"的形式展现出来，但制片人还是会担心竞争对手拍到了同样的故事。更重要的是，言语的重要性丝毫不逊于影像。记者用以叙述影像的"文本"往往才是真正的故事，而就像新闻图片被用以补充杂志文本一样，影像也只是被选来配合与阐发文本。因此，电视新闻曾被恰当地描绘成"看得见的广播"。同样，口播故事乃是新闻节目的固有构成部分。它们能够提供那些制片人无法或不愿意拍摄到画面的新闻，亦可以补充或更新影像故事。实际上，影像故事常常被用来配合口播故事，并因而成为后者的附属物。由于电视主播被认为能够吸引大量受众，因而新闻节目中几乎三分之一的新闻报道都是与可用的影像无关的独立的口播故事。在 CBS，这种实践被以"幻数"（magic number）①的形式制度化，即在沃尔特·克朗凯特当值时，口播故事的长度维持在 6—8 分钟左右，而在他度假时，则会稍微短一些。[9]

的确，电视新闻乃是由影像主导，但影像的选择是在针对内容的实质性考量被运用之后进行的。如果从影像那里获得"直观性"的新闻故事本身不够重要，无论影像多么令人兴奋，它也不会被采用。当然，当制片人手上握有令人兴奋的影像时，他们会试图发掘出故事的重要性，或者寻找一则重要的口播故事来合理化影像的使用，只不过有时候二者之间的联系相当薄弱。但是，播放无关紧要的"行动"影像会被指责为煽情主义。

从某种程度上来说，对电视新闻的指责是正确的。"直观性"常常要求制片人拍摄那些与故事的重要性无甚关联的戏剧化的精彩场面，进而要求记者为重要的新闻叙述性地"出镜"（stand-upper）或提供相匹配的口播故事。例如，电视新闻总是运用有关示威和骚乱的影像来再现 20 世纪 60 年代的动荡；而几乎所有的重要的经济新闻都会辅以超市收银机的特写画面，或者通胀与失业受害者的虚光照。

人们可以批评电视新闻用无关紧要的影像来匹配重要的文本，但更值得玩味的问题是，到底电视观众更为关注文本还是影像。电视新闻工作者坚持认为，影像的使用乃是吸引并维持观众注意力的最好手段；一些研究也发现，在被问及总体倾向性时，电视观众更喜欢影像新闻而非口播故事。尽管如此，实际上，他们可能给予文本同样的注意力，因为在观看电视新闻的同时，很多观众可能在进食晚餐或者参与其他活动（参见第七章）。

---

① 物理学中原子和分子结构的壳层模型里表明稳定结构的数字系列，这里是喻指口播故事累计所占的时间。——译者注

新闻杂志缺乏电视新闻如此单纯的目标,但他们的首要目标仍然是为那些无法获得高质量报纸或不愿意阅读这些报纸的人们提供当周的新闻概要。因此,新闻杂志的媒介考量与电视新闻所援用的考量之间的不同之处,并没有技术本身的差异那么悬殊。新闻杂志所追求的"直观性"的对应物乃是"声色",即一簇——竞争对手由于时间或版面所限而无法找到或使用的——有关重大新闻的重要或有趣的细节。对应这一目标,杂志在新闻中加入机智巧妙的文本和大量引人注目的引述,从而创造出一位撰稿人所谓的"以文字著景"(prose pictures)。

同样重要的是,杂志编辑认为新闻图片同文本一样重要。在选择这些图片时,与电视制片人一样,编辑所寻找的也正是戏剧化的行动,其间的规则是"以富有冲击力的图片开篇,借此捕捉读者的注意力;图片冲击力越大或越不同寻常,效果就越理想"。当新闻故事本身不那么重要时,高级编辑往往更关注新闻图片而不是文本;有时候,这类新闻故事甚至是被选来合理化一幅有力的新闻图片的使用。(在彩色照片出现之后,这种做法在某种程度上变得更为普遍。)有一次,一则有关年度最优秀年轻艺术家的新闻故事引发了撰稿人与首席编辑之间的激烈争执,因为前者希望选择最棒的艺术家,而后者则倾向于选择出现在最好的或者最有力的照片中的艺术家。最终的结果是某种妥协。但这一事例也说明,一个人是否能够得到全国范围的曝光机会,并不总是单纯取决于他的特长或美德。

样式考量

所有的传播媒介——包括这本书在内——都试图发展出一种样式,或曰结构,借此展示它们的讯息。因此,它们也会发展出样式考量,用以组织与构建讯息,同时亦将那些与样式不相配的信息剔除出去。理论上来说，样式考量与媒介考量紧密相连，但即便对于同一种媒介形态，样式考量还是可能时不时地发生改变。

样式的存在基于以下理由。首先，它们具体化媒介考量，并为受众提供一个熟悉的结构，使得他们可以预先决定是否、何时以及如何对新闻投以关注。对于故事选择者而言，样式还是另外一种简化并加快故事选择进程以及应对新闻的过量供应的机制，因为甚至在故事被挑选出来之前，样式即已经指向了特定的选择。每一位执行制片人都知道，他将播出六到八个影像片段，而在通常情况下，多数片段都与国内新闻有关；而每一位资深编辑都可以剔除那些与自己所在版面所辖的选题不符的新闻。最后，样式使得新闻从业者能够展示出重要性的层次，因为无论是电视还是新闻杂志都大致按照重要性逐渐降低的顺序来铺排新闻。而放弃基本的样式，则意味着有极端重要的新闻发生；在约翰·肯尼迪被刺杀之后，相关的电视新闻节目整整持续了三天。

电视样式

样式考量不仅支配着个别新闻故事，亦对构成整个节目或整期杂志的新闻集合体产生影响。在我们将要讨论的 NBC 在 1977 年的样式改变之前，电视新闻节目传统上由五个片段构成，新闻故事的分布如是"编排"，使得——按一位首席制片人的话说——"80％的节目都是各管各的"。

这些片段通常按照故事类型来组织，而国际新闻则往往簇集在一起。国内新闻则可能按照地理要素——所有的来自华盛顿的故事纳入同一节——或选题要素聚合起来。例如，在 20 世纪 60 年代，所有"制造麻烦"的新闻故事通常被编排在一起；这种做法反映出新闻从业者在那一时期所持有的假设，即所有的抗议，无论其起因如何，本质上都是大同小异的。

第二部分 新闻从业者

故事的诸种样式考量基本都保持着一贯的步调。无论是口播新闻、硬新闻还是特写都有着预先规定的长度（参见第一部分的引言），只有在出现非常重要的新闻时，这类常规才会被打破。不过，新闻的简短性则并不完全是样式所致，因为截稿期限限制了能够收集到的信息，而节目本身的长度则框定了能被展示出来的信息量。即便某一天长达一小时的新闻节目变得切实可行，且由首席制片人负责发展出相应的原型，他们也还是会用更为简短的故事来填充额外的时间。简短性也是一种受众考量，因为新闻从业者认为，观众会对较长的故事丧失兴趣。电视新闻记者将这种产品考量看作一种主要的束缚，并希望能够废除之；不过，当一则新闻故事太过冗长，他们也会变得焦躁不安。

因而，那些需要长篇累牍地描述或解释的新闻故事有时候会被从故事清单中剔除出去。在60年代，经济故事常常因为这个原因而被忽略。到了70年代，尽管制片人并不喜欢这些经济新闻的"絮絮叨叨"并深恶痛绝与之相配的油田或超级市场收款机等陈腐的影像，但由于经济新闻变得非常重要，他们无法再像以前那样将之一弃了之。但他们仍然希望，某一天一位富有创造力的摄像师能够发掘出某种更具戏剧性的替代影像。

电视不情愿播出较长因而也较为复杂的新闻故事似乎是一种媒介考量，因为电视的媒介特性决定了观众不可能翻回头去重温它们。不过，新闻杂志同样热衷于简短的文章，因为它们担心读者没有耐心读完那些长篇大论。因此，新闻杂志也不愿意触碰复杂的议题，只不过在新闻故事本身足够重要的时候，杂志明显可以比电视更为自由地扩展故事的篇幅并提供更多的细节。

无论是印刷媒介还是电子媒介，最为基本的样式考量都是，新闻只有在转变为故事的前提下才适宜刊载或播放。电视网和新闻杂志实际上为故事的结构设定了同样的要求。每一则故事总是要包括导语、叙述主体以及结语。导语即用来吸引受众注意力的"钩子",通常它会陈述一个经验上的亮点,提起一个道德议题,或者质疑一种普遍的观念(或刻板印象)。作为影像或杂志故事"主体"的叙事部分,往往用来支持或阐明导语中的观点。这种论证通常借助个案讨论来实现,这类个案即是,或因而,变成指向特定结论的符号载体。例如,在卡特总统于1978年3月宣布推行新都市政策之后,NBC制作了一辑有关该政策能否帮助纽瓦克(Newark)摆脱现状的较长的电视片,而这座城市常常会被当作城市"衰落"的象征。最后,结语对最初的"亮点"的重要性作出评估,提出对于议题暂时性的解决方案,抑或戳穿或重申原有的观念。

因而,这种故事样式创造出或强化了某些符号,使得新闻有可能转变为道德剧,并促使文学取向的内容分析者将新闻看作传统的传奇或神话在今天的对应物(参见第九章)。新闻从业者并未意识到他们正在创造这些形式;他们通常使用现有的符号,因为这些符号已经广为人知,更有可能引发受众的兴趣,而且它们还会节省电视时段或版面空间。但是,把新闻铸造成"故事"这种做法却被视为理所当然,尽管它其实是新闻判断的主要成分。

对于电视而言,那些不符合故事样式的新闻,例如"没有观点"或缺少结局的故事,可能会半路夭折,或者会被降格为简短的口播新闻,除非它们在其他方面排位甚为靠前。在越战期间,有关和平谈判之可能性的新闻偶尔会被从故事清单中剔除出去,因为这类新闻被认为是"悬而未决的"。不过,战斗新闻则几乎从未被剔除过,即便记者的结语显示战斗本身尚且未分胜负。经验丰富的记者或撰稿人通常能够为尚无定论但富有戏剧性的片子构想出一个结尾。新闻杂志同样不喜欢悬而未决的新闻故事,但

他们的撰稿人拥有更多时间和自由度去寻找适当的结尾,因为他们不会受限于之前的影像画面或记者的采访资料。

杂志样式

新闻杂志拥有比电视节目更多的可供填充的空间,这使得它们能够将新闻划分到众多栏目之中;但是除了它们一成不变的标题之外,某些栏目并不遵循电视节目片段接片段那么严格的编排样式。杂志前半部分的栏目能够进一步分割出新的亚栏目,以应对那些无法被现有栏目容纳进来的新闻故事。杂志后半部分的栏目则不这么灵活,但某些版面所辖的选题范围之间可能有所重叠。

新闻杂志最重要的样式考量用于规制栏目之间的主次和各自的取向。国内新闻是主导性的栏目,因为它不仅在杂志中处于开篇位置,且拥有最大规模的读者群。尽管它的取向是政治性的,它亦是最具综合性的版面。如果一则杂志后半部分的新闻故事演变成全国性的议题——例如最高法院对重要或富有争议的案件的判决——它几乎会自动转入国内新闻栏目。在《新闻周刊》设置了有关"城市"的新栏目之后,该版面编辑总是要将最重要的故事转手给国内新闻版;这在部分程度上解释了该栏目昙花一现的原因。

国内新闻之外的其他栏目则拥有较为狭窄的选题领域,它们的取向也往往更为鲜明。商业版的新闻故事通常强调与商人相关的角度;有时候,高级编辑必须决定,一则有关经济的重要新闻到底是应该从这些角度切入,还是应该反映出国内新闻版的更为综合性的、政治性的视角。杂志后半部分的栏目有着与此类似的专门化的选题领域;当它们将新闻故事转手给杂志前半部分的版面时,这些故事因而必须被重写,以吸引更为多样化的读者。

不过，对故事选择的最大影响，仍然来自那些应付有限版面空间的样式考量。杂志前半部分的栏目通常能够分配到 21 到 24 栏，如果能够给出合理的解释，还能得到更多的栏数；杂志后半部分则至多得到 6 栏，很多时候只有 3 栏。[10] 因而，这些栏目往往只能够刊载两则新闻故事。如果首席编辑认为备选新闻中只有一则足够有趣或重要，整个栏目可能都会因此而被枪毙掉；除非资深编辑能够挖掘到一至两则非常简短的故事（长 75 至 100 个字）来填满版面。这促成了对于"短小精炼"的故事的持久渴求；在此过程中，那些缺乏广泛吸引力的复杂的故事则被排除在外。

杂志后半部分栏目的版面空间匮乏造成了一系列会对故事选择产生影响的排他性的考量。例如，阅读版的编辑只能够评论当周的 50 到 100 本新书中的一小部分。因而，他们通常都会忽略学术著作、诗歌，以及处女作；他们也不会发表针对寂寂无闻者的作品的负面评论。正如一位编辑所言，"为什么要告诉读者，他们从未听说过的一本书实在是糟糕透顶？"

样式改变

在多数新闻媒体，那些最为基本的样式，通常都非常稳定持久。《时代》周刊在 20 世纪 22 年的规划中所拟定的 17 个栏目，有 14 个今天仍然存在；与此类似，自从 1964 年推出时长半小时的节目以来，晚间新闻节目没有发生根本性的变化。不过，与此同时，所有的新闻媒体都会时不时地改变所采用的样式。绝大多数此类变化都是由新的媒介产品包装方式所导向的细枝末节的改变，因而不会对故事选择产生多大影响。但是，在媒体遭遇严重的经济困境时，它们便可能采取更为剧烈的样式变革。正如我之前指出的，《新闻周刊》在 20 世纪 60 年代早期即经历了大范围的革新，在增加新栏目的同时,也重组了旧有的栏目;《时代》周刊随后也效仿之,在1968年展开了规模较小的变革。[11]

剧烈的样式变革很少发生,因为新闻机构担心此类创新可能会令新闻从业者赶不上截稿期限。围绕着样式问题,就像围绕着新闻生产的其他任何方面一样,也聚集着某些既定的利益,其中一个来自受众,他们有时候通过愤怒的投书对样式改变作出回应。被任命负责改版NBC的"今日"(Today)节目的执行制片人保罗·弗里德曼(Paul Friedman)曾指出,"在你着手改变一个美国机构或制度时,人们往往都会为此惊惶失措"[12]。尽管受众的愤怒通常都会在他们习惯于新样式之后烟消云散,但没有人能够保证,样式的改变会扩大受众的规模。其他既有的利益也不那么容易安抚与协调。在过去十几年里,电视新闻记者一直主张将晚间新闻节目延长到一个小时,但他们的提议从未被采纳,因为这种改变将会侵害到地方电视台的利益。

不论样式改变是大是小,它们被采纳的初衷多半都是为了扩大受众的规模。在过去的数年间,一向在收视率方面叨陪末座的ABC新闻即推行了比它的竞争对手们更多的样式(以及其他)变革措施;接下来是NBC;而自从1967年以来一直稳坐收视率领袖宝座的CBS,则从来不曾作出过任何改变。

ABC的样式变革同样是最为剧烈的。在芭芭拉·沃特斯于1976年受聘与哈利·里森纳一同主持晚间新闻节目之后,ABC的晚间新闻节目便开始播出更多对政府官员的访谈,这是因为沃特斯女士此前在NBC所获得的声誉即来自这种故事样式。在1977年,由于电视网转而青睐出镜记者,主播们的地位有所降低;而在1978年,哈利·里森纳则干脆被三位地方记者所取代,这一事件令电视专栏作家大胆预测,新闻主播的时代已经走到了尽头。

取消主播算得上是相当剧烈的样式变革，但 ABC 最近的举措恰恰显示出它无法招募到能够提高其收视率的主播。并没有证据显示近年来电视主播不再受到观众欢迎；因此，完全可能的是，倘若有一天 CBS 与 NBC 决定替换现有的主播，它们只可能是去寻找那些能够吸引更大的受众群——特别是年轻观众——的人选。在沃尔特·克朗凯特于 1981 年 65 岁之际退休之时，CBS 将不得不作出改变；NBC 大概会更早，因为约翰·钱斯勒已经表达过离开主播职位的愿望。①

不管 ABC 所做的这些改变在提高收视率上的最终效果如何，它们已经——有意或无意地——终结了长久存在的三大电视网新闻节目之间的样式同一性。NBC 之所以在 1977 年将新闻样式改变为以"第三节"为核心的四段式结构，就是为了将"NBC 夜间新闻"与竞争者区分开来。实际上，正如一位首席制片人所解释的，那些创造出这一新样式的执行官和新闻记者被鼓励"从头再来，重新发明一个半小时的节目"。他们曾考虑将之改造为一个彻头彻尾的即兴发挥的节目，一个从头到尾没有影像出现的节目；但他们最终还是选择了改良性的样式，即对原有的影像与口播故事的顺序作出细微调整，并将它们转变成稳定的、有标题的片段。这一改变使得电视新闻节目向着杂志样式靠拢。尽管深度故事本身在 20 世纪 60 年代以来即已出现，但只有在这次革新中，作为其间首要创新的"第三节"才为长达 3 至 6 分钟的此类新闻故事开辟出每天固定的"时段"。尽管 NBC 的新样式提高了职员士气——同时亦应需要扩大了职员规模——但正如早期的样式革新一样，它也没能带来收视率的攀升。

---

① 沃尔特·克朗凯特于 1981 年 3 月 6 日退休，其继任者是丹·拉瑟；约翰·钱斯勒则于 1982 年离开主播职位。——译者注

有时候，样式改变乃是大概可被称之为"样式老化"的现象所带来的后果。鉴于故事选择与生产过程的高度惯例化，新闻从业者往往会对新闻流水线感到厌倦，并要求对这些惯例作出改变。电视主播担当的是最具重复性的任务，而他们又不愿意或者不能够轻易放弃自己的职位，因此他们受这类老套的样式的影响最深；例如，在60年代中期，NBC新闻采纳了一种"对谈"（cross-talk）形式，即主播与/或记者之间的半预演的即兴交流，这一新样式的出现在很大程度上是因为执行制片人与两位主播觉得原有的样式太过单调乏味。在新闻杂志中，有时候有些栏目会忽然消失，这是因为新闻室中的每个人都已经厌倦了它们。此外，新闻杂志非常频繁地改变它们的插图与版式，依照一位首席编辑的说法，"这就跟女人买新衣服是一样的道理"[13]。

不管怎样，新闻杂志最主要的样式改变表现为增加新的栏目，当那些无法轻易地安置到现有栏目中的新闻频繁地出现在故事清单上的时候，这种变化就会发生。新栏目的建立是非常重大的决定，因为它们需要新的人手，并且会增加那些必须被预先砍掉的栏目的数量，而且新栏目一旦设立，就不能轻易地取消。不过，新闻杂志不愿意彼此模仿；如果一家新闻杂志设立了新的栏目，另一家则可能会中止类似的计划。在种族骚乱之后，两家新闻杂志都计划设立"城市"栏目，但由于《新闻周刊》捷足先登，《时代》周刊不得不取消自己的计划。作为替换，它设立了"环境"栏目。

当新的首席制片人或编辑接管新闻节目或杂志时，他们可能会进行一些细微的样式改变，以在产品之上打上他们自己的烙印。新闻室职员的抗议也可能导致改变：《时代》周刊与《新闻周刊》心怀不满的撰稿人即不断请求加大新闻故事的篇幅，缩减其数量（参见第三章）；而《时代》周刊有关"性别"的栏目之所以能够设立，部分程度上源于女性职员的吁求。

但是，并不是所有的革新都能够持续下去。在1967年，《新闻周刊》的编辑被黑人骚乱所感动，出版了一期"倡议专号"，并在其中分析了黑人在美国的生存状态，提出改变其处境的政策建议。几位编辑和撰稿人因而也要求出版有关越战的类似专号；但这期专号则耗费了更长的准备时间，并导致新闻室中许多鹰派与鸽派之间的内部争论。此后，这种出版"倡议专号"的做法被彻底废弃了，尽管两家杂志偶尔都还会刊载未标明作者的倡议新闻或设立"专版"。《时代》周刊曾考虑在拥有一个社论版的《生活》周刊停刊之后担起刊载社论的职责；但在催促尼克松辞职的第一篇社论发表之后，《时代》即放弃了这个念头。

技术的进步时不时即会浮上台面，但它们似乎并不能改变样式或故事选择过程。电视胶片被录像带取代并没有明显地改变故事内容。相反，尽管使用录像带的摄像机能够令新闻从业者对突发新闻进行直播，并使得电视可以与广播的速度相抗衡，但迄今为止，这种设备并没有得到广泛的应用。对突发新闻进行现场直播，将无法预先安排余下的节目时段，因而会彻底破坏当前的节目样式。新型摄像机已经在地方新闻节目中使用，但由于这些节目通常持续一个小时甚至更长时间，它们的故事清单调整起来也就更为容易。

对于新闻杂志而言，印刷技术的进步导致黑白照片被彩色照片取代。新闻杂志早前即已使用彩印的广告页；但在《新闻周刊》为1976年的圣诞节推出彩印专号之后，《时代》周刊决定在新闻栏目也采用彩色图片，之后《新闻周刊》亦仿效之。（在同一时期，《时代》周刊也更换了执行编辑；此次更换脱离了《时代》内部擢升的传统，将《运动画刊》[*Sports Illustrated*]的编辑选作它的新的执行编辑，而这位履新者原来即是使用彩色图片方面的先锋人物。）尽管将黑白印刷转变为彩印花费高昂，但两家杂志都认为,无论是为了赶上电视的步调还是为了吸引读者对新闻的注意力,这种革新都是必要的(也是不可避免的)。正如一位新闻执行官所言,"如果沃尔特·克朗凯特播报出来的扎伊尔是彩色的,新闻杂志就不能将之呈现为黑白的"。

最初,一些撰稿人觉得彩印不过是"编辑的玩具",它就像电视影像一样,会进一步降低文本的重要性。虽然某些新闻故事仍然是由于编辑握有具备强烈冲击力的彩色图片而被选择出来,但到1978年,这一玩具已然丧失了它的新奇性。正像所有的样式革新一样,最终受到更大影响的,乃是新闻的包装方式,而不是新闻本身。

新奇性

由于媒介考量与样式考量实际上内嵌于故事选择与生产过程,新闻从业者通常并不会对之投以特别的关注。不过,在他们判定一则故事是否足够重要或有趣的时候,他们同样会自问另外三个问题:这则故事新颖吗?质量好吗?是否有助于维持节目或杂志的良好平衡?

新奇性本身是新闻定义的一部分,它被限定在前一个截稿期限和眼下的截稿期限中间的时段之内。不过,也存在着逾越这一时间框架的例外情况。对于硬新闻而言,电视制片人可以使用一两天之前拍摄的影像片段,前提是影像质量较好,或者一个更为晚近的口播故事可用作这一片段的导语;特写新闻的生命力则更为长久,因为它们是没有时间性的。由于版面空间的匮乏,新闻杂志经常需要暂缓刊登某些新闻故事,而被推迟刊载的故事通常都要重写才会被重新考虑,而那些被屡次推延的新闻故事,往往都会被直接枪毙掉。不过,并不是所有适宜的新闻故事都可以按照这些方式来确定时间次序;因而,新闻从业者必须援用其他的新奇性考量。

1. "内部的"新奇性 新闻从业者通过判断一则故事对他们而言是否新颖来判定其新奇性，并假定对于他们来说新奇的东西一定也会令受众称奇。但很多新闻，例如有关科学发现或时尚的故事，在消息来源眼里，可能早已是老掉牙的东西。更重要的是，新闻从业者还会创造出新奇性。不同于把外部现实划分成社会过程的社会学家，亦不同于在较长时段内审视这些过程的历史学家，新闻从业者将外部现实视为一系列各自独立、彼此迥异的事件，而每一个此类事件都是新奇的，因而都可以被当作新闻来报道。通过去历史化，他们进一步增加了新奇事件的数量；例如，在20世纪60年代，他们"重新发现"了美国的贫穷与饥饿——尽管他们并非全凭一己之力做到这一点。更为晚近的例子是，一些新闻从业者开始再发现经济阶层的存在，并将之变为新闻，就好像阶层此前不曾存在过一样。

尽管电视制片人也假定自己眼里的新奇性等同于受众的新奇性，但他们也意识到，某些电视观众已经从通常比电视网新闻更早播出的广播或地方新闻节目中了解到了当天的头条新闻。电视网时不时地试图阻止地方电视台预先播报全国与国际新闻，但这些尝试通常以失败告终，因为电视网无权对五家法定的附属地方电视台发号施令；电视网的新闻分部也没有这样的权力。不过，电视网新闻节目可以垄断有关全国与国际新闻的影像片段，并导致地方电视台只能够以口播新闻来报道相关的新闻故事。[14]这种与地方新闻节目竞争的需要，也是为什么制片人不愿意单纯以口播新闻来报道重大新闻而执意使用影像的另一个原因所在。

2. 新闻挂钩（peg） 尽管故事选择者希望能够提供尽可能多的新闻故事，但他们也必须应对这种行为所导致的过度供应问题。在这种情况下，他们所使用的首要的排除性考量是新闻挂钩，即可以被当作"把手"，用以"悬挂"新闻故事，特别是能够"悬挂"随时可被派上用场的特写故事的新近发生的事件，或政府官员的言论。重要的新闻可以自动地挂靠在它所发生的那一天上，但所有的新闻媒体手中都握有一定数量的特写故事，并期待着挂钩出现，从而可以将它们转变成一时的话题。在高级制片人与编辑敲定故事清单时，他们倾向于选择对应特定挂钩的特写故事，而出于缩短过长的故事清单之目的，那些没有任何由头的特写故事往往最先被剔除出去。这种做法有时候会激起某些新闻从业者的反对，因为它枪毙掉了他们喜欢的新闻故事；不过，试图降低新闻挂钩重要性的周期性努力总是以失败告终，因为与此相比，那种将没有由头的新闻暂时搁置以等待挂钩出现的做法更为容易。

新闻挂钩可以被轻易地运用。任何行动者或活动都可能成为新闻挂钩，特别是在新闻从业者担心竞争对手也会发布同一则故事的时候。新闻从业者同样掌握一系列可用的新闻挂钩；譬如，新学年的开始即可作为教育特写的挂钩，而科学故事则通常挂靠在特定会议之上。突发新闻可以作为与之相关的特写故事的挂钩，因此，一次重要的飞机失事事件即可引出有关航空安全的特写故事。大多数新闻挂钩与寻求曝光机会的消息来源连在一起，很多时候这些挂钩就是由他们创造出来的，因为他们知道新闻从业者需要这些由头；这也解释了为什么新闻杂志常常会同时注意到某位演艺界的新人。尽管某些故事选择者希望将新闻故事与受众兴趣勾连起来，但他们无法轻易判定受众什么时候会对新的选题感兴趣。因此，当新闻从业者决定刊载或播出有关犯罪的特写时，其挂钩或由头往往是联邦调查局发布的最新统计数据，而不是公众对犯罪问题日渐高涨的关注度。

3. 重复禁忌 新闻从业者常常觉得自己是在周而复始地报道

同一则故事，这或许是因为他们从一小拨消息来源那里获得了绝大多数的新闻。由此导致的新奇感的匮乏明显地体现在他们对特定新闻故事的厌倦上，而受众也被假定同样厌倦了它们。[15] 为了防止出现这类情况，重复变成一种禁忌；而那些与曾在过去 12 或 24 个月中出现过的观点相同或结论类似的新闻故事因而被判定为是重复的。故事选择者对过往的故事清单有着精准的记忆；虽然他们之所以拒绝重复性的故事是为了避开同侪的批评，但他们这样做同样也是担心受众会转换频道或跳过版面——并由此质疑新闻从业者对重复的无动于衷。没有人知道受众是否清晰记得过去的新闻，或者他们是否介意重复；但只要任何备选的新闻故事引来"我们做过这个新闻"之类的反应，这则新闻通常都会被当场枪毙掉。

重复之所以不受欢迎，还因为它造成了稀缺的电视时段或版面空间的浪费；但即便如此，重复禁忌的运用也要视情况而定。重要的公众人物，以及戏剧性的事件——例如自然灾难、社会失序，以及战斗——通常免受这一禁忌的限制。尽管制片人承认每一次洪水都是大同小异，但有关洪水泛滥的新闻故事总是具有新闻价值。在 20 世纪 60 年代，所有新闻从业者都觉得他们自己以及受众已经厌倦了层出不穷的示威抗议；此后，他们只报道那些最大规模的抗议以及制造麻烦的示威活动。但那些没有令新闻记者感到厌倦的新闻故事则不会被界定为是重复的。例如，在 1975 年春，新闻媒体持续事无巨细地追踪报道越战的最后阶段，并认为普通大众应该知晓事态发展，但某些故事选择者从朋友或邻居那里得来的一些迹象显示，受众已经对越战丧失了兴趣。同样，对恒久价值的违背也不会被看作重复的新闻故事。

4. "新鲜"与"陈腐" 就像面包房的产品一样，新闻亦可能新鲜或陈腐，尽管这里的陈腐更多的是指重复而非指"出炉时间过长"。如果有新的行动者或活动卷入进来，一则原本已陈腐的故事也可以重新变得新鲜；但在通常情况下，新鲜性只能由新闻从业者借助新的视角创造出来。因此，所有的新闻媒体都不懈地寻找那些能够带来新鲜取径的新闻从业者，即那些能够想到可供挖掘的新消息来源的记者、使用创新的摄像技术的摄制者，以及可以将新的观念与隐喻应用于老题目的撰稿人。新闻杂志借助重新讲述已经为人所知的新闻故事来与其他媒体竞争，它们因而尤其渴求新鲜性。媒体希望从求职者的个人材料中搜罗到富有想象力的作品；一位编辑承认，他倾向于聘请那些业余写作诗歌或戏仿之作的应聘者。

一种崭新的故事类型最初可能是新鲜的，但此后则沿着循环式的模式向前发展：同样的行动者或活动变得为人熟知，慢慢地，人们对它的厌倦也就随之而来。当新的社会运动最初进入故事选择者视野的时候，它们会得到相当多的报道，但令人懊恼的是，当相关的新闻变得陈腐，它们就会被丢弃。此外，一旦社会运动跌落于媒体舞台之外，人们就会觉得它们不再重要，即便它们只是在故事选择者眼里不断重复，丧失了新鲜性而已。犯罪新闻遵循着类似的模式。一则不同寻常的犯罪故事具有非凡的新鲜性，以至于记者会努力寻找类似的新闻故事，由此形成一波犯罪新闻的浪潮，而这种浪潮可能与现实情境之间毫无关联。1964年，基蒂·基诺维斯（Kitty Genovese）的38位邻居亲眼看见她遭人谋杀却没有一个人报警；随后，记者不费吹灰之力即在其他地方找到类似的案例，直到最终此类故事变得枯燥乏味并被弃置一旁。[16]

5. 过度的新鲜性　不过，对于新鲜性以及更一般化的新鲜感的追逐同时也被其他考量所包围，这一点可以从媒体对时尚潮流的新闻故事的处理当中反映出来。新闻杂志活跃于潮流预测与追踪领域，并积极刊登有关前景光明的娱乐界新人或崭新的生活方式的新闻故事。但时尚新闻同样具有风险，因为报道被大加吹捧却没有流行起来的生活方式，或者昙花一现的新星，将会损害到新闻从业者的可信度。因此，谨慎的故事提议者往往等到另一家新闻媒体先行一步之后，才以此为部分依据向所在媒体兜售相关的故事选题。

与新鲜的新闻一样，时尚新闻也是循环式的，而故事选择者则依据钟形曲线来看待这些时尚和它们在媒体上的再现，并将之描绘为"成熟、顶峰与衰落"的过程。不过，这一曲线并不适用于衡量某种时尚在参与者中间的扩散，因为他们被认为是潮流中人；相反，曲线反映出时尚在更为传统的人们——包括新闻从业者以及他们的受众——中间的被接受程度。在新闻杂志将一位流行的娱乐明星放到封面上的时候，它们所选择的人，在青年人眼里往往已经是"过气"的人物。新闻从业者自己家中十几岁的孩子们可能会嘲笑新闻杂志落后于时代，但那些高级编辑反而会因此打消疑虑，因为他们的服务对象乃是成年受众。[17]

选择时尚故事的最佳时机是在它被认为达到顶峰之前。时机太早，时尚追踪者会觉得它们"太过缥缈"；因为编辑不想"第一个吃螃蟹"，他们通常会与东部和中西部的分部一同检视来自加利福尼亚的时尚故事，只有在"令他们都满意"的情况下，这则时尚故事才会被采用。如果时尚在衰落之际才被选择出来，时尚探测者则可能被同行批评为效仿他人。一位《新闻周刊》的编辑曾言简意赅地说道，"我们不希望太晚，也不希望太早，但我们最不希望的，是《时代》周刊抢在我们前头"。

新闻从业者用来估量时尚的曲线只有在时过境迁之后才会变得明显，这一事实无疑提高了预测时尚的风险；另外，故事选择者不断遭到兜售某种新时尚并希望他们忽略这一曲线的宣传者和其他人的围攻。不过，时尚很容易被合法化，同时很少人会去验证新的时尚的存在，这一点则降低了时尚新闻的风险。[18]

故事质量

重要与有趣的新闻故事应该是新奇的，但同时它们也必须具有上乘的质量。一则新闻的重要性、趣味性或新奇性越低，故事选择者就越要关注故事质量。他们借助五种考量因素对此作出判断。

1. 行动 我在前文指出，最好的新闻故事是对戏剧化的活动或情感的报道。行动型的新闻故事被认为能够吸引并维持受众，它们对于新闻从业者也有同样的效果。当新闻从业者厌倦了每天或每周的惯例式的新闻，一则令人兴奋的故事能够令士气高涨；但这类故事的长期匮乏，则会令他们寝食难安。在1978年春，某些杂志撰稿人因为戏剧性的国内故事的匮乏而变得"暴躁不安"。他们开玩笑说，自己随时准备抨击总统和其他政府官员，因为他们没能够提供那些"令肾上腺素涌动起来"的新闻。

新闻判断在某种程度上是一种感觉，而"兴奋激动"则正是最容易被识别出来的主观感受。如一位记者所言，"这类行动是懒惰者的出路。无论是在越战还是黑人骚乱中，新闻就在你眼皮底下发生，你只需要把它报道出来就大功告成"。新闻判断同样呼唤闪光点的出现；而对故事选择者来说，行动恰恰是最容易被挖掘出来的亮点。

2. 节奏 但是，多数新闻都与行动无关；因此，新闻从业者试图在故事生产过程中添加其他元素。例如，采访者有时候会抛出诱导性的问题，以便从消息来源处获得戏剧性的答案。但行动的主要替代物是一种适当的步调，它将确保读者或观众对新闻故事保持始终如一的兴趣。电视借用一系列的摄像角度与剪辑技巧来弥补人物特写影像更替缓慢的弱点；尽管新闻杂志诉诸生动的语言，它们还是会非常依赖戏剧化的引语来打断"滴滴答答"（tick tock）——一位编辑为那种直来直去但却呆板无趣的叙述贴上的标签——的叙事。[19]

3. 完整性 由于行动本身是稀缺资源，因此最经常用来衡量新闻故事质量的标准与应用在所有经验性领域的标准大同小异；它们是，在多大程度上所有可能的视角都被考虑到，所有可用的消息来源都被查问过，所有的重要议题都已经得到处理，而所有可能的亮点都已被发掘出来。电视也会通过速度来衡量完整性；空难新闻的质量即是以记者多么迅速地赶到灾难现场并在当场采访了多少受害人和目击者这样的标准来判定的。新闻杂志则通过记者能够挖掘到的重要或有趣的细节的数量来衡量报道本身的完整性。

4. 简洁精当 无论是电子媒介还是印刷媒介，一则好的故事都必须迅速地切入其重心——某些杂志编辑称之为"要点精粹"——并通过电视中的"定场镜头"（establishing shots）①进入叙事状态。故事的主体部分需要将稀缺的戏剧化成分策略性地穿插在平淡的片段之中；而最为理想的结尾应该能够令受众正襟危坐并对之投以注意力。这种结尾因而被称为"临门一脚"。

电视语言必须尽量简单；这使得撰稿人不能像新闻杂志中的同行那样玩弄文字游戏。此外，所有的新闻媒体都力求发展出从始至终都能够引导读者或观众的富有逻辑的叙事结构。

5. 美感与技术的标准[20] 质量上乘的影像片段应该同时具有纪录片的水准和娱乐节目的节奏；但是，电视制片人很少有额

---

① 定场镜头是指影片开始用来明确交代故事发生地点的镜头，通常是一种视野宽阔的远景。——译者注

外的时间或摄像机来达到这些目标。同样，影像与文本必须协同运作，前者为后者提供图像化的证据。那些曝光不足或曝光过度的影像片段，即便包含行动性的镜头，也不可能被采用，除非这些片段是无法重新拍摄的孤本。音画错位（嘴唇动作与声音不同步）的影像片段如果无法矫正的话，同样不能使用。影像质量的技术标准既是由同行设立也是为他们而设立，而那些大概不会被观众觉察到的技术瑕疵则会令电视记者发出带着憎恶的叹息——而当出现瑕疵的是竞争对手的片子时，这种叹息中包含的则是某种愉悦。[21]

杂志新闻从业者同样关注美感与技术的标准，但是，由于新闻故事可以不断地被重写，因此这些标准在故事选择方面只扮演着相对次要的角色。另一方面，尽管电视影像也可以被编辑，但曝光欠佳的影像无法被修复，通常也没法重拍。但对杂志记者而言，如果最后的清样已定而印刷效果并不好，他们也无能为力。

如果新闻故事不能充分满足如上论及的任何一种质量标准，它们有时候就要经历各种各样的"再加工"。这种实践被认为是可以接受的，因为它不会改变观察到的事件或访谈——或者，至少是它们的含义。电视采访者通常会在开机之前与受访者预演访谈内容，以便在开机之后获得更为简短也更具戏剧性的答案。杂志编辑也如法炮制，但他们是在访问之后删减与编辑受访者的言论。过去，被剪辑的电视访谈，通常都是从最重要或最戏剧化而非最初的问题和答案开始，但在国会对CBS的纪录片《出售五角大楼》进行调查期间，这种做法遭到批评，随后电视网终止了这一做法。但是，印刷媒介的新闻从业者尚未遭遇批评，他们因而继续沿用这种做法。

当摄制组在总统典礼或其他典礼中的拍摄位置不佳时，这些典礼有时候可能会面对摄像机重新来过。因为某些人在摄像机前重复某种活动的时候会表现得很不自在，所以制片人不喜欢这一类的重组，并且会抨击他们怀疑曾这样做的竞争对手。依据某些记述，曾有迟到的摄制组要求戏剧化事件的参与者将事件重演一遍。[22]当然，没有人会因为这类重组而感到自豪，但这种做法毕竟还是与那些蓄意为摄像机创造出来的事件（参见第四章）有所不同。

平衡

高级制片人和编辑不仅仅是在选择某一则新闻故事，亦是在选择构成某辑新闻节目或某期杂志的一组报道。因此，他们必须关注另一套质量考量因素，即平衡。一辑平衡的新闻节目或杂志所容纳的乃是新闻故事多样化的集合体；其间的假设是，这种多样性能够在最大限度上维持受众的注意力。平衡考量因而是一种受众考量的具体形式。

1. 故事混合 统辖整个新闻节目与杂志的那些主要的要求，与规制新闻故事选择的要求相类似。由于大多数新闻都是严肃的、负面的、冗长的，它们必须被明亮的、正面的、简短的新闻故事所平衡、所点缀，以避免令受众和新闻从业者感到沮丧或厌烦。当然，受众的感受仍然不得而知，新闻从业者只是对自己的感受作出回应，而制片人则倾向于以幽默的新闻结束他们的节目，以便在笑声中为当天的工作画上一个句号。

2. 主题平衡 故事选择者也会寻求主题上的多样性。例如，电视制片人不会在同一辑节目中播出两则有关庭审的新闻，除非它们都"非常重要"。虽然编辑会将类似的选题或事件整合到一则故事之中，阅读版的编辑却不会在同一周评论两本人物传记，而科学版的编辑也不会同时选择两则生物学的故事。一位撰稿人不得不将一篇谈及美国种族问题的文章搁置起来，因为他所在的杂志刚刚刊载了一则有关大屠杀——首席编辑将之视为种族问题——的新闻故事。

3. 地理平衡 所有的媒体都力求确保国内新闻来自整个国家的每个角落；实际上，有时候某些特写故事就因为来自极少进入新闻的州或社区而被选择出来。两家身处曼哈顿的新闻媒体将有关纽约的新闻缩减到最少，以抵消它们所处的地理位置的影响。一位首席制片人（他实际上居住在郊区，对这座城市并没有特别的兴趣）指出，"对于纽约的故事，我必须三思而行，因为我自己涉身其中，关系如此紧密"。新闻从业者希望避免一种"纽约偏见"；因此，这两家媒体在强调纽约的财政危机方面都比别人慢了几拍。（不过，惹怒批评者的纽约偏见则并不是地缘性的；批评者所不满的，乃是反映出过度的自由主义或者文化复杂性［cultural sophistication］的新闻报道。）

将发生在纽约的新闻故事轻描淡写的尝试并不总能取得成功。因为新闻从业者生活——或至少是工作与娱乐——于斯，他们对这座城市和城市中发生的事件都更为了解，这一切都会在之后的故事提议中得到过度的呈现。另外，突发新闻很多时候近在咫尺；结果是，发生在纽约区的小规模的洪水或其他灾难总是比千里之外的类似灾难更为频繁地出现在电视上。新闻杂志通过征求各个分部的"综述"将来自纽约的故事提议全国化，而只有其他分部也在其所在区域发现了相同的现象时，这一提议才会变成新闻故事。

4. 人口因素的平衡 电视制片人偶尔会寻找关于老年人的特写故事，而新闻杂志则总是充满热情地为年轻人生产跟他们有关的新闻。在这方面，它们与其发行部门站在相同的立场上（参见第七章）；它们亦希望吸引年轻人成为经常性的、长期的受众。特定栏目的撰稿人也会将读者群的平衡纳入考虑。例如，宗教栏目的撰稿人常常借用新教的故事来平衡天主教的新闻,并试图找到有关犹太教的新闻故事。

20世纪60年代后期以来,刻画或涉及引述普通人和政府官员的新闻故事反映出朝向种族与性别平衡的努力。至少在此情况下,所寻求的平衡同样是政治性的,因为新闻从业者乃是在回应或预测来自消息来源、受众以及其他人的要求与批评。尽管现在新闻从业者力图了解并消除自己的种族与性别偏见,但只有在黑人与女性对新闻媒体针对他们的再现发起抗议之后,种族与性别平衡才成为考量因素之一。但宗教栏目的撰稿人则无须通过报道少数宗教来维持平衡。因而,一般而言,人口因素的平衡乃是随外界批评的风向而动。

5. 政治平衡 联邦通信委员会的"公平原则"(Fairness Doctrine)已经将政治平衡变成对电视的准法律的要求,但即便是在新闻杂志,这一原则也被广为采纳。新闻从业者相信,如果他们不能够保持政治平衡,就会招致认为其有偏见的指责,而这无疑会削弱他们的可信度。

实现政治平衡的途径,通常是先确认主导的、最为广泛的或者最为鲜明的立场,继而将"各方立场"都展现出来。制片人和编辑务必确保民主党和共和党的政治人物都被拍摄或引用;确保生态故事既引用了环境保护者也引用了企业家的观点;而对以色列领袖的访问必须紧跟一则同等长度的对阿拉伯领袖的访谈。《新闻周刊》的专栏作家必须体现出"自由主义者"与"保守主义者"之间的平衡;而该杂志的"到我了"(My Turn)专栏的作者也是以同样的原则被挑选出来的。有时候,为了求得平衡,媒体会同时刊登相互冲突的新闻故事,让它们唱对台戏,例如将有关黑人取得的成就和有关白人反种族融合的游行的报道并置在一起。有时候,为了达成平衡的目标,媒体可能会将某一则新闻故事剔除掉。一位华盛顿的记者解释了为什么他所在的电视网没有对1967年10月21日发生于五角大楼前的反战游行进行直播报道，他说道，"我们想做这个，因为它是新闻，但下一周我们可能就要再为支持越战的团体做六至八小时的节目，即使我们不一定情愿。而且，我不知道这次示威游行是否值得付出六到八小时的时间。我们不得不考虑这些人所代表的是谁；他们其实只是少数"。

报道议题的各方立场是一种可以被轻易采用的方法，它不仅仅能够达成平衡，亦能够预见抗议——至少对于特定立场而言，如果它们的观点被漠视，它们一定会抨击媒体的作为。此外，当正反双方都出现在一则故事中的时候，新闻会变得更为客观，通常也更具戏剧性。当卷入各方不太可能提出抗议时，新闻从业者往往倾向于选择立场的这一端或者另一端，或者同时呈现两个极端，以此获得戏剧化的亮点。一位电视记者指出，"在反战示威中，我们拍摄越共支持者与法西斯分子，因为他们比较有趣，而且他们也正是新闻故事的卖点所在。我们始终跟在极端者的身后。南方各州也是如此，在那里我们乐于拍摄黑人好战者和三K党"。如果新闻从业者不了解事件的各方立场，来自被忽略一方的投书即可能纷至沓来；而倘若它们累积到一定的数量，新闻从业者很快就会熟悉这一种立场。[23] 而那些极左翼与极右翼团体，通常不在通行的政治平衡考量所涵盖的范围之内，它们因而建立起自己的新闻媒体。

竞争性考量

新闻从业者工作其间的新闻机构需要时刻参与经济竞争，但他们自身却只在很浅的层次上卷入到这些竞争之中，对此我将在

第七章中进一步阐明。尽管新闻从业者的确彼此竞争，但相应的竞争性考量在很大程度上只是一种质量控制机制。

在新闻生产领域，竞争无处不在。同事们彼此竞争以争取进入故事清单，他们亦要与本公司的其他新闻机构竞争。而晚间新闻节目则试图阻止早间节目使用它们想先行播放的片子。在1975年，NBC晚间新闻的执行制片人不得不进行自我斗争，以决定是将一则特写故事放在平日的节目还是留到周末；周末的节目常常需要这类特写，因为重要新闻的消息来源周末的时候很少上班。《新闻周刊》的记者力图总能先《华盛顿邮报》的记者一步，而《时代》周刊的记者则偶尔与时代集团旗下的其他出版物竞争。

不过，故事选择过程还是更多受到同属特定媒介类型的媒体机构之间的外部竞争的影响。大概因为参与者没有时间和精力应付更多的竞争者，这类竞争往往都是一对一的。例如，《时代》周刊与《新闻周刊》相互竞争，但却将《美国新闻与世界报道》以及其他周刊排除在外；NBC与CBS彼此盯得很紧，却不会关注ABC——但如果ABC的收视率赶上它们，这种情势可能会发生改变。

这种一对一的竞争至少会对故事选择过程产生三个方面的影响。现在，竞争对手仍然争抢独家新闻，但由于竞争中的新闻媒体实际上会在同样的地点部署记者，那种得到像过去那样"喊停印刷机，换下已排好的版面"的独家新闻的机会已经日渐减少。相反地，新闻媒体现在的竞争，主要体现在得到独家发布的故事、酝酿出原创性的特写选题以及对于独家细节的挖掘等方面。[24]（这一点无疑加快了"水门事件"最终被揭露出来的步伐。）

此外，竞争树立起相互之间的预期；结果是，故事选择者之所以选择某些故事，可能是因为他们认为竞争对手会这样做。故事选择者偶尔会选择那些并不太重要或质量不太好的新闻故事，因为如果他们将之剔除，这一决定虽然很容易在故事选择者之间说得通，却很可能遭遇另一种风险，即执行官事后可能会责问他们为什么遗漏了一则竞争对手发布的故事。他们担心执行官给予竞争而不是故事质量更大的优先性；因此，当执行官是从新闻从业者当中擢升而来的时候，故事选择者会非常欣慰，但之后他们往往会失望地发现，前新闻从业者的行事方式与其他执行官并没有什么不同。新闻机构之间相互的预期变成一种共同的约束：它们阻碍媒体在故事选择中采纳那些可能会招致"高层"反对的创新；而这一点又进一步造成了彼此竞争的节目或杂志之间的相似性。

　　为了避免被看作效仿他人，或者落于人后，杂志故事选择者同样会剔除或贬低那些已经被竞争对手刊载过的新闻故事。杂志停发对手先行刊载的特写故事已经变成一种惯例，但它们之间最为激烈的竞争表现在封面故事上。两家杂志都戮力争取先行在杂志后半部分推出有关新时尚的封面，而获胜者则感觉自己在新闻判断的及时性以及判断被执行的速度等方面都更胜一筹。而失败者很可能之前一直在准备同样的选题，但他们现在必须将之从将来的封面故事清单中抹去，或者至少要推迟几个月再行推出。

　　如果一则重要的全国或国际突发新闻在当周的早些时候发生，杂志前半部分的封面故事则可以免受竞争的影响；即是说，高级编辑预期两家杂志都会选择同样的封面故事主题。但是，倘若这类故事在临近周末的时候发生，两家杂志的高级编辑都必须决定是否要"赶制"一个新的封面故事。如果新闻故事发生于封面截稿期限之后，他们则必须判定，临时撤换封面所需的额外的努力与开支是否是合理的。无论是在何种情况下，两家杂志的编辑自始至终都在观望对手是否也在做同样的选择。在 60 年代，新闻杂志的预算较为宽松,因此最后关头的封面撤换频繁发生。在戴高乐将军逝世①之后,尽管印刷机已经开始旋转,《时代》周刊还是毅然撤下了原来的封面,而且令其兴奋的是,《新闻周刊》并没有这样做。一周之后,《时代》的记者与编辑们更是欢呼雀跃,因为《新闻周刊》在当期亦未刊登戴高乐逝世的封面报道,这无异于承认《时代》抢在它前面拔得了头筹。不过,1975年,在英迪拉·甘地(Indira Gandhi)夫人重组印度政府之后,《新闻周刊》在最后关头将这一新闻放上封面,而《时代》周刊则没有。在接下来的一周中,《时代》周刊的首席编辑们不断争辩这则故事是否如此重要,以至于他们即便是顶着落下模仿《新闻周刊》的口实之风险,也必须推出一期迟来的封面故事;他们最终的结论是,这则故事还没有重要到那种程度。因而,那些震动世界的新闻事件有时候可能永远也登不上某一家新闻杂志的封面。

由于两家杂志都各自独立地作出决定,这一事实更激化了封面故事的竞争。很多时候,它们都会在当周的中段了解到对方也选择了同样的封面故事,这通常是因为一个共同的消息来源会告诉某家杂志的记者或摄影师,其竞争对手已经捷足先登。但是,当编辑们了解到他们选择了一模一样的封面故事时,往往已临近最后关头且无法作出改变;此外,由于不了解对手的具体计划,他们通常不愿意付出时间与金钱再去炮制一个新的封面故事。不过,如果杂志了解到它们都在为将来的一期故事准备类似的选题,它可能会尝试比原计划更早地推出这期封面故事。但这种竞赛并没有想象中那么频繁,因为一则仓促上马的封面故事可能质量较差,专业杂志也可能会揭露并批评此类封面故事竞赛。[25]通

---

① 戴高乐于1970年11月9日逝世。——译者注

常情况下,当对手推出某则封面故事时,另一家新闻杂志会在内页刊发有关同一选题的稍短的报道。借助这种方式,失败者承认此役失败,但与此同时也令对方无法取得彻头彻尾的成功。

当杂志前半部分的封面彼此相似时,杂志记者并不会感到惊奇,不过如果具体标题或"版式"都雷同的话,他们就会觉得尴尬。杂志后半部分的封面故事常常源自类似的新闻"挂钩",因而也会彼此类似。但在尼克松政府发起对新闻媒体的攻击之后,编辑们开始对彼此雷同的杂志封面感到不安,因为他们觉得——并非没有理由——公众会认为杂志相互勾结,而这一切是活生生地服务于"东海岸自由主义精英"的"媒体阴谋",而这正是尼克松政府四下宣扬的。

被尼克松政府刺激起来的这种焦虑感仍然存在,因为心怀阴谋的东海岸自由主义精英的画面依然萦绕不去。虽然如此,从属于不同新闻机构的新闻从业者——至少是纽约的新闻从业者,不仅不会相互勾结,甚至也会避免彼此之间过从甚密。[26]《时代》周刊与《新闻周刊》的办公室相距不过几个街区,他们的职员经常能够在市中心的餐馆、聚会以及新闻记者垒球俱乐部的夏季比赛中见到对方;但他们从来不会把各自所属的机构拿出来讨论。[27]

除了不存在相互勾结的情况之外,新闻杂志偶尔还尝试挖掘到对手的封面故事计划。这样做,一来有助于筹划将来的封面故事,二来则是为了更为直接地安排对应对方封面故事的内页新闻。此外,编辑和其他人乐于证实他们自己当周所选择的封面故事的适当性,希望能够进一步确认他们筹划了一个更重要或更具吸引力的封面故事;简单地说,他们总是充满了好奇。在临近周末的时候,有关对手封面故事的信息和传言总是四处流传;实际上,有时候这类信息甚至来自高层。本·布莱德利(Ben Bradlee）曾是肯尼迪总统的密友，他在对任职《新闻周刊》华盛顿分部主管时期的记述中写道，"有好几次，《新闻周刊》的编辑们真的很想知道《时代》周刊即将发布的封面故事的内容，这时候我总能够从总统那里得到答案，而且就这一点他从来没说错过[28]"。

电视制片人的竞争则并不体现在头条新闻方面，因为头条新闻往往都是在当天较晚时候才被选择出来，而且不到直播，他们都无法知道对方的头条新闻是什么。出于同样的理由，尽管制片人知道当头条新闻相类似的时候，他们可能会被指责为相互串通，但他们并不担心模仿的问题。此外，电视更具瞬时性；而且在绝大多数城市中，电视网的新闻节目都安排在同一时间播放，因此只有那些控制室内的指挥或拥有三台电视机的观众才有可能发现电视网播出了同样的头条新闻。

尽管一对一的竞争发生在同行之间，而且其存在也是为了判定哪一个新闻机构拥有更棒的新闻从业者，但这类竞争并不能完全免除商业动机的影响。新闻从业者希望，此类竞争的获胜者能够说服部分受众成员转变他们的忠诚对象，由此提高发行量或收视率。[29]他们的希望或许只是幻想，因为只有在少数城市中，观众能够在同一个晚上先后收看到CBS的晚间新闻和NBC的夜间新闻。不过，杂志读者则可以阅读所有的新闻杂志；几组不连续的西蒙斯（Simmons）数据显示，大约三分之一的周刊读者会同时阅读另外一本周刊。[30]但没人知道，有多少观众或读者了解此类竞争的存在，或者那些了解这一切的受众又是否会按照新闻从业者的标准来作出判断，并基于这些理由转向赢者。[31]

竞争作为质量控制手段

新闻从业者运用竞争来评判他们自己的专业表现，在他们对自己的新闻判断不够确信的时候就更是如此。他们总是把自己的产品与对手的相比较,而且多数时候他们认为自己的新闻故事更胜一筹;但如果他们在某种程度上被击败了,他们也不会在自己人当中否认这一事实。这种竞争由此创造出对有关最为关键的考量的共识,并为新闻从业者提供了唯一的他们会认真对待的反馈。来自受众的反馈往往相当稀少,而且基本上它们也不会被认为有效或者可靠(参见第七章);而来自上司的反馈会被纳入考虑,但只有在新闻从业者与执行官达成共识的情况下,这些反馈才会被全盘接受。

不过,一对一的竞争存在着一个缺陷,即这种竞争局限于在同样的媒介与样式考量框架内运作的竞争对手之间。这一点阻碍了新闻从业者借助为该专业领域所共享的更为一般性的考量——特别是内容与质量要素——来评判自己的工作。因此,新闻从业者似乎需要一个更为一般化的标准设定者;而无论对于电视还是新闻杂志,这一角色都是由《纽约时报》以及——较小程度上的——《华盛顿邮报》所扮演的。

就像哈佛大学被视为大学表现的标准设定者一样,《纽约时报》被当作新闻生产领域专业标准的最权威的设定者。当编辑和制片人对于故事选择中的决定不太确信时,他们会检视《纽约时报》是否、在何版面、以何种方式报道了这则新闻;正是借助于此,故事选择者令很多《纽约时报》的头版报道随后出现在电视节目或杂志当中。

新闻杂志的阅读版编辑一定会评论那些被《纽约时报》书评版大幅评论过或者将会被评论的图书。杂志后半部分——特别是"星期天"栏目——的撰稿人和编辑会紧跟《纽约时报》特写故事的步调。对两家杂志产生影响的模仿禁忌同样被忽略了,就是说当《纽约时报》的新闻跃入故事清单的时候,再没有人担心模仿的问题。《纽约时报》所扮演的角色甚至超出了故事选择的范围，因为在新闻杂志中，《纽约时报》的新闻是撰稿人的必读之作。杂志希望属下的记者能够像《纽约时报》的同行们那么出色，甚至比他们更好，而且在他们的采访记录与出现在《纽约时报》上的报道相冲突时，他们必须能够为自己辩护。[32]

在电视与杂志新闻从业者把《纽约时报》当作标准设定者的时候，它们假定，《纽约时报》所援用的只有实质性的内容考量与质量考量，而无须关注媒介、样式或受众考量。在面临压力的情况下，故事选择者将会承认这一假定是靠不住的，但他们之所以要提出这一假定，乃是因为他们需要相信，总有一些人持有确切的新闻判断——或许更为重要的是，存在着超越所有个体新闻机构与组织的专业考量。倘若《纽约时报》不曾存在，大概也会有类似的媒体机构被发明出来。

客观性、价值与意识形态

与其他经验性的学科和专业领域相类似,新闻业亦力求客观,以摆脱价值和意识形态的羁绊。相应地,新闻从业者力图在专业实践中将价值排除在外。当然,客观性本身也是一种价值;不过新闻记者试图摒除的价值,指向这一概念比较狭隘的层次,即那些有关国家和社会的偏向性的论述。

社论、解说词以及杂志中某些新闻故事的结尾可以免受"价值摒除"原则的制约。然而,正如一位首席编辑所言,新闻选择的首要任务"是告诉读者们,他们所读到的,正是我们认为重要的,而且我们希望他们也赞同我们的判断,但我们的目标却并不是意识形态的"。不过,由于重要性判断包含了国家价值与恒久价值,新闻从业者的确生产有关国家和社会的偏向性的论述。因此,价值摒除与价值卷入相伴随,二者都通过故事选择过程以及在具体的新闻故事中表露的观点得以实现。

由于恒久价值内嵌于新闻判断之中，大多数价值与观点被无意识地（并非弗洛伊德意义上的）纳入进来。"每一个记者都带着对有关良好社会或者合乎规范的行为的构成要素的设想，从事专业实践"，彼得·斯瑞格（Peter Schrag）写道，"他越是想表现得'客观'，就越可能将这些设想埋藏在更深处。"[1] 由于与平常人一样，新闻从业者也无法离开价值行事，那些藏身于新闻故事中的价值，使得他们有可能将有意识的私人价值抛于脑后。

价值摒除

新闻从业者试图借助客观性、忽视蕴意以及拒绝（他们所界定的）意识形态等三种途径将有意识的价值摒除在外。不过，价值摒除本身并不仅是一个目标，也是一种实际的考量，因为它使新闻从业者得以远离实际的或潜在的批评，亦保护他们免受权势者进行审查与自我审查的强令之扰（参见第八章）。

客观性与超然

新闻从业者通过对客观性与超然的追求来正当化他们的个体自主权；在某种程度上，他们是在戮力达成某种含蓄的讨价还价，即通过放弃个体价值来换取新闻选择方面的自主。其结果是将新闻收束到——如记者声称的——"客观地收集而来"的事实（或征引的观点）上面。这种客观性源自对类似的事实收集方法的运用。与科学方法类似，新闻从业者所用的方法的有效性也是基于该领域的共识。同样重要的是，这些方法本身之所以是客观的，乃是因为超然于外的新闻从业者并不在意新闻故事是如何生产出来的。

大多数记者都深知,无论是对故事的选择还是对进入故事的事实的选择,客观性的方法都无法提供任何指导性的原则。毋宁说,在进行新闻选择的过程中,新闻从业者力图从意图上保持个体超然并在实际上忽视新闻的蕴意或后果,借此表现得尽量客观。[2] 他们并不从故事将会帮助或者伤害什么人这一角度选择新闻;而当故事的后果无法被漠视的时候,他们就试图做到公正平衡。

如此界定的客观性甚至使得新闻从业者能够陈述他们的观点并得出评价性的结论。既然他们意在摒除有意识的私人价值,那么观点就变成跟随客观采集的事实而来的"主观反应"。[3] 新闻生产中的价值被看作对新闻的反应,而不是用以判定何者值得报道的先在的判断标准。调查记者常常以鲜明的价值判断来结束自己的报道,但他们之所以选择某个素材,往往是缘于他们嗅到了一个好故事,而不是因为他们业已将价值判断加诸调查目标身上。(此外,曝露式的新闻故事通常都会以被曝露者自己宣称的价值来评判他们,而这些价值可以由记者借助经验性的手段来确定;因此,就连这类价值判断也会被视为客观。[4]) 尽管新闻从业者可能对此懵然无知,但他们或许是逻辑实证主义在美国最强有力的残余堡垒。

关于新闻从业者能否做到真正的客观这一问题,我们将在第十章进行讨论;不过,他们的确戮力实践自己界定的客观性。大多数新闻从业者训练自己或者被教导着去实践"价值摒除",而且很多人并不投票,借此保持他们的政治中立。不过,其间也存在着例外:一些年长的新闻从业者称自己是忧虑美国法西斯主义和极右保守主义危险的自由主义者;少数人积极支持种族融合政策,而另外一些人则自认是温和的隔离主义者;有人支持犹太复国运动,有人则反对;越战期间,小部分人主战，大部分人主和；大选之前，某些人变成这个或者那个候选人的支持者。

这些新闻从业者在办公室闲谈中可以自由表达他们的价值，而且就像随后要讨论的"内部激进者"与"内部保守者"一样，他们因此或借此而为人所知。但在工作当中，如果他们不愿意或者不能将个人价值排除在外，他们会要求回避，或者最初压根儿就不会被分派相关的采访任务。不过，有时候编辑会指派持有个人价值的记者去报道与他们的价值相关的故事，这种做法能够确保新闻记者尽最大努力保持价值超然。当新闻从业者的价值与组织有意识的立场相一致时，它们无须被摒除；但如果这些价值与某一立场相龃龉，而记者则因为资历或特殊技能而被分派采访相关的新闻故事，这些不协调的价值就会被"剔除"或"弱化"。不过这种情况极少发生，因为经验丰富的撰稿人在价值摒除方面往往亦同样老练。

不过，这些带有鲜明个人价值的新闻从业者只是少数，因为我所研究的新闻媒体似乎专门吸引将价值置于身外的人们。那些无法做到这一点的人们很少到此类媒体寻找工作机会，当他们的价值与组织立场相冲突时，就更是如此；即便他们被招募进来，也待不了很久。但同样重要的是，全国性媒体，或者泛而言之，整个新闻界似乎都倾向于招募那些不带有强烈个人价值的人。他们并没有用以判定哪些素材会变成新闻的先在价值，亦不会在采制新闻的过程中发展出如是的价值。很多长期浸淫于美国政治中的记者与撰稿人在工作之余对政治似乎并没有强烈的兴趣。即使是那些女性记者也往往声称自己并不抱有女权主义者的价值倾向，即便她们对所在机构和新闻界中的性别不平等有强烈感受，并且时常敦促男性同事选择更多有关妇女的新闻故事。对价值的克制延伸到故事倾向上，因为当我询问受访者最偏爱的故事主题

并希望借此获得一些有关个人价值的线索时,几乎所有人都告诉我:他们没有任何偏爱;他们唯一感兴趣的,就是"得到新闻故事"。

尽管我研究的多数记者在高中时代就定下了自己未来的职业取向,但他们并不是为了鼓吹价值或者改革社会而以此为业。[5] 一些人爱好写作,少数杂志记者则曾是挫败的或"失意的"小说家。其他人想成为"说书人",以享受把新闻报道给受众的乐趣;一些人视自己为教师,可以就当下事件引导人们。但对大多数人而言,新闻业提供的是这样的机会:他们可以置身于激动人心的事件,却不必卷入其中。丹尼尔·舒尔(Daniel Schorr)写道,"当事人选择立场,变得兴奋,无论是福是祸总要形塑事件,但最终却丧失了洞察真实的视角。我则始终保持超离的观察者身份,因为不在此山中,反而将整个画面一览无遗。……这种成为隐匿的陌生人的念头,常常吸引着我"[6]。

新闻生产中存在着多种用以强化客观性与超然的组织性机制。记者因为采写到新闻故事而受到褒奖,而个人利益或价值则可能对此构成妨碍。综合记者如此迅速地从一个新闻跳向另一个,以至于根本没有时间发展出与特定故事题材之间的黏附关系;而那些报道诸如战争或选战之类富于感情色彩的故事的记者,则要频繁轮换以保持他们的超然姿态。另一方面,故事的选择者则极少步出办公室,因此不至于陷入某些事件,他们因为自己的职责而得以保持超然。

大多数——如果不是全部——全国性记者所享有的丰厚薪水和津贴同样培育了客观性的观念。一位《时代》周刊撰稿人在讲述他在1976年杂志大罢工期间丧失掉超然姿态的经历时指出,尽管他自己作为一个记者曾报道过大量的罢工事件,但此前从未感到需要"在资本家与劳工之间作出选择。在曼哈顿创意产业的那些印刷与电子血汗工厂中,并不存在阶级之别"[7]。我怀疑他的很多同事未必赞成这一阶级分割并不存在的论断,不过,或许是无意识地,他也将新闻机构描绘成血汗工厂。不管怎样,全国性新闻从业者独有的收入与声望能够激发出某种"超离"于很多社会与政治冲突的有意识的感受。当然,置身事外并不等同于客观性,但它可能造成类似的感觉。

正如社会科学家或其他专业人士,当记者假定自己持有的是普适性的或主导的价值,无论这种假定是对是错,他们都会自认是客观的。当这些价值没有激起异议或者异议被当成道德失序而被弃之不顾,人们就会轻易忘记他们所持有的乃是价值判断。与此类似,只要混入事实中的无意识的价值与真实性判断未曾招致有信誉的批评者的质疑,或者正如塔奇曼指出的,当它们被"常识"合法化,新闻从业者的"事实",就仍然是事实。[8]

但最重要的是,客观性之被进一步强化,乃是因为它可以保护新闻从业者的可信度。如果新闻从业者不被看作客观行事,每一则故事都会因为或这样或那样的新闻偏见而遭受批评,而新闻也会失信于观众和读者,其规模必定远逊于今日。出于这一原因,客观性亦是一种商业考量。实际上,美联社常被认为发明了客观性以便将同一条通讯社新闻卖给在政治及其他方面立场各异的地方报纸。[9]

不过,大多数新闻从业者都以肯定的语调来看待客观性。令他们引以为傲的是,客观性曾帮助新闻界消除了由政党报纸和被消息来源贿买的记者生产出来的党派新闻。新闻从业者也感到一种职业责任感,这种责任感要求他们保护无法亲自收集新闻的受众,免受那些隐瞒与自己的价值相冲突的信息的别有用心的人的误导。此外,新闻从业者相信,他们的角色是提供信息,以使得受众能够自行从中得出结论。[10]因此,他们既不青睐包含个人感受的"私人新闻"(personal journalism),也不赞同蕴含个人价值的"倡议新闻"(advocacy journalism)。[11]电视记者甚至连评论都不喜欢,不过这主要是因为它减慢了新闻节目的节奏。

然而,当客观性阻碍记者报道谎言时,他们便对之提出质疑,而且自"水门事件"以来,他们更乐于寻找那些愿意曝露撒谎者的消息来源,或者以某种特定方式编排信息,寄望于观众和读者能够发现新闻记者正在报道谎言。[12]但是多数时候,新闻从业者无法证明消息来源是在撒谎,因为他们没能够完成必要的采访调查工作;这也是为什么那些做了这类劳心费神的采访工作的调查记者被允许更为直接地揭露撒谎者的理由所在。而对那些没有意识到自己正在撒谎或者是强大到可以按照自己的需要去界定"诚实"的政治人物,记者们就更是无计可施。

补偿客观性

在面对特定议题时,新闻从业者总是难免会产生一些既不能在新闻故事中表达出来,又无法长久压抑在心底的强烈观点。他们通过一系列的渠道将这些观点吐露出来。例如,杂志编辑可以重印那些映射他们感受的卡通漫画,一些记者工作之余为某些意见杂志撰写文章,而大多数电视主播都同时主持简短的日间广播评论节目。[13]

其他新闻从业者则通过日常谈话来进行宣泄。比如说,在20世纪60年代,办公室群体讨论中所表露的对于战争的态度要比报纸或广播中的观点更为消极。实际上,某日CBS的一些新闻记者愤而重写了如下的头条新闻:"总统今日玷污国之至高军事荣衔,借荣誉勋章颁奖礼宣称欲对胆敢反对自己的国人展开恶意攻击。"就在开播之前,他们甚至还考虑直接将改写稿插入到正式的广播稿之中,但最终因为无从接近主播从中读取新闻的讲词提示器而作罢。但是无论他们对战争的感受如何，很多新闻从业者同样不赞成反战抗议者的立场；在 NBC，他们被贴上"反越战分子"（Vietniks）的标签。

在 70 年代，新闻从业者所担心的主要是每况愈下的经济境况；那些非正式的讨论常常制造出远比出现在新闻里的论调更为尖锐的对于通胀、大公司的腐败与贪婪的批评之声。同时，与从前一样，新闻从业者在私底下仍然对于新闻中的种族容忍度和它对种族融合的鼓吹颇有微词，至少从那些相互取笑中充斥着的种族与族群笑话来看是如此。对于那些"不值得救助的穷人"（undeserving poor），疯狂追逐财富与曝光度的巨富、医生与律师，以及圣灵使者和信仰疗疾者之类的人物，新闻从业者同样不屑一顾。不过，无论新闻从业者的党派与立场为何，他们在专业讨论中的恒久主题，总是政客们的虚伪与无能。

新闻从业者的观点或意见也通过出现在新闻室公告板上的故事、评论或者卡通漫画表达出来。在《新闻周刊》，很多记者都在墙上贴满了海报；其中的一些是出自审美的需要，另一些是为了令同事吃惊。但多数都是用来表明立场，特别是那些调研者，他们没有上司那么中立，而且无须唯供职杂志的立场马首是瞻。在"水门事件"期间，一些海报反对尼克松的色彩太过强烈，以致首席编辑要求把它们撕掉，免得新闻界之外的访客对于杂志的客观性形成错误的印象。

摆脱蕴意暗示

因为客观性被认为只是一种意图，因而它包含了不必顾及新闻中可能的蕴意暗示的自由。实际上，离开了这种自由，客观性将无法存在；因为那样的话，新闻从业者就必须考虑新闻对消息来源和其他人的影响，特别是当新闻可能对某些人造成伤害时，他们就不得不掂量自己的意图,并因此放弃超然姿态。

新闻从业者当然会意识到,新闻可能伴随着无数的后果,而且其中的很多甚至无法预期;其结果是,他们觉得自己有权在不考虑可能后果的前提下选择故事与事实。[14]与前类似,这里至关重要的因素也是意图,因为客观性只要求新闻从业者规避故意的后果。他们采纳了鲁文·弗兰克(Reuven Frank)所谓的"人为的无辜"(artificial innocence)这种观念,即"新闻从业者不应该出于控制新闻所带来的后果之目的而对新闻故事本身作出修改……新闻人也应当刻意保持必要的超然立场,避免自己或者其他人将他们的工作当成改变社会——哪怕是出于高尚的动机——的工具"[15]。但是,新闻从业者希望可以同样自由地忽略那些无意的后果,并且无须关切新闻从业者的工作可能带来的显功能或潜功能(或负功能)。

与客观性一样,对新闻可能的蕴意暗示与后果的摆脱也保护记者免受过分的批评,因为它使得那些自认被新闻伤害者的异议变得毫不相干。因此,摆脱新闻的后果几乎变成新闻选择与生产中的一项诫令。故事的选择者无须担忧他们的选择将会帮助或者伤害何人;记者们也可以接近那些新闻可能对之产生消极影响的消息来源,并抛出他们认为具备新闻价值的所有问题。最重要的是,无视新闻后果的权利使得新闻工作不至于因为不确定性而陷入瘫痪。倘若新闻从业者必须评估他们所选择的故事或事实的蕴意,且须判定——甚而预期——那些并非立竿可见的后果,他们将根本无从,或者至少赶不及在截稿期限之前,作出新闻判断。

在意识层面,有意的客观性并不难于实现,因为新闻从业者能够了解并控制自己的意图;不过,新闻所牵涉的后果是由那些受新闻影响的人们所决定的,因而超出了新闻从业者的控制范围。这些后果伴随新闻而来,无论记者的意图或行动为何,都不会任由他们开启或者终止。尽管新闻从业者并不系统地预测故事的后果，他们也因而不像外人想象的那样对此知之甚多，但他们还是从经验中获知，这些后果是可以预料的。

因而，他们实际上并没有摆脱这些后果的影响。他们所拥有的唯一的——而且是有限的——自由即是对（那些可以预料的）后果的选择，而他们也的确将之纳入考虑。最一般的考量带有某种军事色彩，那就是，保护无辜者。相应地，新闻从业者有时候可能会枪毙或者修改那些将会危及新闻事件中的无辜旁观者的生命或者生计的新闻故事。不过，他们并不在意新闻将会对寻求曝光者或他们眼中的社会、道德失序者产生什么影响。当然，新闻从业者竭力避开那些可能会对所属媒体、他们自己或者他们获得新闻的能力产生负面影响的新闻；此外，即使有这个可能，他们也不愿意危及国家利益与安宁。在战争时期，他们不会报道可能破坏战争成果的新闻；而无论是战时还是平时，他们都不会触及可能危害国家安全的新闻（参见第八章）；同时，他们也竭力避免国民中的恐慌。

当故事蕴含的后果超出这些范围，或者根本就不可预期，新闻从业者便转而借用另外一种考量，他们称之为"公正"（fairness）。与客观性一样，公正亦是某种意图，而确信自己业已公正行事的记者即可以忽视那些有关不公正的控诉。一般而言，公正与否视其与恒久价值是否一致而定，这也是那些社会与道德失序者被认为无须得到公正对待的原因所在。此外，公正性也受诽谤法或联邦通信委员会（FCC）针对电视业的法令规制，更重要的则是，受前章所论的平衡考量的制约。

在记者之外，编辑和制作人则扮演客观性的强制实施者这一角色，他们的大多数非风格式的编辑工作意在进行"软化"（softening），即更改记者们的尖锐判断和/或被视为有失公正的形容词。通过软化，记者笔下的反动政客变成"保守主义者"，而"议院说客"有时候则被描述成"鼓吹者"。相反地，编辑们极少"锐化"某些判断；而且如果他们赞同某位撰稿人的批评性形容词，他们也不会对之作出改动。不受欢迎的行动者或者活动则可能遭受不公正的描绘，但并没有人意识到或在意加诸他们身上的形容词含贬损之意。

新闻杂志通过戏剧性的写作方式与同行以及其他新闻媒体竞争，那些有失公正但却别具一格的形容词有时候得以保留，因为正是它们撑起了一则故事。一些讨人嫌恶的新闻图片也因为类似的意图被挑选出来，而《时代》周刊则曾经有意选择此类图片以贬低政治对手。使用漫画是最为安全的展示倾向的途径，因为这是转印而非原创之作；虽然这些漫画主要是因为富有戏剧性而被选择出来，但没有人确切知道它们是否代表了编辑的观点。

摒弃"意识形态"

对有意识的价值的排除意味着对蓄意的意识形态的摒弃，而新闻从业者借以拒绝意识形态并在它出现的时候作出应对的种种途径，则为认识客观性的运作提供了进一步的洞见，亦让我们理解，无意识的价值及意识形态如何进入新闻判断。

与那些为政党或政府新闻媒体工作的欧洲同行不同，美国新闻从业者并不会形成有意识的、连贯一致的政治观点，他们并不是意识形态鼓动者。即便是评论员或者专栏作家亦是如此。虽然他们倾向于发展出一套观点，但这样做是因为他们必须在一个定期的基础上写作或者播音，而不可能在面对每一个专栏或者节目时都完全从头开始。此外，他们借助这些观点彼此竞争，特别是现在报纸的署名专栏评论、无线电通信网络和地方电视台一同构成了各种观点的"光谱"。

在美国，有意的意识形态论述乃是知识分子和政治激进主义者的专属之物。新闻从业者既不是其中任何一种，也跟意识形态鼓动者以及他们的作品没有多少瓜葛。因此，大多数新闻从业者对于激进主义者和知识分子参与其间的意识形态争论仅有粗浅的了解。我在开始田野工作之初惊讶地发现，尽管新闻不断触及那些重要的意识形态议题，但很多时候，新闻从业者对此甚至一无所知。那些怀有意识形态关切的少数美国新闻人，要么供职于意见杂志，或者服务于强调意识形态的政治团体的报纸或杂志，要么就是成为散落各处的鼓吹记者。

具有意识形态倾向的新闻从业者的缺乏，反映出意识形态鼓动者在美国的总体匮乏状态；正如很多观察者指出的，与欧洲不同的是，迄今为止，美国的经济与政治结构还不曾创造出培养高度丰裕的意识形态思想与政治的土壤。新闻媒体——包括我所研究的在内——也同样不太可能吸引那些抱有意识形态兴趣的新闻从业者。就我所知，那些人极少会申请全国性媒体的工作职位。这或者是因为他们不愿意供职于此类媒体，因为他们的观点距离全国性新闻媒体的立场太过遥远；或者是因为他们意识到自己根本不可能被录用。不过，甚至就连刻意抱有温和派意识形态的申请者都凤毛麟角。

更重要的是，媒体并不需要意识形态鼓吹者，因为绝大多数新闻从业者相信，意识形态是故事选择与生产过程中的一大障碍。无论是对是错，在他们眼里，意识形态鼓吹者都是怀有私念的教条主义者，这使得他们只乐于选择并报道那些可能促进自己的意识形态利益的新闻故事。虽然杂志新闻从业者觉得，意识形态鼓吹者的存在可以活跃办公室讨论的气氛，但他们以及电视记者还是认为这些人过于僵化而且无法运用消息来源与适宜性等诸多考量因素，特别是平衡原则。另外，他们只会不停地追逐同一类的故事和消息来源，从而制造出无聊的新闻。此类新闻可能会吸引其他的意识形态鼓动者，但他们毕竟只是受众群体中微不足道的一小部分。此外，意识形态鼓动者也可能削弱故事生产的效率。在20世纪60年代，一位资深编辑向我解释道，"我不会聘用一个戈德华特主义者①，因为跟他争论、帮他编辑文字都会让我不堪重负"。不过，极端保守主义者（与社会主义者）当然也会因为自己的政治价值背离主流而虚耗宝贵的时间与精力。

把意识形态视为刻板教条的这种观念，与新闻从业者对意识形态的界定相应称。他们把意识形态等同于处在政治光谱极端位置的政治价值，而这种界定绝非新闻界所独有。在他们眼中，意识形态只能源自极右或者极左的极端分子，而不是自由主义者、保守主义者或者温和派。然而，那些支持抽象原则而非明确的经济与政治利益，并因而被认为不愿在追逐选票或争取政府资金中妥协的自由主义或者保守主义团体，也被界定为意识形态者。正如我在第二章中所论，新闻对过分固守原则的政治人物总是充满疑虑，新闻从业者也是如此。

无论怎样，意识形态都首要地与极端主义相关联；而且尽管新闻从业者是在不假多虑的情况下建立起二者之间的关联，这种联系也的确提供了面对外部政治压力的实用的防御，因为它自动将政治价值排除在外；而倘若这些价值进入新闻之中，将会引发来自受众、管理层、广告商与政府的抗议。同时，新闻从业者对意识形态的界定——即便不是刻意如此——同样服务于他们自己的需要，因为它遮蔽了这一事实，即新闻从业者也有意识形态，只不过它们在很大程度上是无意识的。

---

① 戈德华特（Barry Morris Goldwater），美国参议员，以在60年代发起美国保守主义政治运动著称。这里的戈德华特主义者（Goldwaterite），意即极右的保守主义者。——译者注

对意识形态的征用与排除

具有反讽意味的是,新闻机构招聘员工的程序并不刻意排除那些记者会称其为"意识形态分子"的应聘者,因为新闻组织试图彻底忽略意识形态的存在。与电视网相比,我更为详尽地研究了新闻杂志中的这类程序,不过所有的这类媒体都主要是基于新闻才能来雇用员工。其他因素也被纳入考虑,特别是受大学教育的时间、类型与质量。在过去数年间,种族与性别因素也变得重要起来。编辑、人事部门职员以及新近受雇的记者都表示,无论是政治还是其他方面的价值,都从来不曾在招聘面试中被提出来讨论过。

由于求职者必须提交先前的新闻作品,那些仅曾供职于意识形态出版物的应聘者可能或者确乎因此而被以其他名义拒之门外。我所认识的一位激进的新闻从业者曾在20世纪60年代应聘电视网的职位。在电视网律师的建议下,他最终被拒绝,理由是他正面临着联邦政府对其非法进入共产主义国家的起诉。但这一决定——至少他是这样被告知的——因为一位新闻执行官的抗议而翻转,这位执行官明显希望一个激进者加入他的采编队伍。相反地,在同一时期,存在于所有杂志中的内部激进者以及其他为激进出版物撰稿的新闻从业者,却显示出人员聘任中的意识形态的审查过滤并不经常发生。

尽管高级编辑与制片人无一例外地同意,如果有选择的话,他们不会雇用意识形态化的新闻从业者,但他们并不打算探究申请人或是同事们的政治价值观,并坚持认为这些价值观与新闻任务并无关联。除了其作品的论调需要被"软化"的撰稿人以外,几乎所有人都声称对(即便是共事多年的)同事抱有的价值观一无所知。新闻从业者并不是装聋作哑;他们并不会在彼此之间探究这类问题,因为大家都希望将价值观"留在家里"。在《时代》

周刊,一位极端保守主义的撰稿人笔下的立场长年累月被编辑"软化",但无论是他自己还是编辑都不曾开诚布公地讨论过这个问题。

新闻界之所以避免意识形态的过滤审查,是因为这种审查暗示了对专业人士客观行事能力的怀疑;这种过滤也没有必要,因为第三章中论及的趋向一致的压力可以达到同样的结果。最终,意识形态者和其他不守规矩者被放逐在外。[16] 从那些内部激进者的命运中,我们可以看到这些压力运作的动力机制。

内部激进者与保守者

在 20 世纪 60 年代后期,《时代》周刊和《新闻周刊》都雇用了一些抱有含糊的马克思主义倾向的年轻人,即所谓的"内部激进者";在 1975 年的田野工作中,我发现了几位被认作"内部保守者"的新闻从业者,而他们中的多数也是早在 60 年代起即服务于新闻业。以非新闻业的标准来看,他们不是真正的意识形态者,但他们确实对政治价值感兴趣,而且在同事眼里,他们的价值观也的确比较极端。

内部激进者的职位通常是记者或调研者。在某种程度上,他们之所以被雇用,是为了保证这些杂志对反战运动消息畅通。这种做法多少与黑人记者在种族聚集区具备新闻价值时被雇用来报道它们的做法有几分相似。而内部保守者则往往是编辑或撰稿人。这一切都反映出他们在办公室讨论中的位置,同时亦服务于两个重要的潜在功能。通过被公开地指认为意识形态者,内部激进者与内部保守者令其他新闻从业者自感摆脱了意识形态的羁绊,并因而能够客观行事。同样,他们也界定了意识形态的边界;在 60 年代,内部激进者阻止了同事们的观点向左端移动得太远;而在 70 年代,内部保守者——他们在 60 年代并没有被贴上这一标签——则建立了一个边界点,如果同事们越过了这一点，他们将被视为太过保守。实际上，一位内部保守者其实赞同某些自由主义的立场；但因为他被视为边界的标定者，同事们便把那些他并不持有的观点加诸他身上。

内部激进者往往无法在杂志中久留。尽管他们拥有必备的新闻技能而且也并非完全不愿与人合作，但他们还是无法与所在机构合拍。这些激进者令同事们反感的不守规矩的行为更多与生活方式而非政治有关：他们因诸如非正式的衣着、性态度（有些甚至只是人们的揣测）与或真或假的吸食毒品（大麻）等在 60 年代末仍被视为禁忌的举止行为而遭同事的揶揄或者批评。尽管如此，内部激进者更多地深受政治差异之扰；他们所抱怨的主要就是自己无法自由地参与办公室讨论，或者吐露观点时总会觉得不合时宜。[17]此外，令激进者感到如芒在背的是，他们安身于"建制"之内。尽管自己所处的位置可以帮助那些激进主义的朋友获得媒体可见度，但他们却因为自己丰厚的薪水与报销账户而深感愧疚；此外，只能售卖激进主义却成不了激进主义者这一事实也往往令他们耿耿于怀。[18]

倘若他们留下来，趋向一致的压力可能已经减弱，因为他们的生活方式在接下来的数年间变得更易为人接受。但政治以及其他差异依旧存在，不顺从这些规矩必将导向孤立。大多数同时进入媒体且在生活方式上并不脱离常规的黑人记者，最终都因为类似的原因而离开，那就是，他们既无法令编辑相信有关黑人社群的新闻具备新闻价值，也找不到可以与之讨论黑人社群文化与政治问题的人。[19]

不过，那些内部保守者则留了下来。作为撰稿人与资深者，较之激进者，他们拥有更多的权力与更高的地位，因而也就能够更好地处理相关的争议。此外，保守者的生活方式与他们的中年同事类似，因而也易于被接受，只不过一些年轻的记者觉得他们古板守旧。他们同样更容易在政治方面与所在媒体合拍，因为我所研究的这些杂志都能够与内部保守者而非激进者的价值观相契合。[20]

意识形态化的编辑

无论是在故事选择还是生产过程中，对意识形态的漠视以及意识形态化记者的匮乏这二者合力将意识形态判断降低到最低程度。当然，消息来源与故事适宜性的考量，特别是重要性判断以及嵌于其间的恒久价值，已然确立起意识形态的边界，而将意识形态视为某种极端主义的观念则进一步强化了这些边界。因此，在整个田野工作期间，我只观察到一次意识形态直接进入故事选择过程中的案例：《时代》周刊曾枪毙了一则有关西班牙共产党人在佛朗哥时期仍然发挥作用的新闻故事，因为"它使共产党人看起来太好了"。或许在我较少观察的国际新闻部当中，存在着其他因为意识形态原因而被毙掉的新闻故事，但在国内新闻部，则不曾发生这种情况。在电视网中也是如此。

在故事生产阶段也同样极少出现意识形态化的编辑行为。内部激进者并不负责新闻稿的撰写，因而也就不会造成编辑方面的问题。此外，几位拥有非凡写作技巧的保守主义者总是会被分派到重要的选题，即便编辑知道他们在某些议题上持有"强烈"的个人观点。经验告诫他们要将个人价值观抛到故事之外；否则，作品中蕴含的这些价值观就必然被编辑软化。

习惯于创造性人群之个性的编辑们往往仅将意识形态兴趣视为另外一种不那么恼人的个性。一位资深编辑解释道，"我属下的一位撰稿人有那么一点冷战分子的味道，另外一个则是传统的哈佛自由主义者（他对左翼自由主义者的称呼）；但意识形态的问题极少浮现出来，即便出现了，我只需换掉一两个句子便能够解决"。不过，那位他提到的"哈佛自由主义者"已经——尽管或许并非有意为之——主动地减少了这些意识形态问题出现的可能。他告诉我，他曾批评韩国的经济是建立在"对廉价劳动力的剥削"之上，但他实际写下的文字却是"快速的经济增长需要付出高昂的社会成本……这一增长部分建立在非常廉价的劳动力基础上"。后来他解释说，自己从来没有想过在报道中使用向我提及的措辞，因为他假定"读者自己能够领悟出来"。

由于保守的资深编辑职级较高，他们往往拥有更多的自主权。《新闻周刊》的国际版曾一度由一位内部保守者编辑；总编辑对该版的编辑工作并不干涉，因为他更感兴趣的是国内新闻，而且当时冷战的炽热程度仍足以赋予国际版强烈的反共主义以合法性。不过，当这位编辑于1968年撰写一篇强烈支持越战的文章时，他在文章中表达的观点被软化了。另外一个杂志后半部分栏目的保守主义编辑则经常跟他手下的撰稿人发生争执；时不时地，高级编辑都要淡化这位编辑在处理属下撰稿人的作品时所采取的立场。在《时代》杂志，亨利·卢斯于60年代早期任命了一位保守主义的总编辑；结果那些不那么保守的资深编辑频繁地与之争执，而且有时候能够"弱化"他所持有的立场——尽管他们可能并不如此形容这些争执的结果。[21]

新闻生产中不成文的规矩是，倘若那些被认为是意识形态化的结论或观点得到证据的支撑，它们就能够得以保留。越战期间，那些在徒劳无功的战斗或者造成大规模平民伤亡的搜索与摧毁行动场景中出现的电视记者，可以借用对战争批判性的评论来结束报道，没有人能够对此置疑。1975年，一位资深的NBC记者向总部递送了一段积极评价卡斯特罗国内经济政策的片子；身在纽约的一位制片人反对该记者的结论，但首席编辑裁定记者为结论提供了充足的证据，最终片子未经删减而播出。这位记者长期报道中美洲和拉丁美洲并且在保持客观性方面深受信任，他因而可以自由地选择报道题材；但无须明言的是，此类赞美社会主义经济的新闻故事实在是凤毛麟角。社会主义国家富有新闻价值的，乃是公民自由缺失之类的故事，而同一位记者从古巴发回的第一个电视片就是有关政治镇压的长篇报道。

新闻杂志当中同样存在一些不被视为怀有意识形态兴趣的无形的意识形态者。与专栏作家相比，调研者与记者更有可能成功地将自己的观点融入新闻报道之中，因为他们处理的是事实而非观点。此外，往往只有他们自己看到了这些事实所包含的意识形态层面的显著性。一位调研者曾在一则有关中情局的报道中加入了贬抑该机构的信息；尽管编辑删除了这一信息，但调研者并不确定，这是因为编辑反对其中的意识形态观点，抑或只是想缩短故事。他曾考虑要与编辑争辩，但鉴于与上司太多的争执会把自己变成"怪人"，他最终还是决定将自己所拥有的稀缺的政治资本留给那些自己更为在意的议题。

价值卷入

在第二章中，我曾指出，经验性的专业领域必须拥有借之捕捉并把握事实的概念，而这些概念自身则包含了对于无法验证的外在现实的假定与判断。同样，没有哪一个经验性的领域拥有足够的时间或资源将它的方法论应用于所有层面，因此很多事实陈述其实都是对现实的评判。

此外，即便是在研究对象的选择与忽略方面，关注所在的国家与社会的经验性学科也同样包含着价值。经验论者当然可以保持超然，借此将有意识的个人价值抛在一边；他们也可以通过反思体认到那些他们不能或不愿抛开的价值。但新闻从业者却无法在不表达任何价值的前提下撰写或拍摄新闻故事；这种价值卷入以有意识的观点、无意识的观点、真实性判断（有时候是偏向性的陈述）以及恒久价值等形式表现出来。

恒久价值

最频繁地、最有规律地进入新闻中的价值乃是恒久价值（参见第二章的相关论述）。如前所论，它们被无意识地纳入进来，因为它们就内嵌于重要性判断；因此，它们与客观性并不冲突——实际上，正是它们使得客观性成为可能。作为新闻判断的一部分，恒久价值从属于整个新闻业，而非新闻从业者；其结果是，新闻从业者自感超然无涉，而且无须在工作中带入个人价值。

这些价值之所以持久，很大程度上是因为置身于新闻判断中的基本考量并没有随着时间的推移而发生显著的变化——或者，至少在过去的几十年中是如此。但并非所有的恒久价值都会同时适用于任何特定的时刻，因为它们是以主观反应的形式进入到可获得的新闻当中；而且倘若相关的新闻故事无从获得，这些价值也就隐匿起来。当美国政治依照利他民主的规则运作，这一恒久价值并没有被违背，也就没有相应的新闻故事可供报道。

作为专业领域的新闻界，也并不是以一种始终如一的方式来看待恒久价值。此外，因为它们是无意识的价值，每一个新闻机构，或者是拥有个体自主的每一位新闻从业者，都以稍显不同的方式理解与诠释它们。

毋庸赘言，恒久价值本身都是政治价值，而且并非所有的新闻从业者或者媒体都持有我在所研究的杂志与电视网中发现的价值。例如，意见杂志通过发展出鲜明的政治观点并在当下的众多议题中选择自己的立场而获取收入并服务于它们的受众。这类杂志因而吸引那些已经发展出清晰的政治价值观的新闻从业者,但就连这些记者也会援用某些恒久价值。他们同样希望能够曝露不称职或者不诚实的领导者:左翼杂志强调商业领袖的道德失序活动,而右翼杂志则将矛头指向共和党或民主党中的自由派官员。

有意识的观点——选择立场

在某种程度上,新闻杂志通过选择立场而与其他新闻媒介竞争。它们表达针对特定主题或特定故事的观点,但这些观点出现的时间往往比较短暂,因而无法被称为"价值"。的确,《时代》周刊仍然力求传达单一的声音,但没有人检视是否所有的立场都能够保持前后一贯。事实上,这种一致性主要体现在这些杂志所谓的"声调"或"姿态"当中。《新闻周刊》的一位资深编辑曾将所属杂志的姿态描绘成"一个受过良好教育的、高雅的自由主义者,在某种意义上算思想开明的、公正的人,但同样也表露出困惑与反讽的味道"。

大多数杂志立场是由个体撰稿人阐发出来的,但他们知道,自己代表着首席编辑并且据此行事,尽管有时候他们也会表达自己的观点,但首席编辑则可能对之作出删改。在当下重要的政治与经济议题方面,首席编辑负责决定杂志的立场,有时候其上司也会参与进来;在某些情况下,则是由主管构想出公司的观点。尽管很多《时代》周刊的撰稿人是民主党人,但在亨利·卢斯以总编辑身份主政时代公司期间,《时代》周刊一直偏向共和党候选人及其政治主张。直到20世纪60年代早期,《新闻周刊》的立场都与《时代》类似;但在格雷厄姆夫妇(Philip and Katharine Graham)买下这份杂志之后,它立即开始偏向更为自由的立场。

电视并不采取鲜明的立场，但它的确也表达观点。一位首席制片人说道，"我并不想表露出编辑立场……但每天晚上我们都在说些事情。我不相信绝对的客观性"。不过，晚间新闻节目并不提供一种单一或一贯的声音。评论员可以自由表达自己的观点；而电视主播，作为自主的明星，即便面临着来自附属于电视网的地方电视台的抗议（参见第八章），依然可以随心所欲地发表意见。在 60 年代，NBC 新闻由切特·亨特利（Chet Huntley）与大卫·布林克利（David Brinkley）主播。每当由亨特利来撰写主要的战争故事时，节目就倾向于鹰派，因为他死心塌地支持种种战争努力；而当布林克利接棒时，战争新闻就常常反映出对战争的怀疑，这倒并非因为他是个鸽派人物，而是他那时候（现在也是）对于所有由大政府操持的活动都抱有怀疑的态度。[22]

即便如此，评论员、主播或者高级编辑及制片人也不经常表露出个人立场。他们将自己视为公众人物，而他们的立场也因而变成对于公众立场的个人诠释。一位主播指出，当他在电视上陈述观点的时候，他把自己限制在"已然被他人持有"的观点上；而新近退休的 CBS 新闻评论员艾瑞克·塞伍雷德，就因为这个原因，而经常被贬低为"多面派"。

个体立场同样会受到受众考虑的影响。20 世纪 60 年代的一位首席制片人在讨论到他所在的节目对黑人民权运动的立场时说，"我们要面对的是全国的观众，要处理的也是全国性的议题，因此不能简单地说黑人民权运动是好的。即使你认为这种主张在亚特兰大是好的，依然不能确定在芝加哥也是如此。因此我们以相当温和的方式说出相反的话，那就是，黑人民权运动或许不是非常好"。一位首席编辑亦指出，与其说他抱有的立场是自己的，毋宁说是通过与资深同事的讨论和对其他新闻媒体的阅读而产生的"对公众情绪的反应"。他同时强调，即使是自己的情绪也取决于"作为一个消费者或读者的感受"；他因而借助受众代理人这一角色形塑了他自己的观点。

然而，该首席编辑属下的新闻记者则常常认为他的立场源自他自己的个人价值。在某种程度上说，他们是对的，因为最终还是他决定了所持有的立场到底来自公众情绪还是他作为读者的个人感受。与此类似，对黑人民权运动采取反对立场的那位首席制片人亦很明显并不在意亚特兰大或芝加哥的受众可能有着与他迥异的感受。

实际上，大多数的观点都是从恒久价值中衍生出来的。对于个体政治人物的评价源自内在于新闻业的利他民主观念对于政治行为的期望。即便公共情绪倾向于全国性的健康保险，新闻从业者的观点也不太可能偏离负责任的资本主义的原则太远。反对黑人民权运动的立场可以从新闻界对于种族融合的支持中预示出来；同样重要的是，黑人民权运动支持者的好战本质也与社会秩序的保存这一更高价值相冲突。

无意识的观点

绝大多数观点都是在无意识之间进入到新闻当中，且多是通过使用隐含的、轻蔑的单词与短语等形式（参见第二章）。当新闻从业者将公民骚乱的参与者描绘成"群氓"或"乌合之众"，当他们消极地报道生活费用的上涨，或者当他们以讽刺的口吻描述青少年的行为之时，他们都是在表露观点，但他们可能对此懵然不知。为数众多的新闻从业者共享这些观点，它们因而被视为理所当然；只有当它们变得富有争议，新闻从业者才会意识到它们是观点。此后，这些观点可能被抛弃、调和，或者转变成某些立场。

观点转变

针对特定新闻故事的观点时不时地发生改变。但新闻从业者并不愿意改变有意识的立场,因为他们担心这样做会被批评为自相矛盾,并进而削弱他们的可信度。

因此,有意识的观点通常只会在发生了非常显著的创伤性事件(traumatic events)之后才会发生改变,因为唯有如此,媒体才能既改变立场,又不必损失可信度。不过,这些事件也往往是一系列不那么显著却促使新闻从业者对先前立场产生怀疑的事件的顶点。或许近来最重要的例证,就是1968年"春节攻势"之后,几乎所有的主要新闻媒体都改变了对于越战的立场。我之前提到,很多身在西贡的记者一直在表露他们对战争将会取胜的怀疑,而一些新闻机构也陷入到底该听信这些前线记者还是听信更为资深——也更乐观——的华盛顿记者的内部冲突。因而,"春节攻势"不过是长久以来不确定性日渐增长这一过程的最后一棵稻草。这种不确定性,不仅仅是关乎战争,也关乎政府在向新闻记者传达战争境况方面的诚实度。[23]

类似的过程也会出现在关于总统和总统候选人的观点发生改变之时。早期对卡特总统政治能力的怀疑因所谓的兰斯与马斯顿(Lance and Marston)事件而聚集成形。而在1972年的总统大选中,总统候选人乔治·麦戈文前一天还宣称自己远远落后于竞选伙伴托马斯·伊格尔顿(Thomas Eagleton),第二天即强迫他退出竞选①,多数新闻从业者因而将麦戈文描绘成不过是又一个政客而已;但麦戈文团队在1972年民主党大会期间为获取提名所使用的种种策略已经显示出,这位总统候选人不过是在使用标准

---

① 因伊格尔顿曾患忧郁症并接受过电击疗法。——译者注

的竞选战术罢了。

那些导致新闻界的观点发生改变的具备高度显著性的事件,正是经新闻从业者之手才变得引人瞩目。此外,多数改变立场的新闻从业者并不是对事件本身而是对他们读到或者看到的相关的新闻故事作出回应。[24]因此,他们其实是通过呼应发生于大量同行之间的意见变化,参与到一个本质上是专业领域内部的过程之中。戏剧性的事件是启动这一过程的必要条件,但却不足以完成这一过程。哈伯斯塔姆(Halberstam)及其同事早期对南越专政与腐败的揭露并没有说服多数新闻从业者将眼前的战争看作一次可疑的冒险,直到数年之后,一系列事件以及1968年的"春节攻势"所达成的临界点才使得他们相信这一点。在此过程中,新闻从业者同他们的受众一样,对同样的新闻作出回应,而正是这些信息促使民意发生变化。[25]

无意识的观点也会随着高度显著性的事件而发生变化,不过同样可能的是,它们会转变成有意识的观点,进而改变自身以因应同行或公众的批评。我之前提到,在遭到来自女性同事的抗议后,新闻杂志的男性新闻从业者自觉地减少了对包含男权色彩的词汇的使用,而无意识的种族主义也因为黑人对媒体的批评而被剔除出去。当同行在专业杂志中批评了将北越描绘成媒体自身的敌人这种做法之后,一些新闻记者不再这样做。但这些评论者之后也将矛头指向反战抗议者对媒体的批评,而且在"春节攻势"之后出现的对于战争报道广泛的重新评估之中就更是如此。

现实判断

价值进入新闻的最为深入的方式,乃是借助现实判断,即那些有关外在现实的假定,它们与记者借以捕捉这一现实的概念联结在一起。[26]这些假定不可计数,且多数并不以偏向性陈述的形式存在,而是表现为嵌入到新闻从业者所援用的考量之中的种种假设。当记者必须判定"何者为新"的时候，他们也必须针对"何者为旧"因而不具新闻价值作出假设；当他们报道错误的或反常的事件，它们也必须决定何者为"正常"。倘若他们偏爱旧的或者新的，倘若他们相信正常者就应该正常，现实判断进而就会转变成偏向性的论述。

无论如何，离开了他们集体脑海中的有关国家、社会及相应机构的复合画面，新闻从业者便无法进行新闻判断，而这一幅画面，正是现实判断的集合体。当新闻从业者将加利福尼亚看作一切奇异的新时尚的源头，将青少年看得异乎寻常，或者杂志记者将中上阶层美国人的生活方式普遍化并推而广之到整个国民，他们就是在生产现实判断。其结果是，他们不再为其他的——譬如穷人对美国所抱有的——现实判断留出空间；他们也不会探究那些激进者、极端保守主义者、东正教或者社会科学家可能问的有关这个国家的问题，他们甚至都懒得考虑这些问题。

很多现实判断都是或对或错的刻板印象，新闻从业者从别的地方将它们挪用过来，因为无论是在记者还是受众眼里，这些刻板印象都触手可及，也不显得陌生。正如沃尔特·李普曼（Walter Lippmann）多年前所指出的，新闻依赖并强化种种刻板印象。有时候新闻甚至创造出一些新的刻板印象，尽管更多时候，新闻从业者创造的刻板印象与很多其他人独立发明出来的刻板印象殊无二致。比如说，关于青少年是一种奇异的——而且是极度不守规矩的——生物群体的刻板印象，就不单单存在于新闻从业者当中。

严格地说，现实判断有着与偏向性陈述不同的发展轨迹，但即便如此，它们二者还是经常交织。对越战最初的——和仍在持续的——观念，或许最好地显示出现实判断与价值之间的相互依赖以及它们对故事选择的影响。从最开始，新闻从业者就把这场战争看作美国及其盟国与一个共产主义敌人之间的冲突，从这里衍生出支持美国立场的价值判断。

完全有理由——而且是正确地——认为，新闻媒体本应该将美国在越战中所扮演的角色看作是陷身于一场已经风起云涌了数十年的外国内战中后期的一个阶段。但这种观念需要美国新闻从业者——以及一般的美国人——作出他们很难作出的一个现实判断。发生在越南以及其他发展中国家的这类内战，并不是新近的美国经验的一部分，相应的现实判断也就无从产生。美国的内战是如此与众不同以至于无法成为思考越南问题的模型，而今日对美国独立战争所抱有的怀旧想象则忽视了它是一场某种程度上与正在越南进行的战争类似的游击战争。

在美国介入之前，新闻从业者尚且可能将越战报道为一场内战，但即便是那样的现实判断大概也会伴随着一个价值判断。至少半个世纪以来，多数美国人对内战提出的第一个问题就是，是否有共产主义者卷入。而共产主义者参与的内战极少被政府官员或新闻从业者称为内战。多数时候，它们被视为冷战中的事件。

不管怎样，有关越南的现实判断以及与之联结在一起的价值，亦伴随着某些实质性的考量，那就是，国内新闻总是比国际新闻更为重要。这一考量先于现实判断，因为它先是阻止新闻从业者在美国卷入之前将注意力投放于东南亚地区——之后则阻止他们关注南越与北越生活的非军事层面。一旦美国军队开进越南，这个国家就被划到国内新闻的所辖范围之内，这一决定几乎使得随之而来的现实判断与价值判断变成强制性的义务。

新闻从业者的准意识形态

恒久价值、有意识与无意识的观点以及现实判断汇集在一起构成了我在第二章中所界定的——有别于意识形态的——准意识形态。我在新闻当中发现的这种准意识形态当然是源自新闻从业者，只不过它所表达的更多是新闻室与整个专业领域的价值观，而非新闻从业者的个人价值观。

新闻从业者的准意识形态并非不可动摇，但另一方面，意识形态也不是完全僵硬的，除非特定政治团体将自己的路线强加于意识形态之上。趋向一致的压力促成准意识形态的同质化；但个体自主以及对劳动与权力的组织化分工，则导致了多样性。大体上，就像高级编辑与制片人往往采取比其他新闻从业者更为保守的立场一样，他们在准意识形态方面亦倾向于政治与文化上更为保守的观念，这或许是因为他们必须把来自保守评论家或者受众成员的潜在或实际存在的抗议谨记于心。

不过，话说回来，新闻从业者的准意识形态毕竟是一种意识形态，即一套未经检验并且常常是无法检验的信念。那些坚持准意识形态的人们并不认为它是一种意识形态，这一点即便不能论证其意识形态本质，也起码提供了一个例子。正如其他栖身于主导范式之内的经验主义者一样，新闻从业者也相信，他们是客观的。

新闻业价值的起源

新闻记者的专业判断包含价值这一事实，引出另外一个问题，那就是，这些价值到底是与新闻业的专门知识相关联的专业特征，还是只源自专业领域之外的世俗价值？倘若新闻从业者援用的是世俗价值，那么他们就不仅是以专业人士的身份也是以普通公民的身份来选择新闻；如果是那样，人们就可以探究他们是否应该这样做，而在他们以公民身份行事的时候又是在代表谁。此外，如果专业人士作出的竟是世俗判断，他们对自主性的主张就会引发争议。这些问题关乎新闻政策，我们将在第十章中讨论，不过它们预示出一个先在的经验性的问题，那就是新闻从业者援引的价值源自何处？

恒久价值与进步主义运动

恒久价值是新闻判断中不可或缺的部分；但即便如此，严格地说，它们依然不是专业价值。它们并不包含任何技术性的专门知识；相反，它们是有关良好国家与社会的图景中的构成元素。在这个意义上，它们也是世俗价值，大概也有着世俗的起源。

在第二章的结尾处，我曾指出这些价值与世纪之交的进步主义相类似。详尽的历史研究可能会显示这种类似只是巧合，但至少有一个很好的理由让我们相信事实并非如此，那就是，新闻从业者乃是进步主义运动固有的一部分。到底是他们还是公民改革者"发明"了该运动的价值，是另外一个问题；但无论如何，我都认为，恒久价值植根于进步主义运动。

我们在此无法讨论进步主义自身的源头，但它的全盛时期的确与揭丑运动相并行；而且最重要的那些"扒粪者"——例如艾达·塔贝尔（Ida Tarbell），林肯·斯蒂芬斯（Lincoln Steffens）及他们的编辑麦克卢尔（S. S. McClure）——不仅与进步主义运动的全国性领袖们有着相当多的接触，也是他们积极的支持者。[27]新闻从业者自己也是全国性领导层中的一部分；钱德勒的研究发现，在他所分析的260位进步主义领袖中，有36位可被确认为编辑。[28]此外，很多地方新闻从业者也参与到他们所在州和城市的进步主义运动之中。[29]但是，对进步主义运动和当时新闻业的联系的最好说明或许来自理查德·霍夫施塔特（Richard Hofstadter）最近的分析：

> 美国进步主义最根本的批判性成就是"揭露的行当"，

而新闻业则是这个行当充满创造力的作家的主要职业来源。可以毫不夸张地说,进步主义的精神就是新闻业的精神,而它最为独特的贡献,就来自对社会负责任的报道者——改革者。[30]

为什么进步主义者会与新闻从业者结盟并不难猜测。政治运动需要与实在或潜在的支持者沟通;而进步主义运动正是在发行量巨大的报纸与杂志变成主流新闻媒介之时登上了历史舞台。很多进步主义者都是来自上层或者中上层社会阶级的小城镇美国人,他们力图控制都市—工业社会的腐蚀性影响,而这些影响则是经济变迁以及南欧与东欧的移民潮所带来的。

或许只有通过详尽的历史研究才能够弄清楚为什么新闻从业者愿意与进步主义者结盟;但那些这样做的新闻从业者,以及很多当年引领风潮的记者,都来自与进步主义者类似的社会背景;而且或许他们也对正在美国发生的变化感到不安。顺带一提,很多今日的新闻从业者仍然来自这些社会阶层。前引约翰斯顿(Johnstone)及其同事对新闻从业者的全国样本的研究发现,49%的新闻从业者是管理者和专业人士的子女(也就是来自中上阶层家庭),而且几乎四分之三的从业者不是盎格鲁—撒克逊人就是"老"德国、爱尔兰以及斯堪的纳维亚移民的后裔。[31](这些数据同样适用于我所研究的新闻媒体,不同之处在于,这些媒体中的很多高级编辑、制片人与新闻执行官都是犹太人。[32])

现代新闻业必须援用世纪之交的价值这一事实,并不意味着该专业领域是在一些过时的观念之下运作,因为很难说进步主义已经死了。尽管当年的运动已经不再,它的观念却仍然居于很多政治、社会与文化改革努力的核心。更为切题的是,这些观念在今日的新闻从业者眼中依然占有显著的位置。这些价值标示且保持着美国新闻业历史上值得骄傲的一章,因为在进步主义运动时期,新闻从业者在美国社会中获得了之后再也没有达到——除了"水门事件"那几年——的权力与影响。

直至今日,这些价值仍然服务于作为专业领域的新闻业,赋予它令人尊敬的社会角色。鉴于新闻从业者是一系列价值的捍卫者,他们就绝不仅仅是将信息从信源传输到受众的技术人士。在很大程度上,当代的新闻从业者并不把自己看作改革者;但我所研究的这些记者却也都会因某个新闻故事最终导向官方的调查以及立法与行政的改革而深感自豪。进步主义也是一个意在将专家带入政府与政治领域的专业运动;它的价值强化了新闻业的专业主义,特别是新闻从业者尚且不能确定他们是否有资格被称为专业人士。同样,进步主义的意识形态躲避或者绕开政党的党派偏见,这一点曾经对且仍然对新闻从业者之类的将自己视为政治独立者的人们充满了吸引力。

此外,其他的社会人群,特别是作为新闻从业者主要消息来源的政府官员也分享着这些恒久价值。实际上,恒久价值几乎与那套政治话语的重要主题完全吻合,后者也以作为一个整体单元的国家为中心,鼓吹大致类似的资本主义与民主,忠于小镇田园主义,支持个人主义和温和主义,并且鼓吹秩序的重要性。政治话语并不能等同于政治行为,但另一方面,新闻也是一种话语;新闻从业者有关领导层之必要性的假定,也经常在政治家于竞选活动或者典礼场合的演说中表露出来。

受众可能并不赞同新闻中表达出来的所有观点,但却不太可能对恒久价值作出批评。比如说,中间阶层的美国人同样钟情于社会秩序、诚实可靠的领导层、田园主义、温和主义以及个人主义。虽然并非所有人都相信负责任的资本主义,但更没有人乐意支持那些加重他们的税务负担的政府福利政策。当年上层与中上阶层对美国的进步主义图景的憧憬看起来好像已然扩散到更大的人群之中。

另一方面，恒久价值也服务于与新闻业联结在一起的广告商与新闻企业的商业利益。无论是过去还是现在，进步主义都不曾对私有企业本身抱有敌意，而新闻业有关负责任的资本主义的构想也没有偏离公司的社会责任这一观念太远，而后者作为鲜明的意识形态，也得到大公司本身的支持。此外，恒久价值中的个人主义的观念，不仅合法化了企业家阶层的可欲性（desirability），亦将私有企业的缺陷视为"烂苹果"。其结果是，恒久价值对系统内潜在的结构性缺陷视而不见，继而减少了那些质疑现有经济秩序之合法性的新闻故事出现的可能。

价值与工作情境

恒久价值是新闻从业者所在的工作场所的价值；因此我们同时必须通过他们的工作情境去寻找这些价值的源头。新闻从业者自己认为，进入到它们工作中的价值，乃是专业实践的结果，它们因而是价值暗示，而非价值本身。沿着这一论断向前，新闻从业者之所以强调总统，是因为他是一个高产的、富有效率的新闻来源，并不是因为他们尊重领导权；他们之所以报道社会失序是因为这类事件往往能带来戏剧性的新闻故事，而非因为他们珍视社会秩序；他们之所以强调温和适度，是因为作为与各种各样的消息来源接触的"局外人"，他们最好能够敞开自己的心怀。在1970年的一个演讲中，约翰·钱斯勒指出：

> 我认为，新闻记者很可能……抱有一些针对实用主义与常识的偏见。记者也是人——因此他们也倾向于欣赏……称职的、诚实的人；他们可能并不喜欢恶棍和小丑。通过亲身

实践,他们意识到,为了解决问题,很多事情必须(通过努力和金钱)完成,这使他们无法与保守主义合拍。他们也意识到——通过战争与骚乱中的亲身经验——暴力和激进主义很少能够解决问题,这使他们也无法认同新左派的观点。多数记者(包括我)的极端中立者位置在今时今日处境艰难。……倘若这个国家的人民都以记者的方式度过他们的日子,结果会证明他们也会采用记者采取的方式,即对演说辞令保持怀疑,对宏大的计划有一点疑虑,赞成通过理性的程序解决问题,反对暴力与战争,而且非常担心国家的前途。[33]

不过,对演说辞令与宏大计划的怀疑及对理性程序的推崇,却并不是新闻记者能够对他们的工作作出的唯一可能的反应。新闻从业者或许会得出结论说,政府缓慢的、累积性的变化才是非理性的,他们也可能观察到,有时候正是"暴力与激进主义"迫使政府作出行动。而对"称职而诚实的人"的欣赏和对"恶棍与小丑"的厌恶,正是钱斯勒对一则重要的恒久价值的个人解读。

新闻从业者的确因为总统是一个高产的有效率的消息来源而重视他,他们也的确把社会失序当成戏剧化的新闻来报道。但这只不过是答案的一部分,因为所有的常规的消息来源都可能变得高产而富有效率,而新闻从业者本可以选择其他常规的消息来源。倘若恒久价值没有被牵涉进来,失序新闻就会将重点放在参与者,而不是秩序修复者身上。尽管故事选择与生产过程不能完全由恒久价值来解释,但也不能将这些价值彻底丢弃到解释框架之外。工作需要将新闻从业者推到特定的方向,而恒久价值则将他们拖回来。

不过,某些价值可能直接源于工作情境。比如说,公民自由这一重要价值就几乎是一种工具性的必需品，因为新闻从业者的自主性就建立在新闻自由的基础之上。

此外，新闻从业者对官僚主义的反感也可能不仅仅来自恒久价值，也源自他们作为官僚层级机构中的不情愿的成员这一处境；尽管对于官僚主义的厌恶，并不为新闻从业者所独有，无论是专业人士还是一般的美国人都抱有类似的态度。与此类似，新闻从业者对负责任的领导层的关注，也可能源自高级编辑、制片人与执行官等人在新闻从业者的工作生涯与士气中扮演的核心角色。

新闻从业者对个人主义和温和主义的鼓吹甚至也可能和工作情境有关。尽管存在着集体性的新闻操作以及趋向一致的压力，新闻机构还是会奖励那些高产的个人主义者；而且对很多新闻从业者来说，自由撰稿人——作为最卓越的个体——仍然是他们的职业生涯的理想目标，尽管这一目标极难实现。温和主义则很可能是一种防御性的价值，因为对于可能遭受批评的新闻从业者而言，靠近中间的位置才是最安全的。在20世纪60年代，新闻从业者经常说，如果他们同时收到来自"法西斯主义者"和"共产主义者"的批评信件，他们就没有必要担心自己所采取的立场。不过，温和主义以另外一种方式与工作相连，即那些嗜酒或者将精力耗费在工作之外其他方面的新闻从业者一般都无法长期保持工作步调。[34]嗜酒的新闻记者乃是一个久已有之的刻板印象，但在我所研究的媒体中，却很少看到这类人的存在。

新闻从业者的工作环境同样影响他们的现实判断，因为这些判断部分得自一小群消息来源，而新闻从业者就是从他们那里获得了大多数的新闻故事。即便当工作将他们放到与公共官员敌对的角色之上，他们在社会、经济、文化和其他背景特征方面仍然彼此类似。他们对与自己不同的人们知之甚少，而关于这些人的信息也常常来自二手消息来源。比如说，由于缺乏与工人阶级消息来源的接触，新闻从业者对于他们的感知受到越战期间制造新闻的建筑工人或者阿奇·邦克尔（Archie Bunker）①这位由好莱坞的中上阶层专业人士炮制出来的虚构的工人阶级角色的影响。

价值与个人经历

某些现实判断与价值也来自新闻从业者的个人经历与背景，以及他们在孩童时期和现今的成年阶段于家庭和社区中所体验到的生活方式。他们用以判定富有新闻价值的异常性的现实判断，大体上反映了他们自己对于何者构成正常的父母、邻居、朋友、俱乐部会员、去教堂礼拜者以及其他日常行为的种种期望。无论怎样，他们对于常态的定义时常是从他们感知到的中上阶层的常态中衍生出来的。例如，在过去数年间，新闻从业者对城市生活闪光面的感知聚焦于"都市新生"方面，因为他们更熟悉那些重建旧城区房屋的富裕的年轻专业人士（现在有时候被称为"旧区重建者"），而不是剩下的99％的都市房屋所有者。这些经验被频繁地转译成故事选题，这帮助我们解释了为什么新闻杂志会将中上阶层的生活方式普遍化。

但个人经验与背景并不能解释恒久价值。如前所述，这些价值内嵌于新闻判断之中，作为个体的新闻从业者无须接受它们。或许那些他们丢在工作之外的价值——对此我没有集中地研究——与恒久价值有所不同；但在投入相当多时间与这些人进行非正式的交谈之后，我确信，事实并非如此。无论如何，新闻从

---

① 阿奇·邦克尔是一出长期上演（1971—1983）且广受欢迎的美国情景喜剧 *All in the Family* 及其续集 *Archie Bunker's Place* 的主角，剧中他是一个保守的、固执的蓝领工人。——译者注

业者在赞同恒久价值方面根本不存在任何困难。[35]

新闻从业者也没有任何理由不赞同这些价值,因为其中的大多数人是我在第二章中所描画的中上阶层、中年社会秩序的一分子。以所有的传统指标视之,全国性的新闻从业者都称得上中上阶层成员。除了少数年长的新闻从业者之外,绝大多数新闻记者都是大学毕业生,很多还拥有研究所学位。而新闻杂志的记者则仍然主要是在常春藤院校或者其他与之齐名的私立大学中接受教育;虽然某些电视记者来自中低阶层家庭,但多数都曾进入"高品质"院校就读。[36]

新闻业曾是一个收入很低的职业,但现在大多数全国性新闻从业者都过着小康生活。在1975年,新闻杂志与电视网中的记者与撰稿人的薪资在2.5万至4万美元之间,差别取决于资历,而某些电视网特派记者的收入还要更高一些。资深编辑、制片人与部门主管的薪酬在3万至5万之间,也可能更多;高级编辑与制片人可以挣到7.5万到12万;电视主播的收入则在30万到40万之间。即便是杂志调研者,他们的起薪被报业公会设定在1.25万美元上下,但在数年之后,其收入也能接近2万美元。这些数字并不包括支付给电视记者的出镜费或者主要令高阶的新闻从业者受益的年底奖金与股票期权。[37]

不过,大多数全国性新闻从业者也算不上富有;而且在1975年时,他们还被通胀压得喘不过气来。他们也不觉得自己富有,不过这部分是出于一些与工作相关的原因。作为报道者或宴会座上客,他们是富裕世界偶尔的访客,他们也见识过经济与政治权力精英的公共生活方式。同样重要的是,或许因为他们的工作需要对新鲜事物保持长久的兴趣,很多新闻从业者都对新近的时尚、娱乐及其他"品味生活"(good life)附属品有着异常活跃的兴趣。很多新闻从业者居住在环

绕纽约城的时尚郊区或者纽约城内更时尚的社区之内；在他们40岁的时候，很多人都在长岛、"海角"或其他地方拥有周末或者避暑住宅。充裕的开支报销单也使那些生活节制者受到"阔绰生活"的影响。或许不规律的日程安排和有限的休闲时间鼓励一种对于时尚物品和场所的补偿式兴趣；另外，富裕的学者和其他专业人士也是活跃的消费者，只不过他们对于什么才是"时尚"的标准可能有不同的认识。

处在专业领域最顶端的全国性新闻媒体中的从业者几乎是经历着标准的向上流动过程。他们中的大多数人成长于中产或者——在新闻杂志中——中上阶层家庭；他们的流动常常既是地理层面的也是社会经济层面的。电视主播以及有志于主播职位的电视记者通常来自中西部和南部的小城镇；多数其他新闻从业者来自较大的城市；年轻的那些，则来自周边的郊区。正像很多其他现在于纽约工作的专业人士一样，他们离开家门进入拥有全国声誉的大学，并在小城市里展开自己的职业生涯。这样的社会流动路径使得他们对向上流动有着相当的执着，对他们的故乡也有一份怀旧之情。即便是那些在纽约这样的大城市中长大的新闻从业者在他们的品位和生活方式上也不是特别地"都市化"；因此，无论他们来自何处，在接受恒久价值中的小城镇田园主义方面都没有任何困难。

相当少的新闻从业者来自工人阶级家庭，即使是这些少数人也早已经丧失了与他们的出身的联系。不过，新闻媒体中还是找得到工人阶级的身影，但他们通常只负责发行工作。他们的观点与价值观常常与这些新闻从业者相龃龉；尽管他们可以口头表达这些观点，却还是无法参与到编辑决策之中。

除了少数例外，只有在新闻杂志中才能见到来自上流社会家庭的新闻从业者。某些高级编辑、资深编辑以及撰稿人和记者，有着在社会、经济或政治领域显赫的家庭背景（包括那些进入名人录的家庭）；这类家庭的女儿有时候在大学毕业之后出嫁之前会在杂志中担任调研者，由此将显赫的名字点缀在杂志的刊头里。

上层社会的阶层地位并不是一种障碍，特别是在执行官层次，但就像电视新闻节目一样，新闻杂志也常常取笑那些巨富。作为一个少数群体，新闻杂志中来自上层社会背景的新闻从业者也常在背后遭到同事们的嘲笑。他们可能会形成一种"做派"，用不了多久，其他人就会群起模仿之；但在办公室里，他们倾向于隐藏自己的家庭背景。一位正在撰写有关富人的报道的杂志记者发现，那些来自富裕门第的同事并不愿意向她提供信息；类似地，出身于政治或其他方面显赫家庭的新闻从业者也不会使用他们的亲戚作为消息来源。在电视网，很少能够找到来自有声望或著名家庭的新闻记者；举例来说，那些与杂志中的调研者大致处在同一个职级上的制片助理，即多数都是来自于工人阶级"少数族裔"背景的女性。

个人的政治价值

身为中上阶层成员并不一定会自动导向对中上阶层的价值的接纳，但新闻从业者在非正式的讨论与私下访谈中所表露与暗示出来的政治价值观与恒久价值并无二致。新闻从业者一般将自己视为自由主义者，但这里的自由主义乃是"独立"与"思想开明"二者的同义词。一位主播曾说道，"我是一个标准的自由主义者，可以看到事情的两面；我不附属于任何政党，即便离开新闻业，我想也不太可能"。

在对工作于"声誉卓著"的新闻媒体（包括电视网、新闻杂志及更有声望的日报）中的新闻从业者的子样本进行调查后，约翰斯顿及其同事发现，40％的人将自己描绘成"有一点偏左"，30％是"居中"，12％是"相当偏左"。相反地，只有17％把自己放到"有一点"或"相当"偏右的位置上。[38]这一研究帮助新闻从业者定位自己在政治光谱上的各种位置;尽管一个媒体批评家借用这些数据推断新闻从业者是"左翼分子",但我的田野工作则显示,那一小部分"相当偏左"的新闻记者其实赞同美国人民主行动组织(Americans for Democratic Action)的多数左翼—自由主义立场。[39]

我的印象式的资料与这一项全国研究的发现相契合。在我所观察的新闻从业者当中,某些是保守主义者,一小部分是极端保守主义者,部分(不包括60年代的内部激进者)可被视为民主社会主义者;不过,绝大多数新闻从业者则是中立者或自由主义者。在谈论种族融合问题时,一位首席制片人或许对此给出了最为准确的刻画,他说,"我们在民权议题方面倾向于自由主义者,但如果一个黑人搬到隔壁,就不一定是这么回事了"。不过,这种在总体上所抱有的立场要比体现在特定议题上的立场更为自由的现象,并不为新闻界所独有。最后,我所研究的多数新闻从业者都可以被划为右倾自由主义者和左倾保守主义者;在我于第二章中归于恒久价值的意识形态光谱上,他们占据着同样的位置。但是,那些居于更高职位并决定所在媒体在主要议题上采纳何种立场的新闻从业者,则在某种程度上更为保守。

不过,传统的意识形态光谱并不总是能够准确地再现并反映人们的价值,这部分是因为它没有将人们的社会阶层位置纳入考虑范围。在美国,自由主义常常与中上阶层的价值相关联;而中上阶层在"生态"、"消费主义"、大麻使用与堕胎等议题上采取的立场也因而被界定为自由主义的。在"社会"议题上,很多新闻从业者无疑是自由主义者,即便他们可能同时对于经济议题或者政府福利政策缺乏兴趣,或者更为保守。出于同样的原因,他们常常钟情于拥有中上阶层背景或支持者的政治人物,而这些人中的一部分也会被自动地标定为自由主义者。在20世纪50年代，我了解到，很多杂志记者选择与阿德莱·史蒂芬森（Adlai Stevenson）及后来的约翰·肯尼迪而不是人民党主义者埃斯蒂斯·凯弗维尔（Estes Kefauver）站在一起。1968年，在很短的一段时间里，自由主义者摆荡于尤金·麦卡锡和罗伯特·肯尼迪之间，多数自由主义者倾向于前者，那时候肯尼迪正在争取蓝领选民的支持。

新闻从业者既不像右翼批评家认为的——特别是在经济议题上——那么自由，也不像左翼批评者所认为的那么保守；整体而言，他们要比经营部门的同事、上司以及赞助人和广告商抱有更为强烈的自由主义立场。我们不能确定他们是否有着比全体美国国民更强的自由主义倾向，因为尽管多数人在回应民意调查者时将自己描绘成保守主义者，但他们与此同时又在很多经济议题上抱持自由主义的立场。[40] 不过，新闻从业者的立场的确比那些乐于发声的受众更偏向自由主义，因为绝大多数投书媒体表达批评意见的受众都是保守主义者（参见第七章），这也帮助我们解释了为什么新闻从业者如此频繁地遭受攻击。

世俗价值与新闻

在某种程度上说，新闻判断是由世俗价值与世俗现实判断构成的。与其他专业人士一样，新闻从业者所从事的也不是而且不可能是纯粹专业化的职业活动。但新闻判断中的世俗元素来自记者同样栖身其间的更大的国家与社会。即便新闻从业者将自己视为局外人，但在专业人士的身份之外，他们同样也是普通人，这使得他们借助与部分——如果不是全部——受众成员相同的态度与价值对新闻作出反应。

不过，这并不是说大多数新闻从业者的世俗价值——或者中上阶层社会地位——能够解释新闻的样貌，或者说如果由其他人来选择与生产新闻，新闻就会有所不同。不错，倘若今后新闻从业者都只从工人阶层中招募，他们将会从一个不同的角度看待美国，而且或许会采纳其他的现实判断。由于他们带着其他的世俗价值，因而也可能对某些恒久价值产生怀疑。但他们仍然不得不援用我在前几章中所讨论的那些考量因素。在此过程中，某些人可能会难以跟现在的常规的消息来源沟通，也难以与他们建立友善关系，因为这些消息来源极少来自工人阶级，对于工人阶级的价值也并不抱有同情之心。我认为，这些新闻记者可能会去寻找那些与自己更为契合的消息来源；但正如我在第九章中所论，现有的消息来源可能会利用他们的权力维持信源的地位。那样的话，新闻从业者就不得不适应他们。即便这些新一代的新闻从业者是蓝领的保守主义者，他们也可能会与上司产生文化与其他方面的冲突；而且尽管有可能出现出身于工人阶层的新闻执行官，但行政执行官却不太可能来自较低的社会阶层。

但是，除非美国发生巨大的经济与政治变化，或者中产阶级的年轻人不再进入这一行当，否则新闻从业者都不太可能从工人阶层中招募出来。即便是那样，现有的教育与学历资质等新闻业雇用职员的先决条件，也将使它倾向于招募那些向上流动的工人阶层年轻人，而他们可能已经摆脱了很多工人阶层的价值与现实判断。如果不出现——现在看来尚不可能——教育与社会转型，这些先决条件本身也就不会改变。如上针对工人阶层社会背景的人进行的假想分析，也同样适用于拥有其他社会背景或者其他政治价值的人群。归根到底，新闻判断中的世俗元素的确使它变得不同，但当前的这些世俗元素之所以会出现，却并非偶然。

第七章

利润与受众

由于全国性新闻是商业运作的产物,人们可能会猜测,故事选择者因而处在持久的压力之下,不得不选择那些可以吸引最富商业价值的受众的新闻故事。不过,实际情形却并非如此。在我所研究的新闻媒体,正如大多数其他新闻媒体一样,编辑部门与经营部门也各自独立运作。经营部门的负责人希望能够影响编辑决策以便扩大受众规模并吸引广告商,但他们只能提出建议。尽管某些负责经营的职员觉得新闻从业者并不了解受众想要什么,但他们同样知道,自己不能够施加干涉。

凌驾于这两个部门之上的公司管理层当然可以说服新闻从业者关注公司的经济状况,但他们也不会干涉编辑部门的运作。的确,我所研究的新闻节目和杂志的经济状况都相当良好,但弗里德里希(Friedrich)对《星期六晚邮报》(*Saturday Evening Post*)最后岁月的记述显示,即使是在这份杂志走下坡路的时期，编辑仍然能够免受经营部门的干涉。[1]

商业考量

尽管如此，故事选择者还是必须关注某些商业与受众考量。之所以对这二者作出区分，是因为商业考量意在降低故事选择与生产的成本，或者增加来自受众和/或广告商的收入。而受众考量的存在则是为了维持现有的受众规模；虽然它们也会带来商业上的影响，但如我在下文所论，新闻从业者之所以援用受众考量却是基于其他理由。尽管新闻从业者极少关注受众，但他们投入到成本与收益方面的注意力可能更少。

削减成本

与其他职员不同的是，高级制片人和编辑必须考虑新闻生产的成本，因为他们必须生存在并非完全由他们拟定的预算之中。在20世纪70年代早期的经济滞胀中，多数新闻机构都要勒紧腰带度日，但故事的选择与生产并没有受到明显的影响。虽然新闻机构开始了周期性的职位冻结，但成本主要是通过减少新闻室中的辅助性服务来削减的。

新闻预算中的主要支出项目并不容易被缩减。即便仅仅出于竞争的原因，新闻机构也必须报道那些重要的新闻故事；而突发新闻则给预算带来了最大的负担，但同样的，竞争压力与组织荣誉都会迫使新闻机构付出额外的报道经费。

电视网一直都是相当有利可图的冒险事业，它们从印刷媒介夺走广告以及——在较小的程度上——受众。多年以来，晚间电视新闻节目也已经成为赚钱机器；但直到最近，其他的新闻节目——因此也包括新闻部自身——仍一直处于亏损状态。不过，根据《综艺》(Variety) 杂志的数据，在于 1972 年丧失掉 15 个百分点之后，三大电视网的新闻部在 1975 与 1976 年度赚取了 1 个百分点的利润。[2] 这一戏剧性的变化很大程度上要归功于 CBS 的《60 分钟》(60 Minutes) 节目，它是第一个能够在黄金时间与娱乐节目成功抗衡的新闻节目。

到 1978 年，ABC 和 NBC 都已经开办了每周一次的"新闻杂志"节目，寄望于能够再现"60 分钟"的神话。电视机构仍然生产那些制作费用高昂、观众规模甚小的长度在一小时左右的新闻纪录片，但较之 60 年代，那种可能引发争议并吓跑赞助商的纪录片已经越来越少，当然 70 年代所产生的争议性的新闻故事也日趋减少了。不管怎样，生产较长的纪录片的制作单位已经缩减了规模，而最近有关这些纪录片终有一日会消失的预言或许某一天真的会变成现实。

那些针对突发事件的时长半小时左右的特别报道则不太可能消失，它们的制作费用要比纪录片低廉，因为这些故事已经被晚间新闻节目报道过。同样，这些特别报道几乎都是在夜晚黄金时段之后播出。现场直播的特别报道一直比较少见，而且只有美国总统才能够经常预先占有宝贵的日间或晚间节目时段。[3]

新闻杂志也同样有利可图。在 1975 年，《新闻周刊》度过了它最好的年景，根据戴蒙德（Diamond）的统计，它在 1.28 亿总收入中赚取了 1200 万美元的利润；而《时代》周刊的总收入达到 1.57 亿，利润则"远远超过 1000 万"[4]。即便如此，在面对 70 年代初期的滞胀时，新闻杂志作出的回应似乎远比电视网更为激烈。[5]

然而，两家新闻杂志都在发行方面——比如，印刷计算机化——而不是故事选择与生产方面寻求成本的缩减。杂志后半部分栏目的截稿期限被提前以避免向发行商支付超时费用；《时代》

周刊之所以采纳"预先枪毙"特定栏目的做法,部分程度上也是出于成本考虑。截止时限的提前可能对新闻产生影响,因为杂志后半部分的栏目不能再像以前那样刊载最新的新闻故事。不过,杂志前面部分的栏目则没有受到影响。在 1975 年,当一位首席编辑派遣一组记者和摄影师为采访一则很小的外国新闻而踏上昂贵的旅程时,我问他是否担心这会超出预算,他说,"如果我总是要考虑钱的问题,那我就是一个会计,而不再是编辑"。但是,在截稿期限之后撤换封面故事的做法的确不像以前那么频繁了。《时代》周刊也裁减了编辑职员:1969 年 3 月时,它的刊头列有 261 位编辑、撰稿人、调研者和记者;到 1978 年 3 月时,只剩下 201 位。[6] 同一时期内,《新闻周刊》的职员数量稍有增长,从 221 位变为 234 位。

提高收入

电视网的收入可以通过扩大受众规模,进而提高赞助商支付给商业广告的价码而得到增长。新闻杂志不仅关注扩大读者群的规模,更关注提升读者的"质量",即他们的收入与购买力。发行量的增加在提高广告收入的同时,也抬升了一直都相当高昂的邮发费用。实际上,很多杂志都曾试图降低它们的总发行量,希望借此缩小那些广告商和新闻从业者都不青睐的不那么富裕的读者的规模。

理论上讲,新闻从业者可以通过改变故事选择来扩大受众规模或者提升他们的"质量";但是,他们并没有这么做,这是因为他们抱有不能够在商业基础上选择新闻这一信念。大多数新闻从业者并不关心受众的规模,尽管高级编辑和制片人会被持续告知最新的数字,而他们的属下则只是大体知道数字是上升还是下降而已。可能会令他们担心的,乃是剧烈的下降。不过迄今为止,总体的受众规模都处在持续增长之中。西蒙斯(Simmons)的研究发现,从 1965 到 1975 年,CBS 与 NBC 晚间新闻节目的总的成年观众人数从 1460 万增长到 2640 万;而《新闻周刊》与《时代》周刊的读者数,则从 2340 万增长到 3850 万。[7]不过,在 1967 年之后,NBC 的节目在收视率方面就一直落后于 CBS,而《新闻周刊》似乎从来没有与《时代》周刊并驾齐驱过(参见表 6)。

新闻从业者认为,他们的工作是丰富受众的资讯,并使新闻具有足够的吸引力以便观众和读者可以变得见识广博。他们反对诉诸煽情主义和黄色新闻,也就是那些围绕性和犯罪大做文章并因而可能吸引大量受众的新闻故事。电视网的新闻从业者同时还反对那些近年来由地方电视台引入的各种各样的样式与其他变化,譬如直播人员非正式的相互取笑,或曰所谓的"快乐新闻"。在电视网的会议或者是在大学校园的演讲中,电视新闻记者对于他们眼里的"作秀产业"进行频繁而公开的鞭挞。

除非处于提高收益的巨大压力之下,否则执行官并不愿意招致新闻从业者的愤慨,部分是因为后者会公开地表达这种愤慨。更重要的是,无论是新闻从业者还是经营部门都不知道到底如何才能扩大受众规模(甚至也没人知道是否更多的煽情主义或娱乐作秀就会奏效);虽然并不缺乏有关如何实现受众扩张的理论,但现有的受众调查尚没有证明这些理论的有效性。不过,即便是一个已获证实的理论还是要得到新闻从业者的首肯,正如我们在下面要讨论的,他们对这类研究抱持着谨慎的态度。

电视网一直采用"试错"(trial-and-error)的方式谋求扩大受众规模,但直到现在,这种方式都还没有取得成功。尽管它们专注于样式改变,但看起来观众之所以选择一个电视网的新闻节目而不是另一个,很大程度上是因为他们对主播或频道的偏爱。[8]电视网的研究者对主播的流行度进行了研究,但他们的研究发现很多时候并不能施行。电视主播太过强大,因而不可能被轻易炒掉,而他们的离职可能会令事情变得更糟;此外,新面孔也未必能够提高收视率。[9]在切特·亨特利退休后,NBC就靠约翰·钱斯勒独力支撑,而且收视率也并没有提高。后来NBC将大卫·布林克利返聘回来作为共同主播,但结果还是差不多。ABC延聘芭芭拉·沃特斯也没有引起显著的变化,倒是引发了引人注目的——某种程度上是男权的——新闻从业者的抗议,抗议者认为它令人反感地在进行"娱乐作秀"。

较之于主播偏爱,频道偏爱甚至更难改变,因为它实质上是三种观众反应的混合物:一是对某个电视网的习惯性偏爱;二是非自愿的选择,它取决于哪个频道的节目最为清晰;三是因为喜欢之前播出的电视节目而决定停留在这个频道,即所谓的"受众流动"(audience flow)。[10]前两种反应超出新闻执行官与新闻从业者的控制,因而电视网力图改变那些刚好在电视网新闻之前播出的地方新闻节目——至少在它们所拥有的五个电视台内——来影响受众流动。例如,NBC就曾通过将旗下的纽约地方新闻节目扩充到两个小时、改变样式、聘用新的主播等方式对之进行全面革新,希望借此提高地方和全国二者的收视率(纽约观众占总体尼尔森样本的10%),但收效甚微。唯一的确定有效的扩大观众规模的方法,是说服其他的地方电视台播放电视网的新闻节目,但NBC和CBS的新闻已然被附属于它们的电视台播放。不过,ABC非常成功的娱乐节目使得它从其他电视网抢走了部分附属电视台,它也希望通过提升新闻节目的品质来吸引更多附属电视台。实际上,ABC最近在晚间新闻节目中进行的样式革新,很大程度上就是为了追逐这一目标。新闻从业者能够使一个节目对附属电视台而言更具吸引力——尽管他们未必自主尝试这样做,但他们并不负有任何说服地方电视台播放新闻节目的责任。

与电视网中的同行一样,新闻杂志的编辑对于如何扩大受众规模也知之甚少。尽管他们猜想增加煽情耸动的新闻或者市井流言可能会有所帮助,但很多杂志新闻从业者已经对他们刊登的大量煽情新闻心存不满。

不过,新闻杂志的编辑能够通过两个方面的努力既服务于他们自己的目标,同时又取悦经营部门。首先,因为杂志对扩大受众规模和提升受众品质都同样关注,杂志各自的经营部门激烈地竞争以期向广告商证明,所在杂志能够吸引一个更年轻的、更富裕的、受到更好教育的读者群体,或者从商业角度来说,一个"高消费阶层"。故事的选择者也参与到这一竞争当中——特别是在杂志的后半部分,因为他们自己也青睐"高消费阶层"的受众。为受过更好教育的读者写作会更为容易,也不需要那么多浪费空间的解释;更重要的是,新闻从业者自己就是"高消费阶层"的成员,他们的写作与编辑活动因而也算得上服务于自己。

他们也周期性地尝试打压"低消费阶层"的读者——例如,在新闻故事中去除这些读者需要的详尽的解释——并希望那些描绘生动的色情作品或有关性态度与行为自由化的淫秽故事与"性封面"足以激怒他们并导致他们取消订阅。然而,尽管杂志样式发生了改变,也出现了更多篇幅较长的故事,《新闻周刊》在20世纪60年代中期、《时代》周刊在几年之后也都先后表现出自由化的倾向,但在过去15年里,两份杂志读者群的基本人口特征都相当的稳定。例如,西蒙斯的报告指出,在1975年,像在1965年一样,每种杂志都有大约12%的读者的受教育程度在高中毕业以下。

另外一个能够更为频繁地取悦经营部门的机会发生在封面选

择过程中,因为编辑也希望能够最大化当期杂志的报摊零售量。尽管报摊零售仅占总发行额的5%(其他来自订阅),但高的零售额还是会让经营部门满意,因为报摊零售要比订阅更为有利可图。高级编辑也会很满意,因为报摊零售也可以作为某种探测读者反应的反馈机制。人们认为,报摊购买者是依据他们在封面上所看到的故事标题和画面而作出选择;而他们的决定,也可以作为订阅者对封面感受的指针。尽管这些假定都是未经检验的,但新闻编辑唯有依赖它们才能够在每个星期都获得有关什么故事能够引发读者兴趣的信息。(这一判断建立在相互参照的销售数字上,因为高级编辑知道,某些封面主题总是前景惨淡。)此外,强劲的报摊零售数字也能够激励士气,因为它显示出杂志正被读者阅读。"报摊零售量乃是活力的象征",一位首席编辑指出,"倘若零售量上升了,那意味着订阅者也同样对当期杂志感兴趣"。

不过,通过选择一个销路较好的封面故事进行商业操作——并打败竞争对手——的机会并不多,因为重要性考量总是占据着最优先的地位。一则突发的国际新闻会顺理成章地成为封面故事,尽管编辑知道杂志的销售必定会比较惨淡。不管这些重要判断为何,大多数的封面故事都是发生于国内的"坏"新闻,而这类新闻故事也极少获得比较好的销路。

平衡也是一项首要的考量。虽然围绕性做文章的封面故事往往都很成功,而且它们在两份杂志中都保持着销售记录(与其他几个关于"水门事件"的封面并列),但高级编辑每隔三四年才会将相关的选题推到封面位置上;他们也不愿意在同一年内多次将"漂亮女孩"放到封面上。此外,他们也不知道到底什么样的选题(除了性、健康与宗教)才会有较好的销路。他们常常估计某一期封面故事的报摊零售量,但结果往往对错参半。[11]

另外,高级编辑也知道,倘若太多的封面故事的选择是出于商业动机,他们将会遭到同事与同行的批评;实际上,两份杂志中的撰稿人都经常质疑他们的上司在"走向商业化",甚至在上司因为其他理由而作出封面选择的时候也是如此。因而,很难判定首席编辑变得商业化的频繁程度,因为他们知道这种做法不太恰当,即便有,也不大可能承认。[12]

正如一位书评作者所言,某些供职于杂志后半部分的栏目——特别是批评栏目——的新闻从业者感受到一种未曾明言的压力——"让事情轻松以扩大发行量"。"但当中并不存在直接的压力;我只是感觉到了,因为我的资深编辑不那么'严肃庄重'。"不过,与此同时,其他的评论者也希望能够保持轻松的笔调,借此鼓励读者关注那些有关艺术的文章。

最后,大多数新闻从业者还是能够忽视商业考量的影响。不过,作为传播者,他们的存在必须依赖于受众的存在;纵然他们不愿意把受众视为收入来源,他们还是必须将之纳入考虑。在讨论他们如何做之前,我想先对实际的受众做简单的描绘。

新闻受众

确定电视观众和杂志读者的数量与特征是一项非常复杂且花费高昂的任务。因此,电视网和杂志自身几乎不做任何受众研究,它们主要依赖那些为大量公司提供数据的商业调查机构。在本节讨论的多数数据来自西蒙斯及其合伙人研究机构(W. R. Simmons & Associates Research),该机构针对电视收视与杂志阅读的年度研究使得比较观众与读者的特征以及将之与借助同样方法收集的数据进行比较成为可能。[13]我在这里讨论的是1974—1975年度的西蒙斯报告，这样就可以把西蒙斯在1974年收集的实际的受众数字与我在1975年了解到的新闻从业者对受众的描绘联系起来。尽管在之后的年度报告中，某些百分比略有变动，但受众构成的基本模式却始终如一。[14]

我的描述将不会涉及收集受众数据所牵涉的多数方法论方面的难题以及现有数据的缺陷。举例来说，电视赞助商对老年人并不感兴趣，所以无论是在西蒙斯还是更为著名的A. C. 尼尔森的报告中，电视观众的年龄分类，都终止于"55岁及以上"这一类别。

西蒙斯报告的实际数据来自受众填写的日志和/或对他们进行的访问；但无论是什么方法，实际上，研究者都是在调查受众自我报告的收视与阅读习惯。尽管研究者能够阻止回应者夸大他们阅读或收视的时间，他们却无法确定人们参与到新闻中的程度，即他们是否收看了一整期新闻节目或阅读了一整期杂志。尽管数据中涉及一些有关新闻消费规律性和注意度的信息（见下文），但与其他调查一样，西蒙斯也只是问被访者他们是否"看过"某个节目或杂志。结果，很多被划分到观众和读者行列的人们可能仅仅观看了电视节目的片段或阅读了杂志的一部分。在杂志调查中，受众研究者甄别的是读者而不是订阅者；实际上，最大量的读者乃是"传阅者"，他们从订阅者或购买者那里得到杂志，然后可能在家里或其他地方阅读。比如，在1977年，《时代》周刊拥有430万订阅者和报摊购买者，但根据西蒙斯的数据，它拥有2120万读者；《新闻周刊》的发行量是300万，读者却是1780万。[15]

观众与读者特征

表6呈现了西蒙斯数据中《新闻周刊》、《时代》周刊、CBS晚间新闻及NBC夜间新闻四者的成年受众的数量与特征。[16]尽管在每一份杂志和每一个电视节目的受众之间存在着微小的差异,但更为显著的差异则表现在杂志和电视节目这两种媒介类型之间。[17]

表6　1974年新闻杂志与新闻节目成年受众的部分特征

	百分比(%)			
	新闻杂志		晚间新闻节目	
	《新闻周刊》	《时代》周刊	CBS	NBC
总数(千人)	19013	19488	16019	10395
性别				
男性	58.2	55.5	47.5	46.8
女性	41.8	44.5	52.5	53.2
年龄				
18—24	23.4	20.8	8.4	9.2
25—34	24.5	24.0	12.6	14.7
35—44	16.8	17.2	28.3	28.9
45—54	18.2	19.5		
55—64	10.0	11.4	50.7	47.2
65+	7.1	7.1		
中位数(岁)	36.3	38.0	55.0	53.0
受教育程度				
大学毕业	27.9	31.1	28.1	28.3
1—3年大学教育	26.1	26.4		
高中毕业	34.3	31.1	31.2	39.3
1—3年高中教育	7.9	7.7	40.8	32.4
小学或其他初等教育	3.8	3.7		
职业				
专业人士、技术专家	19.6	20.8	24.2	20.1
管理者、行政官员、业主	17.7	20.4		

(续前表)

	百分比（％）			
	新闻杂志		晚间新闻节目	
	《新闻周刊》	《时代》周刊	CBS	NBC
办事员、销售人员	14.0	12.9	5.9	6.9
工匠、领班	14.1	10.7	36.1	39.6
其他（蓝领）	19.9	19.3		
无业	14.8	16.0	33.8	33.3
家庭收入				
$20,000 及以上	34.2	36.8	15.3	16.0
$15,000—$19,999	20.2	19.2	14.6	16.1
$10,000—$14,999	20.8	20.6	17.9	18.5
$8,000—$9,999	7.9	7.7	9.6	13.3
$5,000—$7,999	9.1	8.4	42.6	36.1
$5,000 以下	7.8	7.4		
中位数（美元）	$16091	$16545	$9876	$10030
"社会阶层指标"				
Ⅰ：上等阶层	8.2	10.2	不适用	
Ⅱ：中上阶层	21.4	22.6		
Ⅲ：中下阶层	24.9	25.1		
Ⅳ—Ⅴ：下层社会	45.5	42.0		
种族				
白人	90.7	91.1	89.8	93.5
黑人	7.9	7.4	9.4	6.0
其他	1.4	1.5	0.8	0.5

数据来源：Simmons reports。参见注释［16］。

新闻杂志拥有一个更大的男性读者群，而电视新闻节目则吸引较多女性观众。更重要的是，杂志读者相当平均地分布在各个年龄组，其中位数处于36岁至38岁之间，在65岁（这一年龄的读者可能产生阅读困难）这一年龄出现急剧的下降。另一方面，电视则服务于年纪更大的受众群，因为其观众的年龄中位数超过50岁。从对老年人的研究中透露出的零散的证据，以及观众受教育程度和收入等方面得出的推论来看，很多被西蒙斯和尼尔森划到"55以上"类别中的观众实际上要更老些。我在1967年对纽约观众的研究发现，在60岁以上的老年人中，61%的男性与91%的女性几乎每天都会收看电视网的新闻节目。[18]

观众与读者之间的第二个主要差异表现在阶层地位方面，杂志读者要比电视观众受过更多教育、更有可能受雇于有声望的公司，也更为富有。尽管如此，杂志读者也没有他们看起来那么"高级"，因为超过40%的读者没有进过大学。不错，几乎两倍于男性观众的男性读者供职于专业或管理岗位（尽管并不必然都是有声望的）；但同时，也有超过40%的男性读者是办事员、销售员和蓝领工人。这一百分比与电视观众相仿，只不过多数的电视观众是蓝领而不是白领工人。（不过，两倍于男性读者的男性观众是无业人群，但因为电视观众大体上要比读者更老，他们中的很多人可能已经退休了。[19]）西蒙斯的"社会阶层指标"（Index of Social Position）——最初由耶鲁社会学家奥格斯特·霍林斯西德（August B. Hollingshead）发展出来——总括了如上的职业与教育特征。这一指标仅仅计算了读者的情况，其中最大的群体可归入西蒙斯所谓的"下层社会"，也即现在大多数社会学家所说的"工人阶层"这一类目之内。

读者与观众的阶层差异反映在收入数据上。1974年，全国家庭收入的中位数是1.3万美元。尽管这一数字与西蒙斯的家庭收入数据并不完全相同，但杂志读者的家庭收入要比全国中位数高出3000美元，而电视观众则比之低3000美元。在那一年，杂志读者最大的家庭收入群体的收入在2万美元以上（且有20%收入在2.5万美元以上）；然而，电视观众最大的收入群体的收入却少于8000美元。不过，超过15%的杂志读者也处在8000美元以下的收入类别之内，而在55

岁以上的读者群中，大约三分之一的人收入在 8000 美元或以下。[20] 此外，单一工作的收入的中位数低于家庭收入：所有成年读者的平均年收入大约为 1.1 万美元，男性读者大约为 1.3 万美元。[21] 这两种收入的中位数之所以不同，部分是因为家庭中可能不止一个人有收入，部分则因为很多成年读者拥有其他收入来源：其中三分之一的人从股票和债券、五分之一的人从房地产中获得额外收入。但几乎四分之一的人是依靠社会保障、失业救济和福利金生活。[22]

统计数据本身并不能直接转变成受众的轮廓，但从表 6 和我引用的其他资料来看，读者和观众可以被划分到三个类别之中：（1）富裕的、受过良好教育的专业人士、技术专家和管理者；（2）中等收入的、高中毕业的白领和蓝领工作者——或曰美国中间阶层；（3）较穷（但不至于穷困潦倒）、受教育程度较低、年龄较大的人，其中的很多人不再工作。这三种类型存在于杂志与电视受众中，但前两种类型在杂志读者群中占据支配地位。杂志也吸引一些人数虽少但表现卓著的全国精英：一项对美国商业、政治、媒体和其他行业领袖的研究发现，《时代》周刊和《新闻周刊》是他们最经常阅读的杂志。[23] 电视观众则更多来自后两个特别是最后一个类别。当然，某些受众从多种新闻媒介渠道获得新闻；研究者经常发现，一种新闻媒介的定期的使用者也很可能同时使用其他媒介。不过，很多电视新闻观众，则并不惠顾其他新闻媒介。[24]

受众的规律性与注意力

受众总体当中既包括规律的受众也包括不规律的受众，且以不规律的受众为多数。西蒙斯收集了有关每周的杂志和每天的电视节目被阅读或观看之频率的数据。表7显示：只有五分之一的读者阅读每一期杂志，而观看每期节目的电视观众则只占二十分之一；不过，超过60％的受众阅读或观看至少半数的杂志或电视节目。[25]杂志阅读的规律性不随年龄而变化，但却在很大程度上受到受教育程度的影响：超过四分之一的拥有大学学位的杂志读者称他们阅读每一期杂志，而在小学毕业的人群中，这一比重仅有6％。[26]相反，所有年龄的女性、年老的观众及受教育程度低的人群收看电视的规律性都更强。[27]

受众调查很少涉及受众观看或阅读一期节目或杂志的哪些部分这样的问题。数年前，一份杂志询问订阅者（他们的社会经济地位与教育背景比整个读者群略好一些）经常阅读哪些栏目。半数的回答者声称他们经常阅读全国新闻；40％的人经常阅读国际新闻；而接近60％的人则经常阅读"市井"栏目。对于杂志后半部分的栏目而言，经常阅读的比率大约为30％，其中医疗版稍高些，艺术版则较低。大约10％的读者声称他们极少或者根本就不阅读全国新闻；但在某些艺术栏目中，这一比重上升到50％以上。

西蒙斯也询问电视观众投于新闻上的注意力；四分之三的男性和三分之二的女性声称付出了"全部的"注意力。[28]然而，其他研究显示，只有四分之一到三分之一的电视观众会全神贯注于新闻节目，其他人的注意力则被同时进行的阅读、谈话和就餐活动所分散。[29]

一些研究调查了受众对全国性新闻媒体的依赖程度。列维发现，三分之一的纽约奥尔巴尼电视观众称，如果新闻节目中断一段时间，他们将会非常烦躁，另外各有三分之一的观众觉得自己会受到一些影响或根本不会被影响。[30]不过，

1969年的哈里斯（Harris）调查发现，11％的读者会因为得不到他们的新闻杂志而非常失望，65％的人则根本不会因此而心烦意乱。[31]这些数字显示，很多人愿意使用替代性的其他新闻媒体，但一些研究也发现，规律的读者和观众则不太情愿这样做。哈里斯调查发现，71％的人倾向于电视新闻，而25％偏爱新闻杂志的人，则会在无法得到杂志的时候感到失望。[32]

表7　　　　　1974年杂志阅读与节目收视的频率

	百分比	
阅读的杂志期数（总数为4）	《新闻周刊》	《时代》周刊
1	41.2	37.7
2	24.4	23.3
3	18.4	18.9
所有4期	16.0	20.1
收看的晚间新闻节目（总数为10）	CBS	NBC
1	27.6	35.4
2	15.7	15.4
3	10.9	10.6
4	7.7	9.2
5—6	16.3	11.4
7—9	16.5	12.9
所有10个	5.3	5.1

数据来源：Simmons reports。参见注释［25］。

全国新闻的用处

很多观众和读者并不对全国新闻付出规律的或不分散的注意力这一事实，不应该令人感到惊讶，因为全国新闻可能并不太重要，而且与他们的生活也没什么关联。大多数人并不生活在全国新闻所报道的国家（与社会）里，而是生活在规模很小的地方化的微型社会之中。对他们最为要紧的行动者和活动出现在家庭成员、朋友与邻里之间，出现在他们的工作场所，以及他们从属的教堂、协会与俱乐部。对新闻偏向性的研究通常发现，受众对地方新闻比对国家或国际事务更感兴趣。[33]虽然如此，多数人认为最重要和最有趣的新闻，很可能就是他们相互收集并传布的有关自己所在的微型社会中的各色人等与各种活动的故事。

出现在全国新闻中的国家与全国性现象偶尔才会而且是间接地与人们生活于其中的微型社会发生碰撞。诚然，其间的联邦政府与全国性大公司常常会直接触及微型社会，但全国新闻是如此的大而化之，因而无法匹配到千变万化的具体社会之中。比如，全国新闻极少指明一项新的总统政策将会如何影响国家的不同部门，或者它是否会对高收入与低收入的微型社会产生不同的影响。（即便是地方新闻也必须把自身限制在有关这一地区的一般化的新闻上；实际上，只有帮助人们决定穿着的地方天气预报，对作为整体的受众具有直接和即时的相关性。）此外，极少人能够对出现在全国新闻中的行动者与机构实施任何控制，他们也不能仅仅通过变成规律的观众或者读者就能够影响全国性的政策。离开全国新闻，很多人一样可以继续生活；无论怎样，他们极少对全国新闻产生急迫的需要。

不过，与此同时，人们似乎又需要全国新闻。没有人知道，受众在何种程度上希望自己能够弄清楚主导全国新闻的行动者与活动，但从对电视新闻观众的研究中，列维得出结论，"很多人观看电视以确认无论是邻近的还是遥远的世界，都是安全（且）可靠的，因而……他们无须作出立刻的行动"[34]。另一方面，受众研究显示，人们希望媒体不断将那些影响其生活的信息——例如有关经济与健康的新闻故事——传递给他们。[35]在一个寡占经济中,生活开支的全国范围的增长对很多微型社会来说都大同小异,而所有的受众成员都可能遭受大概相同的疾病的困扰。

人们也通过观看或阅读全国性新闻来跟上国家与社会的步伐。专业人士和管理者——以及知识分子——之所以这样做,是因为他们参与到新闻所监测的国家机构当中,或者自感是其中的一分子;不过,那些定期参与到这些机构中的人们,往往订阅专门化的业务通讯,这些通讯为他们提供了与其个人或职业紧密关联的新闻。对于其他人而言,及时了解新闻,并不像看肥皂剧那样,需要定期投入注意力。某些人似乎将观看或者阅读全国新闻当成一种消遣,但不是娱乐式的消遣,而是对自己所面临的难题的逃避。他们想要知道,自己的问题并不像其他人那么严重;但当新闻不再能够令人安心,有些受众就会提出抗议。一项1970年的全国研究发现,年老的、受教育程度较低的以及政治保守的观众,不希望看到太多有关社会剧变、性与暴力的负面新闻。[36]从写给杂志与电视网的信件(见下文)来判断,这种反应仍在继续。

有些人看起来是所谓的"新闻迷";他们沉迷于新闻之中,就像其他人沉迷于个人爱好或运动。这些狂热的爱好者似乎集中于年老的受众群中。或许他们之所以对新闻付出如此多的注意力,是因为他们有大量时间需要填满;但他们的深度卷入也可能是基于更为坚实的存在主义根基:因为变得与他们年轻时曾活跃其间的微型社会相隔离,并因而感觉一无所用,这些老年人试图建立起与更大的国家与社会之间的某种替代性的联系。其他的电视新闻迷则是主播们的拥趸,他们或者会发展出与这些主播之间的单向的"类社会"关系,或者将主播视为在政治与文化议题上抱有与他们相同的观点的公众人物。[37]

受众投书

对新闻从业者而言，观众与读者的存在主要体现在收视率与研究报告中的统计数据上，但一小部分受众也会投书媒体。在1977年（与之前两年一样），《时代》周刊收到大约6万封信，《新闻周刊》则收到3.8万封（1975年是3.2万封）。电视观众则是不那么活跃的投书者；以对1975年10月间有关NBC夜间新闻——或者给该节目，或者给NBC的其他节目——的所有信件的研究作为基础，我估计，那一年这个节目大概收到4600封观众来信。[38]对于杂志拥有更多投书者这一事实，一个可能的解释是，杂志读者受过良好教育，因而更有可能撰写信件；另外一个解释则是，杂志出版每周一期的来信栏目，这可能激励了那些乐于看到自己的投书变成铅字的读者。

大约五分之一的受众投书对故事选题提出建议或者要求媒体提供进一步的信息。某些信件是由孤独的人们所写，他们希望借此唤起媒体对自己以及他们的问题的关注。只有一小部分女性观众给主播写情书，有些人每日一封风雨无阻。电视网的新闻节目也会收到——数量远远超过杂志——来自精神失常者的信件。据我判断，在1975年10月间NBC新闻节目收到的信件中，有9%无法理解，而另外9%则完全是莫名其妙。这些作者同时也是非常活跃的通信者，他们中间的6个人寄出的信即已占了寄给该节目的所有信件的14%。[39]此外，电视似乎总能够吸引那些新闻从业者所谓的"稀奇古怪的信件"：这些信件来自预言大毁灭或千禧年的宗教狂热者，来自抱有幻想的政府阴谋论的观众，以及那些认为新闻记者是共产主义者的人。

不过,大多数的受众投书,无论是寄给杂志还是电视的,都易于理解——且富有批判性。1974年,《时代》周刊读者投书部门的主管写道,"贯穿《时代》周刊的所有读者投书的单一的共同情绪就是愤慨……从轻微的懊恼到几乎语无伦次的暴怒……他们可能是被《时代》的报道惹怒,也可能是深受自己的难题所扰。在1973年,如往常一样,因《时代》的报道而愤慨的这一群人在投书者中显得尤为大声[40]"。

这些愤慨所指向的首要的靶子是亵渎、渎神、政治,而其中占据最显著地位的,仍然是有关性的新闻故事。无论是在哪家新闻杂志,有关性的封面都保持着读者对封面故事的反应的纪录。《时代》周刊1973年关于电影《巴黎最后的探戈》(Last Tango in Paris)的封面故事招致超过12000封读者投书,其中6700封信的作者声明,自己已经取消或者不会继续订阅这本杂志。(之前对封面故事的反应纪录——3500封读者来信——由"美国的性"和"上帝死了吗?"这两个封面故事共同保持。[41])然而,1977年的一则展示裸胸的《花花公子》兔女郎的故事,却仅引来少量的批评信件;这一事实或者是反映出读者态度的变化,抑或是因为他们对于内文而非封面上的新闻故事抱有更大的容忍度。

由于国内新闻栏目主要处理政治议题,这使得它常常收到远远超过其他栏目的信件,而"水门事件"则创造出与政治议题相关的读者投书的最高纪录。在1973年《时代》周刊收到的8万封读者来信(本身即是一个空前的年度纪录)中,2.3万封与"水门事件"的报道有关,其中大部分是批评杂志的报道或者不满于杂志对事件的持续关注。[42]据我了解,《新闻周刊》收到的信件中十之八九都反对杂志对"水门事件"的报道。电视网在"水门事件"期间也收到超出平常的信件；丹尼尔·舒尔报告称，在副总统阿格纽1969年的演讲之后，有15万人投书或致电三大电视网，其中三分之二的人支持他对电视新闻的攻击。[43]

大多数投书来自较为保守的受众，他们反对杂志和电视网表现出来的过分的政治或文化自由主义倾向，而《时代》周刊读者投书部门的一位职员认为，这种模式在20世纪50年代之后就不曾发生任何变化："即便是在《时代》周刊较为保守的时期，大多数信件也还是来自保守读者，对他们而言，没有人能够做到足够的保守。"那些将自己描绘成自由主义者的读者很少投书媒体；比如，我对NBC观众来信的分析表明，在清晰地表露出作者的意识形态立场的信件中，只有7%是自由主义者或人民党主义者。大多数信件的作者是明显的保守主义者，他们拥护理查德·尼克松总统，并且批评政府的高昂税负、不合理的开支、过度的官僚主义，或者对个人经济活动的干涉。[44]

那些在新闻中发掘出自由主义或亲政府偏见的受众，较之看到其他偏见或者没有看到偏见的人们，似乎更有可能成为频繁投书新闻媒体的通信者。不过，反对者总是要比表扬者更乐意发出批评声音——并投书于他们眼中的自由主义媒体。苏斯曼（Sussman）认为，"当人们的目标受到威胁而不是有所保证时，他们更倾向于投书"；而我所阅读的寄给NBC的大多数信件皆来自于那些逆潮流而动的人们。[45]或许最重要的是，从投书者的特征来看，他们在总体的受众中并不典型，因为一系列研究发现，投书者大体上年龄较大、受教育程度更高、更为富有、政治上更趋保守，也更多地参与到社区与公共事务当中。[46]尽管多数此类研究关注的是投书日报的读者，但这些发现大体上也适用于杂志投书者。但是，在我读到的 NBC 观众来信中，其作者看起来受教育程度较低、不那么富裕，而且大都上了年纪。

新闻从业者与受众

在最初展开这项研究的时候，我认定新闻从业者作为商业雇员，一定会在选择与生产新闻的过程中将受众直接纳入考虑范畴；因而，我特别关注新闻从业者如何看待受众，并建立起与受众的联系。[47]可是，我很惊讶地发现，他们对实际的受众几乎一无所知，亦拒绝来自受众的反馈。尽管他们对受众有模糊的印象，但却很少关注他们；相反，他们为上司或自己而拍摄、写作，并假定——如我之前所言——能使自己感兴趣的新闻故事，也同样会吸引受众的注意力。

受雇于特定机构并为数以百万计的观众与读者生产新闻的人们，实际上却为他们自己工作。这一事实听起来可能难以置信，但他们之所以这样做，却是出于很好的理由。首先，由于受众规模过于庞大，新闻从业者根本无法将他们谨记于心；其次，他们觉得，根本不可能判定受众所需要的新闻故事类型；最后，产品考量将受众纳入考虑范畴，因而新闻从业者无须亲力为之。

对正式反馈的拒绝

新闻从业者可以接触来自受众的正式反馈，但他们极少利用这类反馈。杂志记者能够看到分析读者投书的每月报告，也可以要求得到所有来信的副本。电视网对观众来信的监测并没有如此系统，但电视记者还是能够接触到它们，因为新闻室的秘书负责回复这些信件。[48]此外，新闻从业者也能够获得电视收视率和杂志发行量的数据，以及受众研究的结果。

对受众投书的态度

高级制片人与编辑会察看所有由位高权重或名声显赫的人们撰写的来信；高级编辑也会关注读者投书的报告，而高级制片人和主播则定期阅读很少一部分寄给新闻节目的信件。除了仔细监测与杂志本身（而不是世界局势）有关的投书的首席编辑之外，其他新闻从业者对大多数此类来信漠然视之。一位执行制片人指出，"我只看那些指出我们错误的信件，其他的来信则称呼我们为'共产主义者'，或者索取某某（一个富有魅力的女记者）的照片"。

新闻从业者之所以对于受众来信缺乏兴趣，很大程度上缘于这些来信的可预测性。他们料想多半会收到——特别是来自文化与政治保守者的——批评来信，而这类预期又常常变成现实。此类信件可以被弃之不顾，因为多数新闻从业者认为，这些投书者并不能代表总体的受众，因而无须严肃对待。此外，这些批评信件也常被认为未经确证或是缺乏事实依据，因为很多来信指责新闻从业者抱有个人偏见或者忽视了"真正"发生的事件。电视记者甚至对投书者心存更多怀疑，并认为他们多数是"疯子"或"古怪的人"。[49]他们的这些观念是可以理解的，因为这些人频繁地投书媒体，而且负责回信的秘书常常告知他们那些最为稀奇古怪的观众的来信。

文化保守主义者则不会完全被弃之不顾，因为首要的受众考量——我们随后要讨论——就是一套有关品味的禁忌，它们阻止新闻从业者使用可能冒犯这些保守者的言辞与图片。这些禁忌可以预期受众的反馈而且无疑能够减少在它们不存在时可能出现的批评信件的数量；那些仍然觉得被冒犯的文化保守主义者，则因为代表了一个不典型的受众的"边缘地带"而不再被纳入考虑范围。与此对应的用于安抚政治保守主义投书者的禁忌则显得不那么必要,因为各种各样的"价值摒除"(参见第六章)策略已然抑制了"极端"观点的出现,而那些仍然对此不满意的政治保守主义者,则因为太过贪得无厌而被漠视。

然而,无论是在杂志还是电视网,那些指出事实错误的来信往往都被仔细地阅读;当批评性信件以空前的数量纷至沓来,或者那些通常不会激怒受众的报道却招来了批评声浪之时,它们也能够引起新闻从业者的重视。例如,在"水门事件"期间,谴责《时代》周刊使用讽刺性的反对尼克松的政治卡通作为封面的读者来信就得到了严肃的对待,尽管后来周刊作出的停止使用"卡通封面"的决定也同时受到了职员反对的影响。

拒绝受众研究

高级制片人与编辑时刻关注有关收视率与发行量的报告,但他们却不太在意送到桌上的受众研究,而其他的新闻从业者则从来不曾看过它们。很多——或许是大多数——新闻从业者对受众研究心存疑虑。首先,他们中的大多数来自人文学科或文学背景,因而不喜欢任何形式的统计数据,甚至在他们自己的新闻故事中也是如此。在 20 世纪 60 年代,他们不相信,从较小的随机样本的研究中能够收集到某些有用的(或者可靠的、有效的)信息;不过,现在,由于民意调查越来越多地应用在新闻故事之中,他们对抽样与概率理论的怀疑已经在某种程度上减弱了。[50]

其次,新闻从业者尚且不相信受众研究的用处,因为这类研究要么是重申了专业性的"受众知识"——所有新闻从业者习得的有关受众的传统智慧——要么就是与故事选择毫无关联。正如一位首席编辑所言,"这些研究告诉我,最受欢迎的封面是红色背景之下的漂亮女孩,但我总不能经常将这样的图片放上封面吧?"同时,关注现有受众研究的新闻从业者知道,无论新闻节目或杂志的样式以及其他方面有什么改变,受众的人口构成都不大可能随着时间的流逝而发生变化;因此,他们怀疑此类受众研究根本帮不上忙。他们的怀疑并非完全没有依据,因为有用的研究并不那么容易被设计出来。研究者所能做的,就是报告那些反复出现的模式,而新闻从业者则必须针对特定的故事作出决定。

虽然如此,选择考量本身就是反复出现的模式;更重要的是,它们所包含的有关受众的假定,从未经过系统的检验。尽管存在着专业性的受众知识,但没有人确切知道,观众对影像与活动画面的偏爱是否总是胜过口播故事与脸部特写,他们是否真的比较青睐那些引语言简意赅、篇幅短小精悍的杂志故事;或者当新闻从业者厌倦了某些故事选题的时候,观众是否也会步其后尘。同时也没人知道,有规律的和不规律的受众成员的收视与阅读习惯之间到底存在着什么样的差别。

除此之外,新闻从业者之所以拒绝受众研究,还出于第三个理由,那就是,他们不愿意接受任何质疑其新闻判断与专业自主性的程序。当某家电视网的受众研究部门展示一个观众样本如何评价一组电视新闻片的发现时,新闻从业者感到震惊,因为受到这一样本青睐的节目恰恰是在新闻从业者看来质量较低的电视片,而不是他们眼中的"好故事"。实际上,观众样本是依据新闻故事的题材而不是影像质量作出选择,他们偏爱那些与个体相关的故事题材,而不是重要的全国与国际新闻。然而,新闻从业者如此沉迷于从他们的角度对电视片作出判断,以致没有注意到,观众样本在选择时采取了一个非常不同的视角。

最后,新闻从业者对受众研究保持警惕,是因为这类研究由非新闻从业者——譬如杂志的经营部门，以及电视网中向公司执行官负责的研究部门——负责运作。其结果是，新闻从业者担心研究发现可能会被非新闻从业者利用，借此——通过增加煽情主义或者娱乐作秀的内容——扩大受众规模。他们的这种担忧也并非完全没有依据；因为尽管受众研究者并不是经营与管理部门的代表，但其职业生涯的成功与否却的确取决于能否通过研究发现打动后者。他们所抱有的或许是科学兴趣，但对其研究结果的评估权，却掌握在那些负责达成商业目标的执行官手里。

由于NBC在数年前设置了一个新闻受众研究部门，我得以在1975年收集到一些有关新闻从业者与研究者之间关系的资料，或者至少是一些印象。研究者在展示自己的发现时带着如下的观念，那就是，因为每个人都想要更高的收视率，新闻从业者应该会对他们的研究感兴趣；但新闻从业者却对此持怀疑态度，而且一旦研究者离开，这种怀疑就会转变成敌意。研究者热切期望通过吸引不喜欢或根本就不观看现有新闻节目的人们来扩大受众规模，但新闻从业者则只想增加那些愿意接受他们的新闻判断的电视观众。

研究者与新闻从业者之间的冲突围绕着商业考量与专业考量二者在故事选择中的优先性展开。在这类冲突中，新闻执行官则处在夹缝之中，因为虽然他们要向电视网管理层负责，但也希望能够保护自己的以及新闻从业者的自主性。此外，他们毕竟还是新闻从业者，因而也抱有与其他新闻从业者一样的对于受众研究的怀疑。

至少在1975年，公司管理层也处在两难之间，因为它并不想干涉新闻从业者的自主性。此外，像身在传播与娱乐行业的其他人一样，很多执行官相信，他们经过训练的直觉要比受众研究更胜一筹。或许他们也担心研究者会威胁到他们的自主性。因此，研究者就处在"第22条军规"的管制之下。他们得到了某些研究发现（关于受众的新闻偏向性，以及对现有样式、故事与主播的批评），但却无法证明，因为他们拥有的经费只能够支撑小规模的初步研究。对受众研究广泛存在的怀疑态度，阻止他们获得支撑更大研究的经费。而只有通过这些研究，他们才有可能得到更确实的研究发现并提出更具说服力的建议。

总而言之，受众研究在当下的新闻生产中扮演着边缘性的角色。在第三章中我曾提及，执行官、高级编辑及制片人会因为收视率与发行量的下降而被解雇或调任。但在 NBC，迄今为止，尚且没有主播或者因为低收视率或者因为那些证明他们没有达到与沃尔特·克朗凯特相匹敌的受欢迎程度的受众研究而被辞退；但盖茨报告称，ABC 之所以聘请哈利·里森纳就是基于一项展示出其受众吸引力的研究。[51]地方新闻的样式与主播也已经开始因应电视网及顾问公司的研究而发生改变。

此外，传统上对受众研究的敌对态度已经开始慢慢减弱；到1978年，NBC 的新闻受众研究者似乎已经赢得了新闻从业者的信任。鉴于先前与新闻从业者所发生的冲突，研究者现在将自己框定在研究上，而不提出任何操作性的建议；此外，他们避开那些意在质疑新闻从业者新闻判断的研究。与此同时，新一代的高级制片人与新闻执行官——他们受过传播方面的学术训练并且希望借助受众研究来检验他们的决定——开始掌权。三大电视网新闻节目之间的竞争变得越来越激烈，而受众研究的发现则很有可能导向新的想法以及获得收视率竞赛中的竞争优势。即便是在新闻杂志社，也存在一些愿意借重受众研究的编辑；而且如果他们所在的杂志陷入财政困难，他们可能就会向受众研究求援。时至今日，管理与专业直觉仍然主导着媒体运作，但倘若商业考量变得更为急迫，研究者可能会发现，他们获得了足够的资金去证明自己是否能够帮助新闻公司摆脱困境。

对受众的畏惧

然而,新闻从业者之所以不情愿将正式的受众反馈纳入考量,却不仅仅是因为对投书者代表性的怀疑或者对受众研究的敌视。这种不情愿同样反映了他们对受众及其潜在能量的畏惧。这种畏惧的一个来源是受众规模。尽管在批评者眼中,全国性的新闻从业者因为能决定成千上万的人将会看到或读到什么新闻而自感握有巨大的权力,但实际上,故事选择者在面对受众的巨大数量及为他们生产新闻的责任时,常常感到如履薄冰。一位首席编辑说道,"如果我们必须考虑读者,整整两千万的读者,那我们就什么都做不成"。另一位持有同样想法的首席制片人区分了他所谓的可知的与不可知的受众:"你其实是在为一小部分人做节目,他们是办公室里的同事、妻子,还有孩子们。这些人是唯一可知的观众。我知道我们拥有两千万观众,但我不知道他们是谁。我不知道他们想要什么,而且我也不在意。因为我无法知道,所以也就没办法在乎。"

或许更重要的是,如某些人所言,故事选择者觉得"不能根据读者调查来编辑,所以,我们不得不自己来"。新闻从业者将自己看作主要是为外行主顾工作的专业人士;就像其他专业领域的成员一样,他们认为必须给予受众他们所必需的,而不是他们想要的信息。他们相信,受众也根本无从得知自己想要什么,因为在新闻从业者报道一则故事的时候,他们并不在场。此外,观众或读者对今日新闻的反应与未来无关,因为无论是受众还是新闻从业者都无法预测明天的新闻。

在对受众所需与偏爱的拒绝之下潜伏着另外一种畏惧,它也体现在新闻从业者的受众知识当中;那就是,很多观众和读者对于接收到的新闻故事并没有多大兴致,他们宁愿观看或阅读有关名人的流言蜚语,而不是重要人物的重要活动。一位报道太空探险故事的制片人指出,"那些观众只想知道,宇航员在太空的时候怎样排便"。电视新闻记者也担心,很多观众会更喜欢富有吸引力或赏心悦目的"新闻播报者",而不是经验丰富的新闻从业者,或者青睐提供观点的主播而非客观报道新闻的记者。简言之,他们担心一旦受众的需要被纳入考虑,新闻从业者的新闻判断就会被丢弃到一旁。

这些畏惧也并非完全不合理,因为尽管新闻从业者或许高估了受众对花边新闻的需要,但可以想象的是,如果受众被赋予选择权,很大一部分人会要求减少当前的新闻内容,而代之以更多与个体紧密相关的新闻故事。那些要求减少华盛顿新闻故事的记者即反映了这些受众倾向,但即便是他们也希望能够保有判定什么故事最重要、最有趣的权利。他们也不会寻找研究证据以支撑他们的"新闻哲学",因为一旦受众需要变得与此相关,那么新闻从业者的新闻判断就必须在某种程度上让位于受众的新闻判断,届时新闻从业者也不得不将一部分新闻生产控制权让渡出去。

非正式的反馈

尽管新闻从业者拒绝投书与受众研究,但他们却使用某些非正式的、自动生成的受众反馈机制。这类反馈的首要供应者当然是握有凌驾于新闻从业者之上的权力的人(或人们)。当我问及新闻从业者为谁而撰稿、制作或编辑时,他们常常从上司说起,而且某些人就止于此。鉴于这些上司的职责要求他们形成某种受众取向(参见第三章),因而他们的反馈与受众有一些或多或少——虽然不是直接的——的关联。

非正式反馈的第二个来源是前引首席制片人所称的"可知的受众"。在很大程度上,这些人是家庭成员、朋友、邻居,以及新闻从业者在派对中遇到的人们。一位制片人说道,"我密切关注下列这些人的反应,他们是,我的邻居、我在中西部的妹妹,以及远在西部的兄弟"。制片人与编辑有时候会关注他们的妻子与子女对于那些对他们所属的组织或他们尊敬的公共人物有所批评的新闻故事的反应;一些杂志撰稿人表示,他们偶尔会询问邻居对杂志的反应。那些从可知受众处寻求并接纳反馈的新闻从业者假定,这些人即足以代表整个受众群体。尽管这一假定无疑是不准确的,但可知受众来自受教育程度较高的人群,而他们正是新闻从业者最想触及的受众群体。

因应此目的而扮演外行角色的从事新闻工作与非新闻工作的同事也提供非正式的反馈,他们因而构成了里斯曼(Riesman)所谓的"近在咫尺的受众"(near-audience)。每当开播之前,制片人通过新闻室的监视器审查即将播放的电视片时,他都可能会观察当职的秘书与技术人员的反应;当被问及某个新闻故事是枯燥还是有趣的时候,专业人士也就变成了"近在咫尺的受众"。我之前曾提到,《时代》周刊的首席制片人有时候会把有关运动与娱乐的封面故事拿给那些对这类题材不感兴趣的同事。

不过,非正式的反馈并不足以应付所有的情况。有时候,新闻从业者可能遭遇到可被称之为"受众饥渴"的状态。在这种情况下,他们希望从不可知的受众那里获得反馈。他们不相信有关收视率或发行量的"数字",而只关心受众是否正在观看或者阅读他们的新闻报道。他们因而故意选择那些必定能够激起受众来电或投书的新闻故事,譬如在杂志故事内点缀过分的性题材,或者在电视上播发人情味故事,后者不仅能够引发读者来信,而且能够带来对需要帮助的受害者的捐助。[52]

新闻从业者作为受众代理人

即便是来自可知受众的反馈也并不经常被使用;新闻从业者,特别是极少从上司处得到反馈的资深记者,认为他们是在为自己写作、拍摄与编辑。然而,实际上,他们只能在某种程度上这么做,因为他们总是要戴着由适宜性考量所设定的镣铐跳舞。不管怎样,他们觉得是在为自己工作。即便是在判定一则故事到底会"抓住"观众或读者的注意力还是会令他们厌烦的时候,当被问及如何作出判断,他们一般都会如是回应,"噢,如果一则新闻令我感到厌烦,也就会令他们厌烦"。一位首席制片人甚至认为"对受众的构想,其实是我们自己的投射",而绝大多数新闻从业者则将他们自己与受众感受的协同一致视为理所当然。在此过程中,他们变成了受众的代理人,并替他们对消息来源作出反应。一位记者评论道,"我们都以自我为中心,在面对正在发生的事件时,把自己看成受众的代表。受众没有独立的资源去获得新闻;我们帮他们完成"。

当新闻从业者认为令他们厌烦的事情也同样会令受众厌烦的时候,他们暗示了专业反应与外行反应的一致性。不过,罗森塔尔(A. M. Rosenthal)则不这么看。在写下他对一则谋杀故事的反应时,他指出,

> 那时候我感受到新闻人最为熟悉的反应,即感同身受的震惊。那种专业的超然,本是我们这一行的本质所在……记者或编辑……自己无须或者通常也不会感到震惊,但他会在一瞬间体验到读者的感受。[53]

不过,我的印象则与此不同,因为我所研究的新闻从业者,多数时候会以与读者或观众相类似的方式作出反应。比如,他们

拒斥令人毛骨悚然的图片或极度血腥的战争影像，因为他们自己也受到了震撼。

但不论新闻从业者在面对新闻事件时到底投射出专业感受还是外行感受，当他们变成受众代理人，只要上司满意他们的工作而受众也没有表露出任何明显的或大规模的愤怒的迹象，他们就无须与实际的受众接触，也不需要任何来自受众的反馈。可以确定的是，我所研究的新闻媒体没有遭遇到重大的受众抗议或者——更为重要的——受众的大规模缩减；而杂志新闻从业者则深知，订阅者一经订阅就至少要在接下来的一年里跟他们绑在一起。实际上，由于新闻节目与杂志之间的相似性，受众并没有多少选择可言；而且或许他们并不知道自己有表达愤怒的权利，或者他们对新闻的参与程度不深，因而并不在乎这种权利。[54]

最后，不管怎样，新闻从业者至多只能代表那些与他们自己最为相像的读者与观众，共享他们对新闻的参与以及政治和文化兴趣。倘若新闻从业者满足了总体受众的这一小部分，他们也就无须再以愤怒的笔调投书媒体；而且由于这些被代表的受众受教育程度较高，因而是最有可能诉诸受众投书的人群，新闻从业者由此预先阻断了部分批评。但事实仍然是，非正式的反馈机制以及新闻从业者借以扮演自我指定的、不承担任何责任的受众代理人角色的种种方式，并不能代表整个受众群体，而且大概都不能代表受众中的大多数。

新闻从业者的受众图像

即使新闻从业者无须将实际的受众谨记于心，他们也必须意识到他们的存在。然而，由于对受众所知甚少，他们建构出一幅并不总是与真实情形相契合的受众图像。不过这幅图像也并不是非要与真实一致，因为令新闻从业者感兴趣的，乃是受众（他们眼中的受众）如何回应他们的工作。

当我请新闻从业者描绘实际的受众时，他们常常会描述可知受众并假定它与不可知的受众类似。其他人则提到存在于某些新闻机构中的受众原型。一般而言，这些人是纽约之外的专业人士，譬如——几位 NBC 的记者描述的——"律师和他的妻子，后者领导着所在中小城镇中的父母教师联合会（PTA）"[55]。一位首席编辑把可知受众与杂志的受众原型这二者融合在一起，"我基本上为我妻子编辑。她是民众之声，聪明而好奇，却不是你们这些纽约知识分子中的一员；她对那些事情不是特别感兴趣，而我们的杂志无论怎么说也算不上一份过于理智的杂志。她并不那么政治性，但如果一则故事令她感兴趣，它也会吸引别的人——比如，身在温内特卡（一个富有的芝加哥郊区）的专业人士的妻子，以及中西部的专科学校教师。"[56]

当我敦促新闻从业者提供更多有关实际受众的信息时，他们指出，受众跨越所有年龄、收入与教育层次；但我继续就此追问时，他们所描绘的受众其实仍然是高消费阶层人群。杂志记者认为，他们的读者主要是富有的、受过大学教育的、从事专业或管理工作的男性；与此同时，他们对表 6 中所展示的白领与蓝领读者群一无所知。某些电视新闻从业者觉得很多观众年龄较大，但其他人则不理解，为什么会出现这么多关于义齿粘附剂与轻泻剂的广告。实际上，所有人都把他们的观众想象成中间阶层的人群；一位制片人给出了最为详尽的描绘，"经常观看节目的观众，是一个受教育程度相当高的群体，但也有很多人是没有受过高等教育的高中毕业生，他们偶尔会竖起耳朵关注节目的内容"。但即便是这个一分为二的受众形象也过高估计了实际受众的社会经济地位与受教育层次。实际上，在我接触的新闻从业者当中，只有一位准

确地认识到受众主要是由工薪阶层人群构成这一事实。作为来自蓝领家庭的新闻从业者,他认为电视新闻应该对蓝领观众更具吸引力;但他也承认,不知道如何才能达到这一目标,因为他在很久以前就已经与那些儿时玩伴失去了联系。

很多其他的专业人士也会过高估计他们的主顾的社会地位,他们这样做或许是为了借此提高自己的地位。新闻从业者之所以将不那么显赫的观众和读者置于受众图像之外,也是为了赋予"自己能够代表受众"这一假定以合法性;但是此外,他们这样做是为了阻止"浅显的写作方式",他们假定,受众会意识到这一点,进而抵制把自己视为"低等"的节目或杂志。这也是为什么新闻从业者不愿意求助于专家的原因之一,因为他们——譬如学者——的信息优越性总是会令新闻从业者自感低了一等。

有效的受众图像

新闻从业者的确谨记于心的唯一的受众特征是他们对新闻的接收。这一受众图像——与实际受众之间的关系同样不太明确——将观众与读者分成四种类型,我称他们为"感兴趣的"、"不感兴趣的"、"被拒绝的"与"创造出来的"受众。

在新闻从业者的想象中,感兴趣的受众在乎新闻,并且对之保持有规律的关注。而不感兴趣的受众则不那么在乎;他们是不规律的观众和读者,其注意力正是媒体追逐与保持的目标,他们在多数时候对地方新闻感兴趣。

新闻从业者自然对"感兴趣者"最有热情,因为他们——或者他们的形象——接受新闻从业者的新闻判断,因而容许他们拥有最大限度的自主。但当新闻从业者把受众纳入考虑时,他们关注的是需要持久追逐的不感兴趣者。新闻从业者经常担心会失去他们或者令他们失望,很多在第五章中分析的产品考量与将要讨论的受众考量的存在就是为了保持住他们的注意力。

新闻从业者以一种混合着蔑视与顺从的态度对待这些不感兴趣者:蔑视是因为他们对重要的新闻不够在乎,而顺从则是因为他们不能够被弃之不顾。蔑视的态度在杂志中比在电视网更为强烈,因为不感兴趣者被认为是杂志读者中的少数人群。正如一位资深编辑所言,他们"不是我们这样的人,而是其他类型的人,但你不得不丢一些面包屑给他们"。

这些图像也包含了有关受众特征的假设。感兴趣的受众被想象为受教育程度较高也更为年轻;而不感兴趣者,则是受教育程度较低、年龄较大,而且共享着边缘的文化与政治保守倾向的人群。我们无法确定这些形象是否准确,因为受众对新闻的兴趣尚没有被充分地研究。倘若新闻从业者对于感兴趣的受众等同于规律受众的假设是正确的,杂志记者的猜测就是准确的,因为规律的读者群拥有更高的受教育程度。但电视记者就犯了错误,如前引数据所显示的,规律的观众往往是上了年纪的受教育程度较低者。

被拒绝的受众则包括那些新闻从业者宁愿抛弃的人。其中一类是"自许的知识分子",他们被认为想要得到更为详尽的、更具分析性的——因而也是更枯燥的——新闻故事,而这超出了新闻从业者愿意或者能够提供的新闻内容的疆界。此外,作为专家,他们可能会投书媒体指责新闻从业者过于简单化。然而,杂志记者对于这些自诩的知识分子抱有相当矛盾的情绪:一方面,他们渴望这样的读者,因为他们对新闻感兴趣;但另一方面,他们又担心想要让这些人满意就有可能丧失非知识分子人群的注意力。

第二组被拒绝者则是被认为只对煽情主义感兴趣的人——譬如那些只想知道宇航员在外太空如何排便的观众。电视记者对这类观众尤其感到畏惧,因为他们担心由于这一人群数量庞大,管理层可能会迎合他们的需要以追求更高的收视率。

新闻从业者建构出"创造出来的受众"这一人群,借此令自己相信,他们的新闻判断必定能够吸引观众与读者。在第五章中,我指出,所有的故事类型都被假定包含某些嵌入的支持者,但或许最为重要的创造是如下的假设,即受众总体跨越所有年龄与教育层次。一方面,这一创造使得新闻从业者可以完全漠视受众;另一方面,它也帮助他们认定每一个新闻故事都一定会吸引某一些人的注意力。

此外,创造出来的受众也可以被修正以符合新闻从业者自己的判断。当杂志打算推出一期有关运动的封面故事,编辑们即刻便觉得,读者已然彻底厌烦了政治。他们同样认为"每个人"都正在追捧将要出现在封面上的棒球明星。每一年的7月,杂志的故事选择者都会将读者送上一段夏日旅程:国际版的编辑搜罗有关海外旅游冒险的新闻故事,书评版编辑则评论"适合在吊床上阅读的更轻便的书籍",而戏剧批评者则转向夏令剧场,"因为人们现在都在路上,正赶往戏剧节"。或许他们是在呼应实在的读者兴趣,但他们并不知道到底有多少读者正在度假,或者他们的阅读习惯是否已经发生了改变。不过,在夏季的几周中,新闻室内的工作效率的确更为紧凑,因为这样的话,新闻从业者就可以离开岗位,奔赴远在汉普顿和好望角的吊床与戏剧节。

受众考量

这里的受众考量,是指那些新闻从业者在其中明确地考虑受众图像并且据此行动的故事选择上的判断。如前所述,多数受众考量是为了吸引不感兴趣的受众,它们因而落入两个类别之中:一个用来吸引受众;另一个,则是为了保护它,并在此过程中,保护新闻从业者以及社会秩序。

多数时候，新闻从业者并不在选择新闻故事的时候考虑受众，但如果有人认为一则新闻故事会令某些读者或观众失望、不快或迷惑，他们就会追溯式地应用这些受众考量。在这种情况下，想象中的受众就会变成一个否决团体，只不过多数时候，相关的新闻都能幸存下来，并在故事生产环节被修改以剔除令人不快的成分。其他时候——如果不是那么频繁——有些并不特别令故事选择者感兴趣的新闻，就仅仅因为可能会引起受众的注意力而被选择出来。

吸引受众

从某种意义上来说，新闻从业者与他们的受众，特别是其间的不感兴趣者，进行着一场讨价还价。他们希望观众和读者关注重要新闻，因为"人们应该知道世界上正在发生什么"；作为交换，新闻从业者会提供有趣的新闻故事以取悦他们。这一契约的核心条款已经被整合到适宜性考量之中；不过，新闻从业者也付出特别的努力以寻找能够吸引受众并保持住他们的注意力的新闻故事。

1. "认同性的"故事　新闻从业者相信，某些故事——特别是行动故事——具有吸引受众的内在本质。其他新闻故事要达到这一目标，就要求人们能够对新闻形成认同，这种认同或者是因为新闻具有个体相关性，或者是因为它创造出有关英雄、恶棍或受害者的感受。当鲁文·弗兰克发展出 NBC 晚间新闻节目最初的原型时，他还想要更进一步，去"激怒"观众，因为"愤怒意味着令观众卷入其中，而不仅是消极的观看者"。数年之后，他觉得电视新闻不明智地忽视了他的目标。如果可能的话，新闻从业者同样渴望生产出人们能够记得并与他人讨论的"难忘的"故事。新闻从业者希望，这些故事能够引发口耳相传的广告效应，从而扩大受众的规模。

2. 服务新闻　　受众同样对服务新闻——与个体相关的新闻，比如健康与消费新闻，或者对复杂现象的定期评论——抱有比较强烈的兴趣。在 1975 年，《新闻周刊》刊载了概括中情局进行的各种各样的调查及评论总统竞选中的资金管理的服务性新闻故事。在这两种情况中，新闻从业者认为这些故事枯燥乏味，或者令人"目光呆滞"；他们之所以选择这些新闻故事，乃是为了"服务于困惑的读者"，尽管他们承认，这些主题也曾令他们自己困惑不解。

3. 无负担的故事　　新闻从业者与受众议价的另一方面是不要用太过复杂的故事、过于详尽的细节或者就连感兴趣的读者与观众都可能缺乏兴趣的新闻，给受众造成过分的负担。新闻从业者之所以不断地追求清晰流畅的陈述，就是为了尽可能减轻受众的负担；而他们持有的受众不能承受太大负担这一观念，其实反映出他们知道有时候自己是在将不受欢迎的产品强加到受众身上。

保护性的考量

大量的受众考量的存在是为了保护受众免受过度的烦扰。某些考量也意在保护社会秩序免受大众的破坏，因为那些令受众心烦意乱的新闻故事也有可能导致他们将焦虑转变成行动。

1. 震惊　　由于观众无法退回到新闻故事的现场，电视记者必须谨小慎微，以保护他们免受不必要的烦扰。商业客机坠毁的消息只有等到航班号确定之后才会被报道出来，免得那些亲戚朋友正在飞行途中的电视观众担心。有关医疗进步的新闻绝对不能给予患病的观众以错误的希望。一位首席制片人指出，"我们必须对关于癌症的新闻非常慎重，因为癌症患者会非常仔细地观看这类新闻,他们可能会看到实际上并不存在的痊愈之法"。

2. 恐慌 电视新闻从业者也戮力阻止那些因灾难或平民骚乱所引发的观众恐慌。在第二章中我曾指出,在肯尼迪总统遇刺之后的数小时内,电视新闻记者非常担心人们可能会因刺杀事件而变得恐慌,因而不停地寻求方法舒缓这样的反应。地方电视台则更为关注恐慌的观众与听众。另一方面,新闻杂志则无须担心,因为在它们出版的时候,可能引起恐慌的新闻已然被电视报道过了。值得研究的是,为什么尽管以往不曾出现过真正的恐慌,但新闻从业者却还总是担心受众恐慌的出现。不过,他们同样关注消除那些可能导致恐慌的流言;因为某些证据显示,报纸罢工期间,在犯罪猖獗的城市中,谣言增加了人们对犯罪活动的恐惧。[57]

3. 模仿行为 新闻从业者亦担心某些受众成员会模仿新闻中的行为,并力图降低这种可能性。《时代》周刊与《新闻周刊》即曾因将刺杀杰拉尔德·福特总统未果的莱内特·弗洛姆(Lynette Fromme)放上杂志封面而饱受批评。一些批评者认为,正是这些报道鼓动了萨拉·简·摩尔(Sara Jane Moore)①随后尝试采取同样的行动。作为批评的结果,这一次,没有任何一家新闻杂志再将她放到封面上。

在20世纪60年代,关于嬉皮士的电视与杂志新闻故事刻意强调嬉皮生活的阴暗面,以阻止大批人涌向海特—阿什伯利(Haight-Ashbury)②。那些推测夏天发生种族骚乱的可能性的新闻故事也被撤换下来,因为新闻从业者不想被指责为"乌鸦嘴"。

新闻从业者并不是唯一的担心受众中出现模仿行为的人群;实际上,自从大众媒体诞生那天起,公共官员、宗教领袖及其他

---

① 在弗洛姆的谋杀行动之后17天,即1975年9月22日,摩尔于旧金山试图刺杀福特总统。——译者注
② 位于旧金山的嬉皮圣地。——译者注

人就不断表达此类担忧。因而,新闻从业者的考量与其说是想要保护受众,不如说更多的是意在保护更大范围的社会秩序——以及新闻媒体自身。对于当地发生的市民骚乱,地方新闻媒体从来都是抱持贬低的态度,因为它们担心骚乱者出现在电视画面上会吸引观众加入他们的行列。全国性新闻媒体所担心的则是地方失序的全国性扩散;在 1967 年,电视网即被指责通过报道底特律和纽瓦克的黑人骚乱而鼓动了骚乱在全国范围的蔓延。电视网最为担心的是被批评为宣扬各种失序活动,但那些攻击媒体的人之所以提出此类批评,是担心新闻会煽动起模仿行为。

4. 品味 主要的保护性的考量,也即最为重要的受众考量,乃是建基于新闻从业者所称的"品味"的基础上的对于新闻故事的排除或编辑。这一考量的实现是通过将对赤裸、亵渎、渎神以及流血的描绘等设为"禁忌",并应用于新闻实践;而这些禁忌的存在,则既是为了保护受众免受烦扰,也是为了使媒体远离大规模的受众愤怒。

虽然新闻从业者可以通过重要的新闻随意地惹怒受众,而且有时候也可以因应受众饥渴的驱使而刻意违反品味禁忌,但他们并不希望无端地招致雪片般涌来的批评性投书。他们不希望冒这样的风险,以致听到关注回复这些邮件的成本的执行官的抱怨。这些抱怨也可能来自附属地方电视台的所有者,每当新闻从业者忽视了品味禁忌,这些人都会被激怒。因此,或许只有在有关品味的问题上,受众才被最为认真地纳入考虑范畴。

较之杂志同行,电视新闻从业者在工作中面临着更多限制性的品位考量;这主要是因为,晚间新闻在晚饭时间播放,孩子们也会观看节目。因而,性爱故事就变成了禁忌;而尽管电视网能够播放有关裸体海滩的故事,但裸浴者的镜头则只能出现脖子以上和膝盖以下的画面。不过,女性的乳房则可以出现在医疗故事和国际新闻当中。一位制片人解释道,"像《国家地理》那样,我们不能展示赤裸上身的美国女孩,但可以展示袒胸露乳的非洲人"。

电视新闻从业者也不可以使用亵渎的词语。近年来,受访者已经被允许在新闻节目中说出"见鬼"和"他妈的",但是在1970年1月同一天的CBS晚间新闻节目中出现了三个"该死的"(都是出自被访者之口)之后,电视网还是从附属的电视台那里收到"破纪录"的批评性信件。[58]

现在,杂志可以偶尔使用完全赤裸的女性的照片,但男性生殖器仍然仅仅出现在复制的雕塑与绘画中。在过去的十年里,有关亵渎的禁忌也已经在相当程度上发生了松动;而且尽管撰稿人仍然不能使用亵渎的言辞,但当这些词语出现在引语中间时,则很少被剔除掉。不管怎样,在封面设计方面,"良好的品位"仍然是一个主要的考虑因素。

在灾难或战斗中受伤或死亡的人们实际上从来没有被展示过。越战期间,在把片子送给高级制片人审查之前,电视编辑通常都会剪掉有关战斗与侦察的影像中的血腥画面;大概摄像人员之前就不会多此一举拍摄此类不可能播放出来的流血场景。[59]尽管电视因为向观众展现了战争的恐怖而"得分",同时遭受了攻击,但是电视网其实报道了一个高度净化的战争版本。[60]实际上,遭到电视审查的那些血腥场景,有时候却被新闻杂志借助文字与图片描绘出来。

对"品味"的界定相当宽泛,以至于也包含了某些政治禁忌。首先,新闻从业者不能表现出对总统本人及其属下政府机构的不尊重。违背了这一禁忌几乎总是会引发受众来信以及理所当然的白宫抗议。不过,就像尼克松在其任期的最后时光里的情况一样,新闻从业者可以对丧失受众尊重的总统表现出适度的不敬。福特总统身体的不协调也被排除在禁忌之外,尽管杂志编辑还是不会接受表现总统的臃肿与蹒跚之情态的照片。

同样的禁忌扩展到其他身居高位的政府官员身上。新闻从业者也很少对美国战争、爱国主义以及民主作出不尊重的评论。尽管批评是容许的,而且新闻从业者可能会顶着预料之中的受众抗议这样做,但他们还是会避免讽刺性的评论,因为这暗示着不尊重。我之前提到,《时代》周刊终止使用讽刺卡通作为封面,部分即是由于很多读者的反对。

有关公共官员个人的出轨行为的新闻故事也同样是禁区,尽管很多新闻从业者之所以接受这一禁忌是因为他们觉得此类新闻多半微不足道。工作之外的饮酒、婚前性行为与婚外恋、同性恋以及诸如此类的事情,只要新闻从业者认为它们没有涉及官员的公共责任,就不会关注它们。不过,直到20世纪70年代,除了德鲁·皮尔森及杰克·安德森等专栏作家以外,即便是的确妨碍了公共责任的私人行为通常也不会被报道。迄今为止,新闻从业者仍然不愿意报道国会成员酗酒或显现其衰老的新闻故事。

主要的全国新闻媒体最终打破此惯例,肇始于对肯尼迪总统与某位据说同时跟两名有组织犯罪的头目有关系的女性之间的暧昧关系,以及国会议员韦恩·海斯(Wayne Hays)使用公帑包养情妇事件的报道。这两个事件之所以具有新闻价值,仍然是因为他们牵涉了当事人的公共角色。但当《时代》周刊及其他全国性新闻媒体报道肯尼迪总统的其他并未冲击其公共角色的暧昧关系时,某些受众成员即认为媒体走得太远了。《时代》周刊相关的新闻故事引发了比1976年全年的其他任何单篇报道更多的读者投书,在1076封来信中,750封对《时代》的报道持批评态度。[61]

即便如此,这一禁忌从来都不曾一律地应用在所有的公共人物身上；例如，激进主义者的私人生活就常常富有新闻价值。在马丁·路德·金被谋杀之后，联邦调查局泄露的显示他曾有婚外恋行为的消息被媒体报道出来；但与此同时，没有一家全国性新闻媒体认为肯尼迪总统的类似行为适合被报道。

近年来，品味考量已经扩展到宗教、种族与性别刻板印象领域的禁忌。新闻媒体长久以来都很谨慎地避开排犹的刻板印象，因为犹太团体紧密地监测着它们，但其他的刻板印象则一直要等到媒体被批评持有"种族主义"或"男权主义"的观点时才被剔除出去。在副总统阿格纽于1969年发表攻击新闻媒体的演讲之后，故事选择者一度避免可能强化种族刻板印象的新闻故事——比如那些将意裔美国人与黑手党联系在一起的新闻。（这大概是阿格纽对新闻媒体发起的攻击所取得的主要效果。）然而，当一位NBC制片人在1975年声称，一部有关老年人的电影表现出不必要的施恩于人的姿态，他的言论没有激起任何反应，或许是因为年长者群体还不曾发起对新闻媒体的批评。

品味禁忌的存在，几乎完全是出于为受众考虑，但某些禁忌也为新闻从业者所接受，特别是那些针对刻板印象以及可怖或血腥场景的禁忌。但如果可能的话，新闻从业者宁愿抛弃政治禁忌，而更年轻些的新闻从业者则一直在争取放松针对裸体与亵渎的限制。实际上，这些禁忌已经松动，某种程度上就是因为高级编辑与制片人最终屈从于他们的压力。新闻杂志挑选图片的会议中即频繁地出现针对各种禁忌的协商与拉锯，尽管首席编辑的职责要求他们谨慎从事，但有时候他们还是会屈服，以给版面"加些调料"，并希望读者不会作出过于激烈的反应。而更年轻的高级制片人与编辑之所以坚持这些禁忌则纯粹缘于对受众抗议的畏惧。在1975年，当一位宇航员吐出"操"这个词以强调自己想要离开太空舱的急切心情时，电视网记者担心他会被听到（或被读唇语者看到），不过一位首席制片人却希望他的粗话能够被听到。他辩解道，如果一个受人尊敬的公共人物用了那个词，新闻从业者基于新闻自由的原则就应该作出报道。杂志新闻从业者也持同样的看法，然而虽然现在对消息来源的引用中可以出现"狗屁"之类的粗话，但性亵渎的词语在1978年仍然是不能逾越的禁区。

受众扩张与文化民主化

根据我的观察，新闻从业者独立于商业考量的自由以及他们对实在受众的寥寥的关注暂时都仍然能够"行得通"。但归根到底，新闻机构处于追求利润的公司执行官的监管之下。新闻判断拒绝变化，新闻从业者也会戮力保持他们的自主；但如果公司的经济状况受到威胁，执行官可能会迫使属下的新闻机构顺应变化。

首先，公司执行官总是能够不停地要求削减成本。在NBC和《时代》周刊1975年的罢工期间，他们无疑注意到，由非工会记者构成的少量制片人和编辑即可以照常播出节目与出版杂志，而且不会对节目质量或收视率与发行量产生明显的影响。[62]

此外，为了弥补公司在其他方面的损失，管理层可能要求新闻从业者生产出更有利可图的新闻故事，并因而要求新闻节目与杂志扩大受众的规模。即使是现在，电视新闻似乎也处在转型阶段；而且倘若ABC所尝试的样式与人员变化能够带来收视率的高涨，其他电视网也非常可能群起仿效之。

没有人能够预测将来广告商和受众的行为。现存的或新进入的广告商可能要求一个不同的或更大的受众群。电视观众可能会决定从广播或地方电视节目中获取全国与国际新闻；而杂志读者也可能把杂志换成越来越多地出现在日报上的报刊辛迪加提供的特写故事。如果是那样的话，富有攻略心或者孤注一掷的新闻机构就可能转而报道更多名人轶事与市井新闻，希望能够借此复制《人物》（*People*）杂志的成功。

美国自身也可能发生变化，并对所有参与到新闻媒体中的事物产生影响。例如，倘若这个国家的经济或政治问题日趋恶化，受众可能会倾向于选择比今天更多的娱乐节目与更少的新闻故事——特别是更少的有关他们控制范围之外的国家与社会现象的负面新闻。相反地，他们也可能认为自己需要更多分析性的新闻，或者将国家现象与他们自己的处境和问题联系在一起的新闻故事。（实际上，政治危机可能会吸引受众的关注；"水门事件"期间，读者和观众数量即增长了10%。）随着人口增长，电视新闻的观众数量也会增长，前提是现有的受众习惯保持不变；随着受教育层次的提升，感兴趣的受众可能会倾向于更少的行动新闻与更多的分析，这将驱使新闻节目与杂志向意见杂志靠拢并迫使它们寻找新的途径维持其他的受众。不管怎样，受众行为只不过是这一过程的一小部分；在 20 世纪 60 年代，好几种杂志关门，并不是因为他们失去了读者，而是因为广告商转向了电视。

新闻从业者担心受众的扩张，因为他们将之视为对自主性的威胁。然而，受众扩张也可以被看成文化民主化的进程，因为它将几个世纪前诞生的仅向少数精英提供新闻的这一专业领域的服务扩展到数量庞大的人群之中。换言之，受众扩张意味着将全国新闻媒体的受众更深入地扩展到中低阶层、工人阶层及穷人中的成年人与年轻人群体。不过，文化民主化同时也要求新闻从业者较少关注上层与中上阶层消息来源，亦对这些阶层的社会秩序少一些臣服式的敬意。

在其他地方，我曾指出，美国被分割成一系列审美的或品味的亚文化与公众，它们在很大程度上因社会阶层——特别是教育——而分化开来。[63]这一论断同样适用于新闻生产过程。地方性报纸与广播电视——至少是在某些较大的城市中——已然因其为之提供服务的阶层而发生分化。纽约的《日报》(*Daily News*)与《纽约时报》无疑各自服务于相当不同的读者群。全国性新闻媒体的分化则不那么严重,这可能是因为它们数量稀少;更重要的是,无论是在形式还是内容上,全国性新闻媒体迄今为止都遵循着中上阶层亚文化的指引,尽管大多数的观众与读者并非从属于这一社会阶层。

全国新闻从业者始终能够保持一种文化霸权,因为他们是全国性的专业精英。受众也已经接受了他们的霸权,这或者是因为他们并不在意改变缺乏选择的现状,或者因为他们相信,只有接受有关上层阶级和由他们提供的新闻故事,自己才能变得见识广博。或许受众之"被告知"也意味着新闻必须跟位居高位的公共官员扯上关系,尽管他们的活动与受众之间可能根本没有任何个体相关性。[64]但如果新闻能够放弃某些中上阶层的内容与腔调,观众与读者的数量可能会变得更为庞大。

不管怎么样,当新闻从业者担忧日渐增多的煽情主义与娱乐作秀时,他们也同样担心全国新闻的品味亚文化有可能向下流动——而没有人喜欢向下的流动。由于向下的文化流动通常都伴随着更高的公司利润,它也因而被轻易地归于或被攻击成公司贪婪的某种表达。但与此同时,向下的流动也是文化民主化的过程。在这样的过程中,新闻媒体可能选择一个更具吸引力的主播来播报同样的新闻,也可能生产出更多与个体相关或者与当前并不具备新闻价值的美国人相关的新闻故事,而我实在看不出这一切有什么错。大量的煽色腥或市井流言或许并不是值得追逐的目标,但我也不确定这类新闻是否真会产生记者所料想的那种有害影响。这些都是新闻政策方面的议题,我们将在最后一章中讨论。

第八章

压力、审查与自我审查

新闻从业者通过报道行动者的活动给予这些人有益或有害的曝光。因为很多行动者需要此类曝光机会来扮演他们的角色,因此在某种意义上说,他们依赖新闻从业者。因此,新闻记者的权力很大程度上来自于他们可以决定什么新闻进入符号场域——有关美国的讯息得以展示的公共舞台——的能力。

结果,新闻机构就总是被那些想要使他们的讯息以益处最大化、伤害最小化的面目进入到这一场域中的个人与团体所包围。如果必要的话,他们会使用手中的权力向新闻从业者施压并迫使他们就范。这里所谓的"压力",是指批评、组织化或非组织化的抗议,以及针对新闻从业者、所在机构以及公司的威胁。压力被用来强迫新闻从业者改变新闻故事(或者剔除某个故事),而这一过程则构成了新闻审查;压力也被用来形成所谓的"寒蝉效应"(chilling effect),即寄望于诱使新闻从业者自愿地改变或剔除故事,这种做法也就变成自我审查。当然,并不是所有的批评——譬如消息来源要求事实更正——都是压力。不过,当新闻从业者不相信他们犯了错,或者当"更正"是以强令而非请求的方式传达下来,他们就会觉得自己处于压力之下。

新闻从业者可以通过三种途径对压力作出回应:他们可以抗争;他们也可以屈服,修改新闻故事以平息施压者的怒火;或者他们能够预见到批评者,提早作出足够的让步以避免压力的出现。

因而,故事选择与生产过程就是针对什么讯息可以进入符号场域的权力斗争。多数时候,这一权力斗争是隐蔽的,因为它被嵌入了新闻判断;但当被惹怒的消息来源、受众以及其他人表露出对新闻判断结果的不满,它就变得公开化了。这一章主要讨论公开的斗争,而第四章则可以看成对隐蔽斗争的分析。消息来源试图通过操纵、泄露与拒绝提供信息来对符号场域施加控制;而新闻从业者则通过援用消息来源考量达成同样的目标。第七章显示,受众试图通过批判性投书、取消订阅或转换电视台等行为影响这一符号场域;新闻从业者则借助对受众反馈的忽视来反击之,或者通过预料并使用受众考量(主要是有关品味的考量因素)以及与受众相关的适宜性考量来作出让步。

"压力"的概念来自政治场域,原意是指压力团体试图影响政治人物的行为。这一概念本身即暗示着对施压者的责难和对遭受压力者的同情。新闻从业者反对压力,尽管他们极少使用这个词语。不过,我将在不附加任何积极与消极含意的基础上使用这一术语;在第十章中,我将提出,在某些情况下压力可能成为值得追求的目标。

在本章的讨论中,我只关注最初源自新闻机构之外的外部压力,即便这种压力可能会通过内部人士——执行官——传递到新闻从业者身上。(我们在第三章和第六章中讨论了"内部压力",它们通常以执行官下达的新闻故事或编辑建议等形式出现。)

由于施压者想要改变出现在符号场域中的讯息,他们的压力因而是政治性的;对于那些关注意识形态的人们来说,这些压力同样也是意识形态化的。对管理层而言,压力也几乎总是商业化的,因为无论压力背后的意图何在,管理层都必须考虑它们给公司带来的经济后果。新闻从业者极少需要担心这些问题;对于他们,压力的首要威胁是自主性的削弱,而个体职业生涯也可能因此悬于一线之间。但多数时候,他们所遭受的都是批评而不是压力,但在面对这些批评时,新闻从业者与普通人一样脆弱,甚至比后者更甚。新闻从业者觉得自己的脸皮非常薄——事实的确如此。其理由是,他们的活动具有比其他专业人士的活动更高的可见度,他们无法轻易地躲避批评;尽管同样真实的是,他们经常过于迅速地跳到"每一个批评都是蓄意的威胁"这一结论上。

研究外部压力的难题

对外部压力及其后果的研究存在着经验上与定义上的难处。屈服于压力会被看作怯懦之举和无权无势的象征,因而那些不得不屈服的人们不愿意讨论这些问题。不过,新闻从业者倒是愿意谈论自己屈从于上司建议的经历。有时候,他们怀疑这些建议受到了外部压力的鼓动,但很多时候他们并不能确定,因为上司不可能告诉他们真相。根据丹尼尔·舒尔的记述,当威廉·佩利敦促 CBS 晚间新闻缩减早先有关"水门事件"报道的第二批次的故事时,他没有明言的是,自己受到了白宫的查尔斯·科尔森(Charles Colson)所施加的压力。直到今天,恐怕也只有佩利自己知道,他的决定是否以及在多大程度上受到了白宫压力的影响。[1]

审查与自我审查不仅难于定义，也难于甄别。新闻从业者一般将审查界定为外部压力所导致的对新闻故事的枪毙或者修改，而自我审查则是对预料之中的来自非新闻从业者的压力的有意识的反应。但自我审查也可能是无意识的，在此情况下，新闻从业者可能意识不到他们是在对压力作出反应。当新闻从业者宣称寒蝉效应无所不在时，他们是在指出自我审查正是该效应的题中应有之义；然而，他们不愿意承认自己曾经有意识地屈从于这些影响，而无意识的反应则很难判定。

新闻从业者在比较狭隘的意义上界定这些概念，因为他们最为关注有意识的、可感知的审查与自我审查。一个外部的观察者则可以将它们界定得更为广泛以包括那些嵌入到新闻自主性当中的种种限制。借助这一定义，价值摒除以及其他预料并避免压力的机制（如后所述）由此变成建制化的审查与自我审查形式。[2]在本章中，我将在狭隘与广泛的界定之间来回转换视角；但在最后，我会回到这一定义问题，因为它反映了有关新闻事业的更为基础性的议题。

压力与审查的限度

新闻从业者认为自己经常处于压力之下，而对审查与自我审查（如他们所界定的）的各种要求也常常出现在视野之内。但我的田野工作显示，成功导致审查或自我审查的压力极少出现。的确，专线记者常常遭遇来自消息来源的压力，而且某些时候必须屈服；但其他记者则较少处于压力之下，因为他们对于什么信息最终会成为新闻这一过程并不负担责任。施加在纽约总部身上的压力主要是指向新闻部门与公司的执行官，而且往往不会继续向下传递到新闻从业者身上。不过，质疑事实真确性的具体批评则会被递送下来；新闻从业者则希望能够为自己辩护，他们援引自己的采访文件与笔记来证明故事本身是"撑得住"的。

寒蝉效应同样很少发生。而且,当它们真正出现的时候,随之而来的往往是我所谓的"热化效应"(heating effects),因为新闻从业者被施加压力的行为激怒,会转而搜寻能够给施压者带来有害曝光的新闻故事。他们并不总能取得成功,但"水门事件"被曝光的速度之所以如此之快,部分是因为调查记者在被激怒之后投入了更多的努力。最为持久的寒蝉效应大概来自受众,他们拒绝观看或订阅的行为对新闻从业者及其机构而言是比赞助商或政治家的攻击更为直接的威胁。这就是为什么品味考量可能是最主要的自我审查形式的原因所在。但在这里我援引了更为广泛的定义,因为新闻从业者自己也赞同某些品味禁忌,而且也不将其他的禁忌视为自我审查的一部分。

两种形式的压力最有可能获得成功。首先,存在着对某些边缘性的新闻实践——譬如电视新闻纪录片——偶尔的审查与自我审查。不过这并不意味着压力的危险被降到了最低程度,因为对于任何机构的边缘实践的攻击都可能削弱本已处于边缘位置的少数派观点的表达。但如下文所论,新闻纪录片的问题并没有出现于晚间新闻节目中;而且在新闻杂志中,也并不存在与之相对应的边缘性新闻实践。

其次,压力有时候会导致个体新闻从业者被免职或被迫辞职。理论上来说,他们的离职会制造强烈的寒蝉效应,但事实并非如此。这部分是因为与其他专业人士一样,新闻从业者也倾向于对给其他人"找麻烦"的同事不屑一顾。而且,某些去职的新闻从业者之前就因为其他原因而不招同事的喜欢。最后,压力在他们的离职中所扮演的角色往往在多年之后才可能为人所知。尽管爱德华·默罗(Edward R. Murrow)因愤而抵抗参议员约瑟夫·麦卡锡而成为长久以来新闻从业者心目中的英雄,但直到现在人们才知道,他在 1960 年从 CBS 去职,部分是缘于公司对实际的或预料之中的政府压力的屈服。[3]

商业压力:广告商与附属机构

来自广告商的压力

广告商试图通过强求剔除或修改他们觉得会对自己构成损害的新闻故事来对新闻选择者施加压力;另外,他们也可以撤回广告,希望借此给新闻从业者造成寒蝉效应。尽管地方新闻媒体以及电视网新闻纪录片的制片人多年来一直遭受如上两种压力,但晚间新闻节目与新闻杂志实际上则能够避免他们的影响。

或许高级制片人不愿意承认自己受到广告商压力的影响,但其他新闻从业者则乐于谈论这一话题。虽然他们偶尔会怀疑上司套用了商业考量,但却从来不认为他们曾向广告商屈服。在我们对成功的广告商审查的讨论中,新闻从业者只能想到一小部分广为人知的例子,其中的很多案例都要追溯到 20 世纪 50 年代。[4]

无论如何,高级制片人与编辑都不会因为某则故事或故事选题可能会触怒广告商而剔除它们;这种情况下的寒蝉效应也不会导致无意识的自我审查。鉴于广告收入在新闻生产中的意义,新闻从业者不会不停地搜罗可能惹恼广告商或整个商业共同体的新闻故事,尽管依照他们的感受(参见下文),新闻从业者其实并不介意惹恼他们。不过,他们还是倾向于在处理可能激怒广告商的新闻时更为谨慎,并确保握有足以支撑新闻故事的富有说服力的证据。一旦面临压力,他们必须能够为自己选择的新闻素材辩护。

新闻从业者免受广告商压力影响的自由源自前面提到的编辑部门与经营部门的相互分离。其结果是，故事选择与广告部署各自独立运作，因此故事选择者直到生产过程的最后阶段才知晓与新闻一同刊登或播放的是哪些广告。

高级编辑与制片人会被提前告知他们要刊登或播放的广告数量。他们知道那些常规性的广告商，但只有在可能发生冲突的情况下才会考虑他们。如果一位首席制片人选择了有关吸烟与肺癌的故事，他会检查当天的广告商中有没有烟草公司；最初他可能会半真半假、语含玄机地提议将这则故事放到紧挨着烟草广告的位置上，但之后他还是会将新闻故事的情况告知经营部门，而后者则允许赞助商（或广告代理）将广告推迟到另一天播放。如果代理无论怎样都希望当天播放广告，它就会被挪到离癌症故事尽可能远的时刻。这一程序在新闻杂志中也大体如此，所不同的是，高级编辑往往拥有比高级制片人更多的选择版式的空间，他们因而可以将广告移到其他版面，而无须延迟刊登。

不过，广告商无法对故事选择者施加剔除或修改新闻故事的压力，因为他们无从提前获知新闻的内容。如果他们感到不快，也只能在事后抱怨；而如果他们相当愤慨，就会取消将来的广告投放。这类撤销投放的做法在新闻杂志中偶尔会发生，但通常都只是暂时性的，因为大多数广告商对新闻杂志的需要程度，绝不亚于新闻杂志对广告商的需要。在电视网，我没有听说过因为对新闻不满而撤销广告的情况；此外，电视网通常拥有众多赞助商，因为不乏感兴趣者，也就没有任何一个广告商显得那么必不可少。不过，周末新闻节目常常就只拥有单一的广告商。一位NBC新闻执行官指出，电视网周末节目的赞助商——埃克森美孚公司（Exxon）——从来不曾抱怨或干涉；但他同时也暗示，如果星期天的时候发生了重大的溢油事件,他就不得不撤掉当天的广告,"而那可能是非常困难的一件事情"。

有趣的是,没有任何一家杂志广告商是因为对有关自己的产品或公司的新闻不满而撤销广告投放;恰恰相反,像订阅者一样,它们之所以撤销广告,往往是出于杂志的品位或"自由主义偏见"之类的原因;某些小公司因为反对性封面而撤回了它们的广告;另一些则是因为不满于杂志对"水门事件"连篇累牍的报道。唯一由经济原因驱动的广告撤销活动发生在1974年,起因是《时代》周刊推出了一期以评论经济危机的讽刺性卡通漫画作为封面的杂志,而一家主要的广告商认为封面故事对当下的危机作出了不适当的冷嘲热讽。然而,即便是这一事例在很大程度上也还是建立在政治品味的基础之上。

那时候,很多地方商业人士对所有的全国性新闻媒体都颇有微词,他们认为新闻将日趋严重的通货膨胀与失业问题公开化只会令情况变得更糟;但据我所知,没有任何人曾因此而向我所研究的新闻媒体施加直接的压力。在1975年,一名南方的汽车经销商刊登绘有三大电视网主播的报纸广告,指责电视网对经济不景气火上浇油,但对于这些举动,新闻从业者也只是一笑置之。

我无法判定广告商对有关经济的讽刺封面的不满是否导致《时代》周刊在之后处理讽刺封面问题时"小心行事",因为无论是这一封面,还是早前(关于"水门事件")的卡通封面都同时引来读者与新闻从业者的批评。不过,广告商对"水门事件"新闻过剩的抗议并没有得到严肃对待。尽管受众对媒体相关报道的持久关注有时候令公司执行官心怀忧虑,但他们并没有干涉新闻从业者;而且在尼克松辞职之后,一些广告商实际上还为他们之前的批评而向媒体道歉。

正如一般人所想象的，新闻从业者憎恶广告商的干预。很多人也不喜欢广告本身，因为广告占据了本来可以用于新闻的时段或版面空间，他们也担心欠缺可信度的广告会毁掉他们自己的可信度。因而，电视记者不会在做节目的时候播报或介绍商业广告。此外，出于审美的考虑，新闻从业者也不喜欢某些广告：电视新闻从业者就常常希望能够替换掉那些霸占着晚间新闻时段的轻泻剂与义齿黏附剂广告。

在新闻杂志中，对广告商的厌恶似乎在商业栏目中最为强烈。一位撰稿人告诉我，多年之前，商业栏目的撰稿人曾在私底下相互比拼，看他们能够将多少广告商激怒到撤销广告的地步。这个故事可能出于杜撰，但它却暗示出存在于新闻从业者当中的态度。来自商业领域的媒体批评者就曾以这些态度作为证据，指责新闻从业者抱有反商业的立场；但新闻从业者的敌意仅仅限于广告商，而不会扩展到整个的商业共同体。

实际上，广告商没有什么理由抗议媒体报道其公司和产品的方式。无论如何，电视很少报道与商业相关的新闻故事，而杂志的商业栏目一般而言服务于商业领域的读者。国内新闻栏目对商业可能不那么恭敬，但无论是它们还是其他栏目都没有太多理由选择反对商业的新闻故事。新闻从业者乐于报道能够采集到的有关商业腐败的新闻，这多少类似于他们对政治腐败的做法，但私人企业总是能够成功地阻止调查记者曝露商业不法行为。同时，重要性考量与准意识形态也使得新闻从业者极少发起可能会激怒广告商与整个商业共同体的针对私人企业的攻击。

然而，电视新闻节目和新闻杂志所享有的独立于广告商的自由，却并没有扩展到时长一小时的电视网新闻纪录片中。首先，制作新闻纪录片的高昂开支——至少相对于它们所赢得的收视率而言是如此——有时候会鼓励电视网在决定制作特定纪录片之前预先寻找赞助商，而赞助商无论对一般的纪录片还是对有关富有争议的话题的纪录片都缺乏热情，这往往会导致某些纪录片的拍摄计划夭折。不过，一旦纪录片制作完成，赞助商的不情愿倒也不能阻止它们被播放；所有的电视网都曾播放过没有任何赞助——包括赞助商在播出前夕撤资——的纪录片。

由于新闻纪录片——即便是不具有争议性的——都要经过提前筛选以便附属电视台决定是否要播放它们，这使得赞助商和消息来源都可以尽早地看到它们，并可能对其内容提出抗议。1970年，当 NBC 预审揭露移民农场工人待遇的题为《移民》的纪录片时，可口可乐公司了解到该片批评了该公司在佛罗里达的柑橘农场，并因而要求节目作出改变。或许因为可口可乐公司是一个主要的电视广告商，电视网满足了它提出的某些要求；不过，公司与 NBC 执行官的对抗随后也演变成一则新闻故事，并最终以对纪录片的积极宣传以及对电视网和可口可乐公司的消极曝光收场。[5]

尽管调查记者更乐于让自己的揭露式报道出现在晚间新闻节目中，因为在那里他们将会触及更多观众，但赞助商与消息来源似乎更为担心出现在新闻纪录片中的不利的曝光。这些报道比晚间新闻中的5分钟的片段更长，效应也更持久；电视批评者通常都会提前观看它们；或许最重要的是，它们被认为能够吸引包括华盛顿的官员在内的更有影响力的受众人群。事实似乎也的确如此，因为纪录片偶尔会导致国会演说或者相应的立法；而《出售五角大楼》和《饥饿》（Hunger）这两个纪录片甚至引发了国会调查。[6]

新闻从业者免受广告商压力干预的自由实际上延展到了整个商业领域，因为大公司在美国所掌握的权力似乎并没有渗透到新闻室当中。自然，这些公司无须把权力扩展到那里，但当它们这样做的时候，似乎也会遭遇到阻挠。因此，商业领袖宁愿举办会议探讨影响新闻媒体的策略，呼吁彼此努力展现一个更为正面的商业形象，并在演说中批评新闻从业者缺乏对于商业观点的热情。但这一切不过是符号性的姿态罢了。

只有一家企业有权力对新闻实践施加审查，那就是新闻机构所属的公司。没有任何一家杂志或节目会刊载或播放贬低自己或所在公司的新闻故事，除非是为了将公司的辩护广而告之。例如，舒尔称，他对约翰逊总统倡建的"暴力行为原因与防治国家委员会"所主持的对电视暴力研究的报道被新闻部主管枪毙，而他对CBS前新闻执行官希格·麦克尔森（Sig Mickelson）有关CBS与中情局合作的访问也因为"上层权威人士"的命令而被撤销。[7]不过，对负面新闻的审查并未扩展到公司的所有部分。例如，在越战期间，NBC新闻就不曾撤掉可能会冒犯握有战争合同的美国无线电（RCA）①子公司的新闻故事；而CBS新闻也曾制作过揭露CBS唱片腐败行为的纪录片。（报道此事的调查记者本想在晚间新闻节目播放这则新闻，他为此与一位新闻执行官发生争执，最后丢掉了工作。[8]）

但是，全国性新闻媒体所享有的成功独立于商业压力之外的自由，并不为地方报纸、广播与电视台所共享。对新闻不满的广告商和其他商业人士与地方新闻媒体的所有者、管理者及新闻执行官在同样的社会与政治圈子里来往，因而很容易接近彼此。更重要的是，他们拥有经济优势，可以要求施行审查，并向不可能总是受到执行官保护的新闻从业者传递几乎是持久存在的寒蝉效应。

---

① 在1986年被通用电气购买之前，NBC是美国无线电旗下的机构。——译者注

尽管全国性的专业杂志不断曝光地方广告商的干预行为,但这些似乎并没有令后者产生丝毫的畏惧。在经济景气、工作机会丰富的时期,新闻业的求职者能够避开那些处于地方商业社区控制之下的新闻媒体;但在工作机会稀少的情况下,他们就没有什么替代性的选择可言。

全国性的新闻公司通常能够替换下那些频繁干预的广告商;此外,那种只有全国性新闻从业者才能创造出来的耀眼的全国知名度,也令广告商有所收敛。与此相反,地方新闻从业者所处的位置,或多或少类似于身处较小的"地方"学院中的学者,他们在学术自由对地方权贵形成威胁的时候也必须屈服。与在"全国性"的大学中的情形一样,全国性新闻机构中的专业人士可资利用的自由,却不太可能滴漏到地方层次。

来自附属电视台的压力

不过,电视网还是很可能受到一种地方压力的影响,即来自附属电视台的压力。由于电视网自身只能拥有五个电视台,每家电视网所辖的大约两百个电视台就在表面上构成了电视网的绝大部分,它们不仅可以拒绝负载电视网的节目,亦能将附属权转换到其他电视网。在与电视网的年度会议中,附属电视台会表露出自己的抱怨;此外,它们组成了附属电视台协会,协会的负责人以及个别电视台的所有者可以随时随地向电视网施加压力。

地方电视台的所有者都是地方商业人士,但他们对新闻所施加的绝大多数的压力却都关乎政治,而且几乎完全立足于保守主义的立场。在20世纪60年代早期,南部的附属台批评电视网对民权游行的报道;稍后,附属台声称,晚间新闻过分关注黑人骚乱与反战抗议者;而在1970年,60%的NBC附属台投票认为新闻部门"有反对越战的倾向"。[9] 70年代后期,附属台则不满于电视网对经济危机和"水门事件"的关注。

电视网的新闻从业者将附属台的所有人看成迂腐顽固的保守主义者，并认为他们只是在针对电视网新闻表达自己的抗议。这一看法有某些合理之处，因为那些坚定支持尼克松政府的附属台也同样支持副总统阿格纽对电视网的攻击。某些所有者似乎与尼克松的白宫职员共事太过紧密，以致把白宫对电视网播发的战争报道的反对视作他们自己观点的流露。[10] 并非巧合的是，ABC——在最近娱乐节目的收视率上升以前，它对其附属电视台的控制力一向很不稳固——几乎从来没有冒犯过尼克松政府，因而也从来不曾因为新闻报道而招致附属台的批评。

不过，在某些情况下，地方附属台的所有者也传达出地方权贵的观点；因而，在1970年的电视网与附属台的年度会议上，一名攻击NBC越战报道的附属台所有者指出，"在我所在的城市，有很多重要人物都是保守主义者，我们必须把这一点谨记于心"[11]。当附属台偶尔抗议电视网打破品味禁忌时，它们可能是在传达附属台对之尽忠的那些观众的反对声音。[12]

在电视网进行田野调查期间，没有任何受访者向我提起附属电视台；而我询问的执行制片人则声称，他们从未遭受过任何来自附属台的压力。不错，那时候新闻还不曾令附属电视台苦恼；但即便新闻触怒了它们，执行官通常也能够处理这些抱怨，而主播则在电视网与附属台的年度会议中力驳来自附属电视台的批评。[13]

虽然附属电视台似乎无法影响审查与自我审查过程，它们却能够导致或促使个体电视记者的去职。麦卡锡时代的电视演艺人员黑名单本身即得到来自附属机构的压力的支持，它也导致了一些当时被视为自由主义者的新闻从业者丢掉工作，其中包括马丁·阿格龙斯基（Martin Agronsky）、埃尔默·戴维斯（Elmer Davis）、丹·霍伦贝克（Don Hollenbeck）（他随后自杀）、切特·亨特利及雷蒙德·格兰·斯威尔（Raymond Gram Swing）。[14]而且在这一时期，肯定有很多应聘者因为争议性的政治背景而没能得到工作机会。在20世纪60年代早期，霍华德·史密斯（Howard K. Smith）被迫离开CBS，因为南部的电视台反对他对黑人民权运动者的支持。[15]

更为晚近的例子是，某些附属电视台对在"水门事件"期间担任白宫特派记者的丹·拉瑟（Dan Rather）持尖锐批评的态度，尽管无论是他自己还是电视网都坚称他在尼克松辞职之后转到声誉卓著但却极少播出的"CBS报道"节目与附属电视台的压力没有任何关系。[16]与此相反，在1976年2月间被要求从CBS离职的丹尼尔·舒尔则认为，某些附属电视台由于担心针对付费电视与有线电视的悬而未决的议会立法，而催促CBS将他辞退，因为他曾把一份秘密的委员会报告泄露给《村声周报》（*The Village Voice*）并因而激怒了几位位高权重的国会议员。[17]

丹·拉瑟与丹尼尔·舒尔的经历似乎并没有在其他的新闻从业者中引发寒蝉效应。拉瑟离开白宫职位的原因尚不确定；而素来以"粗暴"闻名的舒尔，则因为泄露国会报告而与几位共事者结怨。他们的同事与同行从而减弱了或许会危及自己职业生涯的潜在政治威胁。他们也可能注意到，无论是拉瑟还是舒尔，都因为他们的经历而跻身名流之列、撰写畅销的书籍，并受邀发表报酬丰厚的演讲。此外，多年来因为附属机构或其他压力而被迫离职的新闻从业者总量甚少。但这一切都无法担保将来会怎样，因为一旦激怒附属电视台的新闻故事发生在收视率低落的时候（这时候电视网必须寻找途径阻止附属电视台投奔到竞争对手的门下），新闻部门就可能被迫辞退当事记者以回应附属电视台的要求，借此帮助电视网走出困境。

政治压力：政府与利益团体

政府压力

新闻工作者处于审查与自我审查的压力之下，这种压力更多地是来自于公共官员，而非商业领域。私有企业可以通过刊登自我辩解的广告来对有害的新闻进行以牙还牙的报复，但政府机构则必须在攻击它的同一家新闻媒体上为自己辩护，而这种辩护式的陈述或者否认，从来就不会像最初的坏消息那么值得信赖。其结果或许是，公共官员对关于自己的新闻极度敏感，而且当新闻包含批评的时候，他们就像新闻从业者一样"顾及面子"。即便仅仅从自我（与机构）辩护的角度考虑，这一事实也会导致公共官员产生向媒体施加压力的倾向。

在本章中我不会详尽列举政府施压的例证，因为对它们的记述已经构成了不断增长的文献，这些作品多数是由忧心忡忡的新闻从业者撰写，主要覆盖了麦卡锡时代、越战以及约翰逊与尼克松的总统任期。[18] 这些文献还伴随着一系列对于政府施压的辩护，它们主要源自尼克松政府的前成员。[19] 与这些文献相对应，我的分析将会集中于压力的类型以及它们的效力。

公共官员通过五种途径传达他们的不满。第一，大概也是最为频繁的，政府官员会向新闻部或公司的执行官抱怨；但如我之前所论，执行官不一定会将讯息传递给编辑人员。近些年来被最为广泛地报道并取得部分成功的政治施压的尝试，是之前提到的1972年10月CBS晚间新闻被要求缩减一则有关"水门事件"的系列报道的第二部分。事件中，查尔斯·科尔森向威廉·佩利施压，指责CBS新闻记者"实际上是在为乔治·麦戈文工作"，并威胁会对电视网进行报复。[20]尽管佩利没有将科尔森的批评与威胁传递下去，但在长久的激烈争论过后，新闻从业者最终作出让步，缩短了第二节的长度。但最终，这一次施压却产生了意外结果，导致媒体与政府两败俱伤。白宫自始至终都要求完全将第二节报道剔除掉，因而仍然对CBS心存不满。而依照舒尔的记述，佩利也相当愤怒，因为当CBS压缩第二节的决定本身变成一则新闻故事的时候，尽管白宫仍然"念念不忘要报复"，但CBS"强有力的独立"这一声誉已然遭到了严重的破坏。[21]

在论证政府压力效力的局限时，"水门事件"可能并不是一个很好的例子，因为丑闻的扩大以及受众对事件的兴趣，都使得白宫施加压力阻止新闻媒体报道更深层的丑闻的种种尝试最终落败。[22]当受众对于特定事件表现出普遍的兴趣时，这类政府施压往往都很难奏效。

第二种施压方式是威胁，如果新闻从业者不能更多地按照心怀不满的官员的喜好来报道新闻，这些官员就可能从经济上制裁他们所在的公司。当然，针对公司的威胁暗含在施加到执行官身上的压力之中，不过此类威胁成功的案例实在是凤毛麟角。尼克松政府在其第一个任期内发出了大量此类威胁，而且倘若不曾发生"水门事件"的话，这些威胁说不定就会在其第二任期中落实。

电视网在经济威胁面前显得最为脆弱，因为它们所拥有的电视台和附属台由联邦通信委员会发放执照，并可能因为违反"公正原则"而遭到后者的检控。不过，只有一家电视台的执照曾因这一原因而被撤销，电视网本身在联邦通信委员会内部也有着相当大的权力。这或许解释了为什么尼克松政府必须诉诸其他威胁，比如募集有钱的支持者申请由华盛顿邮报公司所持有的电视台执照，并提议将地方电视台的执照期限从三年延长到五年，希望借此从附属电视台那里换取更多针对电视网新闻的压力。此外,电视网之所以处于弱势地位,还因为政府可以威胁废止与电视网所属公司的政府合同。在越战期间,据说美国无线电公司的执行官曾担心政府可能会为了报复 NBC 的战争报道而取消公司的军事合同;但即便政府曾经直接或间接地威胁美国无线电公司的执行官,负责 NBC 新闻的执行制片人当时也根本无从知道这些威胁的存在。手握重权的政治人物可以通过那些拥有附属电视台的朋友向电视网施压,就像尼克松政府所做的那样;他们也可以求助于同时亦是主要广告商的来自大公司的朋友。正如一位首席编辑多年前指出的,"约翰逊总统可以告诉商业理事会,(在某些媒体)刊登广告就是反美的行为。尽管倘若事情败露,约翰逊就会陷入麻烦,但威胁却无处不在"。

第三,政府能够通过展开调查而对新闻媒体施压。三个新近发生的例子值得注意:其中两个针对 CBS 的纪录片《饥饿》和《出售五角大楼》,而另外一个则是由舒尔将秘密的国会委员会报告泄露给《村声周报》而引发。对两个纪录片的调查受到了在节目中遭受批评却在国会中得到辩护者支持的联邦机构(农业部和五角大楼)的推动。

没有哪一个调查最终导致了立法或官方的制裁,但无论是电视网还是制片人个人,都为了给自己辩护而耗费了大量的时间与金钱。[23]或许这些调查还进一步消磨了电视网管理层对揭露式纪录片的热情,一些纪录片制片人也曾表示出不得不放弃那些自感绝不可能被新闻执行官批准的故事选题时的沮丧之情。即便如此,《60 分钟》一直都不曾回避过对政府的揭露式报道。但制作出五角大楼那部纪录片并曾担任《饥饿》副制片人的彼得·戴维斯(Peter Davis)最终离开了电视业;而针对丹尼尔·舒尔的国会调查则最终导致了他的离职。这些事例再一次显示出,压力的主要效果是将个体新闻从业者排挤出局。

第四种压力来自于法律,它往往会威胁到新闻从业者自身,而非他们所供职的机构。愤怒的消息来源或者其他人通常会通过诉讼来阻止新闻从业者收集与报道可能伤害其利益的新闻故事。尽管存在着对《权利法案》的宪法保证,但这些诉讼只要得到法庭的支持,就能够令附属性的权利失效,从而限制并威吓新闻从业者。[24]例如,1970年司法部曾试图向媒体索要有关黑豹党以及其他激进团体的杂志笔记和电视脚本,以获得可用于对付他们的证据。倘若这一尝试得到了法庭的支持,新闻从业者可能早已经——或许是永远地——丧失了接近所有的激进消息来源的机会。[25]

地方新闻从业者时不时会因为拒绝曝露消息来源而接受审问,有时甚至要付出短暂入狱的代价。迄今为止,压力之下的新闻从业者总能成功地保护消息来源,但相关的争议却仍然总是会诉诸法庭。倘若法庭裁定新闻从业者不得保有与消息来源之间的特权性的关系,就将对新闻产生即时而广泛的影响。

与此同时,在1978年6月,最高法院裁定,警方在搜寻犯罪活动证据之时有权搜查新闻室。倘若这一裁定被系统地、积极地实施,即使新闻从业者拒绝曝露消息来源,警方也能够把他们找出来。那些不希望将信息与身份曝露给警方的消息来源,可能因此而拒绝接受记者的采访。

两周之后,最高法院进一步裁定新闻从业者不得进入一所加州监狱采访,这所监狱的生活状况极其糟糕,以致变成对狱犯残酷与不寻常的惩罚。这一裁定同样能够形成一个影响深远的判例,即限制新闻从业者接近那些不愿意出现在新闻中的公共机构。[26]

现在估计最高法院新近作出的裁定最终可能产生的后果可能还为时尚早，但新闻工作者却忧心忡忡，因为伯格（Burger）①执掌的最高法院似乎相信，《权利法案》无须保护新闻从业者或者记者与消息来源之间的关系。法庭裁决不仅激发出更多试图阻止新闻从业者履行职责的诉讼，这些决定本身也构成了一种新闻从业者无法抗争的压力。

尽管不利的法庭判决也可能威吓到全国性的新闻从业者，但绝大多数诉讼针对地方新闻记者。此外，无论结果如何，这些诉讼都会令新闻从业者不胜其扰，因为他们必须花费时间、金钱与精力为自己辩护。里斯曼在1942年写道，诽谤诉讼提供了一个"惩罚那些跑进来招惹麻烦的局外人的最为便利的武器"[27]。在20世纪60年代，某些激进出版物——像其他激进团体一样，它们也缺乏聘请律师的资金——因为不胜诉讼与调查之扰，而最终销声匿迹。全国性新闻媒体能够负担律师开支，但诉讼还是会导致公司对之后的富有争议的选题丧失热情。当新闻从业者感受到这种潜在的诉讼威胁，他们在作出存在法律风险的新闻判断之前，总会三思而后行。

当批评者通过向受众陈说新闻记者的缺失以图影响他们的时候，第五种类型的压力就产生了。多年来，政治人物都在使用这种方法；它的目标之一就是诱发出大量的受众投书以威吓新闻从业者。近来最为重要的例子就是副总统阿格纽于1969年攻击电视网和其他新闻媒体的演说。由于观众早已经被有关黑人骚乱、越战和反战游行的负面新闻搞得心烦意乱，这一演说立刻激起了他们的回应；规模空前的电视观众

---

① 沃伦·伯格，生于1907年，1969—1986年担任美国最高法院首席大法官。——译者

(10万人)投书或致电电视网以表达对副总统演说的支持与附和。不过，如下的事实减弱了这些抗议的影响：电视网之前就一直收到类似的观众抗议；此外，对阿格纽的支持也是暂时的。在他首次演说的一个月后，一项为 ABC 进行的民意调查显示，虽然有 52% 的受访者仍然赞同他的指责，但 60% 的受访者也认为，新闻媒体对白宫是公平的。

同时，阿格纽的演说也为新闻从业者带来相当多的同情，这些同情来自他们的同行、来自公民自由论者，也来自他们的上司。当我在阿格纽首次演说的第二天访问 NBC 的时候，记者们显得兴高采烈，因为电视网的总裁第一次站在他们的立场上公开发表看法。[28]

我们无法确定阿格纽的演说是否产生了他所希望的寒蝉效应。大约一年后，斯坦因（Stein）对电视网新闻从业者进行的一次非正式的调查发现，他们更多地参与到"自我评估"的过程之中，借此关注自己撰写或拍摄的有关保守者以及"沉默的大多数"的新闻故事的蕴意暗示与后果。[29]尽管阿格纽曾经攻击电视新闻是由一个"极小的、封闭的特权男性兄弟会"生产出来的，但新闻机构并没有发生任何变化；电视网也没有终止那些遭到阿格纽先生批评的对总统演说"速溶式的即时分析"[30]。

虽然新闻从业者担心寒蝉效应，但它似乎并没有发生，这或许是因为每个人对它的出现都心存畏惧。洛利（Lowry）对阿格纽演说之前和之后的新闻故事的样本进行了研究；他发现，能够归于确切的消息来源的陈述增加了百分之九。或许新闻从业者更为谨慎了，但洛利关于新闻从业者不会再像以前那样积极地从新闻中得出推论的假设，却没有被数据证实。[31]

我自己的感觉是，阿格纽所挑起的令人印象深刻的受众反应，以及他对新闻的影响，可能源自他关于民粹主义的指责，即他认为，新闻从业者作为东海岸精英的代言人，漠视了美国中间阶层的新闻偏好。他的批评很快被其他持有保守政治倾向的媒体批评者接受并发扬光大。[32]这种批评也被新闻从业者自己所接受；而美国中间阶层、白种少数族裔，以及斯皮罗·阿格纽本人都曾一度变得更具新闻价值。

可以预期的是，一个保守受众群——他们对美国社会的现状和新闻从业者不满，同时又非常乐于表达——的长期存在，确保了将来还会有其他政治人物仿效阿格纽的做法或者华莱士州长所使用的类似方式。[33]我怀疑这种做法并不能有效地威吓新闻从业者，因为他们已经预料到这一受众群的存在，并对之不理不睬。

不过，倘若保守受众群变得更为庞大也更为愤怒，阿格纽的做法就会取得成功，尽管新闻媒体可能会早在政治人物发起攻击之前，就对受众群中发生的变化作出了回应。一次晚间新闻节目报道了加州选民以压倒性多数支持授权自主缩减税负的第13号提案，无论是大卫·布林克利还是霍华德·史密斯都表达了对这一提案的赞同。当然，他们并不是为了避开受众对电视网的攻击，而是在表达自己的切身感受。实际上，他们此前曾经对高税收表达出消极的态度，但这一次，他们采取了一个鲜明直接的立场。

利益团体压力

新闻从业者同样处于很多组织化的利益团体的监督之下，倘若这些团体认为媒体在报道与它们息息相关的议题时不够准确或公正，也会提出抗议。它们主要通过投书媒体、组织记者招待会和召集公众大会等形式表达异议。新闻从业者通常不会理睬组织化的投书行动，但来自主要的全国性组织的官员的信件则会受到重视，而且多数是由执行官亲自回复。如果这些信件是寄给新闻杂志的，它们往往会被刊登在来信栏目。

当利益团体的压力得到来自国会或者其他地方政治势力的支持,当它威胁到广告商与地方电视台,或者当它令新闻工作者信服的时候,这类压力似乎是有效的。不过,来自无权无势的团体的压力则被弃之不顾。

新闻纪录片似乎最容易遭到利益团体施加压力,而且出于同样的原因,它们也容易受到其他形式的压力的影响。罗伯特·麦克尼尔(Robert MacNeil)曾详细记述了美国步枪协会这个强大的全国性游说团体对媒体施压的成功尝试,该组织曾在1967年争取到对一部赞同枪支控制的纪录片进行广播反驳的机会;几年之后,类似有效的压力被施加到有关猎人的纪录片上;[34] 1975年,美国犹太人委员会对《60分钟》节目播出的有关叙利亚犹太人的微型纪录片所施加的压力,导致了后来一期节目对该群体的"扩大化"处理。

实际上,大多数源自利益团体的压力指向娱乐电视节目。儿童福利与教会组织、父母教师联合会、观众团体,以及最近的美国医学会,就成功地降低了黄金时段电视网节目中身体暴力的出现频率。不过,这些团体却没有能够迫使电视网减少新闻中的暴力;它们要么是抱有相当自由主义的观点,要么就是不愿意令自己蒙受企图进行新闻审查的指责。此外,新闻从业者已经把那些出现在娱乐节目中的暴力场景从新闻节目中剔除出去了。[35]

来自同行的压力

像其他专业人士一样,新闻从业者也面临着来自同行特别是媒体评论者与批评家的压力。尽管某些压力是针对新闻从业者个人的,但多数批评指向管理层。

多数媒体批评家同时也是新闻从业者,但他们的影响力取决于他们受雇于谁。至少在我所研究的新闻从业者当中,供职于竞争对手的批评者的意见极少被认真对待。尽管他们是同行中人,但他们的批评,总是被当作是在表达所属公司试图丑化竞争对手的愿望。这一反应或许包含轻蔑之意,但却并非完全失实,因为很多新闻媒体批评者似乎对于与他们处于竞争状态的媒体尤为苛刻。

新闻杂志与报纸批判地评论它们的主要竞争对手——电视(每家新闻杂志都设有电视栏目);电视网与公共电视台则时不时地播放责难其首要竞争者——日报——的节目;而其他"品位"杂志则刊登批评新闻杂志的文章。只有那些意见杂志在选择批评目标方面无所偏倚,他们能够在所有主要的全国性新闻媒体的报道中发现缺陷。

新闻杂志和晚间新闻节目的内容通常并不会被其他媒体定期地评论,但新闻纪录片则几乎总是要被日报品头论足。无论对于制片人还是电视网执行官,这些评论都很重要,因为电视网播放纪录片的驱动力,并不是高收视率,而是专业声誉。而刊登在《纽约时报》上的一篇肯定的评论,即是声誉的首要指标。

在过去数年间,印刷媒介也开始关注电视网中的人事变动,常常报道电视主播与新闻执行官(但不包括执行制片人)的上任与去职。这些新闻故事之所以具备新闻价值,乃是因为部分新闻从业者已经变成了社会名流。此外,新闻从业者乐于看到发生在电视网执行官当中的人事动荡,却对发生在自己所在机构中的类似动荡视若无睹。

有时候,新闻从业者会变成临时的媒体批评者,公开批评他们的同行甚至上司——尽管他们可能因为攻击所属机构而受到惩罚。[36]但正如我之前所论,电视网的新闻从业者可以批评在他们眼中只是一味通过娱乐作秀玷污新闻业的地方新闻节目。

那些引发广泛讨论的新闻同样很可能招致来自新闻从业者的批评。保守报纸的社论作者与全国报刊辛迪加的保守专栏作家一直都在批评全国性新闻媒体，而且他们所针对的新闻故事以及在批评中所持的论调，都与保守主义受众如出一辙。这些批评在很大程度上完全被漠视，因为它们多半来自竞争对手，而且其论调也都在新闻从业者的预料之中。一个戏剧性的更为有效的同行压力的例证发生在越战早期。当时一些资深的新闻从业者，包括约瑟夫·奥尔索普（Joseph Alsop）、理查德·特里加希斯（Richard Tregaskis）及玛格丽特·希金斯（Margaret Higgins）在短暂访问越南之后，得出结论说，美国正在赢得一场正义的战争，他们也批评了一批身在西贡的年轻记者悲观的报道。随后，《时代》周刊的执行编辑在一篇文章中表达了对奥尔索普等人的赞同；但这一表态伤害了自己人的可信度，他属下的两位记者愤而辞职。[37]

新闻领域的专业杂志——譬如《哥伦比亚新闻评论》（*Columbia Journalism Review*）、《更多》（*More*）（现在已经停刊）以及《尼曼报告》（*Nieman Reports*）——提供了一种迥异于此但又更为常规的新闻媒体批评样式。这些杂志，连同一些城市中的类似的地方出版物，以及偶尔出现在全国性新闻机构中的非官方的内部业务通讯，通过揭露或谴责管理层出于商业或政治驱动而对新闻从业者施加的干预，为新闻业提供了支持性的评论。支持性的评论者假定，故事选择应当尽可能地建立在实质性的考量之上；而当这一假定在实践中无法推行的时候，它就试图建立起一种支持新闻从业者（而非管理层）及其自主性的规范。

这些杂志也将《哥伦比亚新闻评论》的编辑命名的"投枪"与"桂冠"的标号授予某些媒体与新闻从业者。他们批评经验层次与观念层次的"马马虎虎"或行为失当，例如使用不可靠的消息来源与刻板印象、依赖消息来源备好的新闻稿，以及参加"公费旅游"等腐败行为。与此同时，他们赞扬那些劳心费力的新闻采访工作，深思熟虑的分析，坚持不懈和超乎寻常的努力，以及甘冒风险报道权贵，或者勇敢抵抗向他们施压的出版商、广告商、政治人物以及其他人的职业行为。

实际上，这些故事将恒久价值应用在新闻业身上；在很多情况下，它们都是有关道德失序的故事，这些故事在把恶棍揭露出来的同时，也褒扬那些英雄般地抵抗势不可当的压力的新闻从业者。大多数个案研究涉及的都是地方性的恶棍与英雄，因而与全国性新闻从业者没有什么直接关联；但它们还是强化了新闻记者的理想典范，新闻从业者则可以援引这一典范激励自己更加努力或者以此向管理层阐述新闻自主必须被维持下去。

对压力的反应

如我之前所论，新闻从业者采取三种途径应对压力：他们可以抵抗、可以屈服，也可以运用某些预防机制避免压力的出现。我们在本章和其他地方已经讨论了部分此类应对方式，在此仅简要述之。

抵抗：针对压力的防卫

当公然的压力施加到新闻从业者头上，他们会通过强调自己所享有的新闻自由的道义上的权利来保卫自己。不过，无论这些权利有着怎样的道德权威，它们都无法自行生效；但新闻从业者自主性的主张则受到宪法保证以及来自公众的全面共识的支持。这些支持进而限制了施压者，也限制了那些出于商业考虑倾向于向压力妥协的执行官们。因而，新闻从业者总是在管理层屈服的时候感到震惊,而令我吃惊的则是,这类屈服极少发生。

新闻从业者同样会运用道德、法律以及公意的力量抵抗压力。他们公开批评对自主性的威胁,并预测会出现寒蝉效应,以此让那些试图恐吓他们的人知难而退。尽管新闻从业者不愿意在当前的议题中选择立场,但当新闻自由受到威胁的时候,他们会毫不犹豫地这样做。同样重要的是,新闻从业者也拥有某些能够伤害施压者的权力;如前所论,他们可以把施压的企图转变成新闻故事并将之公之于众。

新闻从业者也可以通过漠视压力——特别是来自受众的压力——来抵制其影响。尽管他们会在有关品味的问题上妥协,但不会对通常来自乐于发声的受众的对政治或其他偏见的指控作出回应。他们之所以漠视受众的批评,是因为无论新闻的内容为何,这类批评都始终存在,内容上也是一以贯之;而且,只有当这些批评与广告商或附属电视台的抗议相伴随时,投书者才有可能对新闻从业者成功施加影响。

理论上讲,新闻自由,就像学术自由一样,是绝对的权利;因此,新闻从业者主张,在决定新闻自由在实践中何时应当受到限制这一问题上,自己享有绝对的权利。不过,新闻自由只对新闻从业者自己来说才是绝对的;他们很少考虑到消息来源、受众或执行官所享有的类似权利。

妥协:新闻从业者屈服的方式

有时候,新闻从业者或他们所在的机构会向压力妥协。尽管如此,他们往往试图掩饰自己的屈服;例如,当某些个人被迫辞职的时候,他们的离职可能会延后执行或者被归于其他原因。大同小异的是,新闻从业者也会在事件过去之后,按照他们自己的方式对批评作出回应。一旦"热化效应"慢慢冷却,他们可能会将这些批评放到心里，尽管这可能是无意识的。20世纪60年代后期，新闻从业者被批评过分宣扬黑人动乱与反战游行活动，此后他们逐渐不太关注那些规模较小的骚乱；他们声称之所以这样做，是因为他们觉得自己和受众都已经对这些事件感到厌烦。

1972年，尼克松的支持者批评电视网给乔治·麦戈文太多时间，而给理查德·尼克松的"代表"的时间则少之又少。尽管新闻从业者认为这一批评毫无根据，但在1976年，他们谨慎地给予所有的总统候选人同等的时间。在"水门事件"期间，新闻从业者偶尔被批评报道针对尼克松白宫成员的未经证实的指控。因此，在1975年曝光中情局和联邦调查局丑闻的时候，他们小心行事，以免激起类似的批评，而且直到搜集到足够的证据才将他们的故事发表出来。

但是，如前所论，新闻从业者并不在意来自无权无势的人群的批评，只有在类似的批评源自更具权威的——如果说不一定是更有权力——人们时，才会作出回应。由于只有反战的激进主义者指责媒体没能对美国轰炸北越平民的事件给出报道，新闻从业者往往对他们的抗议置若罔闻；但当《纽约时报》编辑哈里森·索尔斯伯里（Harrison Salisbury）及其他人访问河内并表示支持如上的批评之后，相关的新闻故事才引起关注。同样，黑人与反战激进者对于警察暴行的报告一直不被当真，直到更可信的消息来源也提供了同样的信息为止。不过，在类似情况下，无权无势的批评者可能会激起新闻从业者的好奇心，并促使那些嗅到新鲜故事的记者自行针对事件进行调查。

新闻从业者同样会忽略那些出于各种原因而无法回应的批评。越战期间，批评者经常指责电视使用了过多战斗与巡逻的影像；但是尽管某些新闻从业者私下赞同这种批评，电视网却忽视了这些批评，这在部分程度上是因为它们既不愿意也不能够发展

出一种全新的战争报道方式。

在第六章中我曾指出,尽管新闻从业者宣称拥有忽略新闻中的蕴意暗示或后果的自由,但有时候他们自己则在违背这种自由。与其他人一样,他们更为积极地回应可能对自己构成伤害的人们的批评,同时忽视那些无法处理的抗议。但是,由于他们能够判定哪些批评是合理的,他们就可以依照自己的方式向批评屈服或作出让步。因而,他们也就无须将批评者的权力或影响力等因素纳入直接的考虑范畴。

预先避免压力

由于新闻从业者既没有时间也没有精力回应所有可能遭遇到的压力,他们预见到某些压力,并设法避免之。不过,某些避免机制嵌入到其他考量之中,并导向新闻从业者自身也未曾感知到的自我审查(在这个概念宽泛的意义上)。其结果是,感知到的压力被减弱了,而有意识的审查与自我审查之可能性也随之降低。

与权势者合作

最为有效的避免压力的方式,就是与那些有能力施加压力的人们合作;新闻从业者常常与有权有势者合作,即便这种合作不单单是为了避开压力。当故事选择者将与新闻不相调和的广告延后播出或分隔开来的时候,他们就是在与广告商合作,以此展示自己的良好意愿,同时避免抗议与利润受损。在《时代》周刊,有关法律和医药的新闻在传送给承印商之前都要经过律师和医生的检查。虽然这一做法的目的是要确保准确性,但检查者还是可以自由地质疑——虽然不是审查——对他们所在的专业领域的批评。[38]

由于政府是压力的首要来源,它也成为绝大多数此类合作的对象。而今,尽管政府多数时候并不是新闻界的敌人,但人们普遍认为新闻从业者与政府处在一种相互敌对的关系之中。实际上，作为新闻的主要来源，政府在很多方面都可以被看作新闻团队中的一员；即便是在"水门事件"的年月里，新闻从业者仍然与政府的很多部门合作，包括白宫在内。

这些合作的首要形式嵌入到消息来源考量之中，表现为对官方消息来源的倾斜；它们也被嵌入专线记者与消息来源之间的共生关系里，这种共生关系阻止了前者对后者的冒犯。此外，新闻从业者通过在国家安全事务上的自我审查来与政府合作。近年来，这方面的事例包括与备战猪湾入侵、一系列的越战冒险行动以及很多中情局活动相关联的事件。当中情局打算从海底打捞一艘苏联潜艇时，时任中情局局长的威廉·科尔比（William Colby）亲自访问主要的全国性新闻媒体，要求他们三缄其口；但这则故事最终因为专栏作家杰克·安德森未能合作而被泄露出来，随后其他媒体则出于竞争原因，群起报道之。

以国家安全为理由进行的自我审查——甚至是以牺牲独家新闻作为代价——有着悠长的历史。新闻从业者之所以接受它，是因为作为公民，他们同样关注国家安全；而且作为新闻从业者和公民，他们并不想造成美国人民的可能伤亡。即便新闻从业者并不确信国家安全处于危险之中，但他们还是宁愿相信政府，而这可能仅仅是为了打消对他们不爱国的批评。自我审查也是一种规避政府管制——也即官方审查——的自我管制方式。新闻从业者通过指出越战是历史上第一次不由官方审查支配的战争来合理化他们在越战期间与军方的合作。然而，新闻从业者相当憎恶那些利用国家安全谋求政治目的的公共官员。尼克松政府试图以国家安全为理由阻止"水门事件"的曝光，但这反而刺激新闻从业者追逐更深层的丑闻。

第二部分 新闻从业者

冷战期间，很多新闻从业者与新闻机构以各种各样的方式与政府合作，而非三思后行之。之所以没有人愿意多掂量掂量，或许是因为冷战本身即被视为理所当然，而且受到支持；此外，与政府的合作也不会干预到新闻采集活动。很明显，中情局通过一些现在才开始慢慢浮出水面为人所知的方式拉拢了一批新闻从业者。在某些情况下，中情局探员利用新闻从业者的角色作为身份掩护；另一方面，一些新闻从业者同时为中情局工作，或者乐意接受中情局的盘问。尽管某些被怀疑与中情局合作的外国特派记者很难从把他们当作间谍的消息来源那里获得新闻，但很多其他记者则发现，与中情局的联系对他们的职业活动很有帮助。中情局官员往往消息灵通，因而可以提供一些内部消息、新闻故事以及偶尔的独家新闻。据我所知，在越战期间，中情局有时候会向某些媒体提供有关北越的独家新闻故事。

最近的国会调查以及我自己的田野工作都发现，中情局的探员可能曾在未经同意——至少是未经新闻从业者同意——的情况下，潜入某些全国性新闻机构，试图从电视录影的母带与杂志记者的访谈笔记中搜寻信息。不过，他们的这种行为似乎得到某些执行官的准许；例如，根据舒尔的记述，威廉·佩利就曾允许中情局使用电视网的职员和设备。[39] 在 20 世纪 60 年代，中情局和联邦调查局的职员从地方新闻机构——大概得到了执行官的默许——获得记者证，以监视反战游行者的活动。那时候，地方电视台自愿将有关反战游行的母带交给中情局、联邦调查局或当地警方的"红色小分队"，以帮助他们确认个别的示威者；但在这方面，我没有找到电视网合作的正面抑或反面的事例。[40] 早在 1967 年，一位纪录片制片人在一次公开演讲中声称，中情局曾要求电视网允许它将探员安插到赴东欧拍摄一辑新闻纪录片的摄制组当中。1975 年，一位前 ABC 记者曾提起针对电视网的诉讼，除了其他指控之外，他还控诉电视网曾对一则有关中情局的新闻进行了审查。

很多针对中情局的指控都被否认了，但这些指控却不断出现。迈尔斯·柯普兰（Miles Copeland），一位前中情局官员，即曾在给《纽约时报》的一封信里证实了某些此类指控，至少是那些指向"每一个在1947年到1975、1976年的政治清洗中在中东与非洲担任驻外特派记者"的指控。他指出，"在早年的黄金岁月里，这些驻外记者都站在**我们**这一边，他们渴望把从正常的采访调查中获得的信息提供给政府，以帮助自己的国家。而且……中情局在当地的负责人通常是最为安全和最为有效的信息传送者"[41]。

新闻从业者常常通过与政府合作来获得新闻采集过程中的竞争优势，但执行官这样做，则是出于其他原因。首先，他们是施压者的主要目标，因而可能会更难于对压力说不；此外，媒体机构的执行官，像在其他公司的同行一样，有时候同时担任着政府角色。他们与那些位居高位的官员在同样的社会圈子里活动，他们也被要求以这样或那样的方式支援政府或所属政党。因此，与其他公司执行官一样，他们的合作常常是为了对朋友和同行有所呼应，同时也营造出善意的公司形象，这种善意偶尔能够帮助他们应对压力。出于同样的原因，一些执行官心甘情愿地与权势合作。在60年代中期，一位电视新闻执行官被新闻从业者描绘成林登·约翰逊总统在新闻界的代理人，因为他总想在白宫谋取一个职位。他最终达成了心愿。

新闻机构的创办人和所有者在与政府合作方面一直非常活跃。哈伯斯塔姆最近的著作记述了媒体创办人的政治活动。他发现，无论是亨利·卢斯还是威廉·佩利，都曾在政府与共和党的事务中扮演了一系列的角色，并都曾偶尔运用他们执掌的新闻机构去实现自己的政治目标。卢斯曾利用《时代》周刊为他的中国政策进行游说、在总统选举中为艾森豪威尔摇旗呐喊,并在他当政后期支持越战——他的这些做法,常常遭到来自雇员的抗议。[42]佩利则促使默罗离开 CBS,这部分是因为来自艾森豪威尔政府中的朋友对默罗的批评,部分则是为了舒缓政府向他的电视网施压的威胁。后来,舒尔指出,佩利曾通过不为人知的方式协助中情局的工作,但是以个人而非 CBS 领导者的身份。[43]

当任命的执行官取代了媒体创办人,与政府的合作也就随之松懈下来,因为尽管他们仍然时不时地担任政府职务,但他们似乎不太乐意或不太能够让新闻机构服务于他们自己的政治目标。[44]新闻从业者对执行官与政府之间的联系了然于胸;而这些联系或许比公共官员愤怒的威胁更能令他们三缄其口,不过两者之间的差距并不那么显著。归根到底,执行官拥有比政治人物更大也更为直接的凌驾于新闻从业者之上的权力。

保持经验性方面的可信度

新闻从业者也可以通过保持可信度来阻断压力。尽管现在的诽谤法倾向于在损害消息来源——特别是政府官员——的情况下支持新闻从业者,但他们还是尽量在诽谤法许可的界限之内展开专业实践。即便如此,我所研究的新闻媒体仍然聘有随时待命的律师专门负责检查那些可能引起诉讼的新闻报道;而新闻杂志撰稿人在撰写那些将会在海外版本中一字不差地重印出来的报道的时候,则要将国外的诽谤法令谨记于心。

更重要的是,新闻从业者深知,他们的故事必须建立在富有说服力的证据之上。他们总是会收到有关非法行为和阴谋活动并能够产生富有戏剧性的报道甚至是独家新闻的报料,但令人信服且具备合法性的证据却往往付之阙如。不过,如何使得证据富有说服力并不纯粹是一个方法论的问题。由于新闻从业者常常只需要说服自己和上司,他们自己的信念以及新闻来源的权力便直接或间接地塑造了有关证据的规则。权威消息来源之所以被信任,就因为他们是权威;而那些不是权威的消息来源,则必须提供证据以博取记者和编辑的信任。

可能引发争议或压力的故事选题和新闻报道无疑需要更多令人信服的证据,如果它们还必须通过执行官的检查,就更是如此。实际上,在新闻机构等级制上的位置越高,有关证据可信度的标准就变得愈发严格;高级编辑、制片人,以及执行官,必须比他们的下属更为谨慎。[45]

尽管如此,可能会惹怒无权无势者的新闻故事则不太需要可靠的证据。新闻从业者偶尔会把对于遥远的海外国家的新闻报道建立在没有说服力的证据之上。他们也报道有关罪犯或文化与政治上的越轨人群的各种主观猜测,因为他们相信这一切都是真的。有关黑手党的新闻似乎比其他新闻需要更少可靠的证据,不过可靠的证据在这一情境下也的确难以获得。在 20 世纪 60 年代,有时候黑人好战者与反战激进者会被莫须有地被控参与了他们并未参加过的政治与私人活动。记者从警方或旁观者那里听来一些只言片语的传闻,就会相信它们,而不去收集更为可靠的证据。

可信度通过三思"难以置信的新闻"得到进一步的维持,也就是说,通过新闻从业者对真实性值得怀疑的新闻故事施行自我审查。这一禁忌之所以存在,是因为通常情况下可靠的证据并不足以令新闻从业者相信某些故事是真实的。这些故事中的现象可能太过独特,信息可能来自不可靠的消息来源并因而可能是一个骗局,或者故事本身超出了新闻从业者对于人们能力的预期。每一个经验性的专业领域都会压制那些与常识相冲突的发现,而新闻从业者则从经验中发展出对于不可思议之事的狐疑态度。

如前所述,尽管早在 20 世纪 60 年代,激进媒体就曾发表过对中情局和联邦调查局不法活动的报道,但直到 1975 年为止,全国性新闻媒体都还认为这些新闻难以置信。出于同样的原因,美国在越南以及其他战争中的暴行,也很少被报道出来,因为即便记者收集了足以说服自己的证据,纽约总部还是会认为这些故事不可信,并以"不典型"的名义剔掉它们。当 CBS 最终报道了一则美国军人收集死难的北越士兵耳朵的新闻时,记者的文稿几乎完全变成一份致歉声明,解释这一事件并不典型。很多现在非常著名的新闻故事,比如纳德早期的报道、美莱大屠杀,以及早期的"水门事件",最初都因为"不可信"而无法变成全国新闻。[46]但即便新闻从业者被证据说服,部分受众可能仍然觉得故事难以置信,在这种情况下,他们会投书媒体表达愤怒,并质疑新闻从业者的能力与可信度。

内嵌的预防机制

最后,新闻从业者通过一系列嵌入新闻判断同时服务于其他目的的机制来避免压力。价值摒除的实施是为了因应多种需要,但正如我在第六章中所论,客观性与超然使得新闻从业者无须采纳可能导向压力的立场;而对被看作"教条主义"和"极端主义"的意识形态的拒绝,则使他们可以宣称自己免受意识形态的影响。漠视新闻的蕴意暗示与后果非但不能避免压力,甚至还有可能激发出压力,但新闻从业者无须对之作出回应。通过行事公正,他们可以调和故事的蕴意与后果以免惹怒消息来源或者受众成员。而编辑或制片人"软化"撰稿人的论调的做法,部分是为了保护公正的声誉以及他们在专业同行中的可信度。

然而,倘若价值摒除不是因为其他理由而已然存在,它很可能出于避免压力的目的而被创造出来。鉴于新闻从业者无时无刻不处于竞争之中，而且必须与千差万别的消息来源以及受众打交道，持久表达有意识的价值与观点就必定会激怒某些消息来源、观众和读者。只有某些欧洲国家和美国城市中的垄断新闻机构，才能够完全抛弃"价值摒除"，因为无论是消息来源还是受众都无从接触其他渠道以获取新闻。

某些恒久价值也有助于避免压力。我在前面提到，温和主义本质上是一种防御性的价值；而且倘若新闻从业者不再钟情于民族中心主义、个人主义和小镇田园主义，现在这些乐于发声的受众可能会变得更为聒噪。如果新闻从业者贬低领导层的重要性，他们可能会遭遇来自最为常规的消息来源——公共领袖——的压力；如果他们支持无序状态，他们将会被来自上述消息来源——这些人同时负责维持秩序——的抗议所淹没。这些恒久价值并非为了预期压力而存在，但其本质却决定了它们可以避免压力。

此外，新闻从业者通过至少两个方面的消息来源考量而避开某些批评。通过倾向于权威消息来源，他们关注握有重权的公共官员的一举一动，并予之以宣传性的曝光。如果这些官员被认为不再具有新闻价值，他们将会被激怒并作出相应的反应。另一方面，通过忽视缺乏权威或者可能引发异议的消息来源，新闻从业者同样将某些新闻排除在外，这些新闻来自——或者关于——那些其观点可能导致压力的个体与组织。

适宜性考量同样发挥着避免压力的功能。当新闻从业者从正反两面报道一场争论，或者将选举看作竞赛，他们就将自己从必须采取立场的困境中解脱出来。其他平衡考量被用来避免惹怒未被报道的国家或社会部门中的消息来源与受众。最后，产品考量除了令新闻故事在受众眼里更具吸引力之外，也同样减轻了压力，因为从根本上来说，对新闻从业者伤害最深的，莫过于受众群的萎缩。

审查与自我审查？

如前所论，有意识的审查与自我审查极少发生，而伴随寒蝉效应出现的无意识的自我审查也是如此。实际上，出人意料的是，成功的施压活动并不频繁；寄给电视网支持阿格纽批评演讲的10万封信件并没有对新闻从业者的新闻判断产生实质性的影响，而寄给白宫的数目大致相仿的信件，则迫使尼克松将录音带公之于众。

因而，从新闻从业者的定义来看，根本无须担心审查与自我审查的威胁。但如果从更宽泛的角度来看，似乎通过一系列预先的避免机制，新闻从业者被阻止涉入到可能产生压力的主题与观点之中，尽管作为专业人士和个体，他们自己的倾向首先就不鼓励这种偏离常规的行为。

新闻业对压力的界定使得新闻从业者可以鱼与熊掌得兼。他们或者不把预先的避免机制看作约束，或者相信这些避免机制在某些情况下乃是适当之举。结果是，他们并不认为自己是在预先避免压力，并因而感受到自主性的存在。

但新闻从业者是否真的不受约束？的确，他们对于无意识的或者内嵌的约束因素的依赖证明，那种认为新闻从业者要么被垄断资本家要么被"东海岸自由主义精英"所"豢养"的简单的阴谋理论乃是不实的指控。这类理论植根于自我服务的假设，即倘若新闻从业者身上的镣铐被砍断，他们将会与资本主义或自由主义精英的反对者站在一起；换言之，这种理论认为新闻从业者是激进者或极端保守主义者，只是为了保住手中的饭碗，他们才不得已压抑自己的政治价值。

但从广泛的界定来看，新闻从业者的确在进行自我审查；而且我的观察支持了常常由左翼而非右翼的激进者或社会科学家所提出的针对新闻媒体的结构分析,即新闻从业者受制于系统化的机制,将某些新闻剔除在外。结构性分析往往与对新闻媒体的批评相结合,这些批评认为,正是系统化的限制阻止了新闻从业者触及那些激进者——我在宽泛的意义上使用这一词语——所认为的美国的根本问题和内在矛盾。

新闻从业者是否接受、认可甚或是意识到新闻实践中的诸多限制与我们的讨论并不相干。真正要紧的是,新闻从业者并不探究在批评者看来非常重要的那些问题:为什么美国要发起越战?为什么美国内部以及发达国家与发展中国家之间的财富与权力的分配如此不平衡?为什么大公司握有如此巨大的权力,而普通公民手中的权力却如此之少?为什么失业、通货膨胀与贫穷问题始终挥之不去?为什么女性与少数族裔仍然处在低人一等的社会位置上?[47]

从某种程度上来说,这一批评是恰当的,因为对激进者来说至关重要的问题,新闻从业者往往不屑一顾。(同样的观点也可以用在极端保守主义者对媒体的批评上,因为新闻媒体同样漠视他们的问题。)但激进者的批评也存在着一些缺陷。首先,它认为新闻应该建基于一个有意识的、统整的意识形态之上。不过,正如新闻从业者所认识到的,这种根基将会削弱他们在再现国家与社会时的灵活度。无论这种意识形态属于左翼还是右翼,它都将使得某些议题比现在更具新闻价值,但往往是以牺牲某些在意识形态方面并不重要的议题为代价。不错,新闻从业者不那么统整的准意识形态也是一种意识形态,但归根到底,与统整的意识形态相比,它至少促使新闻从业者更为开明通达。新闻业的准意识形态并不总是像今天这么保守,但较之准意识形态新闻,意识形态新闻往往倾向于生产出更多的宣传讯息。

更重要的是,服务于数以百万计受众的新闻机构不大可能完全按照某种仅为一小部分受众所接受的特定的意识形态——无论它处在意识形态光谱的什么位置——运作。(这一观点的反对者可能认为,即便某种正确的意识形态不为大多数人接受,它也应该引导新闻的运作。但这种反驳,引出了有关民主的一些思考,对此我们将在第十章中讨论。)当然,新闻公司通过服务于大规模的受众以谋取利润,但不受利润动机影响的政府资助的欧洲新闻机构也同样不会站在不受大众青睐的特定意识形态立场上构架新闻。

另外,甚至更为重要的是,激进者的批评是与现实脱节的,对审查和自我审查的广义界定也是如此。这些界定认为,新闻从业者能够立足于国家与社会之外,自由地报道新闻,提出某些议题,毫无限制地展示各种观点。但没有任何人,包括新闻从业者,能够真正地置身局外。[48]此外,虽然新闻从业者应该免受各种约束的影响,但无论他们是否意识到,他们都像其他人一样根本无法漠视压力的存在以及隐匿于压力背后的权力。倘若他们真能如此自由,他们将会变成全权的个体,而无须对任何人负责。

作为一个局外的观察者,我不曾受到新闻从业者对审查与自我审查的界定的束缚;但是尽管广义的界定与经验层次的讨论更为重要,我并不能完全接受这种界定所蕴含的意义。预先的避免机制是否应该被称作自我审查无关紧要;不过,如果压力与权力是新闻实践中无法逃避的参与者,更为重要的议题应该是,到底谁的压力才应该被纳入新闻生产的考量之中。这一问题与新闻政策有关,我们将在第十章中对之进行更为深入的讨论。

结论：新闻与新闻从业者

本章试图将第一部分和第二部分的讨论结合起来，检视哪些考量因素对新闻判断产生最为显著的影响，并能够提供对新闻生产最为有力的解释。但由于经验研究着眼于当下的现状，可能会高估这种现状的持久程度，因而在结论之后，本章会讨论新闻从业者拥有多少可资用以改变新闻现状的回旋余地。我所关切的是，新闻到底有多大的变革空间；而第三部分则讨论某些可能的变革方向。由于这一研究聚焦于新闻从业者，它或许忽视了某些可能对新闻从业者或新闻本身产生影响的不那么显而易见的社会过程。为此，我将在本章的最后讨论新闻与新闻从业者所发挥的国家性的、社会性的功能。

显著的新闻考量

我对所有进入新闻判断之中的考量的讨论都暂时搁置了一个

重要的事实,即并不是所有这些考量都与每一个新闻故事息息相关。如果是这样,新闻从业者将无法工作,因为他们根本没有那么多时间将所有这些因素都纳入进来。在此意义上,前面几章的论述使得新闻选择与生产过程看起来比实际情况远为复杂。某些新闻考量的确始终与新闻判断相关联,但进入到特定新闻故事中的考量数量和组合方式却总有不同。

从重要的系列报道中,我们可以轻易辨识出那些最为显著的新闻考量。以媒体对越战的报道为例。在第六章中我曾指出,最初的重要性判断——它是一个国内新闻——以及后来的现实与价值判断都形塑了媒体对越战的整体再现,它们合力将相关的新闻故事构架(frame)为一场美国与共产主义宿敌之间的战争。但是,媒体报道也同时受到消息来源考量的影响,特别是新年攻势之前媒体对官方消息来源的青睐。其他一些消息来源可用性因素同样发挥影响;可用性区间的一端是新闻管理、新闻饱和,以及西贡、华盛顿五角大楼和白宫的种种策略,另一端则是无法接近媒体而且曾一度被媒体直呼为"敌人"的民族解放阵线与北越消息来源。

产品考量则进一步塑造了媒体对战争的报道,这是因为对戏剧化的战斗场景、图片与新闻故事的追逐导致电视与新闻杂志主要从战斗、搜寻与摧毁任务、侦察等角度再现战争。一旦所有的新闻媒体都选择强调战争中的戏剧化的场景,它们即陷入竞争考量之中,而且没有任何一家媒体打算脱离基本的样式。而受众考量则迫使电视媒介以比杂志更严格的标准净化战争画面。

组织考量则扮演支持性的角色,具体言之,对官方消息来源的倾斜与高级制片人和编辑对于来自华盛顿的资深记者有关战争的乐观报道所抱持的信任相互应和。另一方面,如果媒体更多关注身在西贡的年轻记者较为悲观的报道,它们无疑将会招致更多来自对战争持鹰派态度的政府、尖锐的受众、广告商以及附属机构的压力。

多数时候，反战的示威游行都被当作社会失序新闻来报道。在这种情况下，新闻从业者援用他们自己的恒久价值；不然的话，来自政府、广告商与尖锐受众的压力也会逼迫他们就范。即便如此，他们也常常被指责给予反战者过多的曝光机会，并且从他们的角度歪曲战争新闻。

对其他系列报道的个案分析可能会揭示出略微不同的组合方式，但每一则新闻故事都需要有关消息来源可用性与适宜性、故事重要性或趣味性、新奇性、质量以及其他产品标准的判断。此外，每则故事还要符合特定电视节目或新闻杂志的媒介形态与样式。这些考量之所以必不可少，是因为它们不仅框定了每一则新闻故事的核心成分，而且表达并代表了新闻选择与生产过程的主要参与者的利益。

当然，所有考量的存在都是为了惯例化新闻从业者的任务，并使得新闻机构的日常运行成为可能。例如，消息来源考量代表着消息来源；而处在新闻判断核心位置的重要性考量，则代表着新闻从业者。不过，这些重要的考量之所以能够将新闻工作惯例化，是因为它们同时服务于多重的参与者。就此而言，重要性判断同时也代表了公共官员——他们的活动往往都是重要的。用于吸引受众的产品考量，因而同样有益于新闻公司；价值摒除不仅服务于持有多样化价值的受众，亦保护新闻从业者免受压力之扰。实际上，那些仅仅代表着某一类新闻生产参与者的考量，反而很难找到。

最后，某些考量因素只是辅助性的。例如，总体而言，组织考量只是故事选择与生产过程中的诸种规则的调节与补充。更多时候，正是这些规则形塑了新闻机构的结构与运作。新闻从业者的恒久价值也同样是较为次要的。无论在新闻故事成形过程中这些价值发挥了多么核心的作用，无论恒久价值对于新闻业而言多么重要，特定的价值之所以发挥作用，只是因为它们代表着某些其他的利益。在第八章中，我曾指出很多恒久价值有助于预测压力；如果这些价值不是早已存在，它们或许也会被临时发明出来。新闻从业者对于失序与秩序的关注还基于其他的理由；譬如说，有关失序的新闻故事，往往充满了戏剧性，也总能攫取受众的注意力。

我并不是想要把恒久价值解释成对于其他利益的纯粹的反应；正如其他考量一样，它们之所以存在，是因为它们服务于多重的新闻生产参与者。[1]虽然在这方面，某些价值较少扮演这种角色，特别是那些将新闻从业者转变成改革者的价值。但可以确定的是，美国社会中始终存在着一小群改革的支持者，因为倘若只有新闻从业者支持这些有关改革的价值，它们或许将无法进入新闻之中。

权力与效率：对新闻的最终解释

单是这本书的厚度即足以表明，不存在对新闻的单一或简单的解释；但如果必须挑选一些解释性的因素，我认为在所有的考量中，那些统辖消息来源选择的因素具有首要的意义。毕竟大多数的全国性新闻都与重要的公共官员的日常活动（以及日常冲突）有关。

这些消息来源之所以被选择是因为他们握有权力，这种权力既是构成全国性新闻的信息之源，亦是压力之源。大多数我在第八章中谈及的持久的压力，都来自那些同时也是主要的新闻消息来源的个体与机构；然而，这些权力也并非无远弗届。与其说新闻从业者选择消息来源，不如说他们选择新闻故事，而这些故事也绝不仅限于权势者分发的新闻稿。因而，尽管这些消息来源有时候会不满于新闻从业者报道他们的方式，但倘若媒体不将他们视作主要的消息来源,则只会令他们更为愤怒。由于新闻媒体构成了他们面向大众的主要传播渠道,并因而对他们的职责履行和权力存续都至关重要,倘若新闻从业者不那么依赖他们,他们必然会运用手中的权力向其施压。假设故事选择者一致认为总统不再符合他们的重要性标准,总统及其幕僚很可能会诉诸第八章中讨论的种种施压策略,甚至在此之外的更为严重的威胁:例如动员广告商和赞助人反对新闻从业者;鼓励新近成立的更为顺从的新闻机构与不合作者展开竞争;提议强化对新闻媒体的政府管制;或者成立政府操纵的新闻媒体以宣传总统的活动。

握有权力的消息来源通常并不需要诉诸这些压力,因为媒体出于另外一个原因而不得不选择他们:如我在第四章所论,权势者乃是可被轻易地、迅速地利用的消息来源,同时也是最可靠、最高产的消息来源。最有权力的消息来源,恰恰也最有效率。这一点更进一步强化了他们的权力,因为"效率"正是另外一个解释新闻的主要因素。

对效率的要求和对高效方式的选择贯穿于整个新闻选择与生产过程。正如我在前述章节中不断指出的,很多新闻考量的存在,恰恰就是为了令新闻判断变得更容易也更迅速,无论这种判断是为了从无数可用的原始素材中选择新闻故事,还是从同样庞杂的故事中收集相关的事实。新闻考量当然不仅仅是为它们富有效率而存在,但这的确是它们变得显著的重要理由。

需要强调的是,新闻从业者并不会有意识地追逐效率——事实绝非如此。新闻从业者的效率既不是那种与利润计算或"时—动研究"(time-and-motion studies)紧密相关的理性计算的商业或工业类型的效率,也不是一种单纯的通过最低成本达到最高收益的手段,因为新闻公司并非通常所谓的产品的常规制造商。它们的利润主要源自广告收入,而非产品本身。此外,非营利的新闻机构同样强调效率；例如，英国广播公司（BBC）的电视记者即援用与美国同行类似的考量因素，而他们所选择的新闻也与美国新闻业的产品大同小异。[2]

更确切地说，新闻业的效率的存在，是为了分配三种稀缺的资源，它们分别是：人员、时段或版面空间，以及最重要的生产时间。新闻机构必须富有效率，因为它们要在预定的时间将最新的新闻传递给受众。效率因而随截稿期限而变化，因为虽然没有人知道受众到底是否想要最近的新闻，或者他们是否乐意为不那么新鲜的新闻故事付出更多，但新闻都必须准时出现在电视屏幕上或者读者的信箱里。

当然，媒体也追求利润，新闻业的效率同样具有经济方面的因由。新闻机构只要还能应付就不会雇用不必要的人手；而电视时段和杂志版面被视为稀缺资源，则是因为媒体认为受众对新闻的欲求有限。实际上，另外一种权力也成为效率的中介，那就是受众，因为无论怎样新闻都必须以能够创造并保持受众的方式被生产出来。口播故事的制作远比影像便宜，但媒体的假设是，一个被口播故事主导的电视节目必将失去观众。没有人知道这一假设是否正确，但处于竞争中的电视网不敢就此作出尝试。此外，虽然受众之所以拥有权力乃是因为他们是媒体利润的最终源头，但那些非营利的新闻机构也同样受到受众权力的钳制。

效率与权力相互纠缠，很难说哪一个更为重要。效率与消息来源的权力是同一个等式的构成部分。因为对新闻从业者而言，尊重消息来源的权力往往是富有效率之举。如果他们不是像现在这样规律性地选择有影响的消息来源，新闻机构与新闻从业者将不得不花费时间与金钱抵挡各种压力。效率与受众的权力则构成另外一个等式。离开一个庞大的受众群，新闻媒体将无法以现在的形式存在。萎缩的受众将导向萎缩的预算；而如果受众缩减到很小的规模,新闻机构将完全靠自由撰稿人支撑,就像今天的意见杂志的做法一样。

至少在现在,消息来源的权力比受众的权力更为强大,因为全国性新闻媒体似乎提供了大量受众不太青睐的新闻故事。[3]受众作为消费者,根本没有供应者(消息来源)那么大的权力对所购买的产品施加同等的影响。同样,他们只是旁观者,既不能决定握有权力的消息来源的行为,也无法塑造新闻故事的面貌。受众充其量能够影响新闻生产的过程。但潜在地,受众拥有比消息来源更大的权力,因为倘若他们决定抵制来自或关于现有的消息来源的新闻,新闻机构将不得不转向。虽然如此,受众只有通过联合抵制才有可能对新闻机构施加这种影响,这一过程需要将受众从一个异质性的旁观者集合体转变成有组织的、动员起来的运动,而这几乎是不可能完成的任务。

在效率与权力的双重约束之下,新闻从业者仍然拥有自主性,但这一自主本身即被这二者所束缚。例如,新闻从业者可以自由地运用重要性考量,但重要与否往往与消息来源中的权力等级相对应。他们可以将恒久价值带入新闻判断之中,但只能在特定情境之下,即要么这些价值得到其他考量的支持,要么落入到由那些与施压者的权力不相冲突的"价值摒除"所设定的樊篱之内。

权力,在这里的含义,并不是暴力,而且尽管其分布并不平衡,但它绝非由某个小集团所垄断。权力也不完全表现为压力,因为多数新闻从业者认可现有的权力分配格局。新闻从业者认定自己是有权享有自主性的专业人士,为了应对各种各样的权力现实,他们将之整合到新闻判断之中。他们采用非政治化但却对政治权力相当敏感的消息来源考量;他们借助能够将所在公司的商业动机专业化的产品考量;他们通过价值摒除将避免判断的行为

专业化,而这些判断很可能会惹怒权势者。在此过程中,他们遮蔽了权力的存在,甚至对于自己也是如此。

众所周知,新闻从业者在这方面的做法并非独一无二,其他专业领域也同样把自主性当作应对权力现实的一种手段。这也不是非理性的策略,因为它使得新闻从业者自认为拥有远远高于实际情况的自主性;而且当权势者违背了广泛共享的恒久价值时,用以将恶棍曝光的自主性在这一瞬间可以令新闻从业者自身变得相当强大。

对本书前两部分的简要概述显示,新闻与我们称之为国家与社会的各种经济、政治、社会与文化等级秩序相关。在很大程度上,新闻将有关那些靠近或处在这些等级顶端者以及那些威胁等级制度——特别是身在等级制底端者——的报道传递给受众,而大多数受众成员,则处在介于顶端与底端之间的广大的中间区域。

新闻从业者的立足之处略低于这些等级的最高层,较之于底层和中层,这一位置使得他们能够更好地审视顶层。但他们眼中最好的风景是关于他们自己的社会位置。当新闻从业者拥有自主性,他们即代表着这些权力等级秩序中位居中上的专业人士阶层,并且从他们自己对于良好国家与良好社会的愿景出发,捍卫这一阶层,反对顶层、底层与中间阶层。

新闻业的变革余地

如前所论,经验研究会将现实情境合理化。而且,即便新闻被权力与效率所塑造,新闻从业者还是拥有可资用以重新诠释或改变现在引导他们的这些考量的自主性。伴随自主性而来的是变革的余地,因而值得探究的是,当下的新闻到底有多大的变革空间。在这里,我至多只能提出主要的考量因素可能发生的变化,并估量这些变化带来的结果。

  首先,新闻从业者可以修正他们的消息来源考量,较少关注公共官员,而将更多的注意力投之于同样拥有权力的经济与其他全国团体,以及普通大众。但这样做,除了可能会招致现有消息来源对被剥夺部分曝光机会的不满,也需要付出比报道个体人物更多的人力与时间。另外,新的新闻专线必须建立起来,而对某些团体的报道只能由专家完成。但专线记者的运作成本远高于综合记者,效率却低于后者。报道整个国家的普通人将比报道华盛顿的官员开支更大,而从所有人当中抽取被报道者也需要额外的时间与精力。此外,普通人也无法召开那些可以被轻易地、迅速地报道的新闻发布会。

  同样地,新闻从业者也可以改变他们当前对重要性的界定,更多关注政治与经济结构——比如,联邦官僚体系和大公司经济体——及其常常处于匿名状态的职员或公务员以及非个人化的社会过程,正是这些结构要素如此频繁地限制了美国总统及其同僚的决策自主性。但这样的话,新闻同样也会变得非个人化,人物故事将会减少,而大量的抽象描述与分析将会主导新闻报道,那些不能够或不情愿接受此类新闻搭配的受众成员可能会流失。

  当前的媒介形态、样式与产品考量也并非不可撼动。完全没有影像画面的电视新闻或许是不可思议的,但某些过于戏剧化的动作场面则完全可以被重要的或者有趣的人物脸部特写所取代。同样可能的是,杂志只保留较少的但内容却更多一些的栏目,或者只刊登那些首席编辑认为是新闻记者所撰写的当周最棒的文章。这些替代样式甚至也可以缩减开支,因为主播的特写镜头比行动场面的拍摄花销要小些,而栏目缩减之后的杂志也只需要更少的职员。现有的受众是否会接受这些变化是个无从解答的问题；但只要没有其他的电视网与新闻杂志出现，他们就没有多少选择可言。此外，由于受众连无休止地重复的广告都可以接受——尽管可能并不情愿，他们是否真的在乎新闻的新奇、新鲜、节奏与平衡就同样值得怀疑。不过，排除产品考量会使新闻任务复杂化，并减慢新闻生产流水线的步调。戏剧化的新闻总是富有效率，而那些新闻由头或挂钩也是如此。

假定新闻媒体决定结束当前的竞争，每一家电视网或新闻杂志都选择走自己的路。例如，电视网甲为受教育程度最高的三分之一的观众提供重要而有趣的新闻，电视网乙服务于接下来的三分之一，而电视网丙则面向受教育程度最低的观众。三家新闻杂志则各自服务于年老的、中年的或年轻的读者。每一家新闻机构将会发展出独有的新闻判断类型，而作为一个整体专业领域的新闻业也将因而四分五裂。不过在这之前必须进行的，乃是对新闻机构、大众传媒以及麦迪逊大街①的剧烈重整与洗牌。

媒体也可以将"价值摒除"搁置起来；实际上，新闻中出现更多个人化的意见很可能会增强受众的兴趣并扩大其规模。这一变化可能会引发有关新闻的争论，也有可能激起持有其他意见的受众的抗议。最终，那些被善于发声的受众所支持的观点将会主导新闻媒体，而持有不同观点的新闻从业者将会被解职。新闻从业者也可以更多关注新闻的蕴意暗示或后果——只是比较困难；因为倘若他们这样做，就不得不像政治人物一样行事，而无暇报道新闻故事。

恒久价值乃是新闻专业领域的"专属之物"，但单纯的价值改变并不会带来多么了不得的变革。鉴于失序新闻富有戏剧性，而消息来源考量则能够驱使新闻从业者偏向权势者，秩序与领导

---

① 喻指广告业。——译者注

权等恒久价值也就显得无关宏旨。然而，其他恒久价值的变化——例如，倘若新闻从业者对负责任的资本主义丧失信念，开始大肆批评私有企业，并报道社会主义经济政策的成功故事——则有可能惹怒现有的乐于发声的受众。同样地，招募来自其他社会阶层背景或者抱有不同个人价值的新闻从业者，也不会带来任何变化（参见第六章）。

商业考量当前并不在新闻从业者的权力能够触及并改变的范畴之内——但我们假定他们拥有这份权力。新闻中将不再夹杂广告，而新闻生产的成本将要么来自于政府（由此产生的问题将在第十章中讨论），要么由受众承担。我们无从得知美国观众是否愿意像欧洲人那样通过执照费来直接缴纳收视费用；但如果美国推行执照费制度，可以想象的是，无论是政治人物还是电视观众都会运用手中的权力限制新闻从业者的自主权，或者要求更高的效率以便降低执照费用。与欧洲的政府类似，欧洲的广播电视机构不像美国电视网这样积极地应对公共压力。另一方面，如果联邦政府有权要求电视网和地方电视台将部分高昂的利润投入到新闻机构之中，那么电视记者至少会获得更多的预算，并因而降低效率对他们的钳制。那样的话，他们将会在新闻方面拥有更为自由的变革空间。不过，如果政府有权控制电视网利润，它的权力之手完全可以伸向其他层面，并阻止新闻从业者推动任何可能于政府宣传不利的剧烈变革。

让我们讨论一种更为理想化的乌托邦情境：倘若新闻从业者拥有完全属于他们自己的新闻机构，并以公社式的或者某种形式的员工控制来运作它们，商业考量将可能会彻底消失。[4] 对照欧洲的某些成功案例，迎合庞大受众群的全国新闻媒体能否以这种方式运作，实在是一个有趣的问题。由员工控制的新闻机构能够下定决心追求规模更小的或者只由感兴趣的观众和读者组成的与媒体趣味相契合的受众群；不过，此类媒体要想在同样的竞争环境之中服务于大规模的受众，其形貌大概与业已存在的新闻机构殊无二致。

倘若新闻从业者能够修正受众考量，他们大概会将注意力悉数投放于感兴趣的受众身上；但这可能导致其余的受众转向新近入行的公司与企业家，出于利益考虑，这些公司与企业家将会创造出一批更为戏剧性、娱乐化的新闻媒体。而现有的新闻从业者则不得不满足于规模更小的受众和更低的新闻预算。如果那些感兴趣的受众愿意放弃昂贵的描述新闻，并接纳更多低廉的新闻分析，服务于他们的新闻媒体在经济上仍能维持运作，但此处矛盾的是，离开了描述性新闻，分析新闻也就不可能存在。

消除现有的品味禁忌可能是一个并不那么剧烈的变革步骤，但只有当媒体能够吸引更为年轻的受众群同时将年老的受众排挤在外时，这些禁忌才有可能被抛弃。而现在尚且不存在实现这一目标的方案；否则，这种方案早已被付诸实施，因为广告商只对年轻人感兴趣。电视可以通过将某些新闻放到黄金时段节目的末尾（此时孩子们已经入睡）播放，来摆脱某些禁忌，但电视新闻记者无权这样做。此外，新闻杂志也不敢逾越诸多同样的禁忌。由此可见，只有当身处边缘的老年受众规模缩减，或者他们不愿或无力再抗议时，这些禁忌才有可能完全销声匿迹。

最后，新闻从业者只有通过终止他们自己以及所在新闻机构对广告商与受众收入的依赖才有可能摆脱各种各样的压力。他们将必须获得极其富有的、完全独立的"天使般"的赞助商的资助，这些赞助者既愿意赋予新闻从业者彻底的自主性，同时他们自己亦完全免受政府压力的影响。此外，新闻从业者必须拥有传唤政府官员的权力和强制力，只有这样，他们才既能从消息来源处获得信息，又无须承担可能导向压力的义务或责任。

即便如此，新闻从业者仍有可能遭遇到某些更为微妙的压力，这些压力源自"他们生活于社会之中"——除非他们与家人、朋友和邻居也完全隔绝开来。那样的话，他们将完全摆脱外物之扰，但他们也将无从判定何者具有新闻价值，根本无法与受众成员或其他任何人互通有无。他们将会变成彻头彻尾的局外人。

变革的障碍

新闻从业者拥有改变新闻生产现状的回旋余地，但正如之前的观察所示，这些变革也会带来一系列的后果。概而言之，下文讨论的五种后果构成了变革的障碍；虽然不是每种后果都一定会发生，但对这些后果的讨论绝非杞人忧天。

1. 受众缩减 由于受众研究的付之阙如，我们无从预测令现有受众背负"重担"的新闻变革是否会导致他们从读者群或观众群中流失。一方面，在过去十年间，无论是电视新闻还是杂志新闻都变得更为复杂——不管如何界定这一概念；像娱乐媒体一样，新闻媒体也必须应对受众日渐提高的教育与文化水准。另一方面，新闻从业者和执行官们所抱持的如下观念很可能是正确的，那就是，现在被广泛援用的产品与受众考量对于保有不感兴趣的受众来说是必不可少的。

2. 激增的压力 新闻中的某些变化可能会加剧来自消息来源、敏锐的受众和其他方面的压力。尽管新闻从业者迄今为止都能够抵抗或隔绝很多压力，但无论是他们自己还是任何其他人都无法判断他们对于日渐增加的、四处蔓延的、更加强烈的压力的容忍度，他们也不知道在多大程度上执行官仍然会保护他们免受逐步升级的压力之扰。

3. 高昂的成本 需要更多职员和专线记者作为支撑后盾的新

闻创新，同时也需要新闻机构提高预算，亦要求受众分摊部分成本。在新闻机构中，新闻从业者并没有多少权力要求增加预算。但受众似乎愿意为新闻支付更多，因为在过去几年间，新闻杂志纷纷大幅提高了订阅费用和零售价格。电视观众的收视费用也有所提高，只不过这些费用隐藏在他们付给那些广告商品的价钱之中。

4. 组织障碍 新闻机构相当等级化，这使得那些身处顶端的执行官与新闻从业者具有推动变革的可能。不过，新闻从业者是通过谨小慎微地行事才升迁到最高层，而那些有关剧烈变革的提议必须通过管理层的批准，而他们根本不愿意冒不必要的风险。

5. "竞争性捆绑" 新闻机构存身于一个竞争性捆绑之中，这一环境促使它们提供大同小异的新闻。尽管某些新闻机构偶尔会摆脱这种束缚并提出成功的创新，但这通常都是身处困境者拼死一搏的结果；那些显赫的新闻机构极少尝试此类冒险的新事物。此外，竞争者并不想显得太过与众不同，因为某些成功机会渺茫的创新，可能会将它们抛到非常不利的竞争位置上。

显而易见的是，新闻从业者时刻留有扩大受众规模以及采取更为保守立场的回旋余地，后者常常会取悦那些尖锐的受众。另外，他们可以相对自由地影响那些用以强化基本产品包装风格的样式变化。但在推行其他变革方面，他们则没有想象中那么多的灵活空间。更准确地说，创新的风险如此巨大，以致能够轻易阻止新闻从业者迈出最初的步伐。的确，与其他人一样，新闻从业者也常常鼓励彼此进入领导层，但暗含于其中的，则是期望领导者承担其他任何人不愿意或者不能够承担的风险。尽管新闻业从来不乏英雄情结，但新闻机构与公司却不太具有英雄主义色彩。

因此，大概只有出于应对某些足以改变受众新闻偏爱或者急剧提升受众对全国性新闻的需求的国内情势变化，新闻才有可能发生改变。假定出于必要性或特定动机，人民被要求直接参与到有关国家经济或联邦政府政策的决策之中，他们将需要全国性的新闻来行使其职责，而即便此时新闻中缺乏戏剧性的场面与节奏，他们也会相当关注。实际上，他们很可能会憎恶戏剧性的新闻故事，因为这类新闻妨碍了他们获取必需的信息。但是，参与式的民主首先需要的，乃是一个迥异于今的美国。

更现实的是，一场剧烈的经济或政治危机可能会增加受众对全国新闻的需求；在这种情况下，新闻从业者也会因势而动。如果在这场危机中大规模的受众转向左翼，可以想象的是，无论是在观点立场还是重要的故事类型方面，新闻从业者都会随波逐流。不过，如果这一波向左翼的摆动损害到新闻从业者自己的利益或者所在公司的经济利益，同样可以想象的是，他们并不会紧随其后。另一方面，如果大量受众移向右翼，而一场危机酝酿出要求华盛顿施行集权管治的广泛的呼声，新闻从业者将处在强大的压力之下，被迫放弃对利他主义民主的信念。

不管怎样，除非美国发生剧烈的社会变化，否则新闻从业者的变革空间只能是有名无实，并在实际上最终受限于相应的经济动机的匮乏。目前，新闻从业者也只有继续积极地回应始终存在的效率动机与无所不在的权力现实。

新闻从业者的某些功能

在很大程度上，本研究在到此为止的篇幅里都忽视了某种引人注意的可能性，即新闻从业者和新闻机构乃是他们无意中呼应的更大的、更为基础的社会过程中的棋子。或许新闻从业者在作为整体的国家与社会中发挥着无意识的或未被发觉的（潜在的）

功能，而单是这一点，即足以迫使他们如此这般地行事。

尽管功能分析拥有很多长处，但它也伴随着风险，即它可能——就像下文讨论的那样——忽视与功能并存的负功能（或缺陷）。功能分析也同样会合理化国家与社会，并进而合理化现实情境，将之视为必不可少的功能性的社会配置；但是，从另外一个角度来看，现实情境恰恰正是当前的权力分配的产物。此外，唯有通过对结果的检视，才能发掘出特定的功能，但我们对新闻可能产生的效果却所知甚少。只有所有的新闻媒体忽然之间消失一段时间，我们才有可能深入探究新闻从业者到底发挥着何种功能。因此，下面的这些讨论多少带有推测性质。

领导能力的测试者

无须等到新闻媒体悉数消失，功能分析即已显示，媒体已经变成招募与测试当选的国家领导层的重要机制。通过强调总统大选和其他竞选活动，新闻从业者已经开始从政党和初选大会手里接管推动政党候选人轮转的任务。[5] 当然，新闻媒体并不能直接招募候选人，因为这取决于候选人和他们的代理人是否愿意踏入竞赛。但电视拥有远远超过其他媒介的能力，可以将那些缺乏竞选资金而无法在镜头前表演的候选人排挤在外。另外，电视并不青睐在小屏幕上缺乏沟通技巧的候选人，理查德·尼克松与吉米·卡特作为例外，恰恰证明了这一规则。

因此，新闻从业者所测试的，是候选人回答尖锐问题与避免犯错的能力，是以吸引受众的方式概念化国家议题的本领，是发展出一个富有魅力的前后一贯的公共形象的才能，以及在处理竞选活动和私人生活中出现的偏差时的诚实度。这一测试过程并不会在选举日结束，因为成功获选的候选人和他们所任命的官员将会在任期内接受更多的审查。没有人推选并授权新闻从业者如此密切地参与到选举过程之中；不过，无论是过去还是现在，某些政党大会与初选会议，在民主方面也并不总是十全十美。

政治反馈的提供者

新闻媒体的首要目的是告知与启发受众；但毫无疑问，当选的与被任命的官员却是最感兴趣的新闻受众。除了其他角色之外，《纽约时报》、《华盛顿邮报》、《华尔街日报》以及其他一些印刷媒介扮演着与政府机构沟通的喉舌角色，或者说它们是面向政府官员的专业通讯机构。

不过，电视与新闻杂志主要作为反馈机制来服务于政府官员，这些反馈为他们提供了有关一般的或"见识广博"的大众对官员所作所为的感受的即时线索。公共官员通过监察媒体内容来判定新闻从业者如何对待他们。通过观察他们在媒体中所占据的时间或版面以及所获得的头条新闻的数量，官员们同样可以估量出新闻从业者赋予他们多大的重要性。

在此过程中，至少在民意调查或选举结果公布之前，新闻媒体都扮演着全国选民之替代者的角色。新闻从业者能否准确地替代任何人是一个经验上的疑问，但这一疑问并不十分重要，因为只有他们才能够提供官员们所需要的即刻的反馈信息。

媒体社论提供了对前一天民意的估计；官员们也着意于分析新闻中暗含的观点，他们认为新闻的价值蕴意反映了新闻从业者的观点与立场。当通常行事客观的新闻记者鲜明地表达出观点，官员们就更会将之视为大众的心声。因而，并不令人惊讶的是，当沃尔特·克朗凯特公开发表对越战的反对之后，据说林登·约翰逊总统即已准备提前放弃对第二个任期的追逐。

权力分配者

但新闻从业者所做的，绝不仅仅是提供反馈而已；有时候，特别是当他们在电视屏幕或者杂志封面上给予特定个体或群体有益的宣传曝光时，他们实际上也参与了权力分配的过程。当然，新闻媒体所分配的乃是符号权力，它并不能自动转换成可以配置资源的实质性权力。此外，这种符号权力往往是昙花一现，因为其他人在下一天或者下一周也可能遇到同样的曝光机会。但当曝光机会像滚雪球一样扩张开来，并导向在全国媒体中更多的露面机会和来自公共官员或一般大众的反响，符号权力便可能绵延下去，并转变成政治资本，最终换得资源与公共决策层面的实质性权力。

道德守卫者

新闻从业者进行权力分配的能力部分源自他们的道德功能。由于他们频繁报道道德失序新闻并将其他新闻故事构架为道德剧，他们所扮演的角色，就正像面对整个国家与社会的古希腊合唱团。实际上，这是一种意图之中的（显在的）功能，因为新闻从业者将自己视为"看门狗"。即便他们做不到这一点，消息来源和其他人也会力图展现最好的一面，因为他们将会——或至少是可能——暴露于公共能见度之下。结果是，新闻从业者所守卫的，不仅仅是嵌入到恒久价值之中的道德秩序，更是一系列理念、习俗与道德观念。当消息来源接受新闻从业者访问的时候，他们便会竭力证明自己忠实遵守国家与社会理念；而出现在镜头前的时候，他们则会尽力克制不作出挖鼻孔等不雅的举动。

因此，通过揭露并协助惩罚那些失范者，道德失序新闻强化并再合法化了占据支配地位的国家与社会价值。不过，新闻从业者这样做的同时，也在压制其他的价值与道德规范，否则，它们也很可能被推到前台。如果受众也把新闻从业者视为道德守卫者，并把新闻中那些道德有序的参与者当作榜样，受众也就是在促使新闻从业者保护某种特定的道德秩序，而他们在私底下很可能会发现这种秩序并不那么值得保护。

先知与牧师

新闻从业者所扮演的道德角色有时候被认为具有宗教特质。实际上，格伯纳（Gerbner）即认为，电视本身是世俗的宗教机构。[6] 而凯利（Kelly）也在讨论中使用了宗教隐喻：观看电视新闻是一种仪式，而电视主播则是巫师。[7] 鉴于教堂在影响公共道德方面的能力日渐衰退，世俗也好，神圣也好，新闻从业者有时候都被描绘成一群新的先知；但对于这种宗教性的类比，我们必须相当审慎并有所保留。

或许人们的确把接触媒体当作每日或每周的惯例，但我认为他们的使用方式更可能是习惯性的，而不是仪式化的。此外，如果说电视主播是巫师，他们也不像前工业文化中的巫师那么强大且那么渴望运用手中潜在的力量；他们也不发挥与之相同的疗救或魔法功能。某些调查记者已经变成道德十字军战士；但作为新闻从业者，他们无须发展出组织化的支持者，而他们所进行的"圣战"也往往没有那么持久。不过，那些长期孜孜不倦地浸淫在同类的道德失序新闻中的评论员，倒是有可能成为先知。其他的新闻从业者偶尔也会发挥宗教功能；例如，在 1963 年，电视主播即可能扮演了世俗牧师的角色，因为他们引领了对遇刺的约翰·肯尼迪总统的举国悲恸。

宗教性的隐喻高估了新闻的道德力量；多数人并不像进教堂那么频繁地接触新闻。新闻从业者或许是国家的道德守卫者，但他们并不是牧师。尽管恒久价值在某种程度上与贝拉（Bellah）所提出的美国的市民宗教有几分相似，但一般大众是否将它们看作宗教性的价值，以及他们是否以赋予宗教的那种共识程度来看待新闻，都还是未知数。

说书人与神话制造者

由于新闻通常以故事的形式出现，有时候新闻从业者被等同于前媒体时代的说书人，正是他们使得所有社会中都存在的神话与传奇代代相传。正如凯利所言："一个明显的当代传奇是约翰·肯尼迪的故事，即媒体对于这位年轻总统寻求权力以推行道德上正确的行动的持续报道。在他总统任期内的诸多事件，从猪湾事件到古巴封锁，无不被媒体再现为传奇性的努力。"[8]

在新闻故事可以被看作传奇或神话这一点上凯利是对的，但新闻从业者更多时候只是消极的传递者，而非积极的神话制造者。肯尼迪家族似乎尤善于以神话般的词语描绘自己，但它在这方面的成功并不是拜新闻界所赐。很多记者憎恶肯尼迪总统在个人形象（与新闻）管理方面的手腕与策略，但故事选择者觉得受众对此感兴趣，因此继续将它们保留在故事清单上。

实际上，新闻从业者也可能更为积极地参与到创造神话的过程中去；他们草拟出神话的脚本，但只有其中一部分会唤起受众足够的兴趣，变得令人难以忘怀，并最终取得神话的地位。约翰·肯尼迪是否能够达到这种神话地位最终取决于新闻从业者和未来的受众。

"新闻作为神话"这种观念再次令我们转向新闻从业者的宗教功能;与此同时,它暗示出美国与前工业社会——在那里,神话表达着长久存在的宗教价值——彼此类似。不过,在现代社会,很多神话的生命周期都相当短促。[9] 同样,过去(或现代)的社会是否真的需要神话,其实是一个无解的问题;我们也无从确定神话是否表达出了社会共识。今天的新闻讲述着有关有权有势者的故事,过去的神话制造者或许也是如此;但我们不知道,过去的受众是否会严肃对待这些神话,他们没有在历史记录中留下任何痕迹,只有神话留了下来。

秩序的晴雨表

由于新闻从业者频繁地报道有关自然的、技术的与社会的失序,新闻似乎同样具有秩序晴雨表的功能;它提醒受众注意失序活动的涌现,同时亦通过有关秩序重整的新闻故事来重新确认这一秩序。[10]

某些受众成员把失序新闻当作一个早期预警系统,因为它预示着自己的生活中将来可能出现的复杂情形。[11] 其他人则借助此类新闻确定谴责对象并甄别出恶棍。例如,尽管其他城市可能拥有更高的犯罪率或类似的色情地区,但有关纽约城的新闻故事却总是在为这座城市与所多玛(Sodom)或俄摩拉(Gomorrah)之间的对等性提供新的证据。

新闻从业者常常被谴责通过宣扬失序活动而煽动了新的失序行为;虽然并没有证据支持这些谴责,但新闻从业者的确常常通过浓墨重彩的描绘夸大了失序的广度与强度。当他们报道了一起灾难或者民间失序故事中最富戏剧性的片段,他们或许向受众传递了过分的警告。另一方面,新闻从业者也常常夸大那些修复秩序者的效力。

如前所论，新闻从业者往往试图阻止受众恐慌并阻断那些可能令他们更为恐慌的流言。当得自官方消息来源的专业新闻取代了非官方的谣言，新闻从业者其实是在——有意识地——向那些维持秩序的官员伸出援手。

社会控制中介

各种社会控制机制预防或阻止人们以不为掌权者所准许的方式行动与表达意见。既然新闻从业者协助维持秩序，预警失序行为，扮作道德守卫者，他们其实就在发挥社会控制中介的功能——尽管他们就服务于掌权者，其中包括部分受众成员。但是，如果我们无法累积充足的研究证据以判定新闻——区别于出现在新闻中的行动者——对人们的行为与态度之影响，也就无从判断新闻从业者到底是不是独立的社会控制中介。

当然，鉴于新闻媒体负载官方控制者的讯息，并将之合法化，新闻从业者便是在协助他们控制普通大众。不过，对新闻媒体的不信任以及受众对新闻的低度参与也显示出新闻从业者可能并非有效的社会控制者。受众更相信电视主播，而不是他们报道的新闻，但这种信任源自主播的超然态度以及既不说服也不控制的种种姿态。

由于新闻媒体提供给受众的是相仿的新闻食谱，它们在受众那里又变成共享经验的原始材料，因此新闻从业者同时也被当作社会整合的中介——这一过程从积极的角度来看，即是在促进社会凝聚力，但消极地说，则不过是另外一种施加控制的方式而已。即便如此，没有人知道媒体提供的同样的新闻食谱是否是以如上的方式被观众和读者接收或感知。在严重的国家危机时期，例如总统被刺杀之后或在公众支持的战争中，受众拥有共同的利益，新闻媒体无疑会——而且是有意识地——促成社会整合。但在越战中，尽管新闻媒体也提供了有关战争的同样的新闻食谱，战争却导致公众两极分化。

一种不同的观点认为，新闻媒体通过将受众非政治化来达到控制目的。这种观点的经典论断也延伸到一般性的大众媒体，而且横跨整个意识形态光谱。在光谱左侧，马尔库塞（Marcuse）即曾指出，大众传媒以罗马竞技场的当代形态麻痹受众的神经，并说服他们接受政治现状。[12] 在光谱右侧，艾吕尔（Ellul）认为，大众传媒所提供的乃是宣传，而非信息；这些宣传迷惑了受教育程度较低的受众，并使他们在不知情的情况下变成宣传家手中的受害者。[13]

从某种程度上来说，如上的这些批判切中肯綮，因为新闻客观性——以及新闻杂志的反讽风格——并不逼迫受众遵照他们在媒体上的所读所见来行动。而对政治抗议的报道也并不鼓励其他人参与其间；如果一定要说有什么区别的话，那些在游行之后有关秩序重整的新闻故事的确暗示出游行抗议本身的无效性。同时，新闻从业者钟情于那些草根行动之类的无伤大雅的、非政治化的市民参与。他们很少鼓动示威游行，当然不消说，他们也不会鼓吹革命。

但另一方面，这些批判赋予新闻从业者太多权力，却赋予受众太少的常识。如果新闻媒体有意或无意地压制游行抗议的话，现代新闻业崛起以来，游行抗议的数量应当大幅缩减；但在过去十年间，游行抗议的数量却反倒一直在增长。那么，即使新闻从业者能够或愿意鼓动抗议，我怀疑受众也不会紧随其后，特别是参与到对个人有风险的活动之中。那些激进媒体即没能够为激进的游行抗议赢得多少追随者。如果有足够的人准备进行抗议，通过提供有用的信息与鼓励,新闻可能会壮大游行者队伍并降低游行风险,甚至会将游行本身合法化。在 20 世纪 60 年代南方的民权运动中,全国电视网即——或许是无意地——发挥了这一功能。

同样地,新闻媒体报道与展示联邦政府和其他大型机构无远弗届的权力,或许是想通过提醒受众他们只拥有最小限度的权力来达到控制目的。但人们并不需要新闻媒体来帮助自己认清无权无势的状态。即便新闻可能会迷惑某些人——特别是对国家与社会不感兴趣者——对特定人物与事件的看法,但很多时候,媒体根本无从说服他们改变对权力与其他议题的基本的现实判断,或者对与自己息息相关的事务所抱持的强烈价值。[14] 更为可能的是,新闻媒体作为控制者产生了逆反效果。因为当前对政府的公共反感,虽然并非源自对政府活动过剩的新闻报道,但它的确为这一过程火上浇油。

对于新闻从业者的政治与经济控制功能的真正检验必须等到发生灾难性的经济或政治危机之时;在危机中,大量受众可能会转向意识形态的左端。我在前文指出,新闻从业者要么将会跟随受众,要么就是捍卫他们自己以及所在公司的经济利益。在重要的危机面前,欧洲的新闻从业者往往会选择站在左翼一边,但他们具有比美国的新闻从业者更为明显的意识形态色彩;此外,某些欧洲的新闻从业者随后亦会被他们的政府"赞助人"炒掉。无论如何,这一问题就只有被暂时悬置起来,直到某一天,受众真的大规模地摆向左翼,而新闻从业者则不得不选择立场。

国家与社会的建构者

当我最初认真考虑这一研究课题的时候,最早浮现在脑海中的问题是:社会如何讲述有关自己的故事。我所做的田野观察,以及20世纪60年代以来美国本土和社会科学中所发生的种种变化,都令我相信,这是个错误的问题,因为它将社会实体人格化。不过,这一问题将我引导到如下的假设,即新闻从业者的功能之一就是建构国家与社会,让这些含糊而暧昧的概念变得有血有肉,并令它们变成真实的存在物。[15]

严格地说,新闻从业者是在收集有关身处于一系列机构、部门与社区之中的个体与群体针对彼此所作出的行为的种种信息。但在将信息转译为新闻的过程中,他们往往将之构架于一个全国性的情境之中,从而将国家纳入新闻生产的框架。无须明言的是,并不是只有新闻从业者才这样做,因为公共官员就常常将他们的言行国家化。但新闻从业者有助于将一种整体性加诸特定人群身上,不然的话,这无非是一群孤立地活跃于特定的地理与政治疆域之内的个体与群体的聚集体。这些疆界,连同独立宣言与宪法,正式宣告了美国作为一个国家的存在,而联邦政府——自身也是机构的聚合体——则代表国家发言、行动。(同样的疆界——只是没有对应的书面文件——将美国建构成一个社会,而一系列的机构与部门则试图代表它发言与行动。)但无论是国家还是社会都是社会建构物,从实际的角度观之,直到有人代表它们发言与行动,它们才会变成真实的存在。

新闻从业者通过报道声称代表国家与社会的人群的言语举动,不断地提醒我们这些社会建构的真实性与力量。此外,新闻从业者这样做不仅仅是为了服务于那些其合法性因为代表国家与社会而得到强化的感兴趣的消息来源,也是为了告知与提醒某些特定的受众,他们生活其间的微型社会,常常被从国家与社会中剥离出去。受众是否真的需要这些有关他们的信息是一个至关重要的问题,但我无法回答。只能说,新闻提供了这一信息。但当

人们说自己跟上了新闻的步伐，也就相当于是说，他们与国家和社会保持着联系。

符号场域的管理者

前面讨论的很多新闻从业者的功能在接受经验性的检验之前都还只是一些假设，我也试图指出，某些功能可能无法通过经验检验。不过，对于最后要讨论的这种功能我则比较确信：新闻从业者的首要功能之一就是与其他人一起管理符号场域。该场域作为一个公共舞台，将有关国家、社会与其他方面的讯息传递给任何可能的受众成员。尽管部分符号场域已经转让给娱乐业，新闻从业者仍然是绝大多数美国人所见、所听与所看的非虚构讯息的唯一传递者。

在第八章中我曾指出，符号场域是一处政治战场，因为很多人戮力于将其他人的讯息排挤掉并将自己的讯息投放进去。因而，由谁来管理符号场域就成为一项重要的政治议题。在很多国家，这一问题并不存在，因为掌权的政府即是当然的管理者；在其他国家，由新闻机构和新闻从业人员管理这一场域，而国家则保留否决权。在美国，新闻公司是名义上的管理者，但新闻机构与新闻从业者则握有实质性的管理权。在此过程中，他们同样借助讯息规制个体与群体的行为，借此维护符号场域内的秩序。

第三部分

新闻政策

引 言

最后一章探讨新闻的公共（不一定是政府的）政策。更准确地说，本章力图发展出新闻从业者所谓的新闻哲学，勾勒出建基于这一哲学的全国性新闻媒体系统的概貌并提出一些具体的建议。

在进行政策分析时，我尽力避免在本书前言中提及的诱惑，即拿社会学作为丈量新闻业的标准，或将新闻业转变成社会学。我也力图克制将对新闻的个人偏向转译为政策提议的欲望。与任何其他人一样，我也拥有此类的个人偏向。如果我可以设计自己的全国性新闻媒体，无论是电子媒介还是印刷媒介，它们都将会是《纽约时报》或《华盛顿邮报》的更为自由的版本，且在新闻分析与阐释方面有着更为卓越的表现——而且，为了协助我所从事的社会学教师的工作，它们将会刊载更多有关美国作为一个社会的新闻故事。简言之，我青睐那些契合我自己的价值与信息需求的新闻。

不过，个人倾向性并不能用来合理化公共政策。这些政策必须建立于公共价值之上,而在新闻政策的讨论中,公共价值即是所有参与到新闻生产过程中以及被新闻所触及的人们的价值。自然,我在这里所提出的这些公共价值,乃是我所认为最为普遍最为重要的,但它们仍然与我自己的个人偏向有所不同。

接下来的判断与提议主要是指向全国性新闻本身,但不限于电视与杂志新闻。虽然这些提议将我对当前新闻实践的观察纳入考虑,而且它们并不是乌托邦式的,但很多提议在当前并不可行。不过,其他的提议则可以立即推行开来。

第十章

多视角的新闻

对新闻政策的讨论通常始自对当前新闻媒体的好坏优劣的评估和对改进之道的探究。但这种路径往往以提出替代性的印刷与电子新闻媒介样式告终,这些替代类型要么以更厚实与更严肃的《纽约时报》为范本,要么就是取法于意见杂志——有时候甚至是学术出版物。然而,这类改进提议反而可能导致现有的全国新闻受众的严重流失。它们同样会阻挡文化民主化的进程,即无法令新闻与尚且不是受众成员的人们发生关联。因此,我希望从探究"新闻是否被歪曲"这一问题开始,从另外一个角度切入对新闻政策的讨论。

对新闻的歪曲

"歪曲"(distortion)一词已经被随意地当作"偏见"(bias)

的同义语。在过去十年间,人们认为新闻被歪曲了,那是因为:它倾向于或这或那的意识形态,或者对这一群或那一群公共官员有失公正;它太过肤浅,太关注于特定人物而忽视了议题讨论,或者过分聚焦戏剧化的举动与夸大其实的行为;它被太多的官方消息来源与媒介事件而不是"现实情境"所占据;或者它报道了太多社会失序或其他类型的坏消息。

无论是哪一种批判(某些是合理的),其假设都是,被歪曲的新闻可以被未被歪曲的新闻所取代;但这一假设本身恐怕是站不住脚的。即便对外部现实的完美的、彻底的再制(或建构)在哲学或逻辑上是可行的,但仅仅是再生产活动本身即会构成对外部现实的歪曲。因此,客观或绝对的"逼真"是不可能实现的。

尽管如此,"歪曲"这一概念仍然是有效的,但它只能作为一个关系性的概念而存在。只有通过将新闻与某种有关"逼真"的特定标准(或理念)相互参照,才能够判定它是否被歪曲。然而,这些标准自身却不可能绝对或客观,因为它们不可避免地建基于一系列现实与价值判断。这些判断可能关乎外部现实、知识与真相的本质,关乎新闻的适当目的,或者更重要地,关乎良好国家与社会的标准。[1]例如,当新闻被指责偏向于某种意识形态时,其被歪曲之处就在于与意识形态平衡这一标准或者与拥有共存意识形态的多元化国家这一理念相龃龉。如果新闻被认为太过依赖于官方消息来源,那么用来参照的标准即是有关政府不值得信赖的假设;更广泛而言,它也是一种认为普通人与公共官员同等重要的民主理念。但即使新闻符合了某一种标准,参照另外的标准,它仍然可能是对事实的歪曲。

当新闻从业者被指责收集被歪曲的事实时,其他的标准也被牵涉进来。特定事件的参与者即会频繁地声称新闻报道的纪录与他们自己的观察不相符合;在这类情况下,事件参与者就在设定对比的标准。库尔特·朗（Kurt Lang）与格拉迪斯·朗（Gladys Lang）对芝加哥欢迎麦克阿瑟（Douglas MacArthur）将军的盛大游行的经典研究发现，较之街头观察者亲眼看见的游行，电视将之再现为更富激情与戏剧性的事件。在他们的研究中，观察者设定了参照的标准；而在另一端，电视则遵照组织者的意愿描绘了游行激动人心的那一面。[2] 社会科学研究者则常常设定一些科学的或经验性的标准；例如，格拉斯哥大学媒介研究小组（Glasgow University Media Group）用独立收集的所有游行的调查数据来评估英国媒体对游行的报道，并由此设定了一个经验性的标准。[3] 事实上，就连"新闻应当报道正在发生的事件"这一观念也是建立在特定标准之上。激进者认为，对现状的经验性探寻是一种保守主义的姿态，他们因而提出不同的标准；在这种标准之下，新闻唯有聚焦于激进变革的需要以及应该发生的事情，才不至于歪曲事实。

用于判定新闻是否被歪曲的相关标准不能够绝对化，但却可以是普适性的。不过，由于它们植根于价值之中，其普适性只有在人们对这些价值达成共识的前提下才可能实现。离开这种共识，人们所能做的就是选择标准、在自己的立场上主张这些标准，并与持不同标准者论辩。甄别被歪曲的新闻并提出相应标准的活动就此变成一种政治行为；虽然这些行为本身是合理的，但参与者却无论如何都要选择立场。

事实与问题

有关外部现实的存在形态以及能否借助经验性的方法捕捉这一现实等基本的哲学问题并不是这里讨论的重点，因为大多数新闻批评者、新闻从业者与多数的社会科学家都相信，对外部现实的经验探寻是可能的。因此，我不打算讨论"是否可能判定新闻从业者所谓的'事实'"这样的问题。(我同样会忽略如下的问题,即很多新闻从业者眼中的事实根本经不住经验性的检验,而只能归于意见或观点。)

更为恰当的问题是,哪些事实应该变成新闻。即使是经验上可判定的事实,也不会无中生有地产生,而只会源自概念与特定的经验方法。这些概念建基于现实与价值判断,而不同的判断生产出不同的概念。当概念——或方法——彼此相异,它们导向的事实也会有所不同。

换言之,事实,是对有关外部现实的问题的答案。纽约城的人口数量并不是一个事实,除非有人询问多少人居住在这座城市之中。一旦以这种方式提出这一问题,纽约人的数量就可以由经验性的方法来判定;而且无须多少争论,人们即可以确定应当借助的经验方法。对于主要的政党候选人如何参与总统选战这一问题的事实性答案,同样可以经验性地判定;只是在这种情况下,有关选择与概括的问题便会浮现出来,而它们则常常与记者的报道任务相伴随。

这些并不是仅有的值得探讨的问题。当新闻从业者将重心放在总统候选人的竞选活动上,他们即预设了同样重要的问题:选举是否能够对联邦政府的政策与政治活动产生实质性的影响;为什么选举似乎并没有人们想象中那么要紧,而椭圆形办公室的新主人总是会保留旧有的政策。

简而言之,对于那些出现在新闻中或者被新闻忽视的行动者及其活动,很多问题可以被提出来。因此,如果媒体所问的问题在标准设定者眼里是错误的,或者是借助错误的概念去构架正确的问题,或者使用了错误的方法,那么新闻就可以被认为是被歪曲的。在本节中,我会讨论其中的两个论题,即什么构成了恰当的问题与恰当的方法。

方法与受众

新闻从业者使用了错误的方法这种观念处在绝大多数来自社会科学家和其他人对新闻的抱怨与批评的核心；这些批评认为，新闻太过肤浅，而且过分沉溺于戏剧化的行为之中。表面上，问题是新闻从业者所使用的经验方法论是否是捕捉外部现实的最好的方式，但它其实无法与"新闻从业者应该问什么问题"截然分开，因为肤浅的事实来自肤浅的问题，为了获得戏剧化的新闻故事，新闻从业者必须提出戏剧化的问题。

但是，这一议题所关切的首先是受众以及告知受众的方式。理论上来讲，新闻从业者声称他们的责任止于提供信息，而不管受众接受与否；但实际上，产品考量的存在即是为了说服受众接受这些信息。新闻业是一个经验性的专业领域，但其特别之处在于，它的发现必须以尽可能有趣的方式和尽可能简短的时间或文字展现出来。

很多社会科学的方法都优于新闻从业者所采用的方法；但社会科学家往往拥有远为充裕的时间进行研究，而且他们深入钻研的题目通常要比新闻从业者的选题更为狭窄精细。无论是社会科学还是新闻实践都寻求告知受众；但社会科学家的方法意在解释与预测，而新闻从业者的方法的主要目的则是描述。此外，社会科学家将大部分的预算投入到研究的经验阶段；而对新闻从业者来说，多数预算都被其经验发现的生产与传播环节所吸纳。或许最重要的是，社会科学家向他们的专业同行报告研究发现，而新闻从业者则面向外行的受众。

对新闻过于肤浅或过于戏剧化的批评常常反映出专家——以及受过良好教育的外行受众——的含蓄的标准。这一标准的实质是，新闻没有能够提供他们所习惯的那种详尽的技术描述与解释性—预测性的信息。在某些情况下,他们也可能会批评新闻未能为作为专家的他们提供想要或必要的信息。虽然他们像任何其他人一样有权将自己的偏好转变成对媒体歪曲事实的指责,但他们的批评也伴随着如下的假设:第一,外行或普罗大众同样有资格接触"专家新闻";第二,他们会接受此类新闻;第三,他们应该这样做。

外行受众也有资格接触专家新闻这一点毋庸置疑;但他们是否真的会接受这类新闻却并非不证自明的事实。我们尚且不知道新闻到底得多么简单多么戏剧化才能够吸引大规模的普罗受众,但解释性—预测性的新闻似乎与那些参与到——或自以为参与到——塑造国家与社会过程中的人们最为相关。不过,外行受众则没有这么深的参与程度,这或许是他们青睐戏剧化描绘的原因所在。此外,由于缺乏相应的教育水准,一般大众无法理解这类新闻中的专业概念与技术词汇,尽管今日的新闻从业者相当擅长于把专业词汇转译为外行语言,但这种转译往往是以受众中受过良好教育的那部分人的理解能力为基准的。[4]

普罗大众是否应该接受专家新闻大概是一个并不重要的问题,因为没有人——或者,除非是在独裁政权中——可以强迫他们这样做。但这个问题却还是经常被提出来。如果专家新闻对形成一个更为民主的社会至关重要,我们即可以提出废除大众新闻的主张;但专家新闻不见得能够强化民主制度。对外部现实提供解释的新闻要优于单纯的描绘,而且我自己也希望更多的新闻从业者拥有必备的训练和时间来提供解释,但理解国家的病灶所在并不足以改善或疗救它们。

当然,如果专家新闻优于大众新闻,那么外行受众也就深受大众新闻这种劣质货品所累。但即便如此,平心而论,外行受众不能够也不应该被要求接受专家新闻,除非他们也可能扮演专家的角色并确保能够得到与这些角色相匹配的教育、影响力及其他所有必备之物。倘若外行受众与专家受众之间的不平等无法减弱,那种对普罗受众不接触专家新闻的谴责,无异于是威廉·怀恩(William Ryan)所谓的"责备受害者"(blaming the victim)①这种做法的另外一个版本。此外,这一谴责让人想起当年高雅文化的捍卫者加诸大众娱乐与文化之上的类似指责,因为高雅文化是专属于学者和其他文化精英们的文化。[5]外行人与专家之间的平等不大可能一蹴而就;与此同时,新闻将会继续强调戏剧化事件以吸引外行受众,而我怀疑,专家们有些时候也更青睐戏剧化的新闻故事。[6]

大众新闻有害吗?

在我们展开关于新闻效果的研究,并且批评者与受众成员对于"有害性"的界定达成共识之前,大众新闻——像大众文化一样——是否对受众有害就仍然是一个悬而未决的问题。我的猜测是,大众新闻没有什么坏处,即便它不能阻止人们以其他人认为不合适的方式行动。[7]

新闻被批评为通过夸大其词而对某些人造成了伤害;的确,新闻实践中寻求"亮点"的做法(参见第三章),在将新闻转变成戏剧化故事的同时,也生产出对外部现实的夸张建构(至少以社会科学家的标准来衡量时是如此),这种建构将可能对那些依照它行事的人们造成伤害。例如,如果观众看到一段展现出邻近地区洪灾的最为糟糕的泛滥场景的夸张报道,并因而逃离家园,那么新闻的确伤害到了他们。

---

① "责备受害者"一词由美国心理学家威廉·怀恩在其同名著作(New York: Vintage Books, 1976)中提出。他认为,当时的美国社会在检视社会问题时,广泛存在着"责备受害者"这种倾向,即认定社会福利、教育等方面的问题存在的根源不在于社会结构因素,而在于受害者自身的行为与文化因素。——译者注

但问题是，如此清晰明了的伤害例证相当稀少；而夸大其词的新闻到底是否有害往往只是一个价值问题。媒体对针对南方民权游行者的警察暴力的戏剧化呈现，恰恰有益于民权运动本身，因为参与者借此赢得了公众对联邦民权立法的支持。但对那些反对立法的部分南方人而言，这种呈现却被认为是有害的。

此外，夸张可能会增强新闻从业者投放信息的能力，比如，夸张的报道可能会引发人们对平素并不关注的议题的兴趣。[8]但相反地，过分强化也有可能令外部现实看起来如此棘手，并让受众觉得根本无从改变；在这种情况下，夸张反而会降低受众的兴趣。问题是没有人知道结果到底会怎样。亟须探究的问题是，新闻如何夸大事实，而这种夸大又会对受众以及议题本身产生何种影响。在此之后，才有可能判定是否能够以及如何减弱那些公认会造成伤害的戏剧化的夸张。同时，有一些——虽然不太充足——经验证据显示，至少部分受众通过将此类新闻"打折扣"——就像将娱乐节目打折扣一样——以保护自己免受媒体的夸大其实的做法的影响。[9]

尽管新闻杂志对戏剧化叙事的运用也可能产生与电视同样的后果，但电视新闻所遭受到的有关"夸张"的抨击要远多于印刷媒介。电视节目的内容常常让人感觉是被歪曲的，因为其媒介与样式考量都与麦克卢汉所谓的印刷文化的直线性有所不同；但没有人能够确定，电视的夸大其词是否比印刷媒介更有破坏性。对此持肯定态度的批评家假定，电视观众比读者更容易受到媒介的欺骗与影响，但这一假设本身同样需要进一步的探究。

恰当的问题

无论是哪一种专业领域，对"歪曲"的判定都必须放在与受众相关联的参照框架之中。即便如此，另外一个值得关注的议题是，什么样的问题才会成为事实——以及作为延伸，哪些事实应该被作为故事选择出来，并变成新闻。实际上，大多数对新闻的批评都是在指责新闻从业者问了错误的问题，而这些批评者往往不乏替代性的方案。但是，从新闻政策的角度来看，人们必须对"什么构成正确的问题"这一点形成一致意见，而这要求先前对相关的现实与价值判断所达成的共识。然而，这种共识实际上是不可能达成的，因为每个人判断一个问题是否正确或者相关，取决于我们坐在哪里或站在哪里，即我们在国家与社会的等级制中的位置，以及我们所作出的价值判断，而后者在某种程度上又取决于我们所处的社会位置。

在从来不曾存在过的原型化的高度同质的社会中，每一个人都拥有完全相同的视角；但在现代社会中，没有人坐在或站在与其他人完全相同的位置上。因此，看待现实的视角也就千差万别。穷人以与中产者或富人不同的方式体验着美国，他们对政府的态度也因而有所不同。不同的视角导向不同的问题与不同的答案，因而需要不同的事实与不同的新闻。

沃尔特·李普曼在 1922 年写道，"我们所见到的事实，取决于我们所站的位置和眼睛的习惯"[10]。十年后，欧洲社会学家卡尔·曼海姆（Karl Mannheim）更为系统地讨论了这一问题，他认为，所有的知识都与认识者的视角相关联。[11]他最为关注的是阶级地位如何影响关乎社会的知识，又如何形塑政治意识形态，但很明显的是，其他因素也与此过程紧密相关。例如，对新闻的组织研究发现，认识者（新闻从业者）被组织起来的方式和目的都会影响到他们的视角，进而决定他们所寻找和所看见的事实。[12]实际上，包括我的研究在内的这些研究都发现，认识者可能更容易克服与其阶级地位相伴随的视角，却较难克服那些由他所在的机构以及他们所从事的工作的组织方式所建立起来的视角。当然,组织性的视角与阶级视角这二者并不是相互排斥的;组织本身即嵌在等级制之中,并反映出它们所代表的人们的阶级观点。

新闻也是一种知识类型,而新闻从业者(像社会学家一样)所掌握的同样是反映特定视角的知识。当然,事实并非决然如此,因为新闻从业者和社会学家在从消息来源处获得信息并将之传递下去的过程中总要运用一系列的视角。此外,通过经验方法收集的信息也可能跨越不同的视角,但只有在存在着对获取事实的概念与方法的共识以及这些事实回答了相应问题的前提下,这种跨越才有可能实现。无论我们的立场如何,纽约的人口都是同样的;但对很多人来说,这是一个无关紧要的事实,因为从自己的视角出发,他们没有理由提出相应的问题。

同样重要的是,一个人所处的位置能够生产出与其他人相关的知识。处在所有的国家与社会等级体制最底层的穷人拥有处在顶层的富人所不拥有的独特视角——例如,他们能够看到政府与私有企业如何对待底层民众。不过,由于视角在某种程度上总能映照出相应的价值,它们也就为哪些知识与他人相关设定了界限。富人的价值观即鼓动他们与美国底层所发生的一切相绝缘。

曼海姆视角化的观念粉碎了有关社会的全部的知识与完整的真相存在的可能。他试图通过"自由飘移"(free-floating)的知识分子这一"解围之神"来修补其理论带来的认识论上的损害。他认为,这些知识分子游离于任何社会阶级之外,因而能够超越并综合其他人深受阶级位置束缚的视角。曼海姆的知识分子概念与作为客观的局外人的新闻从业者有几分相似,但在真实世界中,无论是这种自由飘移的知识分子还是全然客观的局外人都不可能存在。[13]作为观察者,新闻从业者和知识分子能够也的确时不时地采纳其他人的视角,但他们无法完全超越自己的视角,因为他们也总是附属于特定的组织、阶层与其他社会位置。

最重要的是，没有人能够融合所有的视角，因为某些视角相互冲突，而在多数情况下，采取某种视角的同时也就将其他视角排除在外。毕竟，一个人不可能同时既是马克思主义者又是自由论者。但是倘若这样的整合是不可能的，就不会存在一种绝对正确或真实的视角，也就不存在唯一一套恰当的问题。个体必须选择他们的视角，在这样做的过程中，他们也就是在选择立场。对于新闻媒体这样的服务于大量受众的公共机构而言，所有的视角都是相关的，而所有的（或近乎所有的）问题对某些人来说都是恰当的。但倘若新闻从业者必须同时考虑所有的视角并回答所有的问题，新闻就只有在长度或篇幅上无限延伸下去。唯有新闻从业者将自己限定在特定时间段内有限的问题上，新闻与新闻媒体才有可能继续存在。

如前所论，新闻从业者在很大程度上是依据权力与效率的原则来限定他们的问题。但在新闻政策的框架内，我们必须重新检视哪些是恰当的问题以及如何限定问题以使新闻生产变得可能等这些基本的论题，而这些问题的解决之道也不能仅仅建基于当前的新闻实践。对恰当问题的选择是一个政治行为，它需要我们判定新闻的意图或用途何在。

当新闻拥有清晰的目的，对恰当问题的选择相对就比较简单。如果新闻的主要目的是加速革命的步伐或者回到传统价值，是宣传领导者，或是为了将国家与社会凝聚在一起，那么某些问题肯定是不恰当的。但这些目的将新闻放到为特定利益团体服务的位置上，而这些团体所抱有的价值未必是公共价值。

新闻从业者实际上致力于达成不那么集中也更具公共性的目的：告知受众。不过，如此陈述的目的本身毫无意义。新闻从业者不可能将所有事情都告知受众；但在决定哪些问题应该包括进

来、哪些应该被忽略的时候，他们绕过了什么才是恰当的问题这一议题。正像很多新闻从业者所做的一样，他们可以将目的收窄到告知人们如何扮演民主社会中的公民角色上来，但离开对民主与公民的清晰界定，这种构想也于事无补。任何人，只要相信需要有更多的政治平等与经济民主，并且倾向于对政府事务的更为积极与抱持异议的公民参与，都会向公民提供与今日迥异的新闻。

相反地，我认为新闻的首要目的源自新闻从业者作为国家与社会建构者与符号场域的管理者等功能。因此，新闻的最重要的目的是为符号场域与公民阶层提供有关国家与社会的全面的、典型的图像（或建构）。为了做到全面，新闻必须从所有已知的视角再现国家与社会；为了具备典型性，它必须使国家与社会的所有分支都能够将自己的行动者与活动——以及讯息——投入到符号场域之中。或者，正如新闻自由委员会在 1947 年所写下的，新闻应该"描绘出一幅有关社会中所有群体的代表性图画"[14]。

因而，理想的新闻应该是全视角的；它应该展示并且呈现存在于美国或关于美国的所有视角。不过，这种理想是不可能实现的，因为它只是"所有的问题都是恰当的"这种说法的变体。不过，新闻工作者以及新闻媒体则有可能是多视角的，能够尽可能多地展示与呈现更多的视角——起码是比今天更多的视角。

多视角的新闻

多视角的新闻是一个标签，但它也蕴含着一种替代性新闻的构想，这种构想在以下五个方面与今天的新闻有所不同。

首先，多视角的新闻将会变得更为全国化。它将会超出现有的将联邦政府等同于国家的观念，并寻求全面地再现更多全国性的、全国范围内的机构与部门，包括全国性的公司、协会与志愿组织，以及组织化与非组织化的利益团体。

其次，多视角新闻将会在现有的由上到下的取径上增加一个由下到上的视野。例如，有关联邦政府（或公司）政策的新闻故事，将不只包括来自高层官员的反应，也伴随着那些将会受到政策影响的各行各业的普通公民的反馈。如果社会与道德失序新闻仍然是主要的新闻素材，这种由下到上的取径也会使得普通人眼里的失序行为具备新闻价值，无论它是郊区的微小的青少年行为过失，还是这个国家的工厂与办公室里凡常的劳工管理的混乱状态。同时，多视角模式将会容纳那些由郊区的成年人对青少年作出的失序行为。道德失序新闻将会再现更多不同人眼中的社会偏差——从马克思主义者所看到的资本主义的内在矛盾，到宗教保守人士所关切的传统道德的衰落。尽管现在的新闻中所存在的恶棍的清单将会被拉长，道德失序新闻还是必须展现出他们的视角，因为即使是这些恶棍也是社会的成员。

再次，多视角的新闻将会报道更多有关产出的新闻，以判定全国性的、全国范围内的公共与私有机构所推行的计划与项目的实施情况，以及它们对于意图之中或意料之外的受益者、受害者、局外人以及一般大众产生了何种影响。

另外，多视角新闻将会致力于更具代表性。它将着力报道来自所有人口部类与角色的普通美国人的活动与观点。（这里所谓的"部类"，我的意思是依据年龄、收入、受教育程度、种族与宗教等标准所形成的群体；而"角色"，则意指父母与子女、雇主与雇员、顾客与销售者、医疗与法律客户、房东与房客、组织化或非组织化利益团体的成员，等等。）正如这个词语本身所喻示的，代表性的新闻将会在符号场域中呈现来自各行各业、各个阶层的人们：他们怎样看待美国、他们眼中的美国的主要问题，

以及他们自己的问题——换句话说,哪些是以他们自己为报道对象的重要的全国性新闻。代表性的新闻因而意味着从不同的国家与社会等级制以及意识形态光谱的众多位置与立场出发,力图呈现更为多样化的观点。

最后,多视角的新闻将更多强调服务新闻,即为特定的全国部类与角色提供与之相关的信息,这也是人们眼中以自己为服务对象的重要的全国性新闻。例如,与不同的国家机构与组织发生联系的不同年龄、收入与职业的受众,需要的是关于触及他们自己的生活的那些机构与组织的全国新闻。联邦税收政策与那些太穷而无须缴税的人毫无关联;相反,他们所需要的是有关福利与就业政策变化的新闻。同样,房东与房客所需要的关于联邦住房政策和管理实践的新闻故事也有所不同。

多视角的新闻业

大多数多视角新闻的构成要素都说不上新颖,但要想将它们添加到全国性新闻当中,并且占据比今日更大的比重,新闻业的工作方式就必须有所改变。比方说,新闻将会从规模远为庞大的更为分散也更难触及的消息来源处收集而来。不需说,可供使用的适宜的新闻总量必然增加,这就需要更大的新闻洞,以及我在下一节中将要讨论的额外的全国性新闻媒体。

传统的故事样式也会改变。当新闻从业者在任何给定的选题上都必须考虑几种不同的视角时,新闻故事自然会变得更长。此外,新闻从业者必须把这些视角组织起来,在某些情况下,还需要建立联系、提供解释;结果是,在更多时候,新闻分析将会变得必不可少。当新闻中包含了来自消息来源的更为多样化的观点,它可能还需要辅之以新闻评论,由此也须顾及个人化记者与宣传记者在全国新闻机构中的存在。在此过程中,新闻将会变得更加意识形态化,并由鲜明的意识形态多样性取代现在占主导地位的某种程度上近乎一致的意识形态立场。

由于消息来源将会来自社会的所有层面,新闻从业者因而也必须从更广泛的社会背景中被招募出来接受训练以与他们打交道。这并不是说,只有黑人才能报道有关黑人或面向黑人的新闻,或者来自蓝领背景的制片人与编辑只能选择以蓝领工人为报道对象和服务对象的新闻。尽管"局内人"可能更容易接近消息来源,但他们在与"局外人"沟通的时候也会有所局限。[15]新闻从业者必备的素质是对众多视角的敏感性、对千差万别的消息来源的理解,以及最重要的,与他们充分地接触以培育敏感性和理解。因此,在各行各业各个阶层中间,对应的新闻专线都必须建立起来;单就这一点而言,多视角模式即不需要今日的新闻通才。但即便如此,新闻从业者个人背景方面更大的异质性仍然是必不可少的。

当消息来源的数量急剧增加,新闻记者几乎自然会对或显或隐的利益拥有更为清晰的认识,而正是这些利益形塑了消息来源敞开或者遮蔽的东西。即便是现在,这种洞察力也非常重要,因为正如爱泼斯坦所言,消息来源所追逐的利益将直接影响到新闻的形貌。[16]

当消息来源、视角以及相应的价值成倍增加并更加多样化,新闻业的客观性就会变得比今天更为重要。客观性在认识论上或许不可能,但它可以作为新闻从业者的意图而存在。由于故事选择者无法将每一个视角和消息来源都囊括进来,因此他们关于选择什么、排除什么的决定必须摆脱政治意图之影响。否则,他们——以及他们所选择的新闻——将会丧失掉可信度。[17]实际上,客观的新闻从业者与新闻分析员、评论员之间的差异需要被强化。但客观性本身也会被赋予一个新的含义,因为归根到底,故事选择者只有从多个视角出发选择新闻才能称得上客观。

故事选择者将会继续将个人价值弃置一边，因为他们首要的价值应该是视角的多样性。在此过程中，新闻从业者的恒久价值将不再在故事选择中扮演主要的支持角色，尽管评论员仍然可以援用它们。即便如此，这些价值也不会彻底消失；它们反倒会经由新的消息来源的多样化表达出来。新闻从业者可能不再如此频繁地扮演敌对者的角色，但他们会自动地选择更富敌对性的消息来源；最终，针锋相对的新闻的数量将会有所增长。

基本的媒介与样式考量无须放弃。电视仍然可以强调影像，而杂志则仍然可以把外部现实划分到不同栏目中。多视角新闻的五种构成要素中的大部分都可以通过现有的拍摄与写作技术完成。某些——但并不是所有的——代表性新闻的素材可以从民意调查中获取，但前提是，这些民意调查要更多关注人们头脑中的所思所想而不是简单询问他们对当前政策的支持与反对意见；另外一个前提是，它们不再如此关注数字层面的多数与少数，而是更多着力于呈现一大批来自不同人口部类与角色的人们所持有的观点。库拉尔特的"在路上"的取径、纪录片技术，以及印刷媒介上的小传记都可以用来减轻太多统计数据所造成的"干瘪枯燥"感。

然而，由于更多具备新闻价值的消息来源以及篇幅更长的新闻故事的涌现，某些现有的选择考量将不得不被抛弃，而最为可行的备选项即是"新奇性"。倘若故事选择者援用多视角模式，即便新闻洞变得更大，他们也无法同时提供所有新近发生的新闻。但是，并没有不可变的律法要求每日的电视节目（或报纸）或每周的新闻杂志必须巨细无遗地呈现当天或当周发生的所有事件。即便是现在，电视新闻也无须重述当天的头条新闻，因为很多观众对相关事件已经有所了解。此外，很多新闻故事和消息来源不必强求那样的"时事性"与"即刻性"。总统即无须几乎每天都出现在新闻之中；因为受众并不会立刻受到其声明或举动的影响，这些报道因而可以被抛弃，并代之以定期出现的新闻特写，辅之以由下到上的反馈，以及对于总统的言行举止将会如何对受益者、受害者和旁观者产生影响的早期估计。

对于故事选择者而言，放弃"新奇性"以及"新闻挂钩"将会非常困难，因为它们都是可以轻易且迅速地运用的考量因素。由于多视角新闻的主要目的之一即是令受众接触众多不同的消息来源，平衡考量将会变得更为重要。因而，故事选择者将会在某种程度上依照对"哪些消息来源最近没有在新闻中出现"的判定来形成故事清单。下面我们将详尽讨论平衡的类型与程度，因为正是这些至关重要的议题使得多视角新闻在操作层面成为可能。

多视角的新闻媒体

现有的全国性新闻媒体无从应对新闻数量的大规模增长。三大电视网的广播与电视新闻节目（加上纪录片、特别节目与杂志）、三大新闻周刊、一些大概算得上全国性的报纸，以及十余种意见周刊或月刊，都不足以满足需求。的确，其他媒体——例如，男性与女性杂志、种族与族群媒体，以及数量庞大的刊载闲暇新闻并服务于有特定癖好者、体育爱好者与追星族的杂志——也报道全国性新闻。专业的贸易与工会杂志刊载全国性的职业新闻；而商业杂志，以及来自实业界与华盛顿的新闻简讯，也为商业与政治领袖提供新闻。但很多此类媒体要么就是服务于专家与受过良好教育的中上阶层受众，要么就是并不提供我所设想的那种全国性新闻。

无论是何种媒介，想要触及数以百万计的一般受众，刊载全国性新闻的新闻洞的数量都必须有所增加，而这种增加可以采取两种可能的模式。一种模式是集中化的，即简单地扩张现有的全

国新闻媒体以容纳多视角新闻。每一家媒体都会向现有的数量庞大的多样化受众提供自己的多视角新闻类型。但在此模式下,可能会出现长达两小时的晚间新闻节目、200页的新闻杂志,以及现在并不存在的大众化的全国报纸。

另一种模式则是分散化的:它将带来数量远为庞大的全国性新闻媒体,每一家媒体都被设计成只服务于彼此不同但却大致同质的——因此也更小的——受众群体。由此可能会出现某些特定的全国新闻节目、杂志或报纸:它们各自针对青少年、成年人和老年人;针对富人、中产阶层与穷人;针对郊区、城市和农村的居民;针对蓝领和白领工人,以及专业人士;针对依据意识形态聚集起来的跨越整个光谱的受众群体——至少在理论上来说,这些媒体服务于近乎无穷的人口部类与各种角色。每一个新闻媒体都将会提供一些相同的新闻,一些选题相同但视角不同的新闻,更多时候则是与各自受众相关联的截然不同的新闻。

集中化模式的优点在于可以令大量受众接触一系列的视角;此外,一些集中化的媒体将会在当下的符号场域中赋予这些视角以能见度和符号权力。分散化的模式能够为受众提供更多与自己的视角相契合的新闻,但他们却无从接触其他视角;符号场域本身也因而会变得高度分散和地方化。

不管怎样,无论哪种模式大概都是不可行的。集中化的模式需要一个多视角的新闻机构,但没有任何一个首席编辑与制片人能够同时关注所有的视角。而分散化的模式在经济方面根本无法支撑。独立的新闻采集机构开支相当庞大,那些服务于小众的媒体根本无力累积所需资金或者吸引广告商来抵消这些开支。虽然这些媒体可以吸纳津贴补助,但其数额必定庞大,而又有谁愿意做这样的赞助者呢?

一个双层模式

我们可以设想一个更为现实的模式，它融合了某些集中化与非集中化模式的元素，而且也是当前存在的一系列全国性新闻媒体的扩展。这种模式预设了现有的全国性新闻媒体的持续存在，同时在不远的将来增加一至两个额外的电视网新闻机构（通过企业联合与公共电视来实现）、新闻杂志以及全国性报纸，而其中的每一种媒体都在适当的程度上采纳多视角新闻模式。

这些集中化（或第一层）的新闻媒体将被处在第二层的先前存在以及新近成立的全国性媒体所补充，后者专门向特定的相对同质的受众群体提供新闻。取决于受众规模与兴趣，这些媒体可能是每日、每周或每月的电视与广播节目，以及报纸与杂志。很多媒体仍然需要资助（参见下文讨论）；但即便到那时候，这些新闻机构也还是只能维持较小的规模。[18]它们将主要致力于为其受众提供对由集中化媒体——以及通讯社——所采集的新闻故事的再分析与再阐释，在其中加入它们自己的评论，并尽可能多地补充原创的新闻报道，特别是那些在经济上可行的、由上到下的、代表性的以及服务性的新闻。面向特定受众群体的电视与广播节目的分散的原型已然在一些大型城市中出现；而报纸和杂志则可以（在组织方式与职员规模方面）取法意见杂志、种族与族群媒体的出版物，以及由小型政党和非正式的政治团体所创办的报纸与杂志。[19]

这种双层模式能够实现新闻的首要目标，即在符号场域中展示与呈现更多的视角。明显地，双层模式将会生产出不那么均衡的再现，因为集中化的媒体在符号场域中占据着主导地位，这正是为什么它们也必须变得更为多视角化的原因所在。

温和的多视角主义

关于我所提出的双层模式中的集中化媒体以及今天的全国性新闻媒体的一个至关重要的议题是，它们应该达到多大程度上的多视角化？或者，倘若所有的问题都是恰当的，全国性新闻媒体应该探寻其中哪些更恰当的问题？除了其他问题之外，这一议题其实与如何配置全国性的新闻洞这种稀缺的资源有关，因为新闻洞永远不可能大到足以同时将现在占据主导地位的消息来源和视角以及多视角主义所呼唤的消息来源与视角统统容纳进来。

对于如何最好地配置稀缺资源，哲学家和社会科学家的论述颇多，但他们的解决之道很难被挪用到新闻生产中来。如果新闻是一种经济产品，市场规则即能够奏效，尽管囊中羞涩的消息来源和受众会因此而被排除在外。如果新闻是一种政治产品，有关代表性的民主的概念以及多数裁定原则可以作为指导规则，但数量上的少数群体将会被频繁地忽视。当新闻通过集中规划生产出来，它即倾向于宣扬集中化的规划者。

不管怎样，倘若符号场域必须既全面又富代表性，倘若这一场域必须如是管理以便新闻从业者能够完成任务并吸引受众，用于配置新闻洞资源的新的标准就必须建立起来。我不知道如何建立这种标准，因为并不存在简单的模式，而且无论在何种情况下，很多牵涉其中的判断都必须留给新闻从业者。我所能做的，只是提供一些驱动新闻业朝向温和的多视角主义转变的建议。

首先，新闻从业者应当重新界定重要性考量，借此赋予那些对于不同人口部类具有重要性的信息以更大比重，同时降低国家与社会作为报道单位的重要性。在新的标准之下，政府官员——以及大公司、全国性的志愿组织的官员等——只有在其行动或言论对于某一个或多个将美国分割开来的主要的部类与角色产生显著影响时才具有新闻价值。而且受影响的部类与角色越多,或者对特定部门的影响越大,新闻故事就愈能彰显其重要性。然而,这种影响必须通过有关实际结果的指标来加以衡量。社会与道德失序也可以如是判定,但当它们能够影响公共或非政府政策,或者当它们是由特定人群所为,而这些人在除此之外别无其他方式进入符号场域或者无法令他们的需求为政府官员所知时,此类事件也会变得相当重要。

但是,多视角主义的本质是更大的平衡,这就要求在新闻判断中赋予平衡考量以更高的优先性。其结果是,新闻从业者必须对所有潜在的消息来源与视角、所有的部类与角色的总体,或者"天地万物"有着相当深切的了解与体认,以便在新闻中平衡地再现它们。现在,新闻从业者只选择他们所知晓的消息来源与视角;而将来他们必须学会从所有已知存在的消息来源与视角中作出选择。

不过,这一提议要求社会科学家、统计学家与新闻从业者合力提供一幅容纳美国社会中的所有消息来源与视角的完整的"图画",然而,无论现在还是将来,这种描绘或许永远都不可能出现。与此同时,温和的解决之道则要求新闻从业者跳出现有专业实践的框限,确保更多现在被媒体忽略的消息来源与视角能够出现在新闻之中。

在某些情况下,这一要求相对容易实现。对于有关政府或公司活动的新闻而言,无论是由下到上的新闻还是有关后果的新闻,首要的额外消息来源都是受益者与受害者,尽管确认这些人需要记者进行大量的采访调查工作。与此类似,对于政治新闻的一般运作而言,消息来源的总体包括主要的政党、小型政党、可能受到新闻影响的其他团体的发言人以及意识形态光谱不同位置的代表者。

当消息来源与视角的"总体"非常庞大,对于代表性新闻和服务新闻而言,就很难提出可行的平衡标准,因为新闻从业者大概无法同时为所有的社会部类与角色提供此类新闻。即便如此,故事选择者已经在运用某些人口统计方面的平衡考量(参见第五章);不过,他们需要增加其他在数量上与政治上比较重要但却被忽略的社会部类与角色。温和并且不难实现的解决途径是向中间阶层与专业人群之外被忽视的受众人群提供更多的代表性新闻与服务新闻,特别是穷人、蓝领与下层白领、老年人、儿童,尤其是青少年、少数族群,以及抱有与各种"主流"观念相龃龉的经济、政治与文化观点的人们。当然,来自这些部类与角色的人们已然出现在新闻之中,但他们要么就是政府官员和发言人,要么就是越轨者与稀奇古怪的角色。但是,如果符号场域想要变得全面且富于代表性,有关这些人或者为他们生产的新闻就必须为了达成适当的平衡而被纳入进来;同时,这些新闻还必须像对待政府高官一样,对他们、他们的难题以及他们的观点怀着尊重去对待。

在理想情境下,如果以美国重要的社会部类和角色为报道对象和服务对象的新闻故事能够与人口中的分布情况大致对等,多视角的平衡也就可以实现。例如,接近15%的人口被官方认定为穷人,而20%的人口收入在中位数以下,当与收入群体有关或者服务于该群体的新闻故事当中有15%~20%是在讨论穷人时,新闻即达到了这一方面的平衡。[20]当有关相应总体的信息唾手可得,新闻从业者就应该使用它们,当然我不是建议故事选择应该建立在人口普查数据之上,或者故事选择者应该开始使用计算尺。实际上,他们无须因此背负重担,时刻关注自己是否达到了多视角的平衡;这一责任理应属于媒体监察者与批评家(参见下文讨论)。

如同现在的做法一样,这些平衡考量应当与其他考量协同运作。但其他考量的运用很有可能使得平衡无法实现。如果这个国家卷入一场重要的战争或者深受一系列灾难所扰,新闻从业者即无法提供太多的代表性新闻与服务新闻。相反地,如果政府准备展开一场反贫穷运动,故事选择者则有充分的理由将更多注意力投放于穷人身上,其受关注程度可能超过相应的人口比例所确保的比重。当然,总统、其他重要的政府官员与公司官员,以及罪犯都总是被赋予远远超过与其人口数量相对应的新闻价值。

即便是如上的这些提议已足以令新闻洞不堪重负;另外,新闻从业者绝对不可能拥有足够的时间与人力将这种平衡模式运用到每一则新闻故事上。相应地,多视角的平衡只有在一定的时间跨度内——譬如,在连续报道的整个时段内;或者对于其他类型的新闻而言,一年的时限——才有可能实现。在这样的时间段内,新闻从业者应该在新闻和评论中囊括与所有重要的社会部类和角色相关联的新闻故事。

作为一个目标,多视角主义与平等有几分类似。二者都不可能完全实现,但它们都提供了一个可以向其行进的目的地。就像收入分配上的变化提供了一个向着经济平等前进的合适的指标,在新闻的消息来源和视角方面的多样性的增长也同样标示出迈向多视角主义的变迁步伐。

尽管如此,全国性新闻媒体的变革空间只能到此为止。第二层媒体的存在目的之一就是在集中化媒体止步的地方继续向前:提供更多以它们所面向的受众的视角为报道对象和服务对象的进一步的、更为详尽的新闻。在此过程中,这些媒体也同样发挥集中化媒体监察者与批评者的功能,即依据它们的标准,指出集中化媒体的视角在何处以及如何不够多元化。

第三部分 新闻政策

谁来选择新闻?

当稀缺资源必须被分配,而实用且公正的标准又不能轻易获得之时,应该由谁来分配这些资源便成为一个紧要的问题。因此,一个恰当的问题就是,应该由谁来负责故事选择与生产过程。新闻如此重要,以至于我们不能仅让新闻从业者担此重任。

新闻从业者总是强调自己应该是全国性新闻生产过程中的唯一负责人。他们认为,唯有游离于政治过程之外的新闻从业者可以自由地判定新闻价值,这样,新闻自由和受众的知情权才能够得到保障。但实际上,新闻从业者并不能做到超然物外,因为他们的恒久价值本身即是鼓吹特定社会秩序的政治价值。此外,由于新闻带有政治方面的蕴意暗示或后果,而新闻从业者所选择的新闻也在呼应消息来源的权力,这一切都使得新闻从业者无意之间成为政治过程的一部分。不过,无论他们的政治功能何在,他们都不是经由任何人的选举而就任,他们也不直接对市民大众负责。

关键的问题并不是——如斯皮罗·阿格纽曾提出的——是否应该由一小拨东海岸精英自由主义者来选择新闻,而是选择新闻的责任是否应该被一群受雇于商业机构的专业人士所垄断。在过去的15年间,人们不断提出针对其他专业人士的同样的议题:关于医生判定医疗护理本质的权利、关于教育者决定儿童应该学习什么的权利、关于社会工作者掌控福利接受者的生活的权利,以及社会科学家决定什么问题值得研究的权利等等。[21]实际上,这一问题延伸到专业领域之外,因为它所关注的是所有商品与服务的提供者与使用者的不同权利。比如,整个实业界是否应当把其运作过程中间接的经济与社会开支转嫁到一般大众头上，或者商人是否应该继续坚持"货物出门概不退换"（caveat emptor）的原则，只是同一问题的其他版本而已。

不过，这一问题必须针对每一对供应者和使用者分别讨论。例如，医生对医疗服务的垄断远远超过新闻从业者对符号场域的垄断，而社会工作者能够对他们的主顾所施加的控制也远大于新闻从业者对受众的控制。教育者所面对的是被禁锢的受众，而新闻从业者则必须吸引并维持一个自愿的受众群；商人出售商品与服务的方式也与新闻从业者不同。

原则上，我认为新闻从业者应该像其他专业人士一样，与其他人群分享对于新闻生产过程所负担的责任。但原则必须切入到现实世界，而在那里，最先、最积极地要求共享新闻选择权者必定是广告商、希望剔除负面曝光的有权有势的消息来源，以及最好地组织起来的或者最为尖锐的受众成员。在一个权力分布不平衡的世界之中，这一原则反而会充分地强化那些已然对新闻从业者施压的团体的权力。

共同承担责任的原则仍然是合理的，但其前提是，该原则的实施能够导向更为广泛和更为民主的责任共担；而在这种责任共担模式下，无论是权势者还是无权无势者，无论是能够轻易表达利益的人群还是无力表达诉求的人群都能够参与其中。责任共担因此必须被管制，但由谁来管制？专业人士的自我规制是经常被提出来的解决之道，但它又倾向于从自身的利益出发规制这一专业领域。而且这种自我规制也不那么有效，因为除非是为了避免政府管制的可能性，否则专业人士并不愿意管制自己和同行。

政府管制在某些专业领域和商业领域相当有效，但作为新闻生产中重要的消息来源与使用者，政府在新闻供应中有着既定的利益。充分的证据——甚至包括来自民主国家的证据——显示，

一旦由政府来管制媒体,新闻从业者就可能被招安,并成为掌权政府的发言人。那些认为由选举出来的官员进行管制要比由不负责的公司执行官来管制更为可取的观点可能有其道理所在,但很多选举产生或任命的官员自己也不见得多么有代表性或者负责任;此外,迄今为止,对于属下的新闻机构,公司执行官实际上一直都保持着彻底"袖手旁观"(hands-off)的不干涉政策。新闻从业者与政府之间的敌对关系——即便是以当前有限的或间歇性的形式——如此珍贵,不能随意拿它来冒险,尽管这种敌对关系还应该由媒体与商业之间更为敌对的关系补其不足。

其他替代性的共同承担新闻责任的模式似乎也不大可能奏效。就像社群控制将普通市民纳入政策委员会以监督地方社区中的专业人士一样,非新闻从业者也可以被纳入新闻公司的董事会;但公司董事会无法影响日常的新闻判断。有人可能会构想出用来监督高级制片人和编辑的全职的公民委员会,但委员们大概反而会被流水线的紧急状态——如果不是被其他东西——所同化。

假设高级编辑和制片人的职位是通过选举得来的。参与竞选的需要将会令他们开诚布公地探讨新闻选择中的政治议题,但这种选举将很难对选民作出区分;而且在任何情况下,来自最希望影响新闻的利益团体的选票都将会塞满投票箱。现有的促使特定组织民主化的途径不大可能在当下的新闻媒体或者我所提议的集中化的媒体中奏效,但可以在第二层媒体试验这些方式,因为就其定义而言,这些媒体理应更为直接地代表他们的受众。实际上,倘若它们被以民主的方式组织起来,倘若它们能够——至少是在某些时候——聘用外行人来报道或评论新闻,它们在符号场域内的可信度与有效性将会得到提升。

责任的间接共担

在当前的政治与经济情境下,我看不到任何马上可以替代新闻从业者独担新闻生产责任的模式。不过，这一责任可以通过以下途径被间接地共同承担，例如赋予现在被忽略的消息来源更多接近新闻从业者的机会、强化对新闻和新闻媒体的批评、促使向新闻生产施压的机会的民主化，以及扩展受众反馈的范围。

如果新闻机构拥有额外的资金，它们即能够将触角延伸到现有消息来源的阵营之外；但我们同样要资助消息来源以使他们获得更多接近新闻从业者的机会。其间的困难相当巨大，因为新闻从业者无法承受被汹涌而至的消息来源淹没，而全国性新闻媒体也不那么易于接近。归根到底，只有通过提供适宜的新闻才能获得有效的接近权。因此，现在被忽略的消息来源也必须善用那些为大型的公共或私有机构所用的同一批媒体专家，生产可预期的新闻故事，创造媒介事件，并为新闻从业者提供具有新闻价值的消息。而这一切，都需要资金投入。

对新闻媒体的批评已然存在，但多数局限于专业领域之内。倘若可以设立新的广播与电视节目以及独立出版物来评论新闻，这些批评就会移出新闻业的门墙，并因而具有更高的能见度。对外行评论者的使用，将有望打破专业领域内部批评的局限。

通过建立商业的、学术的、符合公共利益的以及其他的机构来监测新闻，亦可以促进媒体批评向更深层次拓展。监测者将会定期进行针对媒体内容的研究以评估"平衡"，这种评估将有助于新闻从业者判定自己是否达到了多视角主义的目标。为了使这些监测研究能够真正触及受众和媒体批评者，研究结果应该发表出来——而且必须是以外行的语言。理想情况下，这类研究应该由与结果没有利益牵涉的个体或组织资助和进行，但倘若研究中的价值与价值暗示被清晰地标明，而且分析本身呈现出政治与意识形态光谱的所有部分，那么即便这些分析是由意识形态或政治原因所驱动也无可厚非。然而，监测机构本身也要保持平衡，不

然监测活动即可能被更为富裕,因此也更为保守的机构所主导。

非新闻从业者现在即拥有向新闻从业者施加压力的权利。但问题是——就像在政治压力下一样——如何扩展并平等化这些令自己的诉求被他人倾听以及被他人听到的机会。在那种允许受众对高级制片人和编辑进行即时反馈的按钮装置发明之前,这种反馈仍然必须依赖读者与观众投书;但信件作者大概仍然只是整个受众群的倾斜的样本。

不过,通过鼓励更多受众投书,提出有关哪些视角被新闻忽略的合理的批评与建设性的评论,可以在部分程度上扭转这种倾斜状态。毕竟,新闻从业者只会对此类信件投以严肃的关注。由于撰写这种信件需要对新闻付出更为仔细的读者/观众关注度,以及更多用于沟通的时间和资源,这类信件大概最好由组织而非个人、由媒体专家而非外行受众来撰写。但是,那些最不善于通过投书施加压力的受众成员,也正是组织程度最为松散的人群。如果那些真正代表他们的少数机构打算发起对新闻的批评,它们无疑将需要财政上的资助,特别是它们往往拥有比监测媒体更为急迫的难题等待处理。[22]

毫无疑问,新闻从业者将会对额外的压力心存怨恨,即便这些压力来自现在并不那么尖锐的受众成员。他们也会忽视组织化的投书行动、索取更多曝光机会的组织的要求以及无理的人身攻击。但是,与任何其他人无异,他们也必须适应这些压力,即便他们像很多政治人物一样否认自己会这样做。

将压力民主化的最好途径大概是受众研究,因为受众研究者可以触及那些不愿意或不能够施压的人们。另外,随机抽样是一种不会偏向任何经济或政治强势者的平等的、民主的方法。因此,值得开展的受众研究,是那些针对现有受众和非受众,对他们接触新闻的方式,他们认为有用或不足的信息,他们想看到、听到或读到的新闻等论题进行探究的定期研究。但为了令研究发现最终变成一种压力,这些研究必须发表。像监测研究一样,受众研究也需要同时由利益无涉和利益涉入的机构来进行(因为它们各自会探究不同的问题),而有利益涉入的机构也必须在意识形态和其他方面保持平衡。

相反地,一种特定的压力需要被消除,即那些威胁会限制新闻从业者接近消息来源的权利的法庭裁决(参见第八章)。尽管在判决时,法庭似乎意在缩减新闻从业者的特权,但法庭的裁决实际上反而限制了消息来源的自由。它们尤其会打击政府反对者等消息来源,加重他们在政治与法律上的弱势地位,并进而阻止他们向新闻从业者提供信息。其结果是,法庭有意或无意地将那些视角已然被媒体漠视的消息来源进一步地从新闻中剔除出去。

多视角主义需要废除法律压力,从而将消息来源提供信息的动机最大化。在此基础上,新闻从业者才有可能保护消息来源免受伤害并确保其匿名性。即使是在某些人的生命危在旦夕而有关消息来源的信息必须被揭露出来之时,消息来源本身也必须得到保护。

多视角新闻的受众与资助

到此为止的讨论都没有涉及两个至关重要的、相互勾连的问题:多视角新闻的受众从何而来?多视角新闻如何才能获得资助?对于现在的全国性新闻实际受众的调查数据显示,想要俘获读者和观众并不那么容易。我关于变革新闻的提议将会保留产品与受众考量,因为正是借助它们,今天的新闻从业者才得以为全国性新闻吸引并创造了大规模的普罗受众;但即便如此,多视角主义意味着更多的新闻,而且是更多复杂的新闻。因而,向已然意兴淡薄的受众群体提供太多新闻实在是一个令人忧虑的问题。

但是，如果我对现有的针对受众倾向的研究的解读是正确的，那么可以说，受众对于与个体相关的新闻以及那些将国家与社会事务与日常生活的微型社会连接起来的新闻的确抱有兴趣。有关政策后果、代表性的以及服务性的新闻可能会说服现有的受众更频繁地接触媒体，也可能会吸引那些觉得今天的新闻与他们无关的非受众。新近创立的服务于专门旨趣的杂志的数量的迅猛增长说明，某些第二层的媒体也可能吸引到足够的受众；但另一方面，大多数新来者都是休闲类杂志，这并不能证明人们对为专门受众所设计的全国性新闻有着日渐增长的兴趣。毕竟，全国性新闻与个体发生关联并且触及微型社会生活的能力本来就相当有限。最终，只有为个人量体裁衣制作的新闻才能实现较高层次的个体相关性，但只有美国总统和某些公司官员才能担负起此类新闻。

另外，在经济或政治方面的无权无势者以及无力控制自己生活的人们可能并不需要多视角新闻，因为这些新闻实际上更为详尽地展现出他们所遭受的不平等。同样，穷人也无法负担经常购买报纸或杂志的开支。不管怎样，那些就专门针对他们的新闻媒体所展开的零星的试验显示，与其他人一样，他们对于与自己相关的新闻才抱有兴趣。[23]

新闻作为公共事业

我们不能寄希望于受众规模与接触频率的大规模增长，但我认为，受众的回应并不是唯一显著的标准。在一个民主社会之中，新闻绝不单纯是一种消费品，更是令该社会良好运转的必不可少的公共事业。新闻的一个主要目标即是在符号场域中提供再现，而即便受众规模和接触频率并不增长，多视角主义也能够达成这一目标。实际上,一个主要的目标受众群将仍然是公共及其他官员,他们需要——或者应当需要——时刻掌握国家与社会的脉搏。多视角新闻能够向他们提供更多有关大量选民的观点和诉求的反馈,其中包括那些现在极少提供反馈的人们。

既然新闻为政府官员提供了有关民意的即时性的指标,多视角新闻将令新闻从业者发挥比现在更为民主的公众代言人的功能。此外,多视角新闻也能够丰富民意调查的内涵。实际上,民意调查并不能真正地度量民意;相反,它们通常所收集的乃是民众对新闻的反应;在某些情况下,调查对象只不过是在复述他们从新闻中学来的观点与态度。[24]一个见识更为广博的新闻受众群体将更擅长回答民意调查者的问题,由此使得民意调查本身成为更有效的公民反馈提供者。

资助多视角新闻

实际上,我在这一章中所提出的所有建议无一例外都需要额外的资金。无论是扩大现有媒体的新闻供应,雇用从分散的消息来源中发掘出不同观点所需的更多的职员,创设第二层媒体,协助现在被孤立的消息来源获得接近新闻从业者的机会,还是拓展对新闻媒体的批评,以及开展监测和受众研究。

这些钱应该从哪里来?全国性的广告商能够提供部分资金,因为全国性新闻对于他们的吸引力越来越大,而且他们现在也比过去更乐于追逐规模更小的、更同质化的受众群。不过,我怀疑,只有等到某些征兆显示出受众热情的时候,他们才会积极地投入其中;而且很难想象他们会向那些服务于不具购买力的受众的第二层媒体或者任何发布争议新闻或评论的媒体购买广告时段或版面。在过去,某些基金会一直资助那些服务于小众的媒体,但它们的资金以及它们对争议的容忍程度也都是有限的。我怀疑，美国人并不会接受欧洲式的电子媒介执照费制度；而且尽管他们似乎乐意为报纸和杂志支付更多，但价格增长还是会把某些人从受众群中驱逐出去。同样不太可能的是，政府会要求电视网把娱乐节目获得的赢利投入新闻节目，而且大多数印刷媒介也根本无法利用娱乐收入来补贴新闻生产。

如何管制？

由于新闻不只是消费品，更是一种公共事业，我认为联邦政府至少应该支付支撑多视角新闻运作的部分资金。但是，这一提议违背了长期存在的新闻界与国家之间的正式的分隔状态。结束这种分隔存在着某些（我将简要讨论的）危险，但同样存在一些可行的理由来合理化这种做法。首先，多视角新闻将会更好地告知公民大众；其次，它将会带来一个更具代表性的符号场域；最为重要的是，二者都将对民主有所增益。政府是否对增进民主感兴趣值得怀疑，但在任何情况下，它都应该为之努力。此外，政府长久以来都扮演着矫正自由市场缺陷的抗衡力量这一角色。例如，现在总统选举即由政府资助以减弱富裕的选战赞助者的影响。出于同样的理由，政府对新闻生产的支持将会减弱由新闻媒体是商业机构这一事实所导向的不平等。

因此，我提议由联邦政府成立新闻基金会（Endowment for News），它可以在部分程度上取法资助艺术与人文领域的联邦机构，并在以下领域提供资助：

1. 基金会可以为有志于创设第二层全国性新闻媒体的人士，包括新闻从业者，提供必需的资金，但他们必须证明创设新的媒体的意图是将现在被忽略的消息来源和视角纳入进来，并使之可以触及现有的受众（或尚未被触及的受众）。

2. 基金会可以为现有的全国性新闻媒体提供资助，前提是它们打算在新闻中增加新的消息来源和视角，设立服务于该目的的新的广播、电视节目,或者杂志与报纸版面。该基金会也会赞助有意于创设新的第二层媒体的全国性新闻公司。

3. 基金会将为那些无力接近全国性新闻从业者的组织化或非组织化消息来源提供支持,通过为他们提供资金以图扩建现有的公共机构或其他人借以获得接近新闻从业者机会的推动机制。

4. 基金会将资助新近成立或业已存在的新闻领域内部的或者其他的机构,开展媒体批评和新闻监测研究;它也会为那些寻求向新闻媒体施压的组织提供支持。

5. 基金会同时也会资助新设或已有的组织——包括新闻机构——创设或改进受众反馈机制,以及开展针对实在或潜在受众成员的新闻研究。

6. 基金会将通过某些机构直接或间接地资助那些太过贫穷而无力购买全国性报纸与杂志或者无力负担购买和使用电视机与收音机的人们。

基金会不得以任何方式参与到新闻选择与生产过程中。它唯一的职责就是提供资金,而其规程将保证这些资金真正用在刀刃上,以帮助那些在别处找不到支持的申请者。申请者因而必须证明他们无法找到其他替代性的资助来源;倘若申请获得批准,他们仍然需要通过其他渠道筹集占预算 25% 到 33% 的资金,以避免对政府资助的完全依赖。对于只需要启动资本的申请者,基金会将会为之担保或直接提供贷款。

基金会的运作将掌握在一个由新闻从业者以及代表受众和消息来源的一般人士所组成的独立委员会手中。对资助的审核将按照现在很多联邦机构所采用的同行评议委员会的程序进行,不同之处在于,评议委员会将容纳新闻从业者和非新闻从业者。

具体管理上面所提及的六个方面的资助并不像提出它们那么简单;详尽的指导原则必须建立起来——例如,要求申请者证明他们将会在新闻中增加新的视角，同时他们无法在别处获得资助。此外，即便是最详尽的指导原则，也难以避免某些意料之外的后果。就如在所有的公共与私有的赞助机构中的情况一样，小范围的合法与不合法的腐败总是不可避免。毫无疑问，不值得支持或者不合格的申请者有时候反而可能受到资助，胜任者也可能会浪费资财，而很多创新可能会不可避免地以失败收场。

即便是一个独立的政府机构也不能免于政治压力，这种压力随后势必会加诸它们身上。该基金会几乎必然会遭遇到来自政府其他部门的压力，这些压力会迫使它放弃对不受欢迎的计划或争议性创新的支持；最可能的是，它将无法资助那些与"极端的"观点或目标相关联的组织与个体。与此同时，基金会可能会向资助接受者施加微妙的压力，迫使他们友好对待任期内的政府和有权有势的通过选举产生的或任命的官员。与此相应，寻求资助者也可能力图取悦基金会，即便没有人要求他们这么做；其结果是，某些人甚至可能将资金用于公然的或隐蔽的政府宣传。

这些可能的后果之中，没有任何一个严重到足以令我动摇或放弃这个有关基金会的提议，但其间仍然存在另外两个可能的风险。一个是，当政府提供金钱时，它即会要求参与评议；一旦获得了这一跳板，政府很快就会展开管制。不可否认，资助即意味着评议，但同行评议与政府评议并不完全相同。同样不可否认的是，政府的某些部门可能希望管制新闻媒体；但从多数现存的管制机构来看，这种管制的效果往往并不理想，因为被管制者拥有太多权力。现有的资助机构并没有管制人文与艺术领域的创作内容。尽管它们对"大众文化"冒险的资助令高雅文化的"精英"机构不悦，但它们并没有干涉过高雅文化。获得政府资助的专业人士，除了要填写更多表格之外，并没有因而明显地偏离专业目标。反之亦是如此，因为作出资助决定的公共官员常常亦是同领域的专业人士。倘若基金会成员完全由新闻从业者构成，它可能会避开那些与专业目标相冲突的创新性的计划；这也是为什么要把非专业人士纳入基金会管理层与评议委员会的原因之一。

第二个危险是，政府资助可能会胁迫新闻从业者，进而威胁到他们相对于政府的独立姿态。但这种忧虑对我而言也是没有根据的。如果新闻基金会是在白宫的门墙之内运作，新闻从业者自然有理由担心压力与寒蝉效应。但是，虽然白宫将会任命基金会的主席，但它却不能随意插手机构政策，特别是在新闻从业者参与其中的基金会里，否则这类尝试一定会转变成新闻。或许基金会不情愿为那些其所雇用的新闻从业者或所寻求的消息来源被列在白宫或国会"仇敌名单"上的新闻机构提供资助；但这种危险，尽管可能的确存在，却没有严重到会危害整个基金会议程。

完全依赖基金会资助的新闻媒体或组织有理由担忧或很可能受到威胁；仅仅出于这一原因，我们即应当要求这些组织寻求相匹配的资金来源。而那些从新闻基金会获得部分资助的已上轨道的商业新闻机构，则不大可能为了换取联邦政府的一点"小恩小惠"（a small mess of pottage）① 而出卖其专业自主性。

真正的危险是，政府意识到多视角新闻会减少政府官员作为消息来源的机会，很可能最开始即反对成立该基金会。政府可能宁愿建立自己的新闻媒体。商业新闻机构必定会反对另一个竞争者的出现，更别说这一个竞争者还是由资金雄厚、有权有势的政府在背后支撑；但政府运作的新闻媒体将会强化全国性新闻的多样性。[25] 此外，它们将会弱化商业新闻媒体宣扬官方消息来源的义务和动机，并因而为其他消息来源腾出额外的时段或版面空

---

① 典出《圣经·创世纪》，希伯来族长以撒长子以扫为一碗汤而将长子权卖给雅各。意为贪图眼前小利，而将重大权利拱手让与他人。——译者注

间，亦可以强化商业新闻从业者与政府之间的针锋相对的姿态。

当然，在理想情境下，新闻机构应该是非商业化与非政府的实体，它们从各种各样的渠道获得资助，却无须任何附加条件。然而，公共电视的运作经验说明，这种理想不过是幻象而已。

多视角新闻与民主

多视角新闻最为根本的正当性来源是它在推进民主方面的潜力。如果"民主建立在见识广博的公民群体之上"这一著名的老生常谈是正确的，我们即无须对此进行进一步的辩解。但这种说法并不准确，因为即便是在公民见识并不广博的情况下，民主也必须而且的确继续运转。这一理念反映了雅典人对民主的观念，在这种模式下，对政府公共事务的参与局限于见识广博的公民；但今天它同样拥有一个隐而不彰的议程，即那些已经拥有广博见识的人们希望，如果其他公民接收到同样的信息，他们也会变成现有的见识广博者所抱有的政治目标的支持者。

但多视角新闻并不是用来为任何特定的政治目标招募支持者。相反，它将使得人们能够获得与他们自己的视角、自己的利益与政治目标——如果有的话——相关联的新闻。在此过程中，符号场域将会变得更为民主，因为现在占据支配地位的消息来源与视角所握有的符号权力将会有所减少。

很明显，多视角主义并非与政治无涉，因为令符号场域更为民主即是一个政治目标。鉴于新的符号场域将会减少主导的消息来源与视角的符号权力，它就是一个意在重新分配权力的目标。问题是，这种再分配能达到何种程度？

另一种著名的老生常谈认为知识就是权力；但尽管新闻传播知识，它却不能够自动地对权力进行再分配。已然有权有势者能够借此获得更多的权力,因为他们能够接近政治上有效的信息与知识,而且他们可以——至少是暂时——阻止其他人接触此类知识;但无权无势者则不可能单纯依靠更多的知识来提高他们的社会地位。更可能的是,他们意识到,离开了先在的权力,知识本身的用处有限。

当新闻媒体扮演议程设置的者角色时,它们的确是在再分配符号权力,协助将某些议题置于符号场域中并令它们为公众知晓,进而提高这些议题的支持者的影响力。多视角新闻将会设置更多不同的议程,借此鼓励人们对与自己利益相关的议程表达观点并采取相应的行动。[26] 此外,新闻亦散播事实,特别是有关道德失序的事实。在恰当的地点与恰当的时机,道德失序新闻能够掀起同情心或反感情绪的波澜,翻转针对这些议题的公共舆论与权力,而在这些议题中,民意往往具有相当大的影响力。不过,这种情况的发生某种程度上有赖于运气因素;而且新闻从业者自身也无法自动翻转民意。即便新闻能够负载权力,新闻从业者所提供的也只是新闻而已;他们无法确保受众是否(以及如何)使用这些新闻。[27]

因此,多视角新闻本身并不能为美国带来进一步的民主化。民主是社会结构的某种特质,而不是符号,它需要更大程度的权力平等化,也需要人民具有向他们的政府施加压力的能力。但离开经济变化,权力不可能平等化,因为不平等的经济权力酝酿出不平等的政治权力。多视角新闻能够提供有关仍然存在于美国的经济与政治不平等的信息;但正如每一代的激进新闻从业者最后认识到的,单纯依靠信息并不能改变经济与政治等级制。

此外,多视角新闻可能会遭遇到反对,而且这些反对不仅仅来自那些不愿意与其他消息来源分享新闻的政府官员。在1965年至1970年间,芬兰电视新闻业实行了一项新的政策,它"强调传播与全社会相关的信息的重要性……特别是从那些被排除在官方信息与影响力渠道之外的利益团体的角度"[28]。尽管受众支持这种变化，但这一政策却遭到保守报纸和"大多数社会建制内的机构（教堂、学校、军队、商业、实业界，等等）"[29]的反对。在保守的全国政府上台之后，这一政策即被废除。

与芬兰相比，美国幅员更为辽阔，也更为异质化；而且就像现在一样，对应的美国"建制内的机构"不太可能在内部结合起来，或者与一个保守的联邦政府站在同一战线上。此外，芬兰的电视业由政府运作，本来就处于弱势位置。即便如此，倘若某一家美国新闻媒体实施了一项类似的政策，它也很可能会遭遇到来自商业与政府的压力以及来自其他新闻媒体的反对。

针对多视角新闻的其他形式的反对也可能出现，因为多视角新闻所建构的国家与社会的图景将会激发起某种特定的印象，即美国不是一个凝聚的统一体，而是由一系列多样化的、常常是相互冲突的群体构成。虽然我怀疑，今天的新闻媒体也没有多么显著地促进美国的社会或政治凝聚，但多视角新闻在这方面无疑会更加无所作为。

新闻媒体应该致力于把美国刻画成一个高度凝聚的统一体还是一系列并置的多样化群体取决于人们的政治价值。对于那些相信凝聚力与秩序是首要的国家与社会目标的人们而言，多视角主义必定会引起他们的反对。但对于那些——包括我在内——认为多样化群体的利益诉求优先于国家与社会之需求的人们而言，多视角新闻以及全国性媒体某种程度上的去集中化更为可取。即便如此，倘若更多人得到了与他们自己的利益息息相关的新闻，并且如果这些新闻能够帮助他们实现自己的目标，他们也可能觉得自己成为了更大的整体中的一分子。最终，这个国家将会在实质意义而非符号意义上变得更具凝聚力。

离开经济与政体的进一步民主化，真正意义上的社会凝聚不可能实现；但如果多视角新闻本身并不能对民主化进程作出巨大的贡献，何必自寻烦恼提出这种模式？为何不直接将全国新闻媒体交到承诺且打算利用它们带来更多民主化的个体或组织手中？倘若有任何人知道如何令美国更为民主，都不妨一试，但前提是，这种尝试能够避免对反对进一步民主化的人们的言论自由和宪法权利造成限制。

不管怎样，多视角新闻模式值得尝试，因为尽管它自身并不足以带来民主化，但它的确能够为之提供必不可少的信息。然而，如果它能够与强化经济与政治领域内有代表性的、广泛的公共诉求同步进行，多视角新闻模式将更为有效。

多视角新闻的可行性

我深知，这一章中所讨论的多数提议目前都是不可行的。如我在第九章中所论，新闻从业者缺乏作出巨大改变的动机。他们，或者至少是他们的公司，对于多视角主义更是意兴阑珊，因为它削弱了当前新闻实践的双重根基，即效率与消息来源的权力。新闻从业者可能乐于减少现有的消息来源的权力，但我想，他们并不欢迎那些加诸他们以及他们的工作之上的新的压力。

即便如此，我相信多视角主义的基本模式是可行的，而且将来会变得更为可行。如果经济增长的衰退像很多经济学家所预测的那样将持续存在，既有的经济增长所培育出来的个人与家庭生活标准所烘焙着的"美国梦"，注定最终成为泡影。到那时候，美国人会如何应对这种际遇尚且不明朗。一种可能性是，为了维持当前的生活标准，他们将会更加关注自己的经济与政治利益。但如果他们亦开始依据自己的利益面对政府和经济体声言利益诉求，他们将需要不同类型的全国性新闻。一方面，他们需要更多全国性新闻；另一方面，他们将需要更多有助于增进其利益的全国性新闻。但由于在美国这样的业已分化的社会中，这些利益诉求注定是多样化的，所以他们所需要的新闻将与多视角新闻非常相似。

当然，人们并不是始终——甚至常常——都能得其所需。较之于新闻从业者，新闻公司对各色经济与政治领域的掌权者负有更大的义务，它们可能不愿对公众要求改变政府和经济状况的诉求作出回应。不过，新闻公司始终是为了谋取利润而存在；而如果人们要求一种不同的新闻，而且愿意通过广告商甚至直接支付相关的费用，新闻公司也会跟随受众的兴趣所至。

换言之，多视角主义关乎一个未来之美国，而我相信这样一个美国有可能形诸现实。不过，无论是我，还是任何其他人，目前都尚无法预测其到来、其具体形貌，抑或其所需之新闻与新闻媒介。毕竟，未来究竟如何，谁又能未卜先知呢？

第一章 新闻中的国家与社会

[1] "典型的"关于电视新闻的内容分析周期性地出现在如下杂志上：*Broadcasting*, *Journal of Communication*, *Journalism Quarterly* 以及 *Public Opinion Quarterly*。最近以书籍形式面世的研究包括：Robert Cirino, *Don't Blame the People* (Los Angeles: Diversity Press, 1971); Edith Efron, *The News Twisters* (Los Angeles: Nash, 1971); Robert S. Frank, *Message Dimensions of Television News* (Lexington, Mass.: Lexington Books, 1973); Ernest W. Lefever, *TV and National Defense* (Chicago: Institute for American Strategy, 1974); C. Richard Hofstetter, *Bias in the News* (Columbus: Ohio State University Press, 1976)。

出色的针对越南战争新闻的定性分析包括 Michael J. Arlen, *Living-Room War* (New York: Viking Press, 1969)。杂志新闻被分析得较少，但是可以参考的资料包括：G. Ray Funkhouser, "The Issues of the Sixties: An Exploratory Study in the Dynamics of Public Opinion," *Public Opinion Quarterly* 37 (Spring 1973): 62—76.

[2] 一个对1965—1966年所有新闻杂志的研究发现，委员会的分工情况和州的大小，与共和党的参议员在新闻杂志上被呈现的面貌紧密相关，但是与民主党的参议

员被呈现的状况关系不密切。David H. Weaver and Cleveland Wilhoit, "News Magazine Visibility of Senators," *Journalism Quarterly* 51 (Spring 1974): 67—72.

[3] 在1965—1966年期间, 参议员罗伯特·肯尼迪出现在新闻杂志上136次, 超过其他任何参议员, 甚至是处于第2名的参议员埃弗里特·德克森 (Everett Dirksen) 的两倍。参议员爱德华·肯尼迪在这张排序名单上排在第5位, 一共被报道42次, 而这只是在他的第一个任期期间。David H. Weaver and Cleveland Wilhoit, "News Magazine Visibility of Senators,"表格1。

[4] NBC新闻主要聚焦在洛克菲勒的任命上, 1974年8月20日, 它在节目中用19分钟做相关报道, 而只用20秒钟来报道养老金法修正案的新闻;《时代》周刊1974年9月2日的一期以洛克菲勒就任作为封面故事, 但完全未提及养老金法案修正;《纽约时报》1974年8月21日给出头版上3行5栏的篇幅刊载洛克菲勒被任命的新闻, 而养老金法修正案的新闻只占据第19页上的半栏。

[5] Edward Kosner, "Top of the Week," *Newsweek*, 4 July 1976, p. 1.

[6] Peter Goldman, "Our America," *Newsweek*, 4 July 1976, p. 13.

[7] Ibid.

[8] Henry A. Grunwald, "Loving America," *Time*, 4 July 1976, pp. 35—36, quote at p. 36.

[9] 威廉姆·科恩 (William Cohn) 在对电视历史纪录片的研究上也有相应的结论:"因为绝大多数……试图将美国经验描绘成一种'信仰', 而非实实在在变化的历史过程, 因为美国历史作为一个成功故事的形象似乎正主导影像的再现。"William Cohn, "History for the Masses," *Journal of Popular Culture* 10 (Fall 1976): 280—89, quote at p. 281.

[10] 另5%的栏数关于黑人犯罪及其具体罪行。然而, 其中只有6%是在白人罪犯袭击黑人的框架下被呈现的。余下的栏数中, 9%被平分为示威及其控制; 4%的报道是关于亚当·克莱顿·鲍威尔的困境; 还有9%是题材广泛的各式话题。

[11] Mary Kellogg, "A Farewell to Nirvana," *Newsweek*, 15 March 1976, p. 15.

[12] 1966年, 拉塞尔·贝克 (Russell Baker) 讽刺了这种专栏中过度集中报道年轻人的现象, 文章结束时他说:"如同今天的青少年, (大人们) 真的就像完全失去了自识能力, 只能靠杂志撰稿人和电视台的员工刺激和宽慰。"Russell Baker, "Observer: Report on America's Grown-Ups," *New York Times*, 19 March 1966.

[13] 我 1967 年对所有电视新闻、杂志的国内和国际报道的细目分类是这样的：电视新闻中有 48% 是国内新闻，31% 关注越南，7% 是冷战新闻（这可能是将重心放在国内也可能是放在国外），14% 是国外新闻。而新闻杂志上，39% 是国内新闻，18% 关注越南，15% 是冷战新闻，另有 28% 是国外新闻。

[14] Quoted in John M. Hamilton, "Ho Hum-Latin America," *Columbia Journalism Review* 16 (May/June 1977): 10.

[15] 20 世纪 60 年代，一家新闻网中的记者们绘制出一张他们所谓的"种族对等性量表"（Racial Equivalence Scale），用来展示一次飞机失事中，不同的国家各自最少得有多少人失去生命，这次失事才显得有新闻价值。其中一个记者举例说："100 个捷克人等于 43 个法国人，而巴拉圭人在最底层。"这张表是被制作来批评这种行为的，但是事实上，它什么也没有改变。

施勒辛格（Schlesinger）指出 BBC 的记者使用相似的换算表，并且引用了其中一则："1000 个阿拉伯佬、50 个法国佬、1 个英国人"这之间能画等号。Philip Schlesinger, *Putting "Reality" Together*（London: Constable Press, 1978）, p. 117.

第二章 新闻中的价值

[1] 行动者和活动是如何被报道的，以及其中哪些方面是受到强调的，同样影响这个推论的过程，其根源在科特（Kurt）和朗（Gladys E. Lang）的研究指出的新闻的推论性结果（inferential structure）。参阅他们的著作：*Politics and Television*（New York: Quadrangle Books, 1968）, p. 134。

[2] Ephron, *The News Twisters*.

[3] 这种分析在对象是外国新闻时尤其得便，因为外国新闻会采用一系列特殊的语汇，这些语汇通常是不会出现在国内新闻中的。一些外国政府是"小集团"（juntas）或者"当局"（regimes），但是新闻中不会出现"卡特当局"的字样。报纸头条和它们在电视新闻上的对应部分一样，毫不掩饰当空间有限时，作者们会强迫症般地作出价值判断。

[4] 纽菲尔德（Newfield）列出一张相似的价值表，他称其是基本的："对福利资本主义、上帝、西方、清教徒主义、法律、家庭、财产、两党制的信任，以及，可能是最关键的……暴力唯一可以有理由自我开释的时候，就是当它被国家采用的时候。" Jack Newfield, "Journalism: Old, New and Corporate," in Ronald Weber, ed., *The Reporter as Artist: A Look at the New Journalism Controversy*（New York: Hastings House, 1974）, pp. 54—65, quote at p. 56.

注释

[5] 更详尽的新闻媒体在越南战争期间术语的使用可参见 Edwin Diamond, *The Tin Kazoo* (Cambridge, Mass.: MIT Press, 1975), chapter 6; 以及 George A. Bailey, "Interpretive Reporting of the Vietnam War by Anchormen," *Journalism Quarterly* 53 (Summer 1976): 319—24。

[6] 关于未被报道的暴行,可参见,举例来说, Noam Chomsky, "Reporting Indochina: The News Media and the Legitimation of Lies," *Social Policy* 4 (September/October, 1973): 4—19。

[7]《时代》周刊曾经在一篇封面文章中,区分了"资本主义"和"威权的经济体制"。见"Can Capitalism Survive?" *Time*, 14 July 1975, pp. 52—63, quote at p. 63。

[8] NBC 纪录片节目富有天分的制片人弗立德(Fred Freed)后期的作品之一是一个长达三小时的节目,报道 1973 年的能源危机。这部片子花费了大量时间考虑如果大幅度削减对能源的使用——不管这会对生活标准产生怎样的影响——是不是比较好的方式,而这样做是为了保存原生态的自然面貌。

[9] Edward J. Epstein, *News from Nowhere* (New York: Random House, 1973), pp. 244—46.

[10] Mary Kellogg, "A Farewell to Nirvana," p. 15.

[11] 莫罗奇(Molotch)和莱斯特(Lester)发展出一种比较相似的新闻类表;他们将新闻区分成三类:常规、意外事件,以及丑闻。尽管他们的类表在很多点上与我的有交叉,但它是建基于很不相同的组织原则上的,因为他们将新闻看成是"发起者"(我称之为信源)这个角色有目的的行为,区分新闻类型的标准是:它是否是信源会常规地、有目的地发表的;或者是否尽管信源尽力压制,但它仍然偶然被呈现了;又或者它是作为一方的丑闻,被另一个信源透露出来了。而我的类表是建基于我认定的新闻中的隐性价值,而不问信源的动机。参见 Harvey L. Molotch and Marilyn J. Lester, "News as Purposive Behavior: On the Strategic Use of Routine Events, Accidents, and Scandals," *American Sociological Review* 39 (February 1974): 101—12。

[12] 辛格(Singer)在一篇比较美国和加拿大同期电视新闻的研究中发现,前者对社会失序新闻的关注远远超过后者,有两倍多的新闻故事是涉及暴力、示威以及战争的。辛格把这一现象归因于美国对暴力有更大的兴趣,尽管这种不同可能也因为对加拿大来说,发生在美国的是外国新闻,比不上国内新闻重要。Benjamin D. Sing-

er,"Violence, Protest and War in Television News: The U. S. and Canada Compared," *Public Opinion Quarterly* 34 (Winter 1970—1971): 611—16.

[13] 这一系列节目的23%用于描绘"控制或围堵";4%是逮捕;7%是"安抚"。Simulmatics Corporation,"News Media Coverage of the 1967 Urban Riots," Final Report, 油印版（New York: Simulmatics Corp., February 1, 1968）, Table Ⅳ。系列节目最大的一部分是"后果", 表现为"展示财产受到损坏、清场以及回归日常活动的一幕幕场景", 因而是失序以及秩序重建的新闻的混合。同上, 第18页。

[14]"The Underclass," *Time*, 29 August 1977, pp. 14—27.

[15] 我是通过访问ABC和NBC记者获取到这些消息的, 其时我正在进行针对这次暗杀的电视新闻报道的研究, 这项研究是近期科万（Louis Cowan）和拉扎斯菲尔德（Paul Lazarsfeld）领导的。该研究部分见于Ruth L. Love,"Television and the Death of a President: Network Decisions in Covering Collective Events"（Ph. D. dissertation, Columbia University, 1969）。

[16] 我在福特宣誓就职之后不久听到一则广播新闻, 说尼克松的辞职信是在上午11:35分递交的, 而福特直到中午12时才宣誓就任, 所以, 严格来说, 这个国家在这25分钟是没有领导人的。但是这个记者再三向他的听众强调, 如果有任何外来强权试图利用美国领导权空置的档隙制造国际危机, 福特先生都会毫无疑问尽早执掌总统权力, 以阻止危机的发生。

[17] Bob Woodward and Carl Bernstein, *The Final Days*（New York: Avon Books, 1976）, p. 430.

[18] Bernard Berelson,"What 'Missing the Newspaper' Means," in Paul Lazarsfeld and Frank Stanton, eds., *Communications Research 1948—1949*（New York: Harper & Brothers, 1949）, pp. 111—29.

[19] 近些年, 记者们自身已经开始意识到新闻中和这个行业所存在的阶级偏见。可以参考, 例如Michael Novak,"Why the Working Man Hates the Media," *More*, October 1974, pp. 5—7; Michael J. Arlen,"Report from the Ice Age," *New Yorker*, 11 November 1974, pp. 185—92。

[20] Jeanette Hopkins,"Racial Justice and the Press," MARC Paper No. 1（New York: Metropolitan Applied Research Center, 1968）, p. 24.

[21]"Leadership in America," *Time*, 15 July 1974, pp. 21—70, quotes at p. 23.

[22] 在讨论这个关于国家领导权的问题时,《时代》周刊认为"问题不只是缺乏

领导权,而且是缺乏追随者"。"Leadership in America," p. 28.

[23] 同上,第 22 页。

[24] 同上,第 35 页。

[25] Edwin Diamond, "The Chosen People," *More*, November 1974, pp. 14—15.

[26] "Leadership in America," p. 35.

[27] 戴蒙(Diamond)的名单上包括 88 位最终没有出现在汇编后的定表中的人物,其中包括一位激进领袖,艾马穆·巴拉卡(Imamu Baraka),以及其他 3 位在某些时候被指认为对越南战争持有左派立场的人士。Diamond, "The Chosen People," p. 15.

[28]《时代》周刊为这篇专题中女性和黑人的缺失道过歉,但是还是说:"如果是一张 1980 年汇集的名单,他们的数量肯定会更大;但是目前他们处在领导位置的人数还很有限。""Leadership in America," p. 35. 被提名者的族群背景几乎都是一致的。从名字推断(当然不尽科学):在这些白人中,74% 的祖先是英国新教徒,反映在一色的不列颠姓上;12% 反映出其祖先来自欧洲其他国家,主要是爱尔兰、德国和意大利;11% 是犹太人;还有 3% 是西班牙或者拉丁族裔。

[29] 这些领袖中 12% 来自州立大学,剩下的 25% 曾经就读的或者是籍籍无名的私立学院,或者是黑人院校,或者是军事院校。因为不是每一份简历都包含教育背景的资料,所以我分析的是简历上个人所提到的每一所大学;对于个人来说时常加入过不止一所大学,这里的总数就是所有被提及的学校。

[30] "Leadership in America," p. 35.

[31] 即便如此,《时代》周刊还是为他们的稀少状况道歉,并解释说,在 45 岁这个阶段,"大多数金融和实业神童仍然全神贯注地在公司的等级阶梯上往上爬,他们对公共事务最深切的关心只能发生在他们已经爬到顶端之后"。"Leadership in America," p. 35. 戴蒙还报告说在某一段时间里,编辑们曾经考虑过放宽年龄限制,以期囊括更多的商界人物。Diamond,"The Chosen People," p. 14.

[32] 一位不甚友好的批评家指出,10.5% 的领袖出自新闻界或者是出版界,或者可以因此推断编辑们有对权力的诉求;但是我相信这不属于他们的价值观,就是因为这些被提名的人全部都来自《时代》周刊的竞争对手,记者们通常是不会倾向于宣传他们的竞争者的。

第三章 新闻选择的架构

[1] 欲深入理解这一点,请参考 Gaye Tuchman, "Making News by Doing Work:

Routinizing the Unexpected," *American Journal of Sociology* 79 （July 1974）：110—31。

　　［2］关于新闻的组织研究的文献之一，是现在被奉为经典的 Warren Breed,"Social Control in the Newsroom," *Social Forces* 33 （*May* 1955）：326—35。最近关于新闻组织最好的经验研究是 Leon V. Sigal 的关于《华盛顿邮报》和《纽约时报》的：*Reporters and Officials：The Organization and Politics of Newsmaking* （Lexington, Mass.：D. C. Heath, 1973）；以及 Edward J. Epstein 对 CBS 新闻的研究，题为 *News from Nowhere*。也请参考 Bernard Roshcoe, *Newsmaking* （Chicago：University of Chicago Press, 1975）；Robert Darnton, "Writing News and Telling Stories," *Daedalus*, Spring 1975, pp. 175—94。

　　一些对区域性的和外国新闻组织的研究也在书目中列举出来了。我还得益于黑尔茨（Paul Hirsch）就大众媒体作为垄断行业的经济形态的社会学分析。参见，例如 Hirsch, "Occupational, Organizational, and Institutional Models in Mass Media Research：Toward an Integrated Framework," in P. Hirsch, P. Miller, and F. Kline, eds., *Strategies for Communication Research*, Sage Annual Reviews of Communication Research 6 （Beverly Hills, Calif.：Sage Publications, 1977）, pp. 13—42。

　　［3］有一个组织理论为单个的记者留下了更多的余地，那就是怀特（David Manning White）的把关人理论。这个理论形象化地将编辑比作将报纸"大门"打开或关闭的把关人。把关人理论更适用于那些主要依赖有线新闻服务的媒体，而不是自给自足的媒体。David M. White, "The 'Gatekeeper'：A Case Study in the Selection of News," *Journalism Quarterly* 27 （Fall 1950）：383—90。

　　［4］Molotch and Lester, "New as Purposive Behavior."

　　［5］Peter Berger and Thomas Luckmann, *The Social Construction of Reality* （New York：Doubleday & Co., Anchor Books, 1967）. 欲了解更多新闻研究的应用，请参考 Molotch and Lester, "News as Purposive Behavior."；Gaye Tuchman, "Objectivity as Strategic Ritual：An Examination of Newsmen's Notions of Objectivity," *American Journal of Sociology*, 77 （January 1972）：660—70；以及 Tuchman, *Making News* （New York：Free Press, 1978）。

　　［6］社会学家先锋性的工作是库尔特·朗（Kurt Lang）和格拉迪斯·朗（Gladys Lang）1952 年对芝加哥麦克阿瑟纪念日（MacArthur Day）游行报道所做的研究，"The Unique Perspective of Television and Its Effect：A Pilot Study," *American Socio-*

logical Review 18（February 1953）：3—12。

[7] 朗夫妇（Langs）恰当地指出，"与麦克卢汉及其追随者认为的不同……（电视）呈现的方式依赖于人们选择与使用科技的方式"。*Politics and Television*，pp. 5—6。

[8] Philip Schlesinger, "The Sociology of Knowledge"（1972年于英国社会学学会会议上宣读，1972年3月24日），p. 4。

[9] 就权力在新闻故事选择中的角色这个议题，Breed在"Social Control in the Newsroom"中已经强调过。

[10] 私人通信。

[11] 记者们对确定性的需求体现在：Sigal, *Reporters and Officials*，p. 181。

[12] 更准确地来说，"夜间新闻"团队是一个大的新闻组织的一小部分，NBC新闻是NBC-TV的一部分，而NBC-TV又是NBC的一部分。这里的后两者是新闻公司，有商业发展部并且以牟利为目的，即使它们的主要产品是娱乐节目。当然，NBC是RCA的一部分，RCA现在是一个企业集团。"CBS晚间新闻"组织基本上隶属于同样的框架之中。《时代》周刊是时代公司内部几个新闻组织之一。时代公司是一个企业，现在已经多元化，进入非新闻的产业；公平地讲，《时代》周刊本身也是一个新闻公司，因为它有自己的商业发展部。《新闻周刊》有相同的双元结构，并且是华盛顿邮报公司的一部分。华盛顿邮报公司并没有投入很大努力多元化，并且规模明显要比时代公司小。

[13]《新闻周刊》的报头罗列的资深编辑人数要比《时代》周刊多得多，因为它将资深编辑的等级奖励给了很多人，包括一位另有分工的撰稿人。

[14] 大部分脚本都是从电报故事的形式改写成主播的风格和韵律，在这个过程中几乎没有什么艺术作为的空间，因而来自印刷媒介的记者们毫无同情心地戏之为"掰电线"。

[15] 对新闻杂志检验体制经典的批评来自Otto Friedrich, "There are OO Trees in Russia: The Function of Facts in Newsmagazines," *Harper's*, October 1964, pp. 59—65。

[16] Sigal计算所得，见*Reporters and Officials*，Table 6—1。

[17] 在第五章，我将指出，印刷媒介、电子媒介以及其他媒介的工作考量是不一样的，反映了杂志和节目的形式。学术书籍，譬如这一本，也有体裁和格式的考虑，尽管我的分析有些时候如果像电影或者小说那样采用镜头交换的方式可能更加有

力,但它却必须依照一种线性的方式论证。

[18] 丹尼尔·舒尔(Daniel Schorr)在描述他离开 CBS 时说到,尽管 CBS 的头儿威廉·佩利想他离开,但是他不能够要求舒尔辞职;相反,手下人会将他们自己的愿望投射在"老板"身上。Daniel Schorr, *Clearing the Air* (Boston: Houghton Mifflin Co., 1977), p. 260 以及第 12 章各处。

[19]《时代》周刊一些老资格的记者告诉我,卢斯喜欢给予他们铺天盖地的故事建议,其中许多都被忽略了;但是那些他认为最重要和紧迫的例外。

[20] David Halberstam, "CBS: The Power and the Profits: Part I," *Atlantic Monthly*, January 1976, pp. 33—71, quote at p. 34.

[21] 主播们还可以参与到对新闻执行官的选择中。盖斯(Gates)写道,当弗雷德·弗兰德(Fred Friendly)辞去 CBS 新闻总裁的职务时,沃尔特·克朗凯特和其他人一道帮忙说服企业执行官将这个职位提供给理查德·萨朗特(Richard Salant)。Gary Paul Gates, *Air Time: The Inside Story of CBS News* (New York: Harper & Row, 1978), p. 128.

1978 年,*Variety* 报道说:"(萨朗特的)任何成功都得到沃尔特·克朗凯特的批准,克朗凯特当时是(CBS)内部权力仅次于佩里的人。"Larry Michie, "And That's the Way It Is at CBS News," *Variety*, 10 May 1978, pp. 178, 187, quote at p. 187.

[22] 欲了解更多的对一位主播积极介入首席制片人角色的评价,可见 Philip Nobile, "John Chancellor on the Record," *More*, May 1976, pp. 7—11。

[23]《时代》周刊的执行编辑不愿意终止这种行为,因为他觉得自己只有在每周看到新闻故事完成以后的面貌,才能选择最好的版面以及最好的故事。《新闻周刊》在 60 年代就将事前表决可否操作的行为制度化了。

[24] 这次示威的导火线还包括时代公司计划对全体员工做人格测试,记者们认为这是对他们的隐私过度的侵犯以及对其专业资格的侮辱。

[25] 1978 年 5 月,《时代》周刊 10% 的撰稿人、《新闻周刊》37% 的撰稿人是女性,《时代》周刊 21% 的记者、《新闻周刊》33% 的记者是女性(在此计算的都是国内部)。在两个杂志社,女性主要都在比较基层的级别上。所有的资深撰稿人都是男性;除了《新闻周刊》只有光杆司令的波士顿分部,其他各个分部的首脑都是男性。

[26] Geoffrey Stokes, "The *Time* Inc. Strike: Which Side Are You On?" *Village Voice*, 21 June 1976, pp. 34—39; Donald M. Morrison, "Bring Back Henry

Luce," *Pennsylvania Gazette*, October 1976, pp. 24—28.

[27] 莫里森（Donald M. Morrison）对于这场罢工的私人记述表露出他的准激进化以及他在罢工之后的感情："公司作出了可敬的努力……以让我们觉得不那么像工厂里的体力劳动者，而再次让我们感觉像是一个大家庭的成员。" Morrison, "Bring Back Henry Luce," p. 28.

[28] Judith S. Gelfman 在 *Women in Television News*（New York：Columbia University Press, 1976）一书中描述了女性新闻工作人员在电视台中遇到的问题。

[29] Gates, *Air Time*, p. 78.

[30] Ibid., pp. 219—49.

[31] 下面的描述简单地概括了这些复杂的过程。它们也是一个大概的总结，因为每个新闻组织处理这个过程的方式都有些许的不同。此外，等到这本书付梓之时，这些总结可能已经陈旧了，因为小改变随时都在发生。欲知对 NBC 夜间新闻的这个过程更详细的记述，可参见 Epstein, *News from Nowhere*；欲知对 CBS 晚间新闻的这个过程更详细的记述，可参见 Gates, *Air Time*。对杂志社的该过程的描述多适用于国内部；国际部的操作在某些方面是不同的，因为它的记者多数在海外；而副刊是以一套不同的时间表运作，并且其截稿日期相对要早一些。

[32] 所有的电视新闻网的节目都会播放三次：晚上东部时间 6：30 一次、7：00 一次、8：00 一次。后两次通常是录像；但如果有晚近发生的新闻就位，第二次播放可能就有部分是直播了。第三次播放是特意为西海岸准备的，如果要更新，也是由西海岸的记者更新。

第四章　消息来源与新闻从业者

[1] Molotch and Lester, "News as Purposive Behavior."

[2] 没有权力的人获取新闻渠道的问题在 Edie N. Goldenberg 对波士顿报纸的研究中有详细的讨论，*Making the Papers*（Lexington, Mass：D. C. Heath, 1975）。

[3] 五角大楼还阻止电视记者展示受伤或者死亡的美国士兵的特写镜头，因为它想作为首先知会伤者或者死者亲属的人；记者们心甘情愿地遵从了，因为他们也能理解如果亲友们是率先从电视上看到这则悲惨新闻，该是怎样的震惊心情。

[4] 同样的格局在 1973 年 2 月 15 日至 3 月 15 日五角大楼公布的 155 则新闻故事当中也被发现了；超过四分之三是"高级军官或者他们的发言人"。Britt Hume and Mark McIntyre, "Polishing Up the Brass," *More*, May 1972, pp. 6—8.

[5] Thomas Plate, "The Making of a Godfather," *More*, June 1977, pp. 22—

23, quote at p. 22.

[6] Daniel J. Boorstin, *The Image: A Guide to Pseudo-Events in America* (New York: Harper & Row, 1964).

[7] 社会学家可能会，也可能不会影响到他们研究对象的行为，但是因为他们是向一小群受众报告他们的研究，因此他们的研究的影响力，比不上全国性的新闻。

[8] "D. C. Quiz on Staged News Events," *Variety*, 24 May 1972, pp. 31, 42. 相反，电视厌倦了按照时间顺序让信源——上场，因为当镜头对准这些人物时，他们的行为会表现得比较戏剧化，因而电视编辑必须常规化地从原始的脚本中剪去人们向镜头招手或者直视镜头的片段。

[9] Epstein, *News from Nowhere*, p. 261.

[10] 一位编辑主张做一期关于多克托罗（E. R. Doctorow）的专题，当时他的《爵士年华》（*Ragtime*）眼见着要成为畅销书。他解释说他的同事曾经枪毙了一则封面故事，是关于菲利普·罗斯（Philip Roth）和他的《波特诺的怨诉》（*Portnoy's Complaint*），后来一直在后悔，因为不久以后正餐桌上"每个人"都在谈论这本小说。

[11] Sigal, *Reporters and Officials*, pp. 69—70.

[12] 一些政治人物，譬如杜怀特·大卫·艾森豪威尔（Dwight David Eisenhower）总统和理查德·戴尔（Richard Daley）市长，他们的语言因带有强烈的个人化特征而成为一种商标，因而是不会被编辑的。相反，一位编辑梳理对梅厄夫人（Golda Meir）的专访，解释到他"不得不纠正她糟糕的句法并且划掉其中的意第绪语；否则，人们会觉得是我们故意令她难堪"。因为大致相同的原因，那些政府官员谈话中流露出的亵渎之辞或者种族、人种蔑称会被自动"纠正"，除非当他们使用这样的语言本身变得有新闻价值的时候。前农业部长布茨（Earl Butz）的种族主义用词和尼克松的民族蔑称在公开白宫录音带的时候都被曝光以构成道德失序新闻。

[13] 在60年代后期，《时代》周刊和《新闻周刊》都雇用了一些年轻人作为副刊的专线记者；但是在70年代早期的"节流"中，他们纷纷失去工作或者成为综合采访的后备力量。

[14] 华盛顿的机构专线记者曾经被反复研究；尽管许多现有的研究都是关于报纸记者的，但是这些发现对电视和新闻杂志同样适用。参见，例如，Leo Rosten, *The Washington Correspondents* (New York: Harcourt, Brace and Co., 1937); Bernard C. Cohen, *The Press and Foreign Policy* (Princeton, N. J.: Princeton Univer-

sity Press, 1953); Dan D. Nimmo, *Newsgathering in Washington* (New York: Atherton, 1962); William O. Chittick, *State Department, Press and Pressure Groups* (New York: John Wiley & Sons, 1970), 以及 Sigal, *Reporters and Officials*。两个华盛顿的电视记者，Dan Rather 和 Daniel Schorr，以及华盛顿的分社主编 William Small，也写下了他们的工作及工作中的问题；他们的书在其他地方以及在参考书目中都有提及。

对英国相关现象的研究可以参见 Jeremy Tunstall, *The Westminster Lobby Correspondents* (London: Routledge & Kegan Paul, 1970)。

[15] Tom Wicker, "The Greening of the Press," *Columbia Journalism Review* 10 (May 1971): 7—14, quote at p. 10.

[16] 两份新闻杂志都发行内部的"备忘录"，这份备忘录上满载那些因为支持证据不足而不能发表的耸人听闻的新闻。一些记者说这些备忘录是写来娱乐高级编辑和行政人员的，提供的这些信息让他们觉得自己是"内部的预测者"(inside dopesters)（借用大卫·里斯曼〔David Riesman〕一针见血的用词）。记者们嘲笑这些备忘录，也蔑视那些偶尔会出现在《新闻周刊》的瞭望小册子上的来自这些备忘录的字眼。

[17] 参见一份自传式的纪录，Benjamin C. Bradlee, *Conversations with Kennedy* (New York: W. W. Norton, 1975)。

[18] 需要相似但更详细的分析，可参见 Halberstam, "CBS: The Power and the Profits," pp. 52—91; 以及他的 "*Time*, Inc.'s Internal War Over Vietnam," *Esquire*, January 1978, pp. 94—131。

[19] 取自 PBS 电视节目"字里行间"（"Behind the Lines"），September 15, 1974。

[20] Douglass Cater, *The Fourth Branch of Government* (Boston: Houghton Mifflin Co., 1959)。

[21] 当顿（Darnton）对《纽约时报》综合型记者的工作做过一个很好的分析，见 "Writing News and Telling Stories"。

[22] Timothy Crouse, *The Boys on the Bus* (New York: Random House, 1973)。

[23] 丹·拉瑟（Dan Rather）在关于自己作为华盛顿通讯员的回忆录的一开始就是一篇描述——"在丹·拉瑟询问总统是否竞选连任的时候"，以及随之所受到的批评。Daniel Rather and Mickey Herskowitz, *The Camera Never Blinks* (New York:

William Morrow, 1977), chapter 1, quote at p.18. 然而，白宫记者在听取总统新闻官的简报后，就可以不必维持礼节或将自己限制在某些礼貌的问题上。

[24] Edwin Diamond, "Boston: The Agony of Responsibility," *Columbia Journalism Review* 13 (January/February 1975): 9—15. 戴蒙德是一位《新闻周刊》前资深编辑，但是在这里，他是作为一位波士顿居民以及当地记者来写作的。

[25] John Bird, "The Unyielding Amish: 'We Want to Be Left Alone,'" *Saturday Evening Post*, 17 June 1967, pp.28—38, quote at p.38.

[26] Molotch and Lester, "Accidental News: The Great Oil Spill as Local Occurrence and National Event," *American Journal of Sociology* 81 (September 1975): 235—60.

[27] 来自彼得森（Susan Peterson）写于1966年的一篇未发表的论文。尽管我加上了引号，但这个评论实际上是彼得森女士对这位制片人话语的转述。

[28] Sigal, *Reporters and Officials*, Table 6—5. "非官方外国人和美国人"占这些故事的大约17%，其他的新闻组织占这些故事的3%左右。

第五章　新闻故事的适宜性

[1] 当新闻从业者假定当下的"异常"曾几何时是"正常"的时候，这种认识就包含了某种历史性的成分。在此过程中，他们设定了一个理想的过去，而这样做的目的是令当下的"异常"变得新鲜，因而也就可以成为新闻。

[2] 由于电视为国际新闻预留的时段相当有限，而杂志又必须报道整个世界，这两种新闻媒介在国际新闻报道方面便都使用了一种更为有限的排他性考量：除了最为重要的同盟国家或共产主义国家之外，发生在其他国家的政府变动只有在引发暴力示威时才具有新闻价值。

[3] Eric Levin, "How the Networks Decide What Is News," *TV Guide*, 2 July 1977, pp.4—10, quote at p.6.

[4] Michael J. Robinson, "The TV Primaries," *Wilson Quarterly* 1 (Spring 1977): 80—83.

[5] 这些栏目中的撰稿人拥有高于其他栏目的自主性。他们是《新闻周刊》中最早获得署名权的撰稿人群体，而且迄今为止，还是《时代》周刊唯一拥有署名权的撰稿人群体。

[6] 在1975年，当新闻工作者担心福特总统在白宫的表现，并为他肢体上的笨拙而感到困窘的时候，他们同时也对第一夫人苏珊·福特（Susan Ford）从事的摄影

师工作充满了兴趣。

[7] Helen M. Hughes, *News and the Human Interest Story* (Chicago: University of Chicago Press, 1940).

[8] 与地方新闻从业者类似，全国性的新闻选择者也时不时地选择具有人情味的新闻故事以此从受众那里寻求对受害人的经济救助。尽管在此过程中新闻从业者违反了客观性与超然原则，但当受众捐助源源不断地涌来时，他们总会感到非常高兴，因为他们感觉到自己对受害者有所帮助，而且受众的反应也显示出他们对相关新闻的关注。

[9] 在 NBC，影像故事与口播故事之间的平衡是通过非正式的方式来维持的，但不管怎样，它还是维持住了二者之间的平衡；不然的话，正如一位执行制片人所言，"主播的角色就会变成纯粹的司仪"。

[10] 读者投书与闲谈栏目通常都能达到最大限度的栏数，因为它们很受读者的欢迎；书评栏目也是如此，因为它们要比杂志其他部分的文章提早一个星期截稿。

[11] Richard Pollak, "*Time*: After Luce," *Harper's*, July 1969, pp. 42—52.

[12] J. Anthony Lukas, "What Does Tomorrow Hold for 'Today'?" *The New York Times*, 22 August 1976, sec. 2, pp. 1, 20, quote at p. 20.

亨利·格朗沃德（Henry Grunwald）接掌《时代》周刊执行编辑职位之后，在回应一位撰稿人改变样式的要求时说道，"……样式必须慢慢转向，而不能完全打破重来……《时代》已经变成美国这个舞台上的一部分，也是美国生活的一部分，对她所做的任何改变都必须相当谨慎"。Pollak, "*Time*: After Luce," p. 46.

[13] 在 1977 年，《时代》周刊收到更多的读者投书，多数都是持批评态度，而且多数都与杂志的插图而不是任何一则新闻故事有关。

[14] 电视网新闻节目不能或不愿使用的片子会通过辛迪加发布出去，继而可能被地方电视台播放。

[15] 由于新闻判断在部分程度上依靠"感觉"，而这种枯燥的评估在新闻选择中又很重要，这导致新闻界可能会倾向于招募注意力持续期较短的雇员。与此相反，学术界则可能选择那些能够在同一项研究上投入数年光阴的研究者，以及能够年复一年重复讲授同样课程的教师。几位之前在大学中担任教师职位的杂志撰稿人即承认，他们厌倦了每一年重复同样的讲稿，而这正是他们转行到新闻界的原因。

[16] 有关新闻所呈现的犯罪潮的动力机制，参见 Daniel Bell, *The End of Ideology* (New York: Free Press, 1960), chapter 8.

[17] 在评论《新闻周刊》拒绝率先报道 Tiny Tim 时,一位年轻的前调研者写道,杂志"通常都不敢涉入未知领域。多数情况下,它们希望在一则新闻故事到达顶峰时抓住它,但结果是,它们捕捉到的往往只是大潮退却之后的泡沫"。Kate Coleman, "Turning on *Newsweek*," *Scanlan's Monthly*, June 1970, pp. 44—53, quote at p. 51.

[18] 数年前,《新闻周刊》的一则报道援引了九位消息来源,提出双性恋的问题。大多数消息来源来自东海岸或西海岸,而且基本都是专业人士。从对他们的引用文字可见,其中八位似乎曾经历过双性恋的阶段,这显示出双性恋早已有之,只不过最近才进入新闻从业者的视野。

[19] 在新闻杂志中,这种步调有时候会以音乐词汇来描述。撰稿人经常会说"把这个故事唱出来"、"把最响亮的旋律(要点)放到前面来"或者"以高音调(煽情的导语)开篇"等等。《新闻周刊》即把头条新闻称为"小提琴",部分是因为这类故事总有一些感伤的笔调。

[20] 对于新闻影像的美学问题的详尽讨论,参见 Tuchman, *Making News*, chapter 4.

[21] 制片人用以检查片子的新闻室监视屏要比家庭中的电视机更大、画质也更好;但在进行田野工作数周之后,我仍然无法发现那些令新闻从业者烦恼的瑕疵之处。

[22] 对于 1957 年一则事件的报道,参见 Sig Mickelson, *The Electric Mirror* (New York: Dodd, Mead, 1972), p. 41.

[23] 在 1975 年塞浦路斯危机早期,四位希腊裔美国人在某一天晚上致电 NBC,抗议一则有关塞浦路斯的新闻中表露出来的亲土耳其偏见,但接听电话的撰稿人将这些反对声音视为无理取闹。然而,随着战事持续发展,希腊裔美国人的社群发起有组织的抗议,新闻从业者才开始给予战争双方更多的关注,特别是更善于发声抗议的希腊一方。

[24] 高级制片人试图通过最先拍摄到发生在遥远地方的突发事件或者偶尔派出主播亲自报道这些事件来相互竞争头条新闻。当埃及总统安瓦尔·萨达特(Anwar el-Sadat)于 1977 年访问以色列的时候,三家电视网都争先恐后地将属下主播对萨达特的访问播放出来。

[25] 对于一次导致同时出现有关流行歌手布鲁斯·斯普林斯汀(Bruce Springsteen)的封面故事的竞赛的记录,参见 Chris Welles, "Born to Get 'Itchy Excited,'"

More, January 1976, pp. 10—14。

[26] 有人曾略带自豪地向我提起《时代》周刊与《新闻周刊》高级编辑之间仅有的两次"共谋"：一次是在亨利·卢斯去世的时候，《新闻周刊》的编辑致电《时代》周刊编辑索取一张卢斯的照片作封面故事之用；另一次发生在1975年春天越战结束的时候，两家杂志了解到它们都打算把同一张通讯社的照片作为封面图片，后来，《时代》修改了封面，并纳入了另外两张照片。

[27] 1964年一个星期五的晚上，《新闻周刊》国家事务方面的撰稿人决定打破对所谓"共谋"的禁忌，并准备动身拜访《时代》的国家事务撰稿人，但在最后一刻他还是放弃了这一打算。这一事件应当比较确实，因为在1968年告诉我的那位撰稿人在1975年又提到了这则故事。

[28] Bradlee, *Conversations with Kennedy*, p. 50.

[29] 杂志与电视网同样在报道政党大会、竞选活动、突发新闻方面彼此竞争，它们在此过程中付出大量的开支，寄望于竞争的胜者将会俘获新的忠实读者或观众。新闻从业者参与到竞争之中，并且也接受竞争之下的假设，因为即便竞争无法带来其他成果，竞争中的胜利还是能够增加预算，并提高获胜的新闻机构的声誉。

[30] 数据之所以不完整，是因为它建立在每年只有一个样本周的读者报告之基础上。

[31] 不过，高级编辑则会密切关注自己的杂志和竞争对手的杂志在零售摊上的销售数字，以此作为探察受众对其封面选择的反应的一种方式。

[32] 最后，制片人与编辑会与他们自己的记者站在一起；但一个显著的例外发生于1968年，当时《新闻周刊》认可了《时代》周刊对于哥伦比亚大学学生的破坏活动以及警察行动的报道版本，而非自己的撰稿人采写的版本，尽管该撰稿人曾亲赴现场采访。不过，哥伦比亚大学处在一个非常独特的位置之上，多位高层新闻工作者是该校的校友；而编辑之所以接纳《时代》的报道版本，可能是因为它站在大学管理层的立场之上，而《新闻周刊》的撰稿人则支持抗议的学生。

第六章 客观性、价值与意识形态

[1] Peter Schrag, "An Earlier Point in *Time*," *Saturday Review/World*, 23 March 1974, pp. 40—41, quote at p. 41.

[2] 这里我援引了罗伯特·K. 默顿（Robert K. Merton）对"意图"（purpose）与"功能"（function）的区分。参见他的著作 *Social Theory and Social Structure* (New York: Free Press of Glencoe, 1949), pp. 25—26。

[3] 我从彼得·布里斯托普(Peter Braestrup)那里借用了这一表述,但并没有采纳他的定义。参见 *Big Story* (2 vols.) (Boulder, Colo.: Westview Press, 1977), 1: 708。

[4] Michael Schudson, "A Matter of Style," *Working Papers* (Summer 1976): 90—93。

[5] 约翰斯顿(Johnstone)及其同事发现,在一个新闻记者的全国样本中,超过60%的记者在20岁之前已决定要进入新闻界,中间数是19岁。John W. Johnstone, Edward J. Slawski, and William W. Bowman, *The News People* (Urbana: University of Illinois Press, 1976), Table 4—1。

[6] Schorr, *Clearing the Air*, p. viii.

[7] Morrison, "Bring Back Henry Luce," p. 24.

[8] Tuchman, "Objectivity as Strategic Ritual."

[9] James Reston, *The Artillery of the Press* (New York: Harper & Row, 1966), pp. 14—15。与此相反的观点,参见 Michael Schudson, *Discovering the News: A Social History of American Newspapers* (New York: Basic Books, 1978) 一书的绪论。

[10] 相应地,西格尔曼(Sigelman)称客观性为"机构性的神话"(institutional myth),它宣称并且正当化了记者于社会的"使命"。参见 Lee Sigelman, "Reporting the News: An Organizational Analysis," *American Journal of Sociology* 79 (July 1973): 132—51, quotes at p. 133。

[11] 有关一个全国性新闻记者样本对新闻实践的替代形式方面的态度,可参见 Johnstone 等, *The News People*, chapter 7。

[12] 爱德华·R.默罗(Edward R. Murrow)已经变成一个新闻界的英雄,部分原因是他是最早称呼一个政客(参议员约瑟夫·麦卡锡)为"撒谎者"的记者之一。

[13] 电视主播能在广播节目中表达意见,却不可以在电视上这样做,因为广播所触及的是一个规模更小的受众,其他新闻媒介也较少关注,这使得广播甚至比电视更为瞬时短暂。

[14] 路易斯·沃斯(Louis Wirth)曾针对社会科学中的逻辑实证主义写下的文字,也同样适用于新闻业,"……每一个断言,无论它可能多么客观,都有着越出科学边界之外的后果。因为每一个有关社会世界的'事实'的宣称都要触及某些个体或

441

者群体的利益……"Louis Wirth, Preface to Ideology and Utopia, by Karl Mannheim (New York: Harcourt, Brace and Co., 1936), p. xvii.

［15］Reuven Frank,"Address Before the 12th Annual Television Award Dinner," NBC 打印稿（January 12, 1970), pp. 16, 20, 33。

［16］对地方新闻媒体的研究也揭示出类似的过程。例如，Breed,"Social Control in the Newsroom"和 Sigelman,"Reporting the News."

［17］有关生活方式差异的更为尖锐的描述，可参见 Coleman,"Turning on Newsweek";关于意识形态差异，参见 Andrew Kopkind,"Serving Time," The New York Review of Books, 12 September 1968, pp. 23—28。

［18］一些记者同样担心他们的档案会被转给政府部门，使他们无形之中成为针对他们的激进主义朋友的间谍。不过这些担忧看来是无根据的。实际情形恰恰与此相反。记者能够识别出伪装成记者的中情局（CIA）或者联邦调查局（FBI）雇员并警告那些激进主义者提防这些伪装者。

［19］来自低收入背景的黑人记者甚至更快地离开，因为他们无法顺从杂志中的中上阶层气氛，而有些人则无法习惯以必需的反讽风格进行写作。在电视网，多数最初受雇的黑人在黑人聚集区不再有新闻价值的时候离开，并进入那些拥有大量黑人人口的城市中的地方电视台工作。

［20］依据 Gates 的报道，CBS 也雇用了两个可被称为"内部激进者"的记者。其中一个暂时离开电视网，因为他在越战中受伤；另外一位，也同样是"内部嬉皮"和调查记者，因为与一个新闻执行者的争执而被迫离开。参见 Gates, Air Time, pp. 164, 365—67。

［21］这些争执发生于我在《时代》杂志展开田野工作之前。Halberstam 谈论了很多有关如何报道越战的这类争论，参见"Time, Inc.'s Internal War Over Vietnam".

［22］George A. Bailey,"The War According to Walter: Network Anchormen and Vietnam"(Milwaukee: University of Wisconsin, 1975), pp. 37—70. 这是我所知的唯一一项将注意力放到个体电视新闻从业者的观念上的研究。这些经常为电视或者杂志写作的作者，都很有思想。倘若他们不是将自己的工作面向大量的受众，而是像那些随笔作家一样专为有声望的小众写作的话，他们的工作也一定会被巨细无遗地研究。

［23］在有关"春节攻势"后观点变化的详尽研究中，尽管 Braestrup 知晓这一过程，但他却推断——在我看来是错误的——这种观点变化源于"不稳定的新闻业风

格……这种风格在 20 世纪 60 年代末期变得非常流行。随之而来的是一种常常是盲目的准备就绪，以去挖掘冲突，将政府或者一般的权威看成最糟糕的，并在此基础上将任何议题的参与者区分成'好人'与'坏人'"。参见 Braestrup, Big Story, 1: 726。我甚至都不能赞同新闻从业者已经变得更为容易爆发这一点；他们总是在挖掘冲突并怀疑政府。60 年代末期只是因为制造了更多高度显著的事件而使得这种"风格"更为明显。

[24] 当然，很多此类故事都是由他们自己的同事所撰写或拍摄的。同样，观点变化也反映了对事件的感知。因此，新闻从业者对"春节攻势"的感知迥异于很多军事专家的意见，后者将它视为北越的军事失败。他们紧紧关注军事行动本身，而不能把握住这些军事行动的政治蕴意。

[25] 尽管在"春节攻势"之前、之中和之后进行的民意调查显示，接受调查的受众要比新闻从业者晚一个星期改变他们对于战争的观点，但 Roper 的分析也显示，正像新闻记者一样，一般大众也经历了一个虽然缓慢却不断发展的对于战争的"驱魅"（disenchantment）过程。不同的只是新闻从业者比公众更为激烈而迅速地对"春节攻势"作出了反应。参见 Burns W. Roper, "What Public Poll Said," in Braestrup, *Big Story*, chapter 14。

[26] 有趣的是，尽管记者发展出为其他经验性学科所用的很多词汇的同义词，但在新闻业的词典里，并没有与"概念"（concepts）相对应的词汇。一个撰稿人曾用"原义"（conceits）来代替它，但仅仅是为了示意它们之间是不同的。

[27] 例如，参见 Peter Lyon, *Success Story: The Life and Times of S. S. McClure* (New York: Charles Scribner's Sons, 1963); Harold S. Wilson, *McClure's Magazine and the Muckrakers* (Princeton, N. J.: Princeton University Press, 1970); Justin Kaplan, *Lincoln Steffens: A Biography* (New York: Simon and Schuster, 1974); 以及这些记者自己的著作。

[28] 参见 Richard Hofstadter, *Age of Reform* (New York: Alfred A. Knopf, 1973), p. 145。

Mowry 发现，在有数据可查的加州进步主义运动的 48 位领袖中，14 位是报纸所有者或新闻从业者。参见 George Mowry, *The California Progressives* (Berkeley: University of California Press, 1951)。

[29] 在有关全国和地方的进步主义运动汗牛充栋的文献中，可参见 Fremont Older, *My Story* (San Francisco: Call Publishing, 1919); David D. Anderson, *Brand*

Whitlock (Boston: Twayne Publishers, 1968); Spencer Olin, Jr., *California's Prodigal Sons* (Berkeley: University of California Press, 1968); Robert M. Crunden, *A Hero in Spite of Himself* (New York: Alfred A. Knopf, 1969); 及 Charles Larsen, *The Good Fight: The Life and Times of Ben B. Lindsay* (New York: Quadrangle/ The New York Times Book Co., 1972)。

[30] Hofstadter, *Age of Reform*, p. 185. 有关新闻从业者与进步主义二者关系的历史资料,由 James Crispino 收集。

[31] Johnstone et al., *The News People*, Tables 2—9, 2—10。

[32] 例如,在 1975 年,三大电视网的新闻节目执行制片人及两家周刊的首席编辑都是犹太人。这些媒体中的犹太人的数量可以部分由它们身处纽约来解释,在电视网中,则可能归于犹太人对于提供大众娱乐的公司的传统参与。一个更为全面的讨论,请参见 Stephen Birmingham, "Do Zionists Control the Media?" *More*, July/August 1976, pp. 12—17。

[33] "Chancellor on Reporters," *Variety*, 3 June 1970. 应该补充的是,像其他电视主播一样,钱斯勒也把自己描绘成记者。他在向沃尔特·克朗凯特授予表彰的纪念筵席中发表的这席演说,不仅仅反映了与这些溢美之词相伴随的职业自豪感,也是回应新闻从业者所遭受的来自左翼和右翼的批评。

[34] 在一篇前引文章中,《新闻周刊》记者玛丽·凯洛格(Mary Kellogg)用"东部的竞争"和"东部的能量"来形容纽约。实际上,这些词语也可以很恰当地描绘新闻机构内的工作步调与工作情境。参见 Kellogg, "A Farewell to Nirvana," p. 15。

[35] 我没有询问这些新闻从业者个人对恒久价值的感受,因为这些有关恒久价值的论断是在我结束田野工作之后的分析过程中浮现出来的。

[36] 在我 1975 年获得简历资料的 42 位 NBC 记者和通讯员中,26% 曾在常春藤院校完成全部或部分学业,33% 是在其他"高品质"的私立大学,22% 在著名的州立大学,19% 来自不那么著名的公立与私立院校。

[37] 全国性记者的收入高于多数地方新闻媒体的同行。Johnstone 及其同事发现,在他们所研究的绝大多数服务于地方新闻媒体的记者中,其 1970 年收入的中位数仅是 11133 美元。参见 Johnstone et al., *The News People*, Table 8—1。而 1977 年《纽约时报》华盛顿分部的男性记者的收入中位数是 34415 美元。参见 Philip Nobile, "Mr. Smith Goes to Washington," *More*, June 1977, p. 36。

[38] 参见 Johnstone 等, *The News People*, Table 5—9。问到政党偏向,样本

中有43%认为他们是民主党，34%保持中立，16%是共和党，另有7%选择其他。在另外一个包括在著名媒体工作的新闻执行官的子样本中，令人惊奇的是，有56%的人将自己描绘成"略微偏左"。我自己的印象则是，至少在工作方面，他们要比记者更为保守。Barton及其同事在研究针对一系列议题的精英观点时发现，媒体执行官比其他的全国性领袖更为自由，但没有自由到Johnstone等人发现的程度。参见Allen H. Barton, "Consensus and Conflict among American Leaders," *Public Opinion Quarterly* 38 (Winter 1974—1975): 507—30。

[39] Dale Vree, "A Case Study of Distortion," *The New Leader*, 21 November 1977, pp. 18—19.

[40] 例如，1978年的《纽约时报》—CBS新闻民意调查发现：全国样本的42%将自己划为保守主义者，23%是自由主义者；但80%的保守主义者认为，政府应该帮助人们获得廉价的医疗保健，75%认为应该确保所有需要者有工作。不过，同时，仅有20%的保守主义者（40%的自由主义者）赞同增加政府在国内项目上的投入。参见Adam Clymer, "More Conservatives Share 'Liberal' View," *The New York Times*, 12 January 1978, section 1, pp. 1, 30。

第七章 利润与受众

[1] Otto Friedrich, *Decline and Fall* (New York: Harper & Row, 1970).

[2] Larry Michie, "News Turns Into a Network Money-Maker," *Variety*, 27 April 1977, p. 39.

[3] 有关电视网利润与新闻缩减的更为详细的讨论，参见Marvin Barrett, *Rich News, Poor News* (New York: Thomas Y. Crowell, 1978), chapter 1。

[4] Edwin Diamond, "The Mid-Life Crisis of the Newsweeklies," *New York*, 7 June 1976, pp. 51—60, quote at p. 56.

[5] 在《时代》杂志尤其如此，可能是因为在过去的十年里，《新闻周刊》一直在缩小与《时代》在广告收入和页码上的差距。在1965—1975年间，《新闻周刊》的广告收入从只有《时代》周刊的45%增长到75%；它的广告页码也从占《时代》的82%增长到118%。《新闻周刊》的国内发行量的涨幅不大，只从《时代》的58%提高到66%。

[6] 最大的人员裁撤发生在调研者中间，从74位下降到46位，最少的则是在首席编辑中，仅从15位降到13位。专栏作家和记者被裁撤了15%到20%。即便如此，《时代》周刊仍比其对手《新闻周刊》拥有更多的国内与国际记者（56与33人，《新

闻周刊》则是51与22人），但《新闻周刊》的86位调研者中，也有部分从事报道活动。

[7] 计算自 W. R. Simmons & Associates Research, *Selective Markets and the Media Reaching Them*（New York: W. R. Simmons & Associates Research, 1965 and 1975）。感谢西蒙斯（Simmons）机构的爱德华·巴兹（Edward Barz）向我提供了这些和其他西蒙斯的数据。

[8] 在1967年进行的对纽约市电视观众样本的研究中，我发现，大约40％的观众选择电视网新闻节目的依据是主播，而各有20％的观众是依据频道偏爱和播放时间（那一年，ABC新闻要比其他节目早一个小时播出）。大约10％的观众提到新闻质量，其他人则给出其他理由。参见 Herbert J. Gans, "The Uses of Television and Their Educational Implications,"油印本（New York: Center for Urban Education, 1968）, p. 90。

在针对纽约奥尔巴尼（Albany）电视观众的一个更为晚近的研究中，利维（Levy）发现，41％的观众是依据主播而选择电视网新闻节目，28％是依据频道，9％依据新闻品质或节目样式，22％的人给出其他原因或者未列明原因。Mark R. Levy, "The Audience Experience with Television News," *Journalism Monographs*, no. 55（April 1978）: 7。

[9] ABC是个例外，在过去的十几年里，它不停地更换主播，以图追赶上两个竞争对手。

[10] 对受众流动详尽的讨论，参见 Epstein, *News from Nowhere*, pp. 91—97。

[11] Andrew Walfish, "Sex Is In, Politics Is Out," *More*, September 1977, pp. 25—31。

[12] 一位首席编辑变得如此商业化，因为他接受了经营部门对于重新设计封面的研究与建议。不过，这也只是包装上的变化，编辑仍然能够决定什么故事可以出现在封面上。

[13] 提供被最频繁使用的电视收视率信息的 A. C. 尼尔森公司，也收集有关观众特征的数据，但不包括杂志读者。此外，西蒙斯访问很大样本的观众并因而可以提供更多有关观众差异的细节。西蒙斯报告的总的受众规模的数字低于尼尔森的数据，但这两个研究机构所提供的有关观众特征的数据则没有什么差异。

[14] Simmons, *Selective Markets*（1975）。这些很小的变化对于新闻机构而言意味重大，因为它们通过强调受众数量与"质量"的差异而与对手竞争。但这些变化对

我的研究目的来说并没有多大的意义。

[15] 在 1974 年，西蒙斯发现，尽管《新闻周刊》的发行量只及《时代》的三分之二，但它的读者量却与《时代》不相上下。结果是，《新闻周刊》开始注意大量的"传阅者"，而《时代》则控告西蒙斯提供了虚假数据，尽管后来它撤销了这一控诉。参见 Chris Welles，"The Numbers Magazines Live By," *Columbia Journalism Review*，4（September/October 1975）：22—27。

[16] 此节多数数据以及表 6 中的数据，都是取自或者计算自 Simmons，*Selective Markets*（1975），vol.1，Tables A01—A10；and vol.5，Tables C1—C6。

[17]《时代》拥有一个稍微比《新闻周刊》更大、更年长，某种程度上更属于"高消费阶层"的读者群。较之 NBC，CBS 拥有一个更大（也更年长）的观众群，但其消费能力也更低一些。新闻节目受众的人口特征差异并不鲜明，但 NBC 其他节目的观众则素来比 CBS 的观众消费能力更强。

[18] Gans，"The Uses of Television," p.81.

其他的证据可以从如下事实中看到：大约 20% 的电视观众（31% 的 CBS 新闻的女性观众）已经离婚、分居或寡居。只有针对杂志读者的调查中包括寡妇和鳏夫的资料，他们构成了《新闻周刊》3.6%、《时代》3.8% 的读者群。参见 Simmons，*Selective Markets*（1975），vol.5，Table C2；and vol.1，Table A05。

[19] 对杂志的调查既提供了男性也提供了女性的职业数据。大概 1/5 的女性读者从事专业或管理工作，大约 1/4 为办事员和销售人员，而只有 10% 是蓝领工人。其他人无业。参见 Simmons，*Selective Markets*（1975），vol.1，Table E03。在 55 岁以上的女性读者中，超过 2/3 没有工作。同前，vol.2，Table I09。

[20] Simmons，*Selective Markets*（1975），vol.2，Table G03。

[21] Ibid.，vol.1，Tables A04，C04。

[22] Ibid.，Table A10。

[23] 70% 的工业执行官、57% 的"巨额财产拥有者"、66% 的国会议员和参议员、76% 的媒体执行官、31% 的工会领袖、48% 的志愿组织领袖都阅读《时代》周刊。（对于《新闻周刊》，相应的百分比分别是 59、42、68、81、40、48。）参见 Carol H. Weiss，"What American Leaders Read," *Public Opinion Quarterly*，38（Spring 1974）：1—22，Table 3。

[24] Harold Israel 与 John P. Robinson 的研究发现，受过大学教育的受众既使用电子媒介也使用印刷媒介以获取资讯。参见 "Demographic Characteristics of View-

ers of Television Violence and News Programs," in Eli A. Rubinstein, George A. Comstock, and John P. Murray, eds., *Television and Social Behavior* (Washington, D. C.: U. S. Government Printing Office, 未注明出版日期), vol. 4, pp. 87—128。

[25] 这里及表7中报告的频率数据取自或计算自：Simmons, *Selective Markets* (1975), vol. 3, Table A000（杂志）; vol. 6, Tables A49 and B49（电视网）。需要指出的是，这些数字是有关两个杂志刊期和10个电视网节目的原始频率数据的数学估算。有关方法细节，参见第3卷及第6卷附录。

[26] Simmons, *Selective Markets* (1975), vol. 3, Tables A001—A012.

[27] Ibid., vol. 6, Tables A50—A62, B50—B62.

[28] Ibid., vol. 5, Tables G1—G5。78％的男性与72％的女性称，他们全神贯注于黄金时间的娱乐节目。同上，Tables B3, B8。

[29] 列维（Levy）发现，样本的3/4在观看电视新闻的同时参与到其他活动之中：25％的人说他们在阅读，23％的人谈话，而41％的人则吃晚饭。参见 Levy, "The Audience Experience with Television News," p. 11。

斯特恩（Stern）调查了一个旧金山海湾地区（Bay Area）的样本，他发现：1/3的人观看了整个节目，1/3有些许分心，而另外1/3因为精力太过分散而只看了一部分。参见 Andrew A. Stern, "Presentation to the Radio-Television News Directors' Association, Boston, Massachusetts, September 29, 1971," 油印本（Berkeley: University of California, Graduate School of Journalism, 1971), p. 2。

1972年对瑞典电视观众的一项研究发现，一般的人观看了整个电视节目，而15％的人则抱怨说，有些分心的事情导致他们没法集中注意力。参见 Sveriges Radio, "Audience and Programme Research," no. 3 (July 1973): 3。

[30] Levy, "The Audience Experience with Television News," p. 10. 我在1967年对纽约观众的研究发现，19％的观众会受很大的扰乱，25％是某种程度上的，而56％不会受到影响。甚至40％的规律性观众也感觉自己不会受到任何影响。参见 Gans, "The Uses of Television," pp. 83—84。

列维的数据和我的数据都显示，年长的观众会受到更大的影响。列维也发现，25％的观众会因自己最喜爱的主播外出度假而不能现身主持节目感到失望。Levy, "The Audience Experience with Television News," p. 19。

[31] Louis Harris and Associates, *Time-Harris Poll on the Press*, 油印本（New York: Louis Harris and Associates, 1969), Table 14. "无法得到"被假定为"下个

月"得不到这本杂志。

[32] Ibid., Table 3c.

[33] 不过,新近由美国报业广告局(Newspaper Advertising Bureau)进行的一项重要研究发现,受访者认为全国新闻比地方新闻更重要、更有趣。参见"How the Public Gets Its News: An Address by Leo Bogart Before the Associated Press Managing Editors, October 27, 1977"(New York: Newspaper Advertising Bureau, 1977), p.14. 相反,1977年的哈里斯(Harris)民意测验发现,60%的受访者表示对全国新闻有强烈兴趣,74%的受访者则对地方新闻有强烈兴趣。参见 *The Harris Survey*, 9 January 1978, p.2。

[34] Levy, "The Audience Experience with Television News," p.13.

[35] Ibid.; Newspaper Advertising Bureau, "How the Public Gets Its News," pp.13—14. 更为详尽的分析,参见 "Two Dimensions of News: Interest and Importance Ratings of the Editorial Content of the American Press," 油印本(New York: Newspaper Advertising Bureau, January 1978)。

[36] 列维发现,60%的受访者赞同"新闻帮助他们忘记自己的问题"这一陈述。Levy, "The Audience Experience with Television News," p.13. 一项全国范围的研究,参见 Robert T. Bower, *Television and the Public* (New York: Holt, Rinehart & Winston, 1973), p.113。

[37] Donald Horton and Richard Wohl, "Mass Communication and Parasocial Interaction," *Psychiatry* 19 (August 1956): 215—29. 对NBC新闻于1975年10月间收到的来信的研究发现,几乎所有的来信都是寄给当时唯一的主播约翰·钱斯勒。我发现,在直接给他写信的通信者中,15%的人称呼他是"亲爱的约翰"。参见 Herbert J. Gans, "Letters to an Anchorman," *Journal of Communication* 27 (Summer 1977): 86—91。

[38] 同上。在1972年,利奥·博加特(Leo Bogart)发现,"一个广受欢迎的电视节目的观众中,每万人中只有27人在观看后会给电视台写一封信"。参见 *Silent Politics: Polls and the Awareness of Public Opinion* (New York: Wiley-Interscience, 1972), p.53。

[39] Gans, "Letters to an Anchorman." 应该指出的是,我有关可理解性的判断纯粹建立在内容上,而没有包括因为糟糕的语法而难以理解的信件。

[40] Maria L. Cisneros, "*Time* Letters Report," 油印本(New York: Time,

Inc., February 1974), p. 7。

[41] Ibid.

[42] 1972年，国内新闻版面平均每周收到219封信；1973年，在"水门事件"期间，这一数字增长到561。从1973年4月到1974年6月底，《时代》周刊总共收到34832封有关这一议题的来信，其中15723封是在攻击杂志，7974封信的作者取消了订阅或者威胁不再订阅。《时代》周刊1973年11月吁请尼克松辞职的社论引来17800封信，其中9400封支持总统，8400封支持《时代》的立场。

[43] Schorr, *Clearing the Air*, p. 40.

[44] Gans, "Letters to an Anchorman."

[45] 她的结论是基于对写给总统富兰克林·罗斯福的信件的分析；她也发现保守主义者支配着这些信件。参见 Leila Sussman, *Dear FDR: A Study of Political Letter-Writing* (Totowa, N. J.: Bedminster Press, 1963), p. 166。

[46] 对文献的回顾，参见 Lawrence W. Lichty and George A. Bailey, "Violence in Television News: A Case Study of Audience Response," *Central States Speech Journal* 23 (Winter 1972): 225—29。

[47] 新闻从业者在受众观念方面的开拓性的研究，参见 Raymond A. Bauer, "The Communicator and the Audience," and Ithiel de Sola Pool and Irwin Shulman, "Newsmen's Fantasies, Audiences and Newswriting," in Lewis A. Dexter and David M. White, eds., *People, Society and Mass Communications* (New York: Free Press, 1964), pp. 125—40, 141—59。我自己对受众观念的早期研究讨论好莱坞，参见 Herbert J. Gans, "The Creator-Audience Relationship in the Mass Media: An Analysis of Movie-Making," in Bernard Rosenberg and David M. White, eds., *Mass Culture* (New York: Free Press, 1957), pp. 315—24。

[48] 杂志来信部门聘用了负责回复信件的人员，尽管通常都是用各种各样的模板来回复。来信的副本也会送给相关版面的编辑，由他从中选择最为有趣且表达清楚的信件刊登。每当一则新闻故事吸引了异乎寻常的大量来信，编辑就选择其中特别强烈或愤慨的来信，以反映这些信件的语气与数量。

[49] 英国的电视新闻从业者也认为他们的观众"通常都是古怪的"。Schlesinger, *Putting "Reality" Together*, p. 115. 一位伦敦的制片人宣称"多数投书媒体的电视观众都是精神病患者"。Philip Elliott, *The Making of a Television Series* (London: Constable Press, 1972), p. 142.

[50] 一个试图令新闻从业者接受统计学及抽样理论与他们的相关性的有趣尝试，参见 Philip Meyer, *Precision Journalism* (Bloomington: Indiana University Press, 1973)。

[51] Gates, *Air Time*, p. 237.

[52] 最值得注意的受众饥渴的例子发生在 NBC。在每一个国家航空航天局 (NASA) 的太空任务中，都会有一个记者呼之曰"神秘女士"的匿名观众寄来一束昂贵的玫瑰花，在有关任务的最后一个新闻故事之后，她还会打来电话祝贺新闻记者的成功。不过，有一次她在太空任务的中间打来电话并与接电话的制片人发生了争执。第二天，她没有打来常规的那一通祝贺电话，每个人都感到失望。这位神秘女士曾暗示自己遭遇过精神问题，她因而被划到"疯狂"观众的行列；但新闻从业者时不时地感到与观众如此隔绝以至于他们甚至也欢迎来自疯狂观众的反应。如果他们意识到只有一个疯狂的观众会对他们付出如此有规律的注意，这种隔绝感大概会变得更强。

[53] A. M. Rosenthal, *Thirty-Eight Witnesses* (New York: McGraw-Hill, 1964), p. 24.

[54] 在每个新的系列都要重新赢得观众的娱乐节目中，电视制片人并不将自己视为受众代理人，而是觉得自己比电视观众有着"更高的"品味。Muriel G. Cantor, *The Hollywood TV Producer* (New York: Basic Books, 1972), p. 183.

[55] 在 20 世纪 30 年代，爱德华·默罗曾提议 CBS 的广播记者"以既能被卡车司机理解同时又不会侮辱教授智慧的方式播报"。Alexander Kendrick, *Prime Time: The Life of Edward R. Murrow* (Boston: Little, Brown & Co., 1969), p. 278.

[56] 在 20 世纪 60 年代早期，《新闻周刊》的受众原型是"来自辛辛那提的模具生产主管"。

杂志后半部分的作者与编辑发展出一分为二的形象，分别由专业人士及一般读者构成；因而，一位宗教方面的作者提到"俗人与教区长官"，而法律作者则提及"一般的受众，但我也想得到律师的尊敬"。西格尔发现，《华盛顿邮报》的记者——比我所研究的记者更注意受众中的公共官员——在"政策执行者"(policy players) 与"政策制定者"(policy makers) 之间作出区分。Sigal, *Reporters and Officials*, pp. 60—61.

[57] Jerome Aumente, "City of Rumors: Detroit's Year Without News," *The Nation*, 14 October 1968, pp. 363—66. 犯罪率本身似乎并没有在报纸罢工期间升高，

但尚且没有人研究过在新闻完全中断期间的犯罪率。David E. Payne, "Newspapers and Crime: What Happens During Strike Periods," *Journalism Quarterly* 51 (Winter 1974): 607—12.

[58] "News'Goddams' Ire Affils," *Variety*, 14 January 1970, pp. 47, 66. 在我1967年研究的纽约城观众的样本中，有79％的人觉得，某些人在接受电视采访时使用"该死"是不恰当的。Gans, "The Uses of Television," p. 13.

[59] 盖茨指出，当莫利·塞弗（Morley Safer）拍摄现在已经成为经典的有关海军在一次搜索与摧毁行动中用兹波（Zippo）打火机烧毁农民茅屋的影片时，他并没有拍摄军队用手榴弹和火焰弹杀害农民的场景。Gates, *Air Time*, p. 160.

[60] 不过，在美国军队离开越南之后，这一禁忌变得松动——再一次，仅是针对外国人——而一些关于南越或北越军人暴行的影片也逐渐被播放出来。

[61] Mary L. Cisneros, "*Time* Letters Report," 油印本（New York: Time, Inc., January 20, 1977), p. 9。

[62] 执行官也必须回应股票持有者。数年前，一群田纳西投资者购买了时代公司大量的股票，并引来《时代》周刊将要搬出纽约城——部分是因为意识形态原因，部分则是为了削减成本——的谣言。

[63] Herbert J. Gans, *Popular Culture and High Culture* (New York: Basic Books, 1974).

[64] 基于同样的原因，新闻杂志的批评版面提供多数读者并不参与其中的高雅文化的新闻；没人知道他们是否欣然地接受这类新闻，尽管《时代》周刊的广告时不时地暗示，文化新闻带给你的见识可以被用来折服你的朋友和邻居。

第八章 压力、审查与自我审查

[1] Schorr, *Clearing the Air*, pp. 53—56, 266—71. 大卫·哈伯斯塔姆（David Halberstam）的结论是，佩利屈服于白宫的压力："CBS: The Power and the Profits: Part Ⅱ," pp. 83—90. 盖茨补充说，科尔森实际上是希望能够与弗兰克·斯坦顿（Frank Stanton）沟通；在盖茨眼里，斯坦顿能够更好地应对这些压力。Gates, *Air Time*, p. 306. 需要指出的是，本章中引用的对记者施压的很多例子都是关于 CBS 的。这是因为，较之其他媒体，CBS 新闻被更多地研究与记述，也因为它的新闻记者似乎冒着更大的风险并提供了对位高权重者更为有害的曝光。

[2] 这一界定是从新闻机构的角度出发的。从撰稿人的视角来看，编辑对撰稿人的新闻故事的改动，也可以被界定为审查；但撰稿人并不将之视为审查（除非改动是

外部压力所强求的），而我也不这样认为。

[3] 哈伯斯塔姆认为，威廉·佩利希望默罗离开，因为他所亲近的艾森豪威尔政府对默罗及整体的 CBS 新闻不满。"CBS：The Power and the Profits：Part Ⅰ," pp. 67—71.

亚历山大·肯德里克（Alexander Kendrick）在 1969 年的著述中，将默罗的去职归于他与弗兰克·斯坦顿之间长期累积的不和以及后者对默罗在一次演讲中回击他对自己节目的批评的不满。Kendrick, *Prime Time*, pp. 482—526.

[4] 在我的田野调查期间，最频繁被提到的事例是 1968 年《生活》撤掉克里斯·韦尔斯（Chris Welles）撰写的关于石油工业掠夺公有的油页岩的揭丑文章。文章之所以被毙掉，据称是因为壳牌石油公司威胁撤回它的广告，而那时候，《生活》正在遭受广告收入剧减带来的困难。J. R. Freeman, "An Interested Observer Views an Oil Shale Incident," *Columbia Journalism Review* 8 (Summer 1969)：45—48. 韦尔斯自己的记述，参见他所著的 *Elusive Bonanza* (New York：E. P. Dutton, 1970).

[5] Fred Ferretti, "Coca-Cola Denies Link to Farm Ills; NBC Alters Documentary on Migrant Farm Workers," *The New York Times*, 17 July, 1970, p. 51.

[6] 同样拥有华盛顿观众的谈话与访谈节目则较易受到广告商压力的影响。Fred Powledge, *The Engineering of Restraint* (Washington, D. C.：Public Affairs Press, 1971), p. 30 n.

[7] Schorr, *Clearing the Air*, pp. 119, 202—03.

[8] Gates, *Air Time*, pp. 365—67. 被讨论的这位记者就是我们在第六章中提到的内部嬉皮，参见第六章的注释 [20]。

[9] Bill Greeley, "60 Percent Say TV Web Slanted Vs. War," *Variety*, 27 May 1970. 据我所知，只有一位地方电视台的所有者，即西雅图王者广播公司（King Broadcasting Company）的斯廷森·布利特（Stimson Bullitt）曾于 1966 年站出来反对越战。

[10] Powledge, *The Engineering of Restraint*, p. 35.

[11] Greeley, "60 Percent Say TV Web Slanted Vs. War."

[12] "News 'Goddams' Ire Affils," p. 47.

[13] Steven Knoll, "CBS TV Affils Meet in a Two-in-One Affair, Costarring Wood and Cronkite," *Variety*, 13 May 1970.

[14] 加入 CBS 之前是一个共产主义者的温斯顿·伯戴特（Winston Burdett），

选择与国会调查者合作。在那之后，根据盖茨的记述，他被 CBS 派往罗马。Gates, *Air Time*, p. 157.

[15] 同上，pp. 37—39。公共电视的地方分权导致另一位自由主义记者的去职，他就是桑德·瓦诺克尔（Sander Vanocur）。尽管在此例中，附属机构的不满似乎源自尼克松时期的白宫。

[16] Rather, *The Camera Never Blinks*, chapter 15. 盖茨得到了同样的结论，即威廉·佩利很高兴尼克松让 CBS 成员度过一段艰难时光。Gates, *Air Time*, pp. 372—76. 不过，盖茨认为附属电视台的压力是强大的；而舒尔的结论是，这种压力是拉瑟转换职位过程中的主要因素。Schorr, *Clearing the Air*, pp. 128—29.

[17] Schorr, *Clearing the Air*, pp. 212—14. 舒尔与盖茨都记述说，在国会调查之后，某些新闻执行官希望舒尔回到 CBS，但几个华盛顿的同事反对，因为在将派克委员会报告泄露给《村声周报》的过程中，舒尔牵连了其中一位。Gates, *Air Time*, pp. 390—96. 也可参见 Schorr, *Clearing the Air*, pp. 252—57。

[18] 仅列举一小部分，按字母排序：James Aronson, *The Press and the Cold War* (Indianapolis: Bobbs-Merrill, 1970); Ben H. Bagdikian, *The Effete Conspiracy* (New York: Harper & Row, 1972); Eric Barnouw, *Tube of Plenty* (New York: Oxford University Press, 1975); Edward J. Epstein, *Agency of Fear* (New York: G. P. Putnam's Sons, 1977); Hillier Krieghbaum, *Pressures on the Press* (New York: T. Y. Crowell, 1972); Dale Minor, *The Information War* (New York: Hawthorn Books, 1970); Powledge, *The Engineering of Restraint*; Schorr, *Clearing the Air*; Harry Skornia, *Television and the News* (Palo Alto, Calif.: Pacific Books, 1968); William Small, *To Kill a Messenger* (New York: Hastings House, 1970), and *Political Power and the Press* (New York: W. W. Norton, 1972); and David Wise, *The Politics of Lying* (New York: Random House, 1973).

多数有关"水门事件"的书籍也包括了政府施压的例证。阿尔弗雷德·杜邦—哥伦比亚大学广播电视新闻业的调查，提供了由马文·巴雷特（Marvin Barrett）撰写的有关政府对电视施压的年度报告。该报告曾由 Grosset & Dunlap 出版，最近则是由 T. Y. Crowell 再版。对于白宫施压的早期历史，参见 James E. Pollard, *The Presidents and the Press* (New York: Macmillan, 1947)。

[19] 这些可以在有关"水门事件"的文献中发现。关于"水门事件"被揭露前的防御，参见 James Keogh, *President Nixon and the Press* (New York: Funk &

Wagnalls, 1972)。其他尼克松政府或其政策的辩护者使用了内容分析方法,例如,Efron, *The News Twisters*;及 Lefever, *TV and National Defense*。

[20] Halberstam, "CBS: The Power and the Profits: Part Ⅱ," p. 88.

[21] Schorr, *Clearing the Air*, p. 56.

[22] 倘若"水门事件"不曾被揭露出来,倘若爱德华·爱泼斯坦对白宫谋建立一个意在颠覆联邦机构与新闻界的情报机构的分析是正确的,那么尼克松政府审查与威吓新闻工作者的企图现在可能已经取得成功。Epstein, *Agency of Fear*.

[23] 参见 Robert Sherrill, "The Happy Ending (Maybe) of 'The Selling of the Pentagon,'" *The New York Times Magazine*, 16 May 1971, pp. 25—27, 78—80, 87, 90—94。

[24] 对于最近的法庭裁决的讨论,参见 Benno Schmidt, Jr., *Freedom of the Press Versus Public Access* (New York: Praeger Publishers, 1976);以及 Fred W. Friendly, *The Good Guys, The Bad Guys, and the First Amendment* (New York: Random House, 1976)。

[25] 1978 年春,最高法院同意审理前陆军军官安东尼·赫伯特(Anthony Herbert)上校诉 CBS《60 分钟》节目某制片人诽谤一案。法庭同意就制片人是否必须透露在准备有关赫伯特上校的片子时所持有的想法与观点作出裁决。在此意义上,这一案例与就采访笔记和电视母带而做裁决是类似的。

[26] 1972 年,要求《纽约时报》停止刊登五角大楼文件(Pentagon Papers)的临时禁制令曾阻止电视网对此事的报道,但随后禁制令被解除,电视网——以及印刷媒体——将更多注意力放到丹尼尔·埃尔斯伯格(Daniel Ellsberg)如何复制并泄露这些文件这一戏剧化故事而非文件内容上。Steven Knoll, "When TV Was Offered the Pentagon Papers," *Columbia Journalism Review* 10 (March/April 1972): 46—48.

[27] Isidore Silver, "Libel, A Weapon for the Right," *The Nation*, 20 May 1978, pp. 594—97, quote at p. 597.

[28] 对于副总统断言新闻从业者拥有巨大的权力,他们深感迷惑,同时亦对遭受攻击而感到愤怒。结果,他们很快找到报复机会,因为当时播放的一部太空任务影片中包含了一段对话,其间一位宇航员以尼克松的绰号"诡计多端的迪克"(Tricky Dicky)称呼另外一个人。

[29] M. L. Stein, "The Networks: First Round to Agnew," *The Nation*, 7 September 1970, pp. 178—81。

[30] 四年后,威廉·佩利决定暂止中断 CBS 新闻的即时分析,同时决定给予反对党时间和机会对总统演说作出回应。新闻从业者提出抗议,后来这一决定被废止。

[31] Dennis Lowry, "Agnew and the Network TV News: A Before/After Content Analysis," *Journalism Quarterly* 48 (Summer 1971): 205—10. 洛利没有解释他的发现,他也没有研究事件之后新闻从业者是否较少关注那类令副总统大为光火的新闻故事;但这样的一个研究,需要对与类似的新闻主角和活动相匹配的事前/事后的新闻样本进行比较。

[32] 例如,参见 Novak, "Why the Working Man Hates the Media."

[33] 相反,那些想要攻击新闻媒体太过保守的自由主义的政客大概无法采取这种施压方式,因为认为新闻太过保守的受众,要么就是规模过小,要么就是太过沉默,以致无法令其观点为人所知。更重要的是,阿格纽的支持者其实是在抗议媒体对"坏消息"的强调。相应地,对于"好消息"的自由主义攻击不具可信度。激进者对新闻的批评同样不可想象,因为激进者的支持者规模过小,而且激进者发言人往往不够权威、不具新闻价值。因此,他们既无从宣扬自己的观点,也无法动员受众支持。

[34] Robert MacNeil, *The People Machine* (New York: Harper and Row, 1968), pp. 268—72.

[35] 近年来,在某些机构特别是联合基督教会的长期努力推动之下,一个广泛的媒体改革运动发展起来,它意在使电视与广播受众成员参与到联邦通信委员会的活动之中。在前联邦通信委员会委员尼古拉斯·约翰逊(Nicholas Johnson)、消费者权益组织、公益法律机构以及其他方面的支持之下,这一运动亦努力推动媒体创办更多公共服务节目,增强市民对地方媒体的接近权,降低地方印刷与电子媒体中的交互持股垄断。不过,这一运动现在尚且没有触及全国性新闻媒体。"电视网计划"(The Network Project)是一个激进的组织,它旨在记录电视网——包括电视网新闻——的垄断行为,并试图组织起来与之对抗;但它所拥有的资源太过有限,成立五年之后即告夭折。

[36] 依据盖茨的记述,紧跟斯皮罗·阿格纽的演讲,Roger Mudd 公开批评电视新闻实践,他因而被斥责为"忘恩负义"。Gates, *Air Time*, pp. 266—68. 在舒尔发表攻击管理层的演讲之后,他在 CBS 的受欢迎程度也急剧降低;他后来还因为批评同事"软化"对尼克松演讲的分析而遭到指责。Schorr, *Clearing the Air*, pp. 116—19.

[37] 由这两位记者的一位同事所提供的对于事件详细的记录,参见 David Hal-

berstam, *The Making of a Quagmire* (New York: Random House, 1965), chapter 16。

[38] 不过,这种做法与娱乐节目制片人的实践相差甚远,后者在筹备医患剧时干脆直接与美国医学会合作,而在其他节目中他们也会直接与地方警察部门和联邦调查局合作。例如,参见 John E. Cooney, "If a TV Script Needs a Medical Checkup, A Doctor Is on Call," *The Wall Street Journal*, 8 November 1977, pp. 1, 17。

[39] Schorr, *Clearing the Air*, pp. 274—280。

[40] 柯文(Cowan)与纽菲尔德(Newfield)指出,在 1970 年,司法部不得不借助传票获得有关黑豹党和其他激进团体的电视母带和笔记,因为民主党时期的那种"共谋"已经一去不返。Paul Cowan and Jack Newfield, "Media Response: Medium Fool," *The Village Voice*, 12 February 1970, pp. 1, 66—68。

[41] Miles Copeland, "The News Media's 'CIA Agents'," *The New York Times*, 30 September 1977, pp. A26。(引文中的黑体为原文所有)

[42] Halberstam, "Time, Inc.'s Internal War Over Vietnam."

[43] Schorr, *Clearing the Air*, p. 276。

[44] Halberstam, "Time, Inc.'s Internal War Over Vietnam," pp. 127—31。

[45] 每当著名调查记者西摩·赫什(Seymour Hersh)握有自己看来充足的证据,但又担心编辑可能不这样认为的时候,他就会在深夜才交稿,而那时候编辑已经下班,他的报道就不会被删改或枪毙。Leonard Downie, Jr., *The New Muckrakers* (New York: New Republic Book Co., 1976), p. 84。依据这一记述,赫什无论是在美联社还是《纽约时报》时都曾使用这种策略,但在我所研究的新闻媒体则不可能,因为直到新闻节目放映或杂志付印,都会有一位首席编辑或制片人始终在场坐镇。

[46] 关于美莱大屠杀,参见 Seymour M. Hersh, *My Lai Four: A Report on the Massacre and Its Aftermath* (New York: Random House, 1970), chapter 10。

[47] 与此立场大体一致的新近的一些精彩研究,参见 Todd Gitlin, "Fourteen Notes on Television and the Movement," *Leviathan*, July/August 1969, pp. 3—9; Molotch and Lester, "News as Purposive Behavior"; Herbert I. Schiller, *Mass Communication and Empire* (New York: Augustus M. Kelley, 1969); and Gaye Tuchman, "Professionalism as an Agent of Legitimization," *Journal of Communication* 28 (Spring 1978): 106—13。

[48] 不错,新闻从业者将自己视为"局外人";但既然他们在诸多限制之下发挥

作用,他们就并非置身局外。不过,他们能够拥有所有可能世界当中最好的选择,因为他们既可以通过超然无涉而自感置身事外,又无须将避免机制看作约束因素。

第九章 结论:新闻与新闻从业者

［1］此外,我在第六章中提到,某些价值也可能是对于新闻从业者工作情境的反应,但新闻从业者之所以持有反对官僚层级体制的价值观,却并不是单纯出于对新闻机构官僚层级制的厌恶。

［2］例如,James D. Halloran, Philip Elliott, and Graham Murdock, *Demonstrations and Communication: A Case Study* (London: Penguin Books, 1970); Jeremy Tunstall, *Journalists at Work* (London: Constable Press, 1971); 特别是 Schlesinger, *Putting "Reality" Together*。Schlesinger 对 BBC 的研究不断地证明,英国与美国的电视新闻机构有着本质上的相似性。

［3］我对消息来源权力的观察发现,新闻研究者应该对消息来源投注更多的注意力。想要更全面地理解新闻,就必须深入检视消息来源的角色;他们代表组织化与非组织化的群体发言与行动,也因而成为掌权者。最重要的是,研究者需要判定:哪些群体在哪些议程中创造或变成消息来源;在寻求媒体通道或拒绝媒体的过程中,他们又在追逐何种利益。同时需要研究哪些群体无法进入新闻中,及其缘由所在。另一个研究者必须探究的问题是,获得或丧失媒体通路会对可能变成信源或由信源来代理的群体的权力、利益与随后的活动产生何种影响。

［4］此外,一个员工控制的新闻机构大概会变得更为民主,也不再那么等级化。假定首席编辑和制片人拥有足够的权力可以准时完成工作任务,他们完全可以通过选举产生。即便这种做法可能会增加内部冲突,但它肯定会令士气高涨;一个民主运作的新闻机构大概会采取更为自由的立场,以反映出机构内年轻人的主导地位。

［5］David S. Broder, "Political Reporters in Presidential Politics," *Washington Monthly*, February 1969, pp. 20—33.

［6］George Gerbner, "Television: The New State Religion?" *Et cetera*, June 1977, pp. 145—50.

［7］John E. Kelly, "Information Theory and the Ethnography of Television News" (Ph. D. dissertation, Brown University, June 1976), p. 29.

［8］Ibid., pp. 175—76.

［9］某些神话——例如有关开国元勋和亚伯拉罕·林肯的神话——往往会存续更长的时间;然而虽然新闻从业者也在重复它们,真正使它们不朽的最为主要的中介却

是学校,以及政府官员,后者借助开国元勋或者现在已成为神话的过去的政治家来合理化自己的决策。

[10] Robert Park, "News as a Form of Knowledge," *American Journal of Sociology*, 45 (March 1944): 669—86, especially at pp. 682—83.

[11] 在"使用与满足"研究范式中,这是新闻媒体的监测功能的一部分。参见 Levy, "The Audience Experience with Television News," pp. 12—19。

与此相应,阿伦(Arlen)也曾把新闻从业者描绘成"前驱者"。在讨论受众缺乏对新闻的兴趣时,他写道,"大众,虽然看起来并不太在乎,但他们却比较在乎派遣自己的前驱者先行一步……最终,有时候正当紧要关头,新闻讯息就被接受了"。Michael J. Arlen, "The News," *New Yorker*, 31 October, 1977, pp. 119—27, quote at p. 122.

[12] Herbert Marcuse, *One-Dimensional Man* (Boston: Beacon Press, 1964).

[13] Jacques Ellul, *Propaganda* (New York: Vintage Books, 1973), particularly chapter 3. 对 Marcuse 和 Ellul 的详尽讨论,参见 Gans, *Popular Culture and High Culture*, pp. 43—51。

[14] 与此相反的论断和一些经验性的证据,参见 Michael J. Robinson, "American Political Legitimacy in an Era of Electronic Journalism: Reflections on the Evening News," in Douglass Cater and Richard Adler, eds., *Television As a Social Force: New Approaches to TV Criticism* (New York: Praeger Publishers, 1975), pp. 97—139, especially pp. 118—20。

[15] 在某种程度上,这一假设与迪尔凯姆的论断类似。他认为,没有文字的部落以及(寓意层面的)现代人借助并通过宗教来建构他们的社会。参见 Emile Durkheim, *The Elementary Forms of the Religious Life* (Glencoe, Ill.: Free Press of Glencoe, 1947)。不过,我从来都没有被迪尔凯姆想象性的论述所完全说服;我的意思也不是认为新闻从业者发挥宗教性的功能。此外,迪尔凯姆也不相信社会是一种建构。

第十章 多视角的新闻

[1] 这方面的分析,可参见 Alden Williams 对一些有关偏见和扭曲的研究的出色评论, "Unbiased Study of Television News Bias," *Journal of Communication* 25 (Autumn 1975): 190—99。

[2] Lang and Lang, "The Unique Perspective of Television."

[3] Glasgow University Media Group, *Bad News* (London: Routledge & Kegan Paul, 1976).

[4] 某些——特别是来自英国的——经验证据显示,很多观众并不能完全理解他们在电视上所看到的一切。参见 Elihu Katz, *Social Research on Broadcasting: Proposals for Further Development* (London: British Broadcasting Corporation, 1977), pp. 61—63。

[5] 因此,那些认为大众文化与外行新闻一样都过于肤浅且戏剧化的专家们希望它被高雅文化所取代。我对这种观点的批评,参见 Gans, *Popular Culture and High Culture*, chapter1。

[6] 对于那些发展出戏剧化概念与理论的理论家,社会科学往往高看一眼;明显地,强化戏剧化的效果,无论对外行受众还是专家都有市场。

[7] 我对于大众文化有害性这种论调的批评,同样适用于大众新闻这种情境,参见 Gans, *Popular Culture and High Culture*, pp. 30—36。

[8] 吉特林(Gitlin)曾指出,越战期间电视对巡逻片段的无休止重复播放,令战争显得毫无意义,同时也在观众中引起了对战争的厌倦。参见 Todd Gitlin, "Spotlight and Shadows: Television and the Culture of Politics," *College English* 38 (Spring 1977): 789—801。不幸的是,那时候的民意调查者如此关注清点支持与反对战争的人数,以至于就我所知,没有人询问过电视观众对战争新闻的反应。关于战斗镜头使得某些人变成鹰派某些人变成鸽派的一些经验证据,参见 Gans, "The Uses of Television," p. 14。

[9] 例如,列维发现,70%的受访者同意如下的陈述,"电视节目试图令事情看起来比实际情况更为戏剧化"。Levy, "The Audience Experience with Television News," p. 16。不过,他们的回答并不能证明他们是在将电视新闻"打折扣"。关于这一问题,参见 Eliot Freidson, "Adult Discount: An Aspect of Children's Changing Taste," *Child Development* 24 (March 1953): 39—49。

[10] Walter Lippmann, *Public Opinion* (New York: Free Press, 1965), p. 54.

[11] Mannheim, *Ideology and Utopia*. 曼海姆的核心论断是所有知识都与认识者的视角相关。我们可以从逻辑角度质疑这种以绝对形式表达出来的陈述。不管怎样,曼海姆的论断本身即是关系性的;它产生自一位身处以政治和其他冲突为特征的异质化社会中的特定知识分子的视角。来自同质化社会中的认识者,以及那些接受上帝、主教或公共官员的绝对权威的人们,必定会得出不同的结论。尽管离开认识者,

知识将无从存在,但没有某一个新闻从业者,新闻却照样能被生产出来。即便一个人——就如新闻从业者一样——假定离开认识者外部事实同样存在,这个人同样是认识者。一个认识者对于视角的选择,当他或她可以自由选择的时候,即是某种价值。

[12] 在有关"结构性偏见"(structural bias)的研究中,霍弗斯泰特即曾将组织研究运用在对歪曲的探讨上。Hofstetter, *Bias in the News*, chapter1.

[13] 对于曼海姆观点的相似观察与不同评价,参见 Schlesinger, *Putting "Reality" Together*, pp. 169—70。

[14] Commission on Freedom of the Press, *A Free and Responsible Press* (Chicago: University of Chicago Press, 1947), p. 26.

[15] Robert K. Merton, "Insiders and Outsiders," *American Journal of Sociology* 78 (July 1972): 9—47.

[16] Epstein, *Agency of Fear*, pp. 265—66.

[17] 当太多相互冲突的视角出现在新闻当中,客观性实际上变成史密斯(Smith)所谓的"真实性的准绳",一种视角之所以是可信的,只是因为它是超然无涉的。Anthony Smith, *The Shadow in the Cave* (Urbana: University of Illinois Press, 1974), p. 109.

[18] 当前日间与周末电视观众的规模和收益率显示,即便没有补贴,针对妇女和儿童的新闻节目也可以成立。实际上,专为儿童和青少年服务的新闻节目不时地出现,但没有一个能够坚持下来。

[19] 近来,左翼出版物的出色代表是周报 *In These Times* 以及半月刊 *Seven Days*。

[20] 琼斯(Jones)认为,犯罪新闻的数量应该与实际的犯罪率(假定可以得到准确的数据)相关联。E. Terence Jones, "The Press as Monitor," *Public Opinion Quarterly* 40 (Summer 1976): 239—43. 新闻从业者可能继续强调此类戏剧化的犯罪故事,并在其后"附带"报道此类犯罪的发生率,由此平衡与强化相伴随的夸张效果。

[21] 我在这里以及在其他地方对于专业人士的很多一般性观察,都从我的老师埃弗雷特·休斯(Everett Hughes)和芝加哥大学的同窗艾略特·弗里德森(Eliot Freidson)的工作中受益良多。例如,参见 Everett C. Hughes, *Men and Their Work* (Glencoe, Ill: The Free Press of Glencoe, 1958); Eliot Freidson, *The Profession of Medicine* (New York: Dodd, Mead, 1970).

[22] 不过，那些缺乏组织的人们可以通过示威来表达抗议。针对新闻媒体的示威尽管极少发生，但即使单纯从新闻价值的角度考虑，它们也可能是有效的。

[23] 例如，参见 Cecilie Gaziano, "Readership Study of Paper Subsidized by Government," *Journalism Quarterly* 51 (Summer 1974): 323—26，该文研究了一份面向明尼阿波利斯市 (Minneapolis) 示范城区居民的报纸。

[24] 这方面的某些经验证据，参见 Funkhouser, "The Issues of the Sixties"。

[25] Lee M. Mitchell, "Government as Broadcaster—Solution or Threat?" *Journal of Communication* 28 (Spring 1978): 69—72。

[26] Maxwell E. McCombs and Donald L. Shaw, "The Agenda-Setting Function of Mass Media," *Public Opinion Quarterly* 36 (Summer 1972): 176—87. 关于媒体在民意形成中的作用，参见 Elisabeth Noelle-Neumann, "The Spiral of Silence: A Theory of Public Opinion," *Journal of Communication* 24 (Spring 1974): 43—51。

[27] 对于知识与权力之间的关系的全面而系统的分析，参见 Amitai Etzioni, *The Active Society* (New York: Free Press, 1968), chapter 8。

[28] Yrjö Littunen and Kaarle Nordenstreng, "Informational Broadcasting Policy: The Finnish Experiment," in Kaarle Nordenstreng, ed., *Informational Mass Communication* (Helsinki: Tammi Publishers, 1973), chapter 1, quote at p. 23.

[29] 同上，第41页。受众研究显示，观众认为新闻变得更为可信与可靠，尽管信息与经济上的特权群体认为这些新闻与他们的利益相冲突。同上，第37—39页。不过，受众规模与接触频度是否有所增加无从判定，因为在这十年间，芬兰人的电视机拥有量从全部人口的75%增加到92%，另外，就研究者的观点而言，新闻内容的变化是渐进的而不是剧烈的。Juha Kytömäki, Finnish Broadcasting Company, 私人通信，1978年。

参考文献

Altheide, David L. *Creating Reality: How TV News Distorts Events.* Beverly Hills: Sage Publications, 1976.
Arlen, Michael J. *Living-Room War.* New York: Viking Press, 1969.
———. "The News." *New Yorker,* 31 October 1977, pp. 119–27.
Aronson, James. *The Press and the Cold War.* Indianapolis: Bobbs-Merrill, 1970.
Bagdikian, Ben H. *The Effete Conspiracy.* New York: Harper & Row, 1972.
———. *The Information Machines: Their Impact on Men and the Media.* New York: Harper & Row, 1971.
Bailey, George A. "Interpretive Reporting of the Vietnam War by Anchormen." *Journalism Quarterly* 53 (Summer 1976): 319–24.
———. "The War According to Walter: Network Anchormen and Vietnam." Milwaukee: Department of Mass Communications, University of Wisconsin, 1975.
Balk, Alfred, and Boylan, James, eds. *Our Troubled Press: Ten Years of the Columbia Journalism Review.* Boston: Little, Brown, 1971.
Barnouw, Eric. *Tube of Plenty.* New York: Oxford University Press, 1975.
Barrett, Marvin, ed. *The Politics of Broadcasting: Alfred I. du Pont–Columbia*

University Survey of Broadcast Journalism, 1971–1972. New York: Thomas Y. Crowell, 1973.

———. *Rich News, Poor News: The Sixth Alfred I. du Pont–Columbia University Survey of Broadcast Journalism.* New York: Thomas Y. Crowell, 1978.

Bauer, Raymond. "The Communicator and the Audience." In *People, Society and Mass Communications,* edited by Lewis A. Dexter and David M. White, pp. 125–40. New York: Free Press, 1964.

Berelson, Bernard. 'What 'Missing the Newspaper' Means." In *Communications Research 1948–1949,* edited by Paul Lazarsfeld and Frank Stanton, pp. 111–29. New York: Harper & Brothers, 1949.

Bernstein, Victor, and Gordon, Jesse. "The Press and the Bay of Pigs." *Columbia University Forum,* Fall 1967, pp. 4–15.

Bethell, Tom. "The Myth of an Adversary Press." *Harper's,* January 1977, pp. 33–40.

Blumler, Jay G., and McQuail, Denis. *Television in Politics.* Chicago: University of Chicago Press, 1969.

Bogart, Leo. *Silent Politics: Polls and the Awareness of Public Opinion.* New York: Wiley-Interscience, 1972.

Boorstin, Daniel J. *The Image: A Guide to Pseudo-Events in America.* New York: Harper & Row, 1964.

Bower, Robert T. *Television and the Public.* New York: Holt, Rinehart & Winston, 1973.

Bradlee, Benjamin C. *Conversations with Kennedy.* New York: W. W. Norton, 1975.

Braestrup, Peter. *Big Story.* 2 vols. Boulder, Colo.: Westview Press, 1977.

Breed, Warren. "Social Control in the Newsroom." *Social Forces* 33 (May 1955): 326–35.

Broder, David S. "Political Reporters in Presidential Politics." *Washington Monthly,* February 1969, pp. 20–33.

Busch, Noel. *Briton Hadden: A Biography of the Co-Founder of Time.* New York: Farrar, Straus and Co., 1949.

Calmer, Ned. *The Anchorman.* New York: Doubleday & Co., 1970.

Cater, Douglass. *The Fourth Branch of Government.* Boston: Houghton Mifflin Co., 1959.

Chittick, William O. *State Department, Press, and Pressure Groups.* New York: John Wiley & Sons, 1970.

Chomsky, Noam. "Reporting Indochina: The News Media and the Legitimation of Lies." *Social Policy* 4 (September/October, 1973): 4–19.

Cirino, Robert. *Don't Blame the People.* Los Angeles: Diversity Press, 1971.

———. *Power to Persuade: Mass Media and the News.* New York: Bantam Books, 1974.

Coase, R. H. "The Market for Goods and the Market for Ideas." *American Economic Review* 64 (May 1974): 384–91.

Cohen, Bernard C. *The Press and Foreign Policy.* Princeton, N. J.: Princeton University Press, 1953.

Coleman, Kate. "Turning on *Newsweek.*" *Scanlan's Monthly,* June 1970, pp. 44–53.

Commission on Freedom of the Press. *A Free and Responsible Press.* Chicago: University of Chicago Press, 1947.

Crouse, Timothy. *The Boys on the Bus.* New York: Random House, 1973.

Darnton, Robert. "Writing News and Telling Stories." *Daedalus,* Spring 1975, pp. 175–94.

Davison, Phillips W.; Boylan, James; and Yu, Frederick T. *Mass Media Systems and Effects.* New York: Praeger Publishers, 1976.

Diamond, Edwin. "Boston: The Agony of Responsibility." *Columbia Journalism Review* 13 (January/February 1975): 9–15.

———. "The Mid-Life Crisis of the Newsweeklies." *New York,* 7 June 1976, pp. 51–61.

———. *The Tin Kazoo: Television, Politics, and News.* Cambridge, Mass.: MIT Press, 1975.

Dominick, Joseph R. "Geographical Bias in Television News." *Journal of Communication* 27 (Autumn 1977): 94–99.

Downie, Leonard, Jr. *The New Muckrakers.* Washington, D.C.: New Republic Book Co., 1976.

Edelman, Murray. *The Symbolic Uses of Politics.* Urbana: University of Illinois Press, 1964.

Efron, Edith. *The News Twisters.* Los Angeles: Nash, 1971.

Elliott, Philip. *The Making of a Television Series.* London: Constable Press, 1972.

Ellul, Jacques. *Propaganda: The Formation of Men's Attitudes.* New York: Vintage Books, 1973.

Elson, Robert T. *Time, Inc.: The Intimate History of a Publishing Enterprise, 1923–1941.* New York: Atheneum, 1968.

———. *The World of Time, Inc.: The Intimate History of a Publishing*

Enterprise, 1941–1960. New York: Atheneum, 1973.

Epstein, Edward J. *Agency of Fear.* New York: G. P. Putnam's Sons, 1977.

———. *News from Nowhere: Television and the News.* New York: Random House, 1973.

Fisher, Paul L., and Lowenstein, Ralph L., eds. *Race and the News Media.* New York: Frederick A. Praeger, 1967.

Fowler, Joseph S., and Showalter, Stuart W. "Evening Network News Selection: A Confirmation of News Judgment." *Journalism Quarterly* 51 (Winter 1974): 712–15.

Frank, Robert S. *Message Dimensions of Television News.* Lexington, Mass.: Lexington Books, 1973.

Freeman, J. R. "An Interested Observer Views an Oil Shale Incident." *Columbia Journalism Review* 8 (Summer 1969): 45–48.

Friedrich, Otto. *Decline and Fall.* New York: Harper & Row, 1970.

———. "There Are OO Trees in Russia: The Function of Facts in Newsmagazines." *Harper's Magazine,* October 1964, pp. 59–65.

Friendly, Fred W. *Due to Circumstances Beyond Our Control.* New York: Random House, 1967.

———. *The Good Guys, The Bad Guys, and the First Amendment.* New York: Random House, 1976.

Funkhouser, G. Ray. "The Issues of the Sixties: An Exploratory Study in the Dynamics of Public Opinion." *Public Opinion Quarterly* 10 (Spring 1973): 62–76.

Galtung, Johan, and Ruge, Mari H. "The Structure of Foreign News." In *Media Sociology,* edited by Jeremy Tunstall, pp. 259–98. London: Constable Press, 1970.

Gans, Herbert J. "Letters to an Anchorman." *Journal of Communication* 27 (Summer 1977): 86–91.

———. *Popular Culture and High Culture: An Analysis and Evaluation of Taste.* New York: Basic Books, 1974.

———. "The Uses of Television and Their Educational Implications." Mimeographed. New York: Center for Urban Education, 1968.

Gates, Gary Paul. *Air Time: The Inside Story of CBS News.* New York: Harper & Row, 1978.

Gaziano, Cecilie. "Readership Study of Paper Subsidized by Government." *Journalism Quarterly* 51 (Summer 1974): 323–26

Gelfman, Judith S. *Women in Television News.* New York: Columbia University Press, 1976.

Gerbner, George. "Television: The New State Religion?" *Et cetera,* June 1977, pp. 145–50.

Gieber, Walter, and Johnson, Walter. "The City Hall 'Beat': A Study of Reporter and Source Roles." *Journalism Quarterly* 38 (Summer 1961): 289–97.

Gitlin, Todd. "Fourteen Notes on Television and the Movement." *Leviathan,* July/August 1969, pp. 3–9.

———. "Spotlight and Shadows: Television and the Culture of Politics." *College English* 38 (Spring 1977): 789–801.

Glasgow University Media Group. *Bad News.* London: Routledge & Kegan Paul, 1976.

Goldenberg, Edie N. *Making the Papers.* Lexington, Mass: D. C. Heath, 1975.

Habermas, Juergen. *Strukturwandel der Öffentlichkeit.* Neuwied: Luchterhand, 1962.

Halberstam, David. "CBS: The Power and the Profits: Part I." *Atlantic Monthly,* January 1976, pp. 33–71; Part II: February 1976, pp. 52–91.

———. *The Making of a Quagmire.* New York: Random House, 1965.

———. "Time, Inc.'s Internal War Over Vietnam." *Esquire,* January 1978, pp. 94–131.

Halloran, James D; Elliott, Philip; and Murdock, Graham. *Demonstrations and Communication: A Case Study.* London: Penguin Books, 1970.

Halperin, Morton, and Hoffman, Daniel B. *Top Secret: National Security and the Right to Know.* Washington, D.C.: New Republic Book Co., 1977.

Herschensohn, Bruce. *The Gods of Antenna.* New Rochelle, N. Y.: Arlington House, 1976.

Hirsch, Paul. "Occupational, Organizational, and Institutional Models in Mass Media Research: Toward an Integrated Framework." In *Strategies for Communication Research,* edited by Paul M. Hirsch, Peter V. Miller, and F. Gerald Cline. Sage Annual Reviews of Communications Research. Vol. 6, pp. 13–42. Beverly Hills: Sage Publications, 1977.

Hofstetter, C. Richard. *Bias in the News.* Columbus, Ohio: Ohio State University Press, 1976.

Hohenberg, John. *The News Media: A Journalist Looks at His Profession.* New York: Holt, Rinehart & Winston, 1968.

Hopkins, Jeanette. "Racial Justice and the Press." MARC Paper No. 1. New York: Metropolitan Applied Research Center, 1968.

Hughes, Helen M. *News and the Human Interest Story.* Chicago: University of Chicago Press, 1940.

Huntley, Chet. *The Generous Years: Remembrances of a Frontier Boyhood.* New York: Random House, 1968.

Israel, Harold, and Robinson, John P. "Demographic Characteristics of Viewers of Television Violence and News Programs." In *Television and Social Behavior,* Vol. IV: *Television in Day-to-Day Life: Patterns of Use,* edited by Eli A. Rubenstein, George A. Comstock, and John P. Murray, pp. 87-128. Washington, D. C.: U. S. Government Printing Office, 1971.

The "I. F. Stone's Weekly" Reader, edited by Neil Middleton. New York: Random House, 1973.

Johnstone, John W.; Slawski, Edward J.; and Bowman, William W. *The News People: A Sociological Portrait of American Journalists and Their Work.* Urbana: University of Illinois Press, 1976.

Jones, E. Terence. "The Press as Monitor." *Public Opinion Quarterly* 40 (Summer 1976): 239-43.

Kaplan, Justin. *Lincoln Steffens: A Biography.* New York: Simon and Schuster, 1974.

Keeley, Joseph. *The Left-Leaning Antenna: Political Bias in Television.* New Rochelle, N. Y.: Arlington House, 1971.

Kelly, John E. "Information Theory and the Ethnography of Television News." Ph.D. dissertation, Brown University, June 1976.

Kendrick, Alexander. *Prime Time: The Life of Edward R. Murrow.* Boston: Little, Brown, 1969.

Keogh, James. *President Nixon and the Press.* New York: Funk & Wagnalls, 1972.

Kimball, Penn. "Journalism: Art, Craft or Profession?" In *The Professions in America,* edited by Kenneth S. Lynn and the Editors of *Daedalus,* pp. 242-60. Boston: Houghton Mifflin Co., 1967.

Knopf, Terry A. "Media Myths on Violence." *Columbia Journalism Review* 9 (Spring 1970): 17-23.

Kopkind, Andrew. "Serving Time." *The New York Review of Books,* 12 September 1968, pp. 23-28.

Kraslow, David, and Loory, Stuart H. *The Secret Search for Peace in Vietnam.* New York: Vintage, 1968.

Kraus, Sidney, and Davis, Dennis. *The Effects of Mass Communication on Political Behavior.* University Park, Pa.: Pennsylvania State University Press, 1976.

Krieghbaum, Hillier. *Pressures on the Press.* New York: Thomas Y. Crowell,

1972.

Kueneman, Rodney M., and Wright, Joseph E. "News Policies of Broadcast Stations for Civil Disturbances and Disasters." *Journalism Quarterly* 52 (Winter 1975): 670-77.

Lang, Kurt, and Lang, Gladys E. *Politics and Television.* New York: Quadrangel Books, 1968.

———. "The Unique Perspective of Television and Its Effect." *American Sociological Review* 18 (February 1953): 3-12.

Lefever, Ernest W. *TV and National Defense.* Chicago: Institute for American Strategy, 1974.

Lemert, James B. "Content Duplication by the Networks in Competing Evening Newscasts." *Journalism Quarterly* 41 (Summer 1974): 238-44.

Levin, Eric. "How the Networks Decide What Is News." *TV Guide,* 2 July 1977, pp. 4-10.

Levy, Mark R. "The Audience Experience with Television News." *Journalism Monographs,* no. 55 (April 1978).

Lichty, Lawrence W. "The War We Watched on Television." *American Film Institute Quarterly* 4 (Winter 1973): 29-37.

Lichty, Lawrence W., and Bailey, George A. "Violence in Television News: A Case Study of Audience Response." *Central States Speech Journal* 23 (Winter 1972): 225-29.

Liebling, A. J. *The Press.* New York: Ballantine Books, 1961.

Lippmann, Walter. *Public Opinion.* New York: Free Press, 1965.

Littunen, Yrjö, and Nordenstreng, Kaarle. "Informational Broadcasting Policy: The Finnish Experiment." In *Informational Mass Communication,* edited by Kaarle Nordenstreng, chapter 1. Helsinki: Tammi Publishers, 1973.

Love, Ruth L. "Television and the Death of a President: Network Decisions in Covering Collective Events." Ph.D. dissertation, Columbia University, 1969.

Lowry, Dennis. "Agnew and the Network TV News: A Before/After Content Analysis." *Journalism Quarterly* 48 (Summer 1971): 205-10.

Lyon, Peter. *Success Story: The Life and Times of S. S. McClure.* New York: Charles Scribner's Sons, 1963.

MacNeil, Robert. *The People Machine: The Influence of Television on American Politics.* New York: Harper & Row, 1968.

Marcuse, Herbert. *One-Dimensional Man.* Boston: Beacon Press, 1964.

McClellan, Grant S., ed. *Censorship in the United States.* New York: H. W. Wilson Co., 1967.

McCombs, Maxwell E., and Shaw, Donald L. "The Agenda-Setting Function of Mass Media." *Public Opinion Quarterly* 36 (Summer 1972): 176–87.

Merril, John C., and Barney, Ralph D., eds. *Ethics and the Press: Readings in Mass Media Morality.* New York: Hastings House, 1975.

Meyer, Philip. *Precision Journalism.* Bloomington: Indiana University Press, 1973.

Mickelson, Sig. *The Electric Mirror.* New York: Dodd, Mead, 1972.

Minor, Dale. *The Information War.* New York: Hawthorn Books, 1970.

Minow, Newton N.; Martin, John B.; and Mitchell, Lee M. *Presidential Television.* New York: Basic Books, 1973.

Mitchell, Lee M. "Government as Broadcaster—Solution or Threat?" *Journal of Communication* 28 (Spring 1978): 69–72.

Molotch, Harvey L., and Lester, Marilyn J. "Accidental News: The Great Oil Spill as Local Occurrence and National Event." *American Journal of Sociology* 81 (September 1975): 235–60.

———. "News as Purposive Behavior: On the Strategic Use of Routine Events, Accidents, and Scandals." *American Sociological Review* 39 (February 1974): 101–12.

Mott, Frank L. *American Journalism: 1690–1900.* 3d rev. ed. New York: Macmillan, 1962.

Newfield, Jack. "Journalism: Old, New and Corporate." In *The Reporter as Artist: A Look at the New Journalism Controversy,* edited by Ronald Weber, pp. 54–56. New York: Hastings House, 1974.

Newspaper Advertising Bureau. "How the Public Gets Its News: An Address by Leo Bogart Before the Associated Press Managing Editors, October 27, 1977." New York: Newspaper Advertising Bureau, 1977.

———. "Two Dimensions of News: Interest and Importance Ratings of the Editorial Content of the American Press." Mimeographed. New York: Newspaper Advertising Bureau, January 1978.

Nimmo, Dan. D. *Newsgathering in Washington.* New York: Atherton, 1962.

Noelle-Neumann, Elisabeth. "The Spiral of Silence: A Theory of Public Opinion." *Journal of Communication* 24 (Spring 1974): 43–51.

Novak, Michael. "Why the Working Man Hates the Media." *More,* October 1974, pp. 5–7.

Park, Robert. "News as a Form of Knowledge." *American Journal of Sociology* 45 (March 1944): 669–86.

Patterson, Thomas E., and McClure, Robert D. *The Unseeing Eye: The Myth of Television Power in National Politics.* New York: G. P. Putnam's Sons, 1976.

Payne, David E. "Newspapers and Crime: What Happens During Strike Periods." *Journalism Quarterly* 51 (Winter 1974): 607–12.

Pilat, Oliver. *Drew Pearson: An Unauthorized Biography.* New York: Harper's Magazine Press, 1973.

Pollak, Richard. "*Time:* After Luce." *Harper's,* July 1969, pp. 42–52.

Pollard, James E. *The Presidents and the Press.* New York: Macmillan, 1947.

Pool, Ithiel de Sola, and Shulman, Irwin. "Newsmen's Fantasies, Audiences and Newswriting." In *People, Society and Mass Communications,* edited by Lewis A. Dexter and David M. White, pp. 141–59. New York: Free Press, 1964.

Powers, Ron. *The Newscasters: The News Business as Show Business.* New York: St. Martin's Press, 1977.

Powledge, Fred. *The Engineering of Restraint.* Washington, D. C.: Public Affairs Press, 1971.

Pride, Richard A., and Clarke, Daniel H. "Race Relations in Television News: A Content Analysis of the Networks." *Journalism Quarterly* 50 (Summer 1973): 318–28.

Quinn, Sally. *We're Going to Make You a Star.* New York: Simon and Schuster, 1975.

Rather, Dan., with Mickey Herskowitz. *The Camera Never Blinks.* New York: William Morrow, 1977.

Reston, James. *The Artillery of the Press.* New York: Harper & Row, 1966.

Rivers, William L. *The Opinionmakers.* Boston: Beacon Press, 1965.

Roberts, Churchill. "The Presentation of Blacks in Television Network Newscasts." *Journalism Quarterly* 52 (Spring 1975): 50–55.

Robinson, Michael J. "American Political Legitimacy in an Era of Electronic Journalism: Reflections on the Evening News." In *Television as a Social Force: New Approaches to TV Criticism,* edited by Douglass Cater and Richard Adler, pp. 97–139. New York: Praeger Publishers, 1975.

———. "Television and American Politics, 1956–1976." *Public Interest,* no. 48 (Summer 1977): 3–39.

Rosenthal, A. M. *Thirty-Eight Witnesses.* New York: McGraw-Hill, 1964.

Roshcoe, Bernard. *Newsmaking.* Chicago: University of Chicago Press, 1975.

Rosten, Leo. *The Washington Correspondents.* New York: Harcourt, Brace, 1937.

Schlesinger, Philip. *Putting 'Reality' Together.* London: Constable Press, 1978.

Schmidt, Benno, Jr. *Freedom of the Press Versus Public Access.* New York: Praeger Publishers, 1975.

Schneider, Lawrence. "White Newsmen and Black Critics.". *Nieman Reports* 25 (September 1971): 3–7.

Schorr, Daniel. *Clearing the Air.* Boston: Houghton Mifflin Co., 1977.

Schudson, Michael. *Discovering the News: A Social History of American Newspapers.* New York: Basic Books, 1978.

Sherrill, Robert. "The Happy Ending (Maybe) of 'The Selling of the Pentagon.'" *The New York Times Magazine,* 16 May 1971, pp. 25–27, 78–80, 87, 90–94.

Shibutani, Tamotsu. *Improvised News: A Sociological Study of Rumor.* Indianapolis: Bobbs-Merrill, 1966.

Sieber, Fred; Peterson, Theodore; and Schramm, Wilbur. *Four Theories of the Press.* Urbana: University of Illinois Press, 1956.

Sigal, Leon V. *Reporters and Officials: The Organization and Politics of Newsmaking.* Lexington, Mass.: D. C. Heath, 1973.

Sigelman, Lee. "Reporting the News: An Organizational Analysis." *American Journal of Sociology* 79 (July 1973): 132–51.

W. R. Simmons & Associates Research. *Selective Markets and the Media Reaching Them.* New York: W. R. Simmons & Associates Research, annual reports in several volumes.

Simulmatics Corporation. "News Media Coverage of the 1967 Urban Riots." Mimeographed. New York: Simulmatics Corporation, February 1, 1968.

Singer, Benjamin D. "Violence, Protest and War in Television News: The U. S. and Canada Compared." *Public Opinion Quarterly* 34 (Winter 1970–1971): 611–16.

Skornia, Harry. *Television and the News.* Palo Alto, Calif: Pacific Books, 1968.

Small, William. *To Kill a Messenger.* New York: Hastings House, 1970.

———. *Political Power and the Press.* New York: W. W. Norton, 1972.

Smith, Anthony. *The Shadow in the Cave: The Broadcaster, His Audience, and the State.* Urbana: University of Illinois Press, 1974.

Stevenson, R. L.; Eisinger, R. A.; Feinberg, B. M.; and Kotok, A. B. "Untwisting 'The News Twisters': A Replication of Efron's Study." *Journalism Quarterly* 50 (Summer 1973): 211–19.

Talese, Gay. *The Kingdom and the Power.* New York: NAL World Publishing Co. 1969.

Tuchman, Gaye. *Making News: A Study in the Construction of Reality.* New York: Free Press, 1978.

———. "Making News by Doing Work: Routinizing the Unexpected." *American Journal of Sociology* 79 (July 1974): 110–31.

———. "Objectivity as Strategic Ritual: An Examination of Newsmen's Notions of Objectivity." *American Journal of Sociology* 77 (January 1972): 660–70.

———. "Professionalism as an Agent of Legitimation." *Journal of Communication* 28 (Spring 1978): 106–13.

———. "The Technology of Objectivity: Doing 'Objective' TV News Film." *Urban Life and Culture* 2 (April 1973): 3–26.

Tuchman, Gaye, Daniels, Arlene K., and Benét, James, eds. *Hearth and Home: Images of Women in the Mass Media.* New York: Oxford University Press, 1978.

Tunstall, Jeremy. *The Westminster Lobby Correspondents.* London: Routledge & Kegan Paul, 1970.

———. *Journalists at Work.* London: Constable Press, 1971.

Walfish, Andrew. "Sex Is In, Politics Is Out." *More,* September 1977, pp. 25–31.

Weaver, David H., and Wilhoit, G. Cleveland. "News Magazine Visibility of Senators." *Journalism Quarterly* 51 (Spring 1974): 67–72.

Weaver, Paul H. "Captives of Melodrama." *The New York Times Magazine,* 29 August 1976, pp. 6, 7, 48.

———. "Is Television News Biased?" *Public Interest,* no. 26 (Winter 1972): 57–74.

———. "The Metropolitan Newspaper as a Political Institution." Ph.D. dissertation, Harvard University, 1967.

Weiss, Carol H. "What American Leaders Read." *Public Opinion Quarterly* 38 (Spring 1974): 1–22.

Welles, Chris. "The Numbers Magazines Live By." *Columbia Journalism Review* 14 (September/October 1975): 22–27.

Wenglinsky, Martin. "Television News: A New Slant." *Columbia Forum,* Fall 1974, pp. 2–9.

Whale, John. *The Half-Shut Eye: Television and Politics in Britain and America.* New York: St. Martin's Press, 1969.

White, David M. "The 'Gatekeeper': A Case Study in the Selection of News." *Journalism Quarterly* 27 (Fall 1950): 383–90.

Wicker, Tom. "The Greening of the Press." *Columbia Journalism Review* 10 (May 1971): 7–14.

———. *On Press.* New York: Viking Press, 1978.

Williams, Alden. "Unbiased Study of Television News Bias." *Journal of Communication* 25 (Autumn 1975): 190–99.

Wilson, Harold S. *McClure's Magazine and the Muckrakers.* Princeton, N.J.: Princeton University Press, 1970.

Wise, David. *The Politics of Lying.* New York: Random House, 1973.

Wolf, Frank. *Television Programming for News and Public Affairs: A Quantitative Analysis of Networks and Stations.* New York: Praeger Publishers, 1972.

Yellin, David. *Special: Fred Freed and the Television Documentary.* New York: Macmillan, 1973.

关键词中英文对照表[①]

ABC，美国广播公司
ACLU，美国公民自由联盟
advocacy journalism，倡议新闻
affiliate stations，附属电视台
agenda-setting，议程设置
Agnew, Spiro，斯皮罗·阿格纽
Agronsky, Martin，马丁·阿格龙斯基
Alsop, Joseph，约瑟夫·奥尔索普
altruistic democracy，利他的民主
American Jewish Committee，美国犹太人委员会
American Medical Association，美国医学会
anchorpersons，主播
Anderson, Jack，杰克·安德森
anti-war movement，反战运动
anticipated stories，可预期的新闻
anticipatory avoidance，预先避免
Associated Press，美联社
audience，受众
audience considerations，受众考量
audience enlargement，受众群扩大

---

① 在注释中援引的作者以及其他人物未被编入索引中。

audience feedback，受众反馈
audience images，受众形象
audience-journalist relationship，受众与记者的关系
audience mail，受众投书
audience preferences，受众偏向
audience reduction，受众规模缩减
audience research，受众研究
autonomy，自主性

back-of-the-book，杂志后半部分
balance considerations，平衡考量
BBC，英国广播公司
beat reporters，专线记者
Bellah, Robert，罗伯特·贝拉
Berelson, Bernard，伯纳德·贝雷尔森
bias，偏见
black journalists，黑人新闻工作者
Black Panthers，黑豹党
blacklisting，黑名单
blacks in the news，新闻中的黑人
Boorstin, Daniel J.，丹尼尔·J. 布尔斯丁
Bradlee, Ben，本·布莱德利
breaking stories，重大新闻
Brinkley, David，大卫·布林克利
Brown, Edmund G., Jerry, Jr.，小埃德蒙德·G. 杰瑞·布朗
bureaucracy，官僚层级体系

business news，商业新闻
bylines，标题下的署名行

cable television，有线电视
Califano, Joseph，约瑟夫·卡利法诺
Carey, Hugh，休·凯里
Carmichael, Stokely，斯多克力·加米切尔
Carter, Jimmy，吉米·卡特
cartoons，讽刺漫画
CBS，哥伦比亚广播公司
CBS Evening News，《哥伦比亚广播公司晚间新闻》
censorship，审查
Chancellor, John，约翰·钱斯勒
checkbook journalism，支票簿新闻
Chicago Democratic Convention，芝加哥民主大会
chilling effect，寒蝉效应
CIA，中央情报局
civil-rights movement，民权运动
Colby, William，威廉·科尔比, 271
Cold War，冷战
Colson, Charles，查尔斯·科尔森
Columbia Journalism Review，《哥伦比亚新闻评论》
commentators，评论员
commercial considerations，商业考量

commercial pressures，商业压力
Common Cause，"共同使命"
content analysis，内容分析
Coolidge, Calvin，卡尔文·柯立芝
Copeland, Miles，迈尔斯·柯普兰
crank mail，愤怒的投书
credibility，可信度
crime news，犯罪新闻
Cronkite, Walter，沃尔特·克朗凯特
cultural democratization，文化民主化
cultural news，文化新闻

Davis, Elmer，埃尔默·戴维斯
Davis, Peter，彼得·戴维斯
deadline，截止期限
decision-making criteria，决策标准
detachment，超然
détente，国际关系缓和
Diamond, Edwin，埃德文·戴蒙德
disorder news，失序新闻
distortion，歪曲
documentaries，纪录片
domestic news，国内新闻
Donovan, Hedley，赫德利·多诺万
Drug Enforcement Administration，药品管理处

Eagleton, Thomas，托马斯·伊格尔顿
economic news，经济新闻

editorials，社论
Eisenhower, Dwight D.，德怀特·D.艾森豪威尔
elites，精英
Elizabeth II，伊丽莎白二世
Ellsberg, Daniel，丹尼尔·艾尔斯伯格
Ellul, Jacques，雅克·艾吕尔
enduring values，恒久价值
energy crisis，能源危机
Ephron, Edith，伊迪丝·埃弗龙
Epstein, Edward J.，爱德华·J.爱泼斯坦
ethnic news，族群新闻
ethnocentrism，民族优越感
exclusives，独家
executive producers，行政制片人
expert news，专家新闻
exposés，曝露式报道
Exxon，埃克森美孚公司

fads，时尚
FBI，美国联邦调查局
Federal Communications Commission，联邦通信委员会
federal officials，联邦官员
feedback 回馈
feminism，女权运动
field work，田野调查

film,胶片
Ford, Gerald,杰拉尔德·福特
foreign news,外国新闻
foreign policy,对外政策
format change,样式变革
format considerations,样式考量
format rut,样式套路
Frank, Reuven,鲁文·弗兰克
Freedom of Information Act,信息自由法案
freedom of the press,出版的自由
Friedman, Paul,保罗·弗里德曼
Friedrich, Otto,奥托·弗里德里希
Fromme, Lynette,莱内特·弗洛姆
functional analysis,功能分析

Gandhi, Indira,英迪拉·甘地
gatekeeper theory,守门人理论
Gates, Gary Paul,格里·保罗·盖茨
Gee-whiz stories,让人惊呼的新闻故事
generalists,通才
Genovese, Kitty,基蒂·基诺维斯
Gerbner, George,乔治·格伯纳
Glasgow University Media Group,格拉斯哥大学媒介小组
Goffman, Erving,厄文·高夫曼
Goodman, Paul,保罗·古德曼

Gouldner, Alvin,阿尔文·古尔德纳
government news,政府新闻
government pressure,政府压力
government regulation,政府规管
government subsidies,政府资助
Graham, Katharine and Philip,格雷厄姆夫妇

Hadden, Briton,布雷顿·哈登
Halberstam, David,大卫·哈伯斯塔姆
handouts,通讯稿
Hastings Institute,黑斯廷斯研究所
Hays, Wayne,韦恩·海斯
herd instinct,群体本能
Hersh, Seymour,西摩·赫什
Higgins, Margaret,玛格丽特·希金斯
high culture,高雅文化
hippies,嬉皮士
Hoffa, James,詹姆斯·霍法
Hofstadter, Richard,理查德·霍夫施塔特
Hollenbeck, Don,丹·霍伦贝克
Hollingshead, August B.,奥格斯特·B.霍林斯西德
house conservatives,内部保守者
house radicals,内部激进者

human interest stories,人情趣味故事
humorous stories,幽默的新闻故事
"Hunger,"《饥饿》
Huntley, Chet,切特·亨特利
Huntley-Brinkley Report,"亨特利-布林克利报道"

ideology,意识形态
implications,蕴意与后果
importance considerations,重要性考量
individualism,个人主义
inflation,通货膨胀
input stories,输入型故事
integration,整合
interest-group pressure,利益团体的压力
investigative reporting,调查报道

Javits, Jacob,雅克布·嘉维茨
"Jaws,"《大白鲨》
Johnson, Lyndon,林登·约翰逊
Johnstone, John W.,约翰·W.约翰斯顿
journalism 新闻业
journalist-audience relationships,新闻工作者与受众的关系
journalistic autonomy,新闻工作的自主性
journalistic credibility,新闻工作的可信度
journalistic efficiency,新闻工作的效率
journalistic evidence,新闻工作的根据
journalistic leeway,新闻工作的回旋余地
journalistic methodology,新闻工作的方法论
journalistic values,新闻工作的价值
journalists,新闻工作者
journals,期刊

Kefauver, Estes,埃斯蒂斯·凯弗维尔
Kellogg, Mary,玛丽·凯洛格
Kelly, John E.,约翰·E.凯利
Kennedy, Edward,爱德华·肯尼迪
Kennedy, John F.,约翰·F.肯尼迪
Kennedy, Robert F.,罗伯特·F.肯尼迪
Kerner Commission,科纳委员会
King, Martin Luther,马丁·路德·金
Kissinger, Henry,亨利·基辛格
Kraft, Joseph,约瑟夫·克拉夫特
Ku Klux Klan,三K党
Kuhn, Thomas,托马斯·库恩
Kuralt, Charles,查尔斯·库拉

479

尔特

labor and labor news,劳工与劳工新闻

Lang, Gladys E. and Kurt,格拉迪斯·E. 朗与库尔特·朗

leads,头条

League of Women Voters,妇女选举联盟

leaks,泄露

Lester, Marilyn J.,玛里琳·J. 莱斯特

letters,投书

Levy, Mark R.,马克·R. 利维

libel,文字诽谤

Life,《生活》

Lippmann, Walter,沃尔特·李普曼

lobbyists,游说者

local news,地方新闻

Lowry, Dennis,丹尼斯·洛利

Luce, Henry R.,亨利·R. 卢斯

MacArthur, Douglas,道格拉斯·麦克阿瑟

MacNeil, Robert,罗伯特·麦克尼尔

Maddox, Lester,莱斯特·马邓

man-bites-dog stories,人咬狗的新闻

Mannheim, Karl,卡尔·曼海姆

Manson, Charles,查尔斯·曼森

Marcuse, Herbert,赫伯特·马尔库塞

Mayaguez incident,马亚圭斯号事件

McCarthy, Eugene,尤金·麦卡锡

McCarthy, Joseph,约瑟夫·麦卡锡

McClure, S. S.,S. S. 麦克卢尔

McGovern, George,乔治·麦戈文

McLuhan, Marshall,马歇尔·麦克卢汉

media critics,媒体批评家

media events,媒介事件

medical news,医药新闻

medium considerations,媒介考量

Mickelson, Sig,希格·麦克尔森

"Migrant,",《移民》

mirror theory,镜像理论

moderatism,温和主义

Molotch, Harvey L.,哈维·L. 莫罗奇

Moore, Sara Jane,萨拉·简·摩尔

moral disorder news,道德失序新闻

moral values,道德价值

morale,士气

More,《更多》

muckrakers,搜集并揭发丑闻的新闻记者

multiperspectival news,多视角新闻

Murrow, Edward R.，爱德华·R.默罗

Nabokov, Vladimir，伏拉地米尔·纳波科夫
Nader, Ralph，拉尔夫·纳德
Nation, The,《国家》
nation and society，国家与社会
national ceremonies，全国性典礼仪式
National Commission on the Causes and Prevention of Violence，暴力行为原因与防治国家委员会
national news，全国性新闻
National Review,《国家评论》
National Rifle Association，全国来福枪协会
national security，国家安全
national values，全国性的价值
Nazi Parties，纳粹性质的政党
NBC，国家广播公司
NBC Nightly News,《国家广播公司夜间新闻》
networks，电视网
New York bias，纽约偏见
New York Daily News，纽约《每日新闻》
New York Times, The,《纽约时报》
news buffs，新闻迷
news bureaus，新闻办公室
news criticism，新闻批评
news distortion，对新闻的歪曲
news executives，新闻执行官
news firms，新闻公司
news judgment，新闻判断
news media，新闻媒体
news organizations，新闻机构
news philosophy，新闻哲学
news policy，新闻政策
news saturation，新闻饱和
news values，新闻价值
newshole，新闻洞
newsmakers，新闻制造者
newsmagazines 新闻杂志
Newspaper Guild，报业公会
Newsweek,《新闻周刊》
Nielsen reports，尼尔森报告
Nieman Reports,《尼曼报告》
Nixon, Richard，理查德·尼克松
Nixon Administration，尼克松政府
novelty considerations，新奇性考量
nudity taboo，裸体禁忌

objectivity，客观性
official news，官方新闻
"On the Road,""在路上"
Onassis, Jacqueline Kennedy，杰奎琳·肯尼迪·奥纳西斯
organizational considerations，组织

性考量
output stories，输出新闻故事
outsiders and insiders，局外人与局内人

pace，步调
Paley, William，威廉·佩利
paraideology，准意识形态
participant observation，参与式观察
pastoralism，田园主义
Pearson, Drew，德鲁·皮尔森
pegs，挂钩
Pentagon，五角大楼
People magazine，《人物》杂志
people stories，人物故事
personal journalism，私人新闻
police brutality，警察暴行
policy makers，政策制定者
political feedback，政治回馈
political ideology，政治意识形态
political news，政治新闻
political pressure，政治压力
popular culture，流行文化
postponed stories，被推迟报道的新闻故事
poverty news，贫穷新闻
Powell, Adam Clayton，亚当·克莱顿·鲍威尔
power and power structure，权力与权力结构
power distribution，权力分配
prekilling，提前剔除
presidential elections，总统选举
presidential news，总统新闻
producers，制片人
product considerations，产品考量
profanity taboo，亵渎禁忌
professional autonomy，专业自主性
professional journals，专业期刊
professions and professionalism，专业领域与专业主义
Progressive movement，进步运动
protest news，示威新闻
pseudo-events，假事件
public officials，公共官员
public opinion polls，民意调查

quality considerations，质量考量
queries，提问大纲
Quinn, Sally，莎莉·奎恩
quotes，引语

racial news，种族新闻
racism，种族主义
radical press，种族主义的出版物
radicals，激进分子
Rather, Dan，丹·拉瑟
ratings，收视率

RCA, 美国无线电公司
reality judgments, 现实判断
Reasoner, Harry, 哈利·里森纳
reformers and reform movements, 改革者与改革运动
rehearsing, 彩排
religious news, 宗教新闻
repetition taboo, 重复禁忌
reporters, 记者
research methods, 研究方法
responsible capitalism, 负责任的资本主义
restaging, 重新布局拍摄
Riesman, David, 大卫·里斯曼
Rockefeller, Nelson, 纳尔逊·洛克菲勒
role reversals, 角色逆转
Rosenthal, A. M., A. M. 罗森塔尔
running stories, 连续报道
rural news, 农村新闻
Ryan, William, 威廉·怀恩

Salisbury, Harrison, 哈里森·索尔斯伯里
Saturday Evening Post,《周六晚间报道》
scandals, 丑闻
Schlesinger, James, 詹姆斯·施莱辛格
Schorr, Daniel, 丹尼尔·舒尔
Schrag, Peter, 彼得·斯瑞格
science news, 科学新闻
scoops, 独家新闻
Selassie, Haile, 海尔·塞拉西
self-censorship, 自我审查
"Selling of the Pentagon, The,"《出售五角大楼》
senior editors, 资深编辑
sensationalism, 煽色腥主义
service stories, 服务性质的新闻
Severaid, Eric, 艾瑞克·塞伍雷德
sexism, 男性至上主义
sexual balance, 性别平衡
sexual equality, 性别平等
sexual stereotypes, 性别的刻板印象
Sigal, Leon V., 利昂·V. 西格尔
Silent Majority, 沉默的大多数
Simmons, W. R., & Associates Research, W. R. 西蒙斯以及合伙人调查公司
60 Minutes,《60 分钟》
small-town pastoralism, 小镇田园主义
Smith, Howard K., 霍华德·K. 斯密斯
social cohesion, 社会凝聚
social control, 社会控制
social disorder news, 社会失序新闻

social movements，社会运动
social order，社会秩序
social sciences，社会科学
soft news，软新闻
Solzhenitsyn, Alexsandr，亚历山大·索尔仁尼琴
source considerations，消息来源考量
sources，消息来源
Spielberg, Steven，斯蒂芬·斯皮尔伯格
sponsors，赞助者
Sports Illustrated，《运动画刊》
staging of news，拍摄呈现新闻
stale news，陈腐的新闻
State Department，国务院
Steffens, Lincoln，林肯·斯蒂芬斯
Stein, M. L.，M. L. 斯坦因
stereotypes，刻板印象
Stevenson, Adlai，阿德莱·史蒂芬森
story designer，新闻故事的设计者
story format，新闻故事的样式
story impact，新闻故事的影响
story importance，新闻故事的重要性
story length，新闻故事的长度
story mixture，新闻故事混合搭配
story opinions，新闻故事中的观点
story production，新闻故事的生产
story quality，新闻故事的质量

story selection，新闻故事的选择
story selling，新闻故事的售卖
story suggesters，新闻故事的建议者
story suitability，新闻故事的适用性
substantive considerations，实质性考量
suitability considerations，适用性考量
Supreme Court decisions，高等法院判决
Sussman, Leila，莱拉·苏斯曼
Swing, Raymond Gram，雷蒙德·格兰·斯威尔
symbolic arena，符号场域

taking stands，选择立场
talking heads，传声头像
Tarbell, Ida，艾达·塔贝尔
taste considerations，品味考量
technical standards，技术标准
technological disorder，科技上的失序
television news，电视新闻
tell stories，口播新闻
terrorism，恐怖主义
Thomas, Norman，诺曼·托马斯
Time，《时代》周刊
Time, Inc.，时代公司
top editors and producers，高级编辑

与制片人
topical values，题材的价值
top producers，首席制片人
Tregaskis，Richard，理查德·特里加希斯
trend stories，潮流新闻故事
Tuchman，Gaye，盖伊·塔奇曼

United Press International，合众国际社
urban news，都市新闻
U. S. News and World Report，《美国新闻与世界报道》

value exclusion，价值排除
value implications，价值蕴意与暗示
value inclusion，价值包含
values，价值
Variety，《综艺》
Vietnam War news，越南战争新闻
Village Voice，*The*，《村声周刊》
violence，暴力

voters，投票者

Wall Street Journal．*The*，《华尔街时报》
Wallace，George，乔治·华莱士
Walters，Barbara，芭芭拉·沃特斯
war news，战争新闻
War on Poverty，反贫穷之战
Washington stories，华盛顿新闻
Washington bureau，华盛顿办公室
Washington Post，《华盛顿邮报》
Watergate news，"水门事件"新闻
White House，白宫
White House correspondents，白宫通讯员
Wicker，Tom，汤姆·韦克
wire services，通讯社
women's liberation，妇女解放
writers，撰稿人
writing down，浅显的写作方式

yellow journalism，黄色新闻